Kompakt-Lexikon PR

Jan Lies

Kompakt-Lexikon PR

2.000 Begriffe nachschlagen, verstehen, anwenden

Jan Lies
Hamm
Deutschland

ISBN 978-3-658-08741-8   ISBN 978-3-658-08742-5 (eBook)
DOI 10.1007/978-3-658-08742-5

Die Deutsche Nationalbibliothek verzeichnet diese Publikation in der Deutschen Nationalbib-
liografie; detaillierte bibliografische Daten sind im Internet über http://dnb.d-nb.de abrufbar.

Springer Gabler
© Springer Fachmedien Wiesbaden 2016

Redaktion: Claudia Hasenbalg
Layout und Satz: workformedia I Frankfurt am Main

Gedruckt auf säurefreiem und chlorfrei gebleichtem Papier

Springer Gabler ist Teil der Fachverlagsgruppe Springer Science+Business Media.
www.springer-gabler.de

Vorwort

Aktuell werden renommierte Unternehmen von Skandalen geschüttelt, die sich zum Teil zu existenzbedrohenden → Krisen ausweiten und oftmals zu tiefgreifenden Change-Prozessen führen. Befeuert werden diese → Skandale und Krisen häufig durch das Internet, das die Unternehmensführung schmerzhaft daran erinnert, dass das verhaltensorientierte Kommunikationsmanagement (→ PR-Management) ein systematisches Top-Management-Mandat erfordert, um sie möglichst im Vorfeld zu verhindern. Denn viele dieser Skandale und Krisen sind Verstöße gegen die → Ethik, wenn man nur an Bestechung, Bilanzierungsskandale, den Umgang mit Kundendaten, die Überwachung von Mitarbeitern, Untreue und viele andere Auslöser denkt.

Damit erlangt das → PR-Management vor allem durch die → Social Media, aber auch durch Handlungsfelder wie die → Krisenkommunikation und → Change Communications eine neue Aktualität im Management von Unternehmen und anderen Organisationen. Vor allem das Internet führt zu aktuellen Stichworten wie der → „Old School-PR", die die Frage beinhaltet, ob die → „klassische PR" ausgedient hat oder ob nicht vielmehr bewährte Methoden der PR Einzug ins strategische Management halten müssten.

Daher bietet das Kompakt-Lexikon PR die Erklärungen zu vielen Stichworten an, die sich aus den → Basiswissenschaften der PR speisen: Dies sind die → Wirtschaftswissenschaften, → Politikwissenschaften, → Psychologie, → Kommunikationswissenschaften, → Kulturwissenschaften, → Soziologie und auch die → Didaktik. Sie prägen heute die Theorie und Praxis des PR-Managements, wenn auch die Anwendung vor allem im Management stattfindet, wie die Handlungsfelder → Blogger Relations, → Content-Kommunikation, → Innovationskommunikation, → interne Kommunikation, → Kulturmanagement, → Marken- und Marketingkommunikation, → Investor Relations, → Reputationsmanagement, → Veranstaltungskommunikation und → Verhaltensmanagement zeigen.

Die → Systemtheorie bietet aktuell interessante Hinweise für die Bedeutung von → PR-Instrumenten für das Management, wenn man der Idee folgt, dass es sich bei Unternehmen, ihren Abteilungen, Teams und anderen Subsystemen um geschlossene → Systeme handelt. Dass in dieser → PR-Theorie enormes praktisches Potenzial liegt, macht die Bedeutung von → Widerstand als zentrale Hürde von → Change Communications besonders deutlich und ist ein Beispiel für die Relevanz des → Steuerungspessimismus, den die Systemtheorie beinhaltet. Das Beispiel deutet an, dass PR zu einem neuen Steuerungsmechanismus als → Dissipationsmanagement von Konzernstrukturen wird.

Viel Spaß beim Nachschlagen wünscht

Prof. Dr. Jan Lies

A

1:1-Kommunikation – bezeichnet nach einer Struktur von → Döring die Individualkommunikation oder → persönliche Kommunikation im Gegensatz zur → n:n-Kommunikation.

1:n-Kommunikation – bezeichnet nach einer Struktur von → Döring die → Massenkommunikation im Gegensatz zur → n:n-Kommunikation.

360°-Kommunikation – bezeichnet in → Marketing und → PR-Management den Anspruch → integrierter Kommunikation, also Botschaften auf allen verfügbaren Kanälen der Kommunikation stimmig an die → Zielgruppen bzw. → Dialoggruppen zu transportieren.

4-Ohren-Modell – Das Modell von → Schulz von Thun besagt, dass eine Botschaft mit vier unterschiedlichen „Ohren" wahrgenommen wird: (1) dem Sach-Ohr, (2) dem Selbstoffenbarungs-Ohr, (3) dem Beziehungs-Ohr und (4) dem Appell-Ohr. Eine Botschaft kann also je nach „Ohr" anders interpretiert werden, als der Sender dies geplant hat. Damit widerspricht das 4-Ohren-Modell der → Marketingkommunikation, die mit der „geplanten Kommunikation" oft von einem absendergeprägten Kommunikationsverständnis ausgeht.

4P – bezeichnet mit den vier Handlungsfeldern „product", „price", „promotion" und „place" eine häufige Struktur des → Marketing-Mix.

4-V-Pyramide – bezeichnet einen von Harry Nitsch modellierten vierstufigen PR-Prozess (1975), wonach die vier Stufen den Weg zum gleichgewichtigen Interessenausgleich zwischen Unternehmen und Öffentlichkeit skizzieren und damit die Nähe zur → wohlfahrtsökonomischen PR-Theorie ausdrücken. Die vier Stufen sind (1) Verständigung: Kommunikation, um in der Öffentlichkeit Beachtung zu finden (Transparenzfunktion); (2) Verstehen: Einsicht in relevante Zusammenhänge, Information verständlich und interessant machen; (3) Verständnis: Rationales Verstehen weitet sich durch freundliche Emotion zu Verständnis, Bereitschaft zur Identifikation; (4) Vertrauen: Das Unternehmen genießt Vertrauen in der Öffentlichkeit.

5D-Kommunikation – Kurzform für fünfdimensionale Kommunikation mit der Ansprache aller Sinne (sehen, hören, tasten, schmecken, riechen) als Synonym für → multisensuelle Kommunikation.

5-Senses-PR – engl. „5-Sinne-PR"; → multisensuelle Kommunikation.

6-3-5-Methode – ist eine → Kreativitätstechnik und bezeichnet eine Variante des Brainwritings (→ Brainwriting Pool), die als schnelles Instrument zur Entwicklung von Ideen konzipiert ist. Der Name leitet sich aus der angewandten → Methode ab: Sechs Personen entwickeln drei Ideen in fünf Minuten.

Abdikativ – von lat. abdicare, „sich lossagen"; Sponsorenhinweis zum Ende einer gesponserten Sendung als → Sonderwerbeform.

Abgaben – hoheitlich auferlegte Geldleistungspflichten natürlicher oder juristischer Personen gegenüber öffentlichen (Gebiets-)Körperschaften und bestimmten Parafisci: Oberbegriff für Steuern einschließlich Zöllen und Kirchensteuern, Gebühren, Beiträge und Sonderabgaben. Sonderabgaben sind Steuern mit einer besonderen Zweckbindung; Beiträge berechtigen zur Nutzung bestimmter Leistungen; Gebühren werden für die Inanspruchnahme einer bestimmten staatlichen Handlung erhoben.

A-Blogger – sind → Blogger mit einem großen Einfluss, die über einen großen Leserkreis verfügen, viele Kommentare bekommen und oft verlinkt werden, was ihr Ranking in Suchmaschinen erhöht. Es können wichtige → Multiplikatoren und damit → Influencer sein.

Abnutzungseffekt – das Phänomen abnehmender Aufmerksamkeit, Unterhaltsamkeit und Zuwendung bei wiederholten Werbekontakten. Dies widerspricht in der Wirkung z.T. den aus Sicht des Kommunikationsmanagements positiven Aspekten des → Mere-Exposure-Effekts, wonach die bloße Wiederholung der Darbietung zu einer positiveren Einstellung führen kann.

Above-the-line-Kommunikation – klassische „Jedermannkommunikation" (z.B. Anzeigen, Außenkommunikation, TV-Spots) im Gegensatz zur Below-the-line-Kommunikation, die nicht-konventionelle Kommunikationsmaßnahmen (z.B. Events, Mailing, Sponsoring) meint. Der Begriff „Line" wird sehr unterschiedlich erklärt. Z.T. bezeichnet sie die Unterscheidung von Massenmedien (above-the-line) und Individualkommunikation (below-the-line), z.T. wird sie auch als „wettbewerbspolitische Gürtellinie", also fair (above-the-line) und unfair (below-the-line) erklärt. Vermutlich ist sie aber auf die 15% Agenturvergütung („commission fee") zurückzuführen, die für Massenkommunikationsinstrumente früher üblich war, für Individualkommunikation aber nicht.

Abschießen – bezeichnet im Fotojournalismus und damit der → Bildkommunikation das (heimliche) Fotografieren einer Person (oder Sache) ohne Erlaubnis mit dem Ziel, exklusives Bildmaterial für Zielmedien verfügbar zu machen.

Absprungrate → Bounce Rate.

Accessibility – engl. „Zugänglichkeit"; → Barrierefreiheit.

Act – engl. „Handlung"; Begriff für die abschließende Handlung auf → Websites durch Internetnutzer (z.B. Kauf, Log-in) und damit ein Klammerbegriff für Erfolgsgrößen in der Prozessabfolge → „Stay → Find – Act" für das → PR-Controlling in der → Online-PR.

Adaptive (Unternehmens-)Kommunikation – bezeichnet allgemein die Möglichkeit einer Strategie, sich an die → Rezipienten als → Stakeholder anzupassen. In der Kommunikationspraxis wird Adaptivität derzeit v.a. technisch interpretiert, indem flexibel programmierte Websites als → Responsive Design und Endgeräte, die dieses Design abbilden könnte, als adaptive Medien bezeichnet werden. Das heißt, → klassische Medien sind weder responsiv noch adaptiv. Jedoch zeigt der Ansatz von Public Relations als Management der Ansprüche von Stakeholdern in besonderer Weise die adaptive Kompetenz des PR-Managements, das mit Disziplinen wie dem → Echtzeitmarketing mehr und mehr auch andere

Handlungsfelder der Kommunikation erreicht.

ADC → Art Directors Club.

AGD → Allianz Deutscher Designer.

Ad Game – von engl. advertisment game; Werbespiel, das nach den Vorstellungen eines Unternehmens konzipiert wird (→ Spiele-PR).

Ad-hoc-Publizität – von lat. ad hoc, „sofort"; die nach § 15 → Wertpapierhandelsgesetz (WpHG) verpflichtende Kommunikation für wertpapierherausgebende Unternehmen, also v.a. Aktiengesellschaften, unverzüglich börsenpreisrelevante Informationen bekannt zu geben. Da letztlich alle weitreichenden Informationen eines Unternehmens, wie neue Produktionsmethoden, neue Marktangebote, technische Probleme oder Wechsel im Top-Management relevant für den Aktienkurs sind. Das Ziel der Ad-hoc-Publizität ist, zum Anlegerschutz beizutragen und dem Insiderhandel entgegenzutreten.

Advertorial – von engl. advertisement, „Werbung" und editorial, „redaktioneller Artikel"; bezeichnet ein derzeit sehr erfolgreiches, wenn auch z.T. umstrittenes Kommunikationsinstrument, das wie eine Anzeige in Zeitungen, online, im TV oder Hörfunk bezahlt wird und sich inhaltlich sowie in punkto Layout an das Medium anlehnt. Es ist vom Umfang her i.d.R. größer als eine → PR-Anzeige und insofern ein → hybrides Kommunikationsinstrument und eine → Sonderwerbeform. Derzeit bieten auch renommierte Medien wie „Focus", „Die Zeit" oder IHK-Magazine Advertorials an.

Advocacy Consulting – engl. „Fürsprecherberatung"; die Organisation von Fürsprechern als synthetisches → Empfehlungsmarketing auf Basis dokumentierter Referenzen (z.B. interessengebundene Auftragsgutachten, Gefälligkeitsgutachten, Referenzen), die v.a. bei kritischen Vorhaben zur Senkung von → Widerständen von Bedeutung sind.

affektive Prozesse → aktivierende Prozesse.

Affiche – franz. „Werbeanschlag"; Aushänge und Plakate; Affichen-Papier bezeichnet das besonders wetterbeständige Plakatpapier für Anschlagtafeln und -säulen.

Affiliate-Marketing – engl. „Partnerschafts-Marketing"; die partnerschaftliche Zusammenarbeit zwischen einem Verkäufer (engl. „merchant") und einem Partner, oft im Bereich der → Online-Kommunikation einem Websitebetreiber (engl. „affiliate"). Mit dieser Partnerschaft stellt der Websitebetreiber dem Verkäufer Werbemöglichkeiten auf seinen Webseiten zur Verfügung. Der Verkäufer füllt die Werbeinstrumente mit geeigneten Inhalten (z.B. Banner, Verlinkungen zu Online-Shops), um die Zielgruppe direkt auf der Partnersite anzusprechen. Der Verkäufer zahlt dem Affiliate eine Provision für die Dauer der Partnerschaft. Durch die Bereitstellung von Werbe- bzw. Aktionflächen gehört das Affiliate-Marketing zum → Empfehlungsmarketing.

Affinitätswert – bezeichnet als Messgröße der → PR-Evaluation die Übereinstimmung der Medienmeinung zu einer bestimmten Unternehmensposition an.

Agenda-Setting – bezeichnet eine Richtung der → Medienwirkungsforschung der → Kommunikationswissenschaften, die eine Leistung der → Massenmedien in der Sammlung und Selektion von

Themen und Ereignissen sowie deren Bereitstellung sieht. Diese medienübergreifende Themenbereitstellung beeinflusst die Wahrnehmung der Rezipienten und wird als Thematisierungs- oder Agenda-Setting-Funktion der Medien bezeichnet.

Agenda-Surfing – bezeichnet eine Phase, die ein Unternehmen nutzt, um mit einer bestehenden Serie der Medienberichterstattung die Aufmerksamkeit zu gewinnen, indem es eigene Themenbeiträge beisteuert. Metaphorisch „surft" dieses Unternehmen auf einer „Themenwelle".

Agentur – ist ein spezialisiertes Unternehmen, das als externer Dienstleister, zunehmend aber auch als Teil von Unternehmen (Inhouse-Agenturen), spezialisiert Kommunikation anbietet. Die Bandbreite der angebotenen Dienstleistungen reicht dabei von bestimmten Kommunikationsdisziplinen (PR-, Werbe-, Marken-, Media-, Event- oder Online- und Webagenturen), über Branchenagenturen (z.B. Finanzen, Healthcare, Fashion) bis hin zu Hot Shop (projektbezogen tätige Kreativagenturen), → Fullservice-Agenturen und/oder → Agentur-Netzwerken, die zunehmend international die gesamte Bandbreite der Kommunikation anbieten.

Agenturauswahl – ein nicht standardisiertes Verfahren der Suche und Beauftragung von → Agenturen. Oft erfolgt die Auswahl in drei Schritten: (1) Nach erster Sichtung (Screening) des Marktes z.B. mithilfe von → Agentur-Rankings werden → Long Lists erstellt, die (2) nach Vorgesprächen zur engeren Auswahl (Short Lists) führen. (3) Nach → Briefings und Wettbewerbspräsentationen (→ Pitches) der hier gelisteten Agenturen erfolgt

dann ggf. die Beauftragung mit → Agenturvertrag.

Agenturkonzern → Agentur-Netzwerk.

Agentur-Netzwerk – bezeichnet (1) die kunden- oder projektbezogene Zusammenarbeit formal vollständig selbständiger und unabhängiger → Agenturen wie z.B. das PROI-Netzwerk (→ PROI); (2) nationale und internationale Zusammenschlüsse von Agenturen, die von strategischen und oft börsennotierten Managementholdings mit anteiligen und/oder vollständigen Kapitalanteilen und Gewinnabführungsverträgen geführt werden und z.T. als Agenturkonzerne bezeichnet werden. Dazu gehört etwa das führende Omnicom-Netzwerk, zu der die in Deutschland führende BBDO-Werbeagenturgruppe und zu dieser wiederum die in Deutschland führende PR-Agentur Ketchum Pleon gehören und viele andere Agenturen.

Agenturprovision – auch AE-Provision (Annoncen Expedition Provision) genannt, bezeichnet die Vergütung von Agenturen für ihre Mittlertätigkeit, die noch aus ihrer ursprünglichen Funktion rührt und etwa von Verlagen an Werbe- bzw. Mediaagenturen (ca. 15-20 Prozent) bei der Schaltung von Werbung auf das Schaltvolumen entrichtet wird.

Agentur-Ranking – engl. „Rangfolge"; bezeichnet nach definierten und z.T. testierten Kriterien (z.B. Umsatz, Mitarbeiter) gelistete und priorisierte Agenturen mit dem Ziel, eine Übersicht über die erfassten Agenturen zu erhalten. Zu den bekannteren Rankings zählen das der PR-Agenturen von Gerhard Pfeffer (www.pr-journal.de) und das von

Werbeagenturen der Zeitschrift „werben und verkaufen" (www.wuv.de).

Agentur-Vertrag – bezeichnet die rechtliche Regelung der Zusammenarbeit zwischen Agentur und Auftraggeber als Rahmenvertrag mit den einzelvertraglich geregelten Teilaufträgen oder als problem- bzw. lösungsbezogenen Projektvertrag. Er beschreibt v.a. den Gegenstand der Beauftragung (z.B. Beratung, definierte → PR-Instrumente), die Vertragslaufzeit mit Lieferfristen sowie die Budgets, Kosten, Spesen und Abrechnungskonditionen.

agma → Arbeitsgemeinschaft Media-Analyse.

Agora – griech. „Markt- und Versammlungsplatz"; bezeichnet in uneinheitlicher Verwendung (1) in der Eventkommunikation eine Diskussionsveranstaltung; (2) in der → Online-Kommunikation einen (Internet-)Marktplatz; (3) in der Vereinskommunikation z.T. auch eine (Voll-) Versammlung.

AIDA-Formel – gehört heute zu den Stufenmodellen der Kommunikations- und Werbewirkung, wonach mit der Marketingkommunikation unterschiedliche Teilziele mit den psychologisch abgegrenzten Stufen Attention (Aufmerksamkeit), Interest (Interesse), Desire (Wunsch zum Kauf) und Action (Kauf) durchschritten werden. Das Modell wurde 1898 ursprünglich als Anleitung für Verkaufsgespräche entwickelt und später auf Anzeigenkunden der Tageszeitung übertragen. Sie ist umstritten, da weder die Reihenfolge der Wahrnehmungsschritte noch ihre Vollständigkeit als gesichert gilt.

Aircheck – der Mitschnitt einer Radiosendung.

Akademie für Kommunikationsmanagement → AKOMM.

AKOMM – Akademie für Kommunikationsmanagement; bietet Prüfungen zum PR-Berater und zum Online-Marketing-Berater an. Sie steht branchenintern in Konkurrenz zu → PZOK.

Akquisition – Kauf von Unternehmen(santeilen) mit dem Ziel des Käufers, das Geschäft der übernommenen Einheiten bestimmen zu können. Aus Sicht des → PR-Managements führt dies zum Handlungsfeld der Akquisitionskommunikation (→ Mergers- und Acquisitions-PR) als Teil von → Change Communications.

Akquisitionskommunikation → Mergers- und Acquisitions-PR.

Akronym – bezeichnet besondere Produkt-, Unternehmens- oder Markennamen, die sich aus den Anfangsbuchstaben oder Silben anderer Wörter zu eigenständigen Begriffen entwickelt haben. Sie gelten deshalb als eine Technik des Naming. – Beispiele: „Haribo" für den Gründer Hans Riegel, Bonn; „Hanuta" für Haselnusstafel.

Aktiengesetz (AktG) – gibt einen Teil der → Pflichtpublizität im Rahmen der → Investor Relations vor. Es regelt die Struktur von Kapitalgesellschaften und definiert die Befugnisse und Pflichten ihrer Organe, im Kontext des → PR-Managements v.a. die → Hauptversammlung mit ihren Einladungsmodalitäten (§ 131, 4 AktG). Das Aktiengesetz ist somit Teil des → PR-Rechts.

Aktienkultur → Equity-Kultur.

Aktionärsbrief – bezeichnet im Rahmen von → Investor Relations eine freiwillige, oft regelmäßige Information eines

Unternehmens an die Aktionäre über den aktuellen Geschäftsverlauf.

Aktionärsmitteilung – bezeichnet im Rahmen von → Investor Relations die gem. § 125 (1) → Aktiengesetz → Pflichtpublizität an die Aktionäre zur Vorbereitung der → Hauptversammlung.

Aktivierende Prozesse – Begriff der → Psychologie zur Beschreibung der Weckung von Aufmerksamkeit (→ Aktivierung). Sie treiben das Verhalten des Menschen an und stehen für innere Spannung und Erregung, sodass → Emotionen, → Motivationen und → Einstellungen im Mittelpunkt ihrer Erforschung stehen.

Aktivierung – bezeichnet komplexe psychologische Prozesse (z.b. affektive, → kognitive, → kollative oder → konative Prozesse), die die individuelle → Aufmerksamkeit wecken und damit das → Verhalten mitbestimmen. Aktivierung („Aufmerksamkeitsbereitschaft") ist eine wichtige Dimension z.b. für → Kampagnen und → Werbung.

Aktivierungstechniken – Methoden v.a. der Werbepsychologie, um Aufmerksamkeit zu schaffen, indem die Aufnahme bereitgestellter Informationen durch Betonung bestimmter Reize vereinfacht wird. Unterschieden werden zentral physische Reize (z.B. grelle Farben auf Plakaten, große Lautstärke bei Radiowerbespots), emotionale Reizen (z.B. → Schlüsselreize wie Erotik) und überraschende Reizen (z.B. Humor, Verfremdung).

Akustik – von griech. akuein, „hören"; bezeichnet die Lehre von Schall und Tönen und bedeutet als Handlungsfeld der → multisensuellen Kommunikation die Ansprache des Hörsinns bspw. mit dem Akustik- oder Sounddesign (z.B.

Klang von Autotüren und Motoren in der Fahrzeugentwicklung), der Beschallung von Verkaufsräumen (→ Ambient Sound), dem → Soundbranding und → Sound-Logos.

Akzeptanz – bezeichnet die Bereitschaft, einen Sachverhalt billigend hinzunehmen. Sie ist eine wichtige Zielgröße des PR-Managements, da sie als verhaltensbestimmende Größe (z.b. Widerstand, Unterstützung) von Führungskräften und Mitarbeitern in Bezug auf zu erreichende Ziele gilt. Sie ist damit im Hinblick auf Innovation sowie damit verbundene Veränderungsprozesse von Bedeutung, sodass Akzeptanz eine wichtig Dimension von → Change Communications ist. Als fördernde Merkmale der Akzeptanz gelten v.a. der relative Vorteil, die Kompatibilität zur Referenzsituation, die Komplexität sowie die Erlernbarkeit.

Akzeptanzquotient – gibt als Verhältnis positiver, neutraler und negativer Berichte in der → Medienresonanzanalyse in Kombination mit der → Reichweite und dem → Share of Voice Hinweise auf den Beitrag zur → Reputation veröffentlichter Berichte.

Akzidenzdrucksachen → Akzidenzen.

Akzidenzen – von lat. accidentia, „Zufall"; bezeichnet in klassischen Druckereien nicht-periodische Druckerzeugnisse kleineren Umfangs, wie z.B. Briefpapier, Formulare, Visitenkarten.

Alert-Dienst – engl. „Meldedienst"; bezeichnet als Teil der → Online-PR Dienste (z.B. Google Alert), die Nutzern regelmäßig per E-Mail oder RSS aktuell Neuigkeiten zu definierten Suchergebnissen liefern. (PR-)Redakteure brauchen so für sie relevante Schlagworte nicht regelmäßig via Suchmaschinen nachverfolgen, sondern können sich automatisch informieren lassen.

Alignment – engl. „Anpassung", „Abgleich"; bezeichnet im → PR-Management Notwendigkeit, Prozess und Instrumente, um Führungskräfte und/oder Mitarbeiter an getroffene Entscheidungen des Managements zu binden mit dem Ziel, → Widerstand z.B. im Rahmen von → Change Communications zu reduzieren. → Leitbildprozesse sind ein Instrument hierfür, indem deren Ergebnisse auch rechtlich bindend abzuzeichnen sind.

Alleinstellungsmerkmal – *Unique Selling Proposition*; Abgrenzungskriterium zur → Positionierung von → Marken und damit zentraler Aspekt von → Botschaften der → Medienarbeit.

Allianz Deutscher Designer (AGD) – Design-Berufsverband mit rund 3.000 freiberuflichen Designern.

Allonge – von franz. „Anhang"; bezeichnet in der Werbung den Anhang an einen Werbefilm oder einen Radiospot bspw. die Kontaktdaten des lokalen Anbieters im Anschluss an eine Filmsequenz oder einen Werbespot im Radio.

Altmeppen, Klaus-Dieter – geb. 1956; Dr. phil. habil. Klaus-Dieter Altmeppen ist Professor für Journalistik an der katholischen Universität Eichstätt.

Ambient Marketing → Ambient Media.

Ambient Media – von Ambiente „außen, Umfeld, Atmosphäre"; bezeichnen Kommunikationsinstrumente im Out-of-Home-Bereich und im direkten Umfeld der → Dialoggruppen. Sie beinhalten oft eine kreative Komponente, um die freiwillige Nutzung der Kommunikationsinstrumente zu fördern wie Coffee-to-go-Becher, Einkaufstaschen, Infoscreens, EdgarCards, Werbetische in der Gastronomie (Mediatable) und Pizzakartons.

Ambient Sound – von engl. „Raumklang"; bezeichnet einen sogenannten Klangteppich, der in realen (z.B. auf Messen, Ausstellungen, am Point-of-Sale) oder medial vermittelten Räumen (z.B. in der Telefonschleife, als klanglicher Hintergrund einer Website) eingesetzt wird mit dem Ziel, ein akustisch unattraktives Umfeld zu überdecken (z.B. die Büro- und Messekulisse) und einen räumlichen Zusammenhang zu verstärken. Darüber hinaus gehört der Ambient Sound zum akustischen → Warteschlangenmanagement, indem er etwa einen Ladevorgang im Internet oder die Wartezeit bei einer Telefonauskunft in der Wahrnehmung Wartender verkürzt.

Ambient Stunt – Aktionen des Sensationsmarketings und der → Veranstaltungskommunikation, die mit dem Ziel durchgeführt werden, Aufmerksamkeit zu erzielen.

Ambushing – *Trittbrett-Marketing, Parasitic Marketing*; meint die Kommunikation „aus dem Hinterhalt" (von Ambush, engl. für „Hinterhalt"). Ambushing findet im Rahmen der → Guerilla-Kommunikation, Eventkommunikation sowie des Sponsorings statt und dies wiederum prominent im Umfeld von Sport-Großveranstaltungen, wenn z.B. Spitzenturniere im Fußball gezielt von Unternehmen genutzt werden, indem im Publikum markant gekleidete Zuschauer sitzen und so die beworbene Marke für andere Zuschauer und Fernsehzuschauer sichtbar machen. So wird eine fremde

Veranstaltung – nämlich das Turnier – als nicht-genehmigte Kommunikationsplattform „parasitär" genutzt.

AMEC → Association for the Measurement and Evaluation of Communication.

Amphibolie – griech. Zweideutigkeit, Doppelsinn; Verwendung von doppeldeutigen Botschaften und → Slogans zur Steigerung der → Aufmerksamkeit.

Analysten – Personen, die meist im Auftrag Analysen, Bewertungen und Prognosen von Unternehmen und ihren Wertpapieren auf Basis bestimmter Informationen erstellen. Unterschieden werden: (1) Sell-Side-Analysten, die vor allem für Investmentbanken, Universalbanken und Brokerhäuser tätig sind und oft in eine Handlungsempfehlung für Investoren („buy", „hold" oder „sell") münden. (2) Buy-Side-Analysten sind für die → institutionellen Anleger (buy-side) tätig mit dem Ziel, den Informationsbedarf der eigenen Fonds- und Portfoliomanager zu decken. Da die Buy-Side-Analysten vor allem für ihre Investoren tätig sind, sind vor allem Sell-Side-Analysten eine wichtige → Dialoggruppe des → PR-Managements, der → Investor Relations, deren Empfehlungen z.T. gesammelt und bewertet bspw. in den Internetportalen von Online-Banken veröffentlicht werden und als Entscheidungshilfe beim Kauf von Wertpapieren dienen sollen.

Analystenkonferenzen – sind die Informationsveranstaltungen und ein Instrument der persönlichen Kommunikation der → Investor Relations, um → Analysten aktuelle Geschäftszahlen und -entwicklungen meist ein- bis zweimal jährlich zu präsentieren.

Andorra-Effekt – bezeichnet als sozialpsychologischer Effekt die Bekräftigung des Vorurteils durch dessen Annahme und wird durch die Meinung Dritter geprägt („Man wird so, wie man beurteilt wird").

Anfeaturen – von engl. feature, „Merkmal"; bezeichnet in der → Textarbeit den Vorgang, einen Text interessanter zu machen, z.B. indem (PR-)Redakteure aus einem → Bericht eine → Reportage machen mit dem Ziel, das Leseinteresse zu steigern.

angereicherte Realität → Augmented Reality.

Ankern – bezeichnet eine Technik der → Neurolinguistischen Programmierung, bei der eine bestimmte Emotion mit einer bestimmten Bewegung verknüpft („geankert") wird. Aus psychologischer Sicht ist danach die festgelegte Bewegung mit der jeweiligen Emotion verknüpft. Das Prinzip des Ankerns basiert auf der von → Pawlow entdeckten Reiz-Reaktions-Kopplung (Stimulus-Response), sodass das Ankern eine Anwendung von der Reiz-Reaktions-Konditionierung der Psychologie ist.

anlassbezogene Kommunikation – bezeichnet eine Kategorie von Kommunikationsdisziplinen (z.B. → Change Communications, → Krisenkommunikation, → Risikokommunikation), die im Gegensatz zur → Prozesskommunikation (Wahrnehmungs- oder Managementprozesse) oder Zielgruppenkommunikation (z.B. → interne Kommunikation, → Investor Relations, → Medienarbeit) aufgrund bestimmter Anlässe für Organisationen relevant wird.

Anleihenkommunikation → Bondkommunikation.

Anreißer → Teaser.

Ansatz, strategischer → Strategischer Ansatz.

Anspruchsgruppe → Stakeholder.

Ansteckungseffekte – bezeichnen im Kontext von → Kommunikation und → PR-Management gruppendynamische Prozesse in Form der selbststeuernden Verbreitung von Informationen und damit verbundener gemeinschaftlichen Interpretation und Wahrnehmung, die zur Bildung von → Gruppen (z.B. Markengemeinschaften, → Fans, Teams, Szenen) führen können. Die Bildung von → Spekulationsblasen an den Börsen, die Entstehung von → Marken, von Mode, das → Virusmarketing, aber auch die Bildung von → Reputation setzt auf solche Prozesse, die im Ergebnis die → Macht von → Stakeholdern begründen.

Anti-brand behaviours → Markenhass.

Anwenderbericht – *Case Study*; schildert die Nutzung eines Produkts oder einer Dienstleistung aus Sicht des Kunden mittels → journalistischer Darstellungsformen. Er ist ein Instrument v.a. in der → Fachpressearbeit für erklärungsbedürftige Produkte und Dienste.

Anzeige – bezeichnet (1) allgemein die Bekanntmachung von Informationen und (2) meint im → PR-Management und in der → Werbung eine zielgerichtete Veröffentlichung von Werbebotschaften zur Prägung von Images und/oder zum Kauf einer Unternehmensleistung (Produktwerbung, Dienstleistungswerbung) in einem Medium (z.B. Internet, TV, Zeitung).

Anzeigenblatt – ausschließlich durch → Anzeigen finanzierte, kostenlose und meist wöchentlich erscheinende Zeitungen, die als Hauswurfsendung verteilt werden. Sie lassen sich über → Materndienste flächendeckend als → PR-Instrument mit großer Reichweite nutzen.

Anzeigenfriedhof – bezeichnet umgangssprachlich große Flächen mit Anzeigen und Inseraten in → Zeitungen und → Zeitschriften, die von → Rezipienten aufgrund ihrer Unübersichtlichkeit oft überlesen werden, sodass hier platzierte → Advertorials oder → Werbung als unwirksam gelten.

App – von engl. application, „Anwendung"; bezeichnet begrifflich jede Anwendungssoftware, meint aber im deutschsprachigen Raum Softwareanwendungen für mobile Endgeräte meistens für Smartphones. Die Apps hat Apple v.a. mit dem 2007 eingeführten iPhone bekannt gemacht, sodass Apps auch für die → Marke Apple stehen.

App-PR – bezeichnet (1) die verkaufsunterstützende Kommunikation zur erfolgreichen Platzierung meist neuer → Apps, (2) die → Mobile PR mittels funktionaler, informierender und/oder unterhaltender Apps als → PR-Instrument. Sie dienen hier der Pflege von → Marke und → Image. Hierzu gehört auch die Nutzung von → personalisierten Nachrichten-Anwendungen, (3) die PR mittels bestehender ausgewählter Apps als neue → Massenmedien, z.B. den Apps von Medien oder Spielen.

Appreciative inquiry → Umfrage.

Appreciative Management → Wertschätzendes Management.

Äquivalenzanalyse – bewertet die Kosten des Platzes redaktioneller Veröffentlichungen, die sie gekostet hätten, falls die gleiche Fläche als Anzeigen geschaltet worden wären. Der Äquivalenzwert dient Qualitätsindikator in der → Medienresonanzanalyse sowie als Hilfsindikator im Rahmen des → PR-Controlling.

Arbeitgebermarkenbildung → Employer Branding.

Arbeitsgemeinschaft Media-Analyse (agma) – ein Verbund von mehr als 240 Unternehmen der Werbe- und Medienwirtschaft in Frankfurt mit dem Ziel, Leistungswerte für die Nutzung von Werbeträgern zur Verfügung zu stellen.

Argument – von lat. argumentum, „Beweisgrund"; bezeichnet die Aussagen eines Begründungszusammenhangs und besteht aus einer Prämisse (Gründe zur Stützung eines Standpunktes) sowie einer Konklusion (Schlussfolgerung für den Standpunkt, der begründet werden soll). Argumente sind zentrale Bestandteile von → Botschaften sowie der → Nutzenkommunikation und bilden die Basis der → Argumentation als zentrales Prinzip der PR.

Argumentation – bezeichnet die Durchsetzung eigner Ziele durch Veränderung der Ziele anderer auf Basis der → Überzeugung mithilfe von Argumenten, die durch → Information mittels → Dialog vermittelt werden, der auf der Inhalts- (Logik), Form- (Rhetorik), Struktur- (Dramaturgie) und Beziehungsebene verläuft. Argumentation ist ein konzeptioneller Bestandteil des normativen → PR-Managements und grenzt sie von der → Propaganda ab, die Ideologien auch manipulativ durchsetzt.

Art Director – ist verantwortlicher Gestalter im → Atelier von → Agenturen. Er ist oftmals dem → Creative Director unterstellt, der der Kreativ-Chef ist.

Art Directors Club (ADC) – Verein von Kreativen der Kommunikationsbranche mit Deutschlandzentrale in Berlin.

Artwork – engl. Illustrationen, künstlerische Arbeit; ist im → Atelier von → PR-Management, → Marketing und → Werbung eine Sammelbezeichnung für Arbeiten des Designs (z.B. Gestaltung eines → Plakats, Layout einer Broschüre).

Association for the Measurement and Evaluation of Communication (AMEC) – internationaler Verband von Kommunikationsagenturen und -praktikern in London mit den Kernthemen Medienevaluation und Kommunikation.

Assoziation – bezeichnet in der Psychologie die Verknüpfung von Vorstellungen, wobei Wahrnehmung und Denkvorgänge dazu führen, dass die eine die andere hervorruft. Hierdurch entstehen Assoziationsketten, die als Grundlage der Gedächtnisleistung gelten und zu Assoziationsgesetzen (z.B. Ähnlichkeit, Kontrast) führen, die sich das → PR-Management durch den Aufbau von → Marken und → Images zunutze macht.

Ästhetik – griech. die Philosophie und Wissenschaft vom sinnlich Wahrnehmbaren und dessen Darstellung; die Ästhetik gilt als zunehmendes Interesse von → Stakeholdern und → Bedürfnis von Kunden (Marketingästhetik). Sie wird zentral durch die → Gestaltung mit der Entwicklung und Umsetzung des markengerechten → Corporate Style umgesetzt und spiegelt sich in Handlungsbereichen wie der → multisensuellen

Kommunikation wider. Instrumente wie die → Produktgestaltung mit der → Haptik, aber auch die → Ladengestaltung mit der → Warenpräsentation sowie die → Lichtkommunikation werden mit dem Ziel geleistet, um den Wert von Schönheit als Anforderung von Stakeholdern zu bedienen. Die Frage von Anforderungen an Ästhetik wird im → PR-Management z.B. für Mode in der Diskussion um Schönheitsideale kritisch hinterfragt.

Astroturfing – bezeichnet das Vorgehen, → Grassroots aufzubauen, die es ohne den gezielten Aufbau gar nicht gäbe. Astroturfing bedeutet also eine künstliche → Inszenierung von → Öffentlichkeiten. Der Begriff Astroturf leitet sich von der Kunstrasen-Marke ab. Künstliche Stellvertreter-Diskussionen z.B. mithilfe organisierter Unterschriftenlisten, organisierte Lichterketten und ähnliche Aktionen gehören zum Astroturfing, sofern sie es ohne die Organisation von Kommunikationsmanagern nicht gegeben hätte. Auch → Smartmobs und Flashmobs können hierzu gehören.

Asymmetrische Information – bezeichnet in der (Institutionen-)Ökonomie die ungleiche Verteilung von Wissen zwischen Marktteilnehmern über handlungsrelevante Informationen mit der Unterscheidung vorvertraglicher Konsequenzen (Fehlauswahl von Vertragspartnern („adverse selection")) und nachvertraglicher Konsequenzen (moralisches Wagnis („moral hazard")) der Wissensgefälle, was zu Marktversagen führen kann und aus Sicht des → PR-Managements Ziele wie den Aufbau von → Reputation und → Vertrauen begründet.

Asymmetrische Kommunikation – bezeichnet ein Modell der

→ Kommunikation, das von der Einseitigkeit der Kommunikationshaltung gekennzeichnet ist. Externe Einflüsse auf die kommunikationstreibende Organisation gibt es nicht, obwohl Feedback zu diesem Modell dazugehört. Es wird lediglich zur verbesserten Darstellung des eigenen Standpunkts genutzt. Das Ziel dieses Kommunikationstyps des → Exzellenzmodells lautet „überzeugen".

Atelier – franz. „Werkstatt"; bezeichnet in der → Agentur die Arbeitsräume der → Kreativen, die bei Werbeagenturen oft als Kernleistungsbereich gilt, während bei PR-Agenturen meist Strategie und Konzept die Wertschöpfung prägen.

Athener Kodex – ältester PR-Kodex zur Sicherung ethischer Grundsätze der → Conféderation Européenne Relations Publiques (CERP) anlässlich der Generalversammlung in Athen am 11. Mai 1965.

ATL → Above-the-line-Kommunikation.

Atmo – kurz für „Atmosphäre"; bezeichnet in der → Hörfunk-PR Hintergrundgeräusche (z.B. Schritte, Stimmen, Straßenverkehr) in Beiträgen wie → O-Tönen, die sie authentischer machen.

Attraktivität – bezeichnet in uneinheitlicher Verwendung Eigenschaften, Fähigkeiten und beziehungsabhängige Wahrnehmungsaspekte als Werturteil über die Anziehungskraft von Personen, Marken, Diensten, Produkten und/oder Unternehmen. Der Bewertung der Attraktivität ist eine Größe der → Sympathie und positiver Entscheidungsfaktor im Kaufprozess, des → Konsumentenverhaltens und damit ein Ziel des → PR-Managements.

Audioagentur – spezialisierte → Agentur, die sich auf die → Hörfunk-PR und/oder Hörfunk-Werbung konzentriert.

Audio-Logo → Sound-Logo.

Audio-PR → Hörfunk-PR.

Audio Presskit – engl. „hörbare Pressemappe"; bezeichnet vertonte → Pressemappen für Rundfunkredakteure und
damit inhaltlich Hörfunkbeiträge (z.B.
→ Berichte, → Interviews) als → Footage-Material mit dem Ziel, dass diese über
die Organisation berichten.

Aufhänger – bezeichnet als Anlass und/
oder Thema den Einstieg eines journalistischen → PR-Instruments z.B. als
→ Nachricht den Beginn einer → Pressemitteilung.

Aufmacher – bezeichnet als Titelstory
den Hauptartikel in → Printmedien bzw.
die erste Meldung in TV oder Hörfunk.

Aufmerksamkeit – bezeichnet die erreichte Wahrnehmung und ist ein
→ Kommunikationsziel des → PR-Managements (→ Outgrowth-Ebene). In der
Psychologie ergibt sich die Aufmerksamkeit mit der → Aktivierung, die anzeigt,
wie wach, reaktionsbereit und leistungsfä-
hig ein Organismus ist. In der Werbewirkungsforschung wird sie z.T. als grundlegende Voraussetzung von → Werbung
verstanden (→ AIDA-Formel).

Aufmerksamkeitsökonomie → Ökonomie der Aufmerksamkeit.

Augmented Reality – AR, engl. „angereicherte" oder „erweiterte Realität"; bezeichnet die Fusion von tatsächlicher, be-
obachteter Realität und einer erweiterten
computer-generierten Wirklichkeit, die
dem Betrachter ergänzende Informationen und Erlebnismöglichkeiten auf den
Bildschirm gibt. Bisher konzentriert sich
AR in Apps, Games, Internet oder TV
auf die Ergänzung von Bildern, Videos
und Informationen, die in die jeweilige

Umgebung eingeblendet oder überlagert
werden (z.B. die Bewegungsabläufe bei
Sportübertragungen). Zunehmend werden in der Mobilkommunikation Zusatz-
zinformationen für die → Location-based
Services (LBS) möglich, die in das Display
von Smartphones eingeblendet werden,
z.B. der Hinweis auf Geschäfte in der Umgebung des Nutzers.

Ausschnittdienst → Clipping-Agentur.

Außenkommunikation – bezeichnet die
Kommunikation an öffentlichen Straßen,
Plätzen oder anderen für ein größeres Publikum zugänglichen Stellen. V.a. → Ambient Media, die Stadtmöblierung (→ City-Light-Poster) und → Plakate zählen typischerweise zur Außenkommunikation.

Ausstellung – „Eine Ausstellung ist eine
zeitlich begrenzte Veranstaltung, auf der
eine Vielzahl von Ausstellern ein reprä-
sentatives Angebot eines oder mehrerer Wirtschaftszweige oder Wirtschafts-
gebiete ausstellt und vertreibt oder über
dieses Angebot zum Zweck der Absatzförderung informiert" (§ 65 Gewerbe-
ordnung). – Der Begriff „Ausstellung"
wird z.T. synonym mit → Messe verwendet, die sich jedoch nach Ziel (Kundengewinnung, Handel), Zielgruppe (Fachpublikum) und Regelmäßigkeit (definierter
Turnus) von Ausstellungen unterscheiden lässt.

Authentizität – Echtheit, wahrheitsge-
treue und mit der Identität übereinstimmende Form der normativen → Kommunikation von Personen und Unternehmen
als zentrale normative Dimension von
→ PR-Management, um → Vertrauen
und → Reputation aufzubauen.

Autonomieverlust – bezeichnet die vielfach befürchtete Konsequenzen für das

→ PR-Management und die → Markenkommunikation, wenn Internetnutzer durch → User Generated Content und selbsterzeugte → Ansteckungseffekte im Internet und in anderen → Massenmedien die veröffentlichten Inhalte prägen oder bestimmen mit der Konsequenz von Schäden für → Image und → Reputation.

Autopoiesis – von griech. autos, „selbst" und poiesis, „Schöpfung"; wird als → Selbstreferenz erklärt und meint selbstorganisierende oder auch reflexive Vorgänge in geschlossenen → Systemen. Autopoiesis ist ein zentraler Begriff der → Systemtheorie. Diese Eigenschaft der Selbstorganisationsfähigkeit ist aus der Biologie abgeleitet und kennzeichnet die Fähigkeit lebender Organismen, sich aus sich selbst heraus zu reproduzieren (Zellteilung). In der → PR-Theorie sind solche Vorgänge zentral, da sie die mangelnde Steuerungsmöglichkeit von → weichen Faktoren erklären, z.B. die gruppenbezogene Herausbildung von Widerstand gegen Change-Programme oder die Entstehung von starken Marken. Die Wirkung von → Skandalen ist ein weiteres Beispiel für die → Macht dynamischer Prozesse in → Gruppen, die das Management mit der Annahme geschlossener Systeme nicht direkt steuern kann. Solche Prozesse verweisen auf den → Steuerungspessimismus systemtheoretischer Managementtheorien.

Autorenbeitrag – ist ein namentlich gekennzeichneter Fachartikel zu einem bestimmten Thema, der z.B. in Fachzeitschriften veröffentlicht wird. Autorenbeiträge sind ein Instrument der → Medienarbeit und sind oft der → Produkt-PR zuzuordnen.

Autorität – bezeichnet (1) die formale Kompetenz und → Macht, die einer Funktion oder Instanz in einer Organisation zugeschrieben wird (z.b. einer Führungsposition innerhalb einer Hierarchie); (2) die Anerkennung, den vermuteten Einfluss und ähnliche → weiche Faktoren, die einer → Persönlichkeit von Einzelnen oder → Gruppen zugeschrieben werden. Sie kann mit (1) korrespondieren oder entgegenstehen. Diese soziale Autorität ist ein Aspekt von → Image und → Reputation. (3) In der → Online-Kommunikation Ansehen und Bedeutung einer Website (website authority), die bei Suchmaschinen deshalb gute Platzierungen bei Suchworttreffern erzielen. Ein Indikator für die Webautorität ist die Anzahl der Links (→ Backlinks), die die Website von anderen Internetseiten erhalten hat und damit auf relevanten → Content schließen lassen.

Avenarius, Horst – geb. 1930; ist v.a. PR-Praktiker und engagiert sich in Institutionen wie zuletzt als Präsident des → Deutschen Rats für Public Relations.

AV-Medien – kurz für „audio-visuelle Medien" also Medien, die die Ton- und Bildkommunikation leisten (z.B. TV, Radio).

Award – engl. „Auszeichnung", „Belobigung"; Wettbewerbe und deren Auszeichnungen als Instrument der → symbolischen Kommunikation, z.B. zur → Motivation von Mitarbeitenden oder zur → Bindung von Kunden.

B

B2B → Business-to-Business-Kommunikation.

B2B-Social Media Ranking – gibt eine Übersicht über die häufigsten Social Media-Aktivitäten der Industrieunternehmen (www.induux.de/rankings).

B2C → Business-to-Consumer-Kommunikation.

B2G → Business-to-Government-Kommunikation.

Backlink – von engl. „Rückverweis"; eingehender externer Link von einer Webseite zu einer anderen, die z.B. über → Linkbaits erlangt werden. Backlinks sind für die Suchmaschinenoptimierung wichtig, da die Anzahl der Backlinks als ein Indikator für die Wichtigkeit einer Website interpretiert werden.

Backloading-Kampagnen → Kampagnen.

Back to Back – engl. „Veranstaltungsserie"; bezeichnet v.a. in der → Veranstaltungskommunikation und im TV eine Serie von Veranstaltungen bspw. in mehreren → Locations und/oder Städten zu einem Thema.

Baerns, Barbara – geb. 1939; Dr. phil. Barbara Baerns ist emeritierte Professorin für Theorie und Praxis des Journalismus und der Öffentlichkeitsarbeit der Freien Universität Berlin.

BaFin → Bundesanstalt für Finanzdienstleistungsaufsicht.

Baisse – von franz. „senken"; bezeichnet im Gegensatz zur → Hausse an den Börsen eine Phase sinkender Börsenkurse, die mit einer vorherrschend pessimistischen → Stimmung einhergeht und mit Bärenmärkten synonym verwendet wird. Die Baisse ist ein Beispiel für die Abhängigkeit der Märkte von Stimmungen durch → Stakeholder.

Balanced Scorecard – bezeichnet im → PR-Controlling ein Instrument zur Messung auch nicht-finanzwirtschaftlichen Steuerungsgrößen (z.B. Kundenprozesse, interne Prozesse, Lernfähigkeit einer Organisation), die Robert S. Kaplan und David P. Norton in den 1990er-Jahren entwickelten.

Banner-Burnout – bezeichnet in der Mediaplanung das nachlassende Interesse von Internetnutzern für einen geschalteten Banner. Banner-Burnouts sind für das → PR-Management in der → Online-PR und hier bei der Planung von → Kampagnen von Bedeutung. Dem Burnout kann z.B. durch Rotation von Motiven entgegengewirkt werden.

BarCamp – *FooCamp;* bezeichnet ein der Open-Space-Konferenz (→ Open Space) ähnliches Veranstaltungs- und Konferenzformat, das auch als „Unkonferenz" bezeichnet wird. Im Gegensatz zur herkömmlichen Konferenz organisieren sich Interessenten mit freiem Gedankenaustausch ohne Regeln und ohne Agenda, bei dem jeder Teilnehmer zugleich auch Referent sein kann. Der Begriff setzt sich aus der in der Informationstechnologie bekannten Begriff „bar" oder „foo" als Platzhalter für Dateien oder Prozesse, hier als Symbol für die zu bestimmenden Themen, und „camp", das die offene Zusammenkunft betont, zusammen. Interessenten veröffentlichen vorab Themen (Sessions) im Internet, und die Agenda ergibt sich per Abstimmung zu Beginn des BarCamps, sodass die Teilnehmer selbst zur Konferenz werden. Anders als bei Open-Space-Konferenzen sind BarCamps noch offener konzipiert, sodass sich die Konferenzteilnehmer zum Ende der Workshops nicht sammeln, um die Ergebnisse zu dokumentieren, sondern hier der Eigeninitiative der Teilnehmer vertrauen, die diese im Internet veröffentlichen. Für das → PR-Management ist diese Konferenzmethode angewandter → Dialog und ein Instrument der → Veranstaltungskommunikation.

Barcelona Declaration of Research Principles – bezeichnet grundsätzliche Prinzipien zur Erfassung und Bewertung von PR-und Öffentlichkeitsarbeit (2010) und ist damit eine Richtlinienempfehlung für das → PR-Controlling der AMEC (International Association for Measurement and Evaluation of Communication), der Konferenz zur Evaluation von Kommunikation.

Bärenmarkt → Baisse.

Barnum, Phineas Taylor – 1810-1891; wird in der Literatur oftmals als Wegbereiter des → Publicity Models/Press Agentry Models des → PR-Managements dargestellt, das er in den 1830er-Jahren anwendete, um seinen Zirkus und andere Events bekannt zu machen.

Barrierefreiheit – bedeutet für die → Online-PR, dass Menschen mit Behinderung Internetangebote uneingeschränkt nutzen können. Für Angebote der öffentlichen Hand sind sie mit der Verordnung „Barrierefreie Informationstechnik-Verordnung 2.0" auf Basis der „Web Content Accessibility Guidelines (WCAG) 2.0" entsprechend aufzubereiten.

Bartering – engl. „tauschen"; bezeichnet in der Medienarbeit den Tausch von vorproduzierten Beiträgen gegen Programmplatz und Sendezeit z.B. als Instrument der → Hörfunk-PR oder → TV-PR.

Bashing – von engl. „Prügel"; meint die oft medial getriebene Skandalisierung von Personen oder Institutionen und wird z.T. mit „Online-Mobbing" übersetzt. Im Ergebnis ist Bashing z.T. auch ein → Shitstorm. Aktuell ist das „Greenbashing" (die Skandalisierung von vorgeblich grünen Produktionsmethoden wie Bioeier) oder „Griechenland-Bashing" (die Diffamierung von Griechenland angesichts der Eurokrise). Bashing ist damit relevant für die → Krisenkommunikation und das Image- sowie → Reputationsmanagement.

Basispressemappe – *Basispressepaket*; bezeichnet als → PR-Instrument eine Informationszusammenstellung für die Presse z.B. mit Pressemitteilungen, Unternehmensprofil, Pressefotos und/oder Infografiken mit dem Ziel der Erstkontaktherstellung/Kontakterneuerung zu Journalisten.

Basiswissenschaften der Public Relations – bezeichnen die Wissenschaften, die im Kern die Methoden, Instrumente, Prozesse, Strukturen und Wirkungen der PR analysieren, v.a. → Wirtschaftswissenschaften, → Kommunikationswissenschaften, → Psychologie, → Soziologie, → Kulturwissenschaften und → Politikwissenschaften und → Didaktik.

BBDO – führendes → Agentur-Netzwerk (Schwerpunkt: Werbung).

BDG → Berufsverband der Kommunikationsdesigner.

BdP → Bundesverband deutscher Pressesprecher.

Becker, Thomas – geb. 1969; ist Dr. phil. und Professor für Medienmanagement und öffentliche Kommunikation an der SRH-Hochschule Calw.

Bedienungsanleitung → Gebrauchsanweisung.

Bedürfnis – als zentraler Begriff des Marketings korrespondieren wahrgenommene Bedürfnisse mit den → Motiven als Begriff aus der Psychologie. Sie führen zu dem Wunsch, den empfundenen Mangel auszugleichen. Sie gelten als zentral für Konsumenten- und damit Kaufentscheidungen. Identifizierte Bedürfnisse gelten im Marketing als Basis, Unternehmensleistungen anzubieten. Grundmotive sind als „Mindestbedürfnis" bei jedem Menschen angelegt und für sein Handeln bestimmend. Der Psychologe David Clarence McClelland (1917-1998) unterscheidet drei Grundbedürfnisse (Zugehörigkeit, → Macht, Leistung), die bei jedem letztlich vorhanden sind und Menschen zugleich unterscheiden.

Bedürfnispyramide – bezeichnet nach Abraham Maslow eine der bekanntesten Motivationstheorien mit physiologischen Grundbedürfnissen (z.B. Hunger, Durst, Schlaf), Sicherheitsbedürfnissen (z.B. Schutz, Vorsorge, sichere Umgebung), sozialen Bedürfnissen (z.B. Kontakt, Liebe, Zugehörigkeit), Wertschätzungsbedürfnissen (z.B. Respekt, Achtung, Würde) und Selbstverwirklichungsbedürfnissen (Einsatz, Entwicklung und Entfaltung persönlicher Fähigkeiten). Ihr hierarchischer Aufbau gilt als überholt, da

Bedürfnisse individuell unterschiedlich sind.

Behavioral Branding – *verhaltenswissenschaftliche Markenführung*; Teil der → internen Markenführung. Es zielt auf das markenorientierte Verhalten von Mitarbeitern ab und gehört zur Verhaltensökonomik (→ Behavioral Economics).

Behavioral Economics – engl. „Verhaltensökonomik"; die verhaltenswissenschaftlichen Wirtschaftswissenschaften analysieren das Verhalten von Organisationen und ihren Mitgliedern. Sie ergänzt seit etwa den 1950er-Jahren die wirtschaftswissenschaftliche Theorie in Kritik der Neoklassik, die ausgehend vom 18. Jahrhundert mehr und mehr mathematisiert wurde. Sie versucht im Gegensatz zum → Behaviorismus die in der „Black Box" verschlossenen v.a. kognitiven psychologischen Prozesse für die Wirtschaftswissenschaften sicht- und nutzbar zu machen. Mit der Erforschung von Informationssuche und Kaufverhalten hat die Verhaltensökonomik besonders in der Untersuchung des Käuferverhaltens Einzug gehalten, ist aber mit verhaltenswissenschaftlichem Management (Behavioral Management) auf der Angebotsseite eher unterrepräsentiert. Mit → PR-Management als Kommunikations- und → Verhaltensmanagement, der zunehmenden Anerkennung → weicher Faktoren als Zielgröße z.B. von → Change Communications innerhalb des Change Management und des → Behavioral Branding bekommen Behavioral Economics neue anwendungsbezogenen Impulse.

Behavioral Targeting – engl. „verhaltensorientierte Zielgruppenbestimmung"; bezeichnet verhaltensbasierende Onlinewerbung, die Besuchern einer Website

Werbebanner mit solchem → Content einblendet, der ihren Interessen entspricht. Sie wurden auf Basis von Cookies ermittelt (z.b. aufgerufene Websites, Verweildauern). Werbebanner sind neben Suchmaschinen-Werbung die derzeit meistgenutzte Werbeform im Internet, sodass diese für das → PR-Management v.a. im Rahmen der → Integrierten Kommunikation und bei → Kampagnen von Bedeutung sind.

Behaviorismus – von engl. „behavior", Verhalten; bezeichnet eine zu Beginn des 20. Jahrhunderts prägende Strömung der Psychologie, die auch die frühe PR-Forschung geprägt hat. Sie geht wie die Psychoanalyse davon aus, dass der Mensch nicht selbst über seine Reaktionen bestimmen kann. Im Behaviorismus erklärt sich das menschliche Verhalten aus Reiz und Reaktion, sodass im PR- und Marketingmanagement bekannte → Reiz-Reaktions-Modelle hierauf zurückgehen. Dabei handelt es sich um eine stark experimentell orientierte Psychologie. Sie stützt sich ausschließlich auf beobachtbares Verhalten und wird daher stark kritisiert. Der Behaviorismus steht im Gegensatz zur (humanistischen) Psychologie, die in den 1950er-Jahren aufkam, und im Gegensatz zu → Behavioral Economics.

Beihefter – bezeichnet ein PR- oder Werbe-Instrument in Form einer Beilage, die in die Heftmitte einer Zeitschrift eingefügt wird.

Beikleber – bezeichnet ein PR- oder Werbe-Instrument, das einer Anzeigenseite in einem → Printmedium beigefügt wird und vom Leser entnommen werden kann. Oft handelt es sich um eine Response-Postkarte oder eine Warenprobe.

Beirat – ist ein Gremium mit nicht standardisierten Aufgaben, Rechten und Pflichten von Unternehmen. Als → PR-Instrument sind z.b. Kunden-, Mitarbeiter- und Innovationsbeiräte Institutionen zur Verstetigung von → Dialog mit dem Ziel, die Ansprüche von → Stakeholdern frühzeitig aufzudecken und ihre Einrichtung sowie Tagungen als Berichterstattungsanlass für die → Medienarbeit zu nutzen.

Bekanntheit – die Erfahrung und damit Kenntnis als wissensbezogene → Wahrnehmung bspw. in einer → Dialoggruppe über Images und Marken von Unternehmen und/oder Produkten. Als definierter Bekanntheitsgrad gehört die Bekanntheit zu den vorökonomischen → Kommunikationszielen.

Belegexemplar – bezeichnet das Exemplar einer Presseveröffentlichung, eines veröffentlichten Fotos oder Buches für Autoren, Fotografen und anderen Urhebern zu Nachweis- und Dokumentationszwecken. In der → Publikumspressearbeit sind solche Belege eher unüblich.

Below-the-line-Kommunikation → Above-the-line-Kommunikation.

Benefit – bezeichnet den → Nutzen einer → Marke, der auf dem → Leistungsversprechen basiert.

Bentele, Günter – geb. 1948; Dr. phil. habil. Günter Bentele ist emeritierter Professor für Public Relations am Institut für Kommunikations- und Medienwissenschaft der Universität Leipzig.

Beobachtungstheorie – Um Fortschritt in der Gesellschaft zu erklären, ist eine Annahme der → Systemtheorie, dass sich

Systeme (z.B. Unternehmen, Marken) gegenseitig und auch sich selbst beobachten und daraus nach eigenen Regeln folgern, wie sie sich hiernach verhalten sollten. Systeme unterscheiden sich also von ihrer Umgebung durch bestimmte Distinktion, sodass die Systemtheorie im Anschluss an Niklas → Luhmann auch eine → Distinktionstheorie ist. Dies führt zur besonderen Rolle von → Public Relations als Irritationssystem für andere und betont ihre Bedeutung in der systemtheoretischen Managementtheorie mit dem → Steuerungspessimismus. – Unterschieden werden zentral die Beobachtung erster und zweiter Ordnung: Beobachter erster Ordnung betrachten Systeme und ihre Akteure mit der Frage, was passiert. Beobachter zweiter Ordnung beobachten Beobachter mit der Frage, wie Beobachtungen zustande kamen und wie etwas passiert.

Beratung – bezeichnet einen uneinheitlich verwendeten Begriff professioneller Dienstleistung von → Agenturen oder → PR-Abteilungen, die die (betriebswirtschaftlichen) Probleme bzw. Lösungen der beauftragenden Organisation zum Ziel hat, um diese zu definieren, zu strukturieren, zu analysieren sowie Problemlösungen zu erarbeiten und ggf. um- und durchzusetzen (Umsetzungsberatung). – Die PR-Beratung erstreckt sich von der Überprüfung und Entwicklung von → Kommunikationszielen, → Strategien, die Entwicklung und Umsetzung von → PR-Instrumenten, die Restrukturierung von PR-Abteilungen sowie auch das → Coaching, was streng genommen nicht zur Beratung zählt. Beratung hat eine Wissens- und/oder Kapazitätserweiterungsfunktion. – Die → Theorie der

PR-Beratung sieht die Berechtigung zur Intervention in der Beobachtung zweiter Ordnung (→ Beobachtungstheorie) durch das beratende Unternehmen in der System-/Umweltdifferenz des zu beratenden Unternehmens (→ System) zu seiner Umwelt (geeignete Referenzpunkte des Vergleichs).

Bericht – eine aus → Nachrichten bestehende → journalistische Darstellungsform ohne Wertung. Der Bericht in einem Medium ist das Publikationsziel der → Pressemitteilung und → Pressekonferenz, um anlassbezogenen Aufmerksamkeit z.B. anlässlich eines neuen Produkts aufzubauen.

Berliner Format – gehört neben dem Rheinischen und Nordischen Format zu den drei führenden Zeitungspapierformaten (315 x 470 mm), das damit etwas kleiner ist als die beiden anderen.

Bernays, Edward – 1891-1995; gilt als einer der PR-Pioniere und war Neffe von Sigmund Freud, dem Begründer der Psychoanalyse. Seine Arbeiten mit dem → Engineering of Consent stehen in dieser Tradition.

Berufsverband der Kommunikationsdesigner (BDG) – Fachverband, der die Interessen von Kommunikationsdesignern vertritt.

BeTa → Behavioral Targeting.

Betriebsänderung – ein Begriff, den das → Betriebsverfassungsgesetz definiert (§ 111,1). Dazu gehören (1) Einschränkung und Stilllegung des ganzen Betriebs oder von wesentlichen Betriebsteilen, (2) Verlegung des ganzen Betriebs oder von wesentlichen Betriebsteilen, (3) Zusammenschluss mit anderen Betrieben oder die Spaltung von Betrieben,

(4) grundlegende Änderungen der Betriebsorganisation, des Betriebszwecks oder der Betriebsanlagen, (5) Einführung grundlegend neuer Arbeitsmethoden und Fertigungsverfahren. Damit sind viele Situationen gekennzeichnet, die Change Management und im Kontext des → PR-Managements → Change Communications erfordern.

Betriebsausflug – bezeichnet eine vom Arbeitgeber geförderte betriebliche meist eintägige Veranstaltung (Ausflug, Reise) mit geselligem Angebot, das der Stärkung des Teamgeists oder der → Identifikation mit dem Unternehmen und damit der → Motivation dient. Es ist damit ein wichtiges → PR-Instrument der → internen Kommunikation, zu dem auch Familien der Mitarbeiter, Kunden und andere wichtige Bezugsgruppen der Organisation eingeladen werden können.

Betriebsjournalismus – bezeichnet (1) als → Corporate Journalism ein Handlungsfeld der → internen Kommunikation zur Recherche und Redaktion von Inhalten für → Corporate Media; (2) steht begrifflich für ein überholtes Verständnis von interner Kommunikation, die als Teil der → Führung nicht als → Ergebniskommunikation zu mandatieren ist, sondern als → Prozesskommunikation. Dann ist er zentraler Teil des → PR-Managements.

Betriebsrat – ist die mit dem → Betriebsverfassungsgesetz gesetzlich geregelte Organisation der Arbeitnehmermitbestimmung. Die Initiative zur Organisation einer Betriebsratswahl ist ausschließlich Sache der Mitarbeiter. In Betrieben mit i.d.R. mind. fünf ständigen wahlberechtigten Arbeitnehmern, von denen drei wählbar sind, werden Betriebsräte gewählt. Der Betriebsrat ist für die → interne Kommunikation eine wichtige → Dialoggruppe und prägt das Handlungsfeld der → Betriebsrats-PR.

Betriebsrats-PR – bezeichnet (1) das → PR-Management zur Steigerung der → Reputation und → Akzeptanz des → Betriebsrats innerhalb eines Unternehmens, indem dieser Auskünfte über den Stand der Dinge im Betrieb erteilt, seine Leistungen zur Durchsetzung von Arbeitnehmerinteressen und -rechten darstellt und/oder Mitglieder gewinnt; (2) das PR-Management der → internen Kommunikation mit dem Betriebsrat als interne → Dialoggruppe. Zwischen den Kommunikationszielen von Betriebsrat und der internen Kommunikation herrscht z.T. ein systematischer → Konflikt. Dieser ergibt sich aus der Rolle der internen Kommunikation als Institution der Führung und damit Funktion der Unternehmensleitung sowie des Betriebsrats als Interessensvertretung der Mitarbeiter gegenüber der Unternehmensleitung. Damit positioniert sich der Betriebsrat z.T. als betriebsinterne Opposition, was das Management der → Beziehungen zwischen Unternehmensleitung und Betriebsrat in vielen Fällen zu einer systematischen Herausforderung macht.

Betriebsverfassungsgesetz (BetrVG) – regelt im Kontext des → PR-Managements die Minimalanforderung und formale Pflicht der → internen Kommunikation der Arbeitgeber, die Arbeitnehmer zu informieren (§ 81 ff.). Diese Pflichtkommunikation findet meist Ausdruck in Veranstaltungen wie Betriebsversammlungen, die in Unternehmen mit Betriebsrat obligatorisch sind. Hierzu lädt die Mitarbeitervertretung die

Unternehmensleitung ein, die die Mitarbeiterschaft informiert. Insofern ist das Betriebsverfassungsgesetz Grundlage der internen → Public Relations, die mit Motivations- und Reputationszielen weit über die Anforderungen des Gesetzes hinausgeht. Zudem ist das BetrVG maßgeblich für → Betriebsänderungen und damit für → Change Communications.

Bewertungsportale – sind Weiterempfehlungsplattformen im Internet (z.B. Ciao, Qype), die Kunden die Kaufentscheidung erleichtern. Die Präsenz und positive Bewertung ist ein wichtiges Ziel der → Online-PR sowie → Produkt-PR und prägt die → Reputation der gelisteten Unternehmen auch über das Internet hinaus.

Beziehung – Aus Sicht des PR-Managements bilden soziale Beziehungen den strukturellen Begriff von „Public Relations" ab. Beziehungen bestehen aus mind. bilateraler sozialer → Interaktion, psychologischen Prozessen, ggf. (un-)bewussten kommunikativen Handlungen und kulturell gebundenes Wissen, die sich zu wirtschaftlichen Beziehungen (v.a.: Tausch, Vertrag) entwickeln können. Hierbei werden starke Beziehungen (→ strong ties) mit intensiver persönlicher Interaktion (z.B. Medienkontakte, Widerstandsgruppen von Führungskräften im Change Prozess) und schwachen Beziehungen (→ weak ties z.B. Markenbeziehungen, Massenmärkte) unterschieden, die gleichermaßen über erfolgskritisches Potenzial verfügen. Verallgemeinert sind Beziehungen soziale und relationale Konstrukte, die für Unternehmen Handlungsrelevanz entfalten können, bspw. indem sie Organisationen durch die Beziehungen zu Kunden oder starken Marken

unterstützen oder sie durch Beziehungen zu Protestgruppen hemmen. – Public Relations meinen als „öffentliche Beziehungen" im Gegensatz zu privaten Beziehungen (→ Relationships) solche Beziehungen, die von Dritten (→ Stakeholder) beobachtet werden – mit gleichen oder voneinander abweichenden Nutzenmaßstäben, sodass sie managementfördernde oder -hemmende → Macht entfalten können. Stakeholderbeziehungen sind im Gegensatz zur klassischen Transaktionsanalyse der Betriebswirtschaft oft multilateral. Entsprechend lassen sich „Relationships" als → strong ties interpretieren während „Relations" eher → weak ties sind. Während die Erfolgsrelevanz bilateraler Beziehungen als betriebswirtschaftlich Transaktionen in ausgehandelten Konditionen bzw. deren rechtlicher Durchsetzung bestehen, liegt Erfolgsrelevanz multilateraler Beziehungen in der Kraft gruppendynamischer Prozesse.

Beziehungsdidaktik → Didaktik.

Bezugsrahmen für Kommunikations-Controlling – wurde von der → Deutschen Public Relations Gesellschaft (DPRG)/ → Internationale Controller Verein (ICV) vorgelegt als stufenbildender Strukturierungsbeitrag (→ Output-, Outcome- und → Outflow-Ebene) des → PR-Controllings. Er wurde mit der → Outlook-Ebene in Kritik des Top-Down-Gedankens des Stufenmodells ex ante um die Ansprüche strategischer → Stakeholder und mit der → Outclime-Ebene um die Beziehungsebene zu Stakeholdern erweitert.

Big Five – kennzeichnet im Fünf-Faktoren-Modell von Costa/McRae fünf zentrale Persönlichkeitsfaktoren, die die Persönlichkeit von Menschen z.B. im

Rahmen von → Change Communications bestimmen, die wiederum das Verhalten und deren Wahrnehmung z.B. von Kommunikationsmaßnahmen prägen.

Bilanzpressekonferenz → Pressekonferenz.

Bildagentur – spezialisierte → Agentur, die Bildmaterial (z.B. Fotos, Illustrationen, Grafiken) und z.T. auch Filmmaterial (→ Footage-Material) von Fotografen an Redaktionen von Print- und TV-Medien sowie PR- und Werbeagenturen vermarktet und damit einen wichtigen Teil der → Bildkommunikation bereitstellt.

Bilddatenbanken → Stockfotos.

Bildkommunikation – bezeichnet die visuelle, nonverbale Kommunikation mit vermehrtem Einsatz von Fotos, Abbildungen, Grafiken, → Symbolen und auch → Cartoons sowie verringerten Textanteilen zur Unterstützung der Medienarbeit. Sie hat zunehmende Bedeutung angesichts abnehmender Lesebereitschaft und zunehmenden Informationswettbewerbs auch als → visueller Content im Rahmen der → Online-PR. Bilder werden auch in der → Marketingkommunikation wichtiger, da Emotions-, Erlebnispositionierungen und -botschaften bei zunehmend ähnlichen Marktleistungen mehr Bedeutung erlangen, um sich von Wettbewerbern positiv abzugrenzen. Die Bildkommunikation folgt den Erkenntnissen der Psychologie, wonach Rezipienten die Aufnahme und Speicherung von Bildern leichter fällt als Texten.

Bildunterschrift – bezeichnet in der Textarbeit einen eigenständigen Text, der unter einem Bild das Motiv erklärt und ggf. mit Zusatzinformationen erläutert. So werden abgebildete Personen

üblicherweise von links nach rechts (v.l.n.r.) mit Vor- und Nachnamen sowie Funktion vorgestellt.

Billboard – engl. „Werbefläche"; bezeichnet im → Sponsoring die Nennung des Sponsors vor („Opener") oder nach („Closer") einer Sendung (z.B. „Diese Sendung wird/wurde präsentiert von…").

Billingvolumen – *Billings;* von engl. „Rechnungssummenvolumen"; bezeichnet die Umsätze von Agenturen (v.a. Mediaagenturen, Werbeagenturen), die sich aus Honoraren und → Agenturprovisionen (Agenturvergütung) zusammensetzen. Billings sind ein Erfolgsindikator und bestimmen z.T. die Position in → Agentur-Rankings.

Bindung – ist ein handlungsorientierter Begriff, der (1) die freiwillige Einschränkung der wirtschaftlichen Dispositionsfreiheit aufgrund psychologischer Dimensionen wie → Identifikation, → Loyalität und Zufriedenheit zur Folge hat und v.a. als Mitarbeiterbindung und Kundenbindung Relevanz für Unternehmen hat und Ziele der → internen bzw. → externen Kommunikation bilden. (2) Bezeichnet als Prozess des „Alignments" im Unterschied zur klassischen Betriebswirtschaft, die gemeinsame Ziele einer Organisation als gegeben annimmt, v.a. in → Krisen oder → Konflikten die Notwendigkeit, das Bekenntnis von Führungskräfte und/oder Mitarbeitern zu Unternehmensziele zu erarbeiten, mit dem Ziel, entweder ihre → Motivation zu wecken oder sich von ihnen zu trennen. Das Management- oder Mitarbeiteralignment ist ein mögliches Handlungsfeld von → Change Communications. – Bindung ist ein Ausdruck der → Macht des Managements und von → Marken.

Black List – engl. „schwarze Liste"; bezeichnet in unterschiedlicher Anwendung gesammelte Warnhinweise. In der → Online-PR gründen Internetnutzer bspw. Plattformen mit Warnhinweisen zu Unternehmen, von denen sie belästigt, enttäuscht oder betrogen wurden (z.B. www.anruf-info.de mit Hinweisen auf unerwünschte Anrufer oder www.echte-abzocke.de mit unterschiedlichen Warnhinweisen).

Blaudience – Kunstwort aus engl. „Blog" und „Audience"; Leser eines Blogs und damit eine wichtige → Dialoggruppe innerhalb der → Online-PR und hier der → Blogger Relations.

Blisterverpackung – von engl. Blister, „Beule", auch Sicht- oder Durchdrückverpackung genannt; bezeichnet eine Plastikverpackung, die das Produkt (z.B. Tabletten, Spielzeug) umhüllt und eingeschweißt präsentiert, sofern es mit Aluminium als Trägermaterial verbunden wird. So ist es gut sichtbar, geschützt und zugleich leicht entnehmbar. Blisterverpackungen erfüllen damit Aspekte der Funktionalität und des → Images, indem das Produkt im Vordergrund des → Packungsdesigns steht.

Blog – Wortkreuzung aus den Endbuchstaben des Wortes „Web" und der Anfangssilbe von „Logbuch". Gemeint sind damit Online-Tagebücher im Internet, die zu den → Social Media gehören und zur Bedeutung von → Bloggern und → Blogger Relations als Handlungsfelder der → Online-PR führen.

Blogger – sind Herausgeber, Betreiber bzw. Verfasser von Beiträgen, in einem → Blog. Wenn sie darüber hinaus als → Meinungsführer in ihren Themen in unterschiedlichen → Social Media breit vernetzt sind, werden sie zu digitalen → Multiplikatoren, die derzeit → Influencer genannt werden. Sie sind eine wichtige → Dialoggruppe der → Online-PR geworden, so dass von → Blogger Relations oder → Influencer Relations gesprochen wird.

Blogger Relations – bezeichnet den Beziehungsaufbau zu Bloggern als → Multiplikatoren und Teil des → PR-Managements mit dem Ziel, dass sie das jeweilige Unternehmen und/oder seine Leistungen in ihrem → Blog und/oder ihren → Social Media positiv berücksichtigen. Anders als → Media Relations sind Blogger aber keine Berufsgruppe, sondern eine Mischung aus privaten und gewerblichen Anbietern, so dass auch hier eine individualisierte Ansprache notwendig ist.

Blogger-Treffen – Veranstaltung von Unternehmen und anderen Organisationen zur Information und Pflege der → Beziehungen mit → Bloggern. Es ist ein Instrument der → Blogger Relations.

Blogosphäre – Gesamtheit vernetzter → Blogs, Posts und vernetzter → Social Media. Sie bildet die digitale → Öffentlichkeit und wichtige Teilöffentlichkeit des → PR-Managements.

Blogroll – eine Linksammlung als Verweis auf andere Blogs, die beispielsweise in Blogs selbst oder in Fachforen im Internet von Nutzern einer Site angelegt werden. Ein denkbares Ziel der Online-PR ist, dass Produkt- und/oder Unternehmenswebsites in solchen Blogrolls gelistet werden, um die (Online-)Bekanntheit zu erhöhen.

Blue Print – engl. „Entwurf", „Blaupause"; bezeichnet im (Projekt-)

Management eine Methode zur Veranschaulichung geplanter Strukturen, Funktionen und Prozesse von → Zielorganisationen, oft in Form von Ablaufprozessen mit dem Ziel, Funktionsweisen und kritische Schnittstellen zu verdeutlichen und etwaige Schwachstellen auszuräumen. Blue Prints haben bei → Change Communications und hier vor allem bei der → Mergers- und Acquistions-PR die wichtige Aufgabe, Verständnis für die dafür notwendigen Aufgaben zu schaffen, → Akzeptanz für die geplante Zielorganisation zu erreichen und etwaige → Widerstände zu senken.

Blue Washing – meint den (ungerechtfertigten) Versuch, sich als Organisation ein positives → Image mit Engagement in Menschenrechtsfragen zu geben. Die Begriffsgebung erfolgt in Anlehnung an die Farben der Vereinten Nationen und als Analogie zum → Greenwashing.

BmO – Beitrag mit → O-Ton. Begriff aus der → Hörfunk-PR.

Boilerplate – Bezeichnet den abgesetzten Abspann einer Pressemitteilung, der als Hintergrundinformation zum Beispiel das Unternehmen oder das Produkt beschreibt, um das es in der Pressemitteilung geht. Die Informationen einer Boilerplate sind nicht eindeutig definiert, enthalten aber oft Grundsätzliches zum Absender wie Branchenkennzeichnung, Position im Wettbewerb mit Größenhinweisen wie Mitarbeiterzahlen, Umsätze und Kernleistungen. Der Begriff „Boilerplate" (engl. für „Kochplatte") ist nicht eindeutig geklärt.

Bondkommunikation – *Anleihenkommunikation*; bezeichnet die Emissionskommunikation mit der Erstpositionierung anleihebegebender Unternehmen (Bondemittenden) sowie die Folgebetreuung der Anleger. Vor allem die → Investor Relations von Mittelstandsanleihen reicht in der Praxis oft nicht an die aktienbegebender Unternehmen heran. Die Deutsche Vereinigung für Finanzanalyse und Asset Management hat deshalb Standards zur Bondkommunikation vorgelegt mit dem Ziel, die Qualität von Anleihen- und Aktienkommunikation einander anzugleichen.

Bonfadelli, Heinz – geb. 1949; Dr. phil. habil. Heinz Bonfadelli ist Professor am Institut für Publizistikwissenschaft und Medienforschung der Universität Zürich.

Bongo – engl. „business organised non-governmental organisation"; bezeichnet → Non-governmental Organisations, die von Unternehmen bzw. Verbänden gegründet werden. Zum Teil werden Fernsehprogramme mit gemeinnützigen Aktionen (z.B. „Zuhause im Glück", RTL2) zu solchen Bongos gezählt und sind damit → PR-Instrumente.

Bordmagazin → Inflights.

Börsengang – wichtiger Anlass für das → PR-Management und → Investor Relations mit zunächst → interner Kommunikation zur Prägung der → Equity-Kultur und → externer Kommunikation meist mittels → Kampagnen, um zur Platzierung der Aktien beizutragen.

Bossing → Mobbing zwischen Vorgesetzten und Mitarbeitern.

Botschaften – anlassbezogene und/oder strategische Kernaussagen (z.B. Erfolgsbotschaften, Imagewerte, Ziele), die in Abhängigkeit von den → Kommunikationszielen mittels → Kommunikation bei → Dialoggruppen platziert werden sollen. Sie prägen die → Argumentation der → Medienarbeit, den → Content der → Online-PR sowie auch die → Werbung und leiten sich ggf. aus Soll-Images und/ oder der strategischen → Markenkommunikation ab.

Bottom-up-Kommunikation – engl. Aufwärtskommunikation; bezeichnet in Bezug auf den Entscheidungsbildungsprozess in Hierarchien von unten nach oben die partizipative Meinungsbildung für eine Entscheidungsfindung im Gegensatz zur → Top-down-Kommunikation mit dem Ziel, größtmögliche → Akzeptanz für eine Entscheidung im Unternehmen zu erreichen.

Boulevardjournalismus – bezeichnet eine vom → Sensationsjournalismus geprägte Berichtsform, die die → Boulevardmedien kennzeichnet. Insgesamt ist eine Boulevardisierung der Medien zu beobachten, indem etwa Tages- und Nachrichtenmedien zunehmend über typische Boulevardthemen berichten, die von weichen → Nachrichtenfaktoren gespeist werden.

Boulevardmedien – sind im Gegensatz zur → Regenbogenpresse durch einen größeren Anteil von → Sensationsjournalismus gekennzeichnet (z.B. Bild-Zeitung, Express). Sie gehören zur → Yellow Press und sind Zielmedien der → Publikumspressearbeit.

Bounce Rate – von. engl. abprallen; bezeichnet im → PR-Controlling der → Online-Kommunikation die Absprungrate einer Website. Sie ergibt sich aus dem Prozentsatz der Besucher, die eine bestimmte Seite einer Homepage aufrufen, jedoch keine weitere Seite der Internetpräsenz besuchen. Sie meint im Gegensatz zur Ausstiegsrate (→ Exit Rate) solche Nutzer einer → Landingpage, die diese ohne Interaktion (z.B. dem Aufruf von weiteren Unterseiten) wieder verlassen. Die Höhe der Bounce Rate ist abhängig von den Unternehmen und ihrem → Content. Zum Teil wird eine Bounce Rate kleiner als 30 Prozent empfohlen. Eine hohe Bounce Rate kann technische Ursachen haben. Hat sie inhaltliche und/oder Gründe der Nutzerfreundlichkeit, ist sie ein Hinweis, die Website zu verbessern.

Boundary Spanner – von engl. „Grenzüberbrücker"; sind an internen oder externen → Schnittstellen von Organisationen tätig, die für das → PR-Management relevante Informationsaufgaben (z.B. Übersetzung von Fachinformationen in verständliche Publikumsinformationen) und Repräsentationsaufgaben (z.B. → Interaktion mit → Dialoggruppen) wahrnehmen.

Brainstorming – ist eine → Kreativitätstechnik. Sie setzt auf die Gruppendynamik, indem die Teilnehmer gefordert sind, ihre spontanen Eingebungen, Ideen und Einfälle mündlich zu äußern, die ein Moderator notiert zur weiteren Inspiration. Kritik und Denkverbote sind verboten. Abschließend werden die gesammelten Ideen von der → Gruppe im Hinblick auf ihre Problemlösungsbeiträge gesichtet, strukturiert, bewertet und priorisiert.

Brainwriting Pool – ist eine schriftliche Form des → Brainstormings. Sie kann während eines Meetings oder auch als Bestandteil des Brainstormings eingesetzt werden.

Branchenpresse – bezeichnet als Teil der → Fachpresse solche Medien, die von mehreren Unternehmen einer Branche, zum Teil durch Verbände organisiert, zum Teil auf Initiative von Verlagen, herausgegeben werden und sich an die Kunden einer Branche wenden. Zum Teil werden sie von Unternehmen gekauft und kostenfrei an die Kunden weitergegeben (z.B. Apotheken-Umschau, Der Handel, Die Bank).

Brand Ambassador → Markenbotschafter.

Brandbrief – bezeichnet im Kontext des → PR-Managements einen oft offenen Brief von einer Organisation, der in einer (drohenden) → Krise auf die hohe Dringlichkeit aufmerksam macht und oft mit der Bitte um Hilfe verknüpft wird.

Brand Community → Markengemeinschaft.

Branded Entertainment – von engl. „Unterhaltung durch und mit Marken"; bezeichnet als Sammelbegriff unterschiedliche Ansätze und Instrumente, → Marken mit Unterhaltung zu verschmelzen mit dem Ziel, ihre Bekanntheit, → Identifikation und → Reputation zu steigern, indem Marken und/oder → Markenstories z.B. in Spielfilmen, Unterhaltungssendungen oder → Events eingebaut werden. Zum Teil wird Branded Entertainment daher als Fortentwicklung der → Produktplatzierung aufgefasst.

Branded Journalism – von engl. „Markenjournalismus"; bezeichnet als Anwendung des → Corporate Journalism den Maßstab für die Entwicklung von → Content als Anreiz für Rezipienten und Multiplikatoren, sich mit angebotenen Informationen zu beschäftigen. Der Branded Journalism repräsentiert die Ausdehnung der Anwendung journalistischer Qualitätskriterien (z.b. kritische Distanz, Nachrichtenwerte, Trennung von Nachrichten und Meinung), die normativ bisher die → PR-Redaktion prägte, in die ursprünglich eher werbliche → Marketingkommunikation.

Brand Equity → Markenwert.

Brand Essence Markenessenz (→ Marke).

Brand Extension → Markendehnung.

Brand Heritage – engl. „Markenerbe"; → Heritage Communication.

Branding – Prozess der → Markenentwicklung.

Brand Personality → Markenpersönlichkeit.

Brand Scent → Markenduft.

Brand Story → Story.

Brand Voice → Corporate Voice.

Breadcrumb-Navigation – *Brotkrumen-Navigation*; bezeichnet Linkpfade auf Websites, die Nutzern jederzeit anzeigen, wo sie sich auf der Website befinden. Die Bezeichnung Breadcrumb-Navigation leitet sich aus dem Märchen „Hänsel und Gretel" ab, die Brotkrumen streuten, um ihren Weg zu finden.

Break-out-session – von engl. „ausbrechen"; bezeichnen in der → Veranstaltungskommunikation meist parallel stattfindende Kleingruppensitzungen am Rande größerer Veranstaltungen zu spezialisierten Fragestellungen.

Brettschneider, Frank – geb. 1965; Dr. rer. pol. habil. Frank Brettschneider ist Professor für Kommunikationswissenschaft an der Universität Hohenheim.

Briefing – von engl. „brief" für „kurz"; bezeichnet die kurzgefasste

Informationsbereitstellung für Kommunikationsmanager oder Agenturen, um PR-Strategien oder –maßnahmen zu entwickeln. Der Begriff ist dem militärischen Sprachgebrauch (Lagebesprechung) entnommen. Im Idealfall folgt das Briefing den Anforderungen eines → Konzepts.

Broadcasting – engl. „senden"; bezeichnet im Gegensatz zum → Narrow-Casting das Senden von Programmen, z.B. von Radio oder Fernsehen, an mehrere → Rezipienten. Broadcasting ist damit die Basistechnologie der so genannten → öffentlichen Kommunikation, die ein zentrales Handlungsfeld des → PR-Managements bildet.

Broschüre – von frz. brochure; heftähnliches, gedrucktes Medium mit flexiblem Umschlag, das unterschiedlichen Zwecken dient (z.B. Imagebroschüre, Produktbroschüre).

Brosius, Hans-Bernd – geb. 1957; Dr. phil. habil. Hans-Bernd Brosius ist Professor für Kommunikationswissenschaften und Medienforschung an der Ludwig-Maximilians-Universität München.

Brotkrumen-Navigation → Breadcrumb-Navigation.

Bruhn, Manfred – geb. 1949; Dr. rer.pol. Manfred Bruhn ist Professor für Marketing und Unternehmensführung an der Universität Basel.

Bruttoreichweite – ist die Summe aller erzielten Kontakte von Medien oder Werbemitteln im Gegensatz zur → Nettoreichweite, die Mehrfachkontakte hinausrechnet. Die Bruttoreichweite als Prozentwert wird als Gross Rating Point (GRP) bezeichnet. Diese Kennzahl ist wichtig im Rahmen der → Mediaplanung.

BTL – Below-the-line-Kommunikation; → Above-the-line-Kommunikation.

Buchholz, Ulrike – geb. 1956; Dr. phil. Ulrike Buchholz ist Professorin für Unternehmenskommunikation an der Hochschule Hannover.

Buch-PR – bezeichnet (1) die → Produkt-PR für das Buch im Sortiment eines Verlages; (2) das Buch als PR-Instrument für eine Organisation oder eine Person (z.B. als → CEO-Positioning im Rahmen der → Personen-PR)

Budget – umfasst als PR-Budget alle finanziellen Mittel, die für die Vorbereitung, Umsetzung und das → PR-Controlling von → Kommunikation von einer Organisation zur Verfügung gestellt werden bzw. notwendig sind. Es beinhaltet auch die Zuteilung auf die einzelnen → PR-Instrumente (z.B. → Corporate Publishing, → Events) der → internen und → externen Kommunikation, die sich in der Praxis oft auf einen zeitlichen Planungsrahmen eines Jahres bezieht. Zur Budgetierung gehört nicht nur das Ergebnis mit der Festlegung von Budgets, sondern auch der Prozess der Budgeterstellung. Da die Definition von Budgetgrößen anhand der Bestimmung von Zielbeiträgen aufgrund der mangelnden Ziel-Mittel-Beitragsmessung im PR-Controlling wenig oder gar nicht möglich ist, finden in der Praxis folgende Methoden der Budgetfestlegung Anwendung: die Definition von Prozentsätzen des Umsatzes, die kostenorientierte Planung, die Orientierung an den finanziellen Möglichkeiten, die Ausrichtung an Wettbewerbsbudgets und die Orientierung an Vergangenheitsdaten (heuristische Verfahren).

Budgetierung → Budget.

Built-in-Lobbyisten – engl. „eingebaute Lobbyisten"; sind → Lobbyisten, die Mitglied in politischen Instanzen wie Parlamenten sind.

Bullenmarkt → Hausse.

Bundesanstalt für Finanzdienstleistungsaufsicht (BaFin) – vereinigt die Aufsicht über Banken und Finanzdienstleister, Versicherer und den Wertpapierhandel unter einem Dach. Sie ist eine selbstständige Anstalt des öffentlichen Rechts und unterliegt der Rechts- und Fachaufsicht des Bundesministeriums der Finanzen. Sie ist wichtiger Rahmengeber für den Anlegerschutz und damit ein wichtiger → Stakeholder für kapitalmarktfinanzierte Unternehmen und ihre → Investor Relations.

Bundespressekonferenz – ist ein bisher einzigartiger Zusammenschluss hauptberuflicher Journalisten für deutsche Medien, die über die Bundespolitik berichten. Derzeit gehören ihr über 900 Parlamentskorrespondenten an. – Mitteilungen erfolgen laut Statuten des Vereins „unter 1" zu beliebiger Verwendung, „unter 2" zur Verwertung ohne Quelle und ohne Nennung des Auskunftsgebenden oder „unter 3" (vertraulich, also keine Verwendung).

Bundespressesamt – ist mit gut 700 Beschäftigten die größte PR-Organisation im politischen Bereich der Bundesrepublik Deutschland, der eine herausragende Bedeutung innerhalb der → Regierungs-PR und damit in der → politischen Kommunikation zukommt.

Bundesverband deutscher Pressesprecher (BdP) – ist die berufsständische Vereinigung für die rund 40.000

Pressesprecher, Pressereferenten und Kommunikationsbeauftragten aus Unternehmen, Verbänden, Behörden, Parteien, Ministerien, Städten und Gemeinden, Stiftungen und Körperschaften in Deutschland.

Bürgerjournalismus – *Grassroot-Journalismus*; Sammelbegriff für journalistisches Handeln journalistischer Laien. Der Participatory Journalism (Pro-Am-Journalism) ist eine Form des Bürgerjournalismus, die professionelle Medien praktizieren. Sie laden Leser ein, sich nach der Veröffentlichung eines Beitrags zum Beispiel in Form von Kommentaren zu beteiligen. Profis (Pro) kooperieren dabei mit Amateuren (Am). Im Zuge des so genannten Network Journalism (kollaborativer Journalismus, Netzwerkjournalismus, Open-Source-Journalismus, Peer-to-Peer-Journalismus) kommen mehrere Individuen auf einer Plattform zusammen, um gemeinsam an einer → Story zu arbeiten und so → Content zu entwickeln bzw. zu teilen. Aus Sicht des → PR-Managements werden Zielgruppen zu Inhaltsgebern, die zu → Ansteckungseffekten führen können, so dass diese als → Stakeholder zusätzlichen Einfluss auf die → Reputation gewinnen, die besonders mit dem → Web 2.0 zu einer besonderen Herausforderung der → Online-PR geworden sind.

Burkart, Roland – geb. 1950; Dr. Dr. h. c. Roland Burkart ist Professor für Kommunikationswissenschaften an der Universität Wien.

Bürker, Michael – geb. 1961; Dr. Michael Bürker ist Professor für Medienmanagement und Public Relations an der MHMK, Macromedia Hochschule für Medien und Kommunikation, in München.

Business-Theater – ein Instrument der → internen und → externen Kommunikation mit dem Akzent der → Live-Communications. Es stellt durch → Inszenierung, → Dramaturgie und Bühnendarstellung spezialisierter Schauspieler meist unternehmensspezifische Themen dar, mit dem Ziel, vor allem sensible und/oder kritische Themen durch Erlebbarkeit zu transportieren. Es kommt vor allem im Rahmen von → Change Communications, der → Führungskräftekommunikation, aber auch in der → Kundenkommunikation und → Vertriebs-PR zum Einsatz.

Business-to-Business-Kommunikation (B2B) – bezeichnet die Kommunikation zwischen Unternehmen, beispielsweise von produzierenden Unternehmen mit den Unternehmen ihrer Vertriebsstruktur (z. B. Handel), aber auch mit Zulieferern, mit dem Ziel → Beziehungen in diesem Handlungsfeld zu stärken.

Business-to-Consumer-Kommunikation (B2C) – bezeichnet die Kommunikation des Unternehmens mit dem Endverbraucher mit dem Ziel, neue Kunden zu gewinnen und bestehende Kundenbeziehungen zu verlängern.

Business-to-Government-Kommunikation (B2G) – bezeichnet die Kommunikation des Unternehmens mit Institutionen der öffentlichen Hand, die mit der operativen behördlichen Kommunikation (z.B. Stellung von Anträgen, Genehmigungen, Meldungen) beginnt und bis zur Einflussnahme auf gesetzliche (Neu-)Regelungen im Rahmen von → Public Affairs reicht.

Business-TV – engl. „Firmenfernsehen"; bezeichnet das unternehmenseigene Fernsehen, das mit der steigenden Leistungsfähigkeit von Internet und Intranet zunehmend auch für kleinere Unternehmen finanzierbar wird. Es ist ein Teil des → Corporate Publishing. Inhaltlich deckt es die gesamte Bandbreite der → internen und → externen Kommunikation ab, z.B. → Nachrichten des Unternehmens, → CEO-Positioning oder → Vertriebs-PR.

Busumfrage – Kurzform für Omnibusumfrage (von lat. „jedermann) sind Mehrthemenumfragen, die von Meinungsforschungsinstituten meist turnusgemäß durchgeführt werden und an die sich Unternehmen mit Einzelthemen anhängen können, um so schnell und relativ kostengünstig Daten zu erheben.

Buy-Side-Analysten → Analysten.

Buzz Agents – Internetnutzer, die vor allem Unternehmens- und Produktthemen positiv in der → Blogosphäre im Rahmen von → Buzz-Kommunikation verbreiten.

Buzz-Kommunikation – von engl. „summen"; hierbei sprechen Internetnutzer (→ Buzz Agents) meist gegen ein Honorar in ihrem sozialen, oft digitalen Umfeld (Social Media) in einem natürlichen und ungezwungenen Kontext positiv über eine zu bewerbende Marke bzw. Produkte, Services und Unternehmen. Buzz Kommunikation ist ein Instrument → viraler Kommunikation mit dem Ziel positiver → Ansteckungseffekte.

Byline – die Verfasserzeile zwischen Überschrift und Textkörper eines Artikels in einer Zeitung oder im Internet.

Bylined article – namentlich gekennzeichneter Artikel, beispielsweise Gastkommentare oder → Autorenbeiträge in Fachzeitschriften.

C

Campaigning – die Konzeption und Durchführung von → Kampagnen.

Candystorm – von engl. „Süssigkeitensturm"; bezeichnet im Gegensatz zum → Shitstorm die positiven Reaktionen in → Social Media aufgrund von → Ansteckungseffekten. Zum Teil wird ein Candystorm aber auch als „Lobhudelei auf Bestellung" organisiert und wäre dann aufgrund fehlender Ansteckungseffekte ein unechter Candystorm (→ Astroturfing).

Canvassing – engl. „Stimmenwerbung"; bezeichnet im politischen → PR-Management den Straßenwahlkampf mit politischem → Dialog und Wahlkampfständen der Parteien im Gegensatz zur Idee des → Digital Canvassing.

Caption → Bildunterschrift.

Captive Audience – engl. „gefangenes Publikum"; bezeichnet Situationen, in denen Rezipienten nicht ausbrechen können, beispielsweise aus der Werbung auf den Monitoren in (öffentlichen) Verkehrsmitteln (z.B. Bahn, Flugzeug).

Carry-over-Effekt – engl. „Übertragungseffekt"; bezeichnet allgemein Nachwirkungseffekte von → PR-Instrumenten von einer Periode auf eine andere. So können Imageveränderungen, Akzeptanzsteigerungen oder Verkaufserfolge nicht nur von einer aktuellen Kampagne ausgehen, sondern auf vorige zurückzuführen sein, was das → PR-Controlling erschwert.

Cartoon – engl. (animierte) Karikatur; bezeichnen humoristische Zeichnungen, die aus Sicht des → PR-Managements das Instrument von → Humor mit der → Bildkommunikation verknüpft und damit besonders geeignet ist, auch kritische Themen mit hohem Potenzial von → Konflikten zu bearbeiten.

Case Study → Anwenderbericht.

CBI → Country Brand-Index.

CC-BY-ND – bezeichnet eine Lizenzabkürzung von → Creative Commons.

CCC → Communication Control Cockpit.

CCO → Communication Constitutes Organizations.

Celebrimonial – von engl. celebrity, „Berühmtheit" und „testimonial"; bezeichnen im → Celebrity Marketing den Einsatz Prominenter als → Testimonials.

Celebrity Marketing – von engl. celebrity, „Berühmtheit"; bezeichnet die → Werbung mit Prominenten als → Testimonials mit dem Ziel, ihr → Image auf die repräsentierten → Marken zu übertragen.

CEO-Positioning – umfasst die interne und externe imagegerechte Kommunikation(sfähigkeit) des Top-Managements eines Unternehmens als Teil der → Personen-PR. Der Begriff CEO (chief executive officer) umfasst gleichermaßen die Kommunikation für Vorstand (Aktiengesellschaft) oder Geschäftsführung (Gesellschaft mit beschränkter Haftung). Der Positionierungsbegriff bezieht sich auf die authentisch herausgestellten Merkmale der Person des CEO für das Unternehmensimage.

CERP → Conféderation Européenne Relations Publiques.

Change – bezeichnet (1) als Prozess Phasen des Wandels von Unternehmen und (2) als strategisches Management Ansätze zur nachhaltigen Korrektur harter Faktoren. Change Management hat sich im Zeitablauf von eher technischen (z.B. Reengeneering) oder fokussierten (z.B. Total Quality Management, Just in Time) zu meist ganzheitlichen und tiefgreifenden Veränderungen mit großem → Scope verändert. Die Ganzheitlichkeit führt oft zu der Aktivierung → weicher Faktoren, die meist als interne Ansprüche von → Stakeholdern geplante Changes hemmen oder verhindern können, so dass → Change Communications als Handlungsfeld der → internen Kommunikation entstanden ist mit dem Ziel, → Widerstände zu senken und → Motivation zur Unterstützung des Changes zu steigern.

Change Agents – sind → Multiplikatoren, die aufgrund ihrer Rolle und/oder Funktion die Durchsetzung eines Change-Prozesses unterstützen, indem sie als → Testimonials für das Unternehmen tätig werden. Change Agents können Vorstände, Führungskräfte oder Mitarbeiter eines Unternehmens sein oder Persönlichkeiten von außen. Ihre Institutionalisierung ist ein Instrument von → Change Communications.

Change Communications – eine anlassbezogene Form des → PR-Managements zur Unterstützung tiefgreifender unternehmerischer Veränderungsprozesse (z.B. Fusionen oder Übernahmen, → Mergers- und Acquisitions-PR als → Change). Das Ziel von Change Communications als Handlungsfeld des Change Managements ist, auf → weiche Faktoren von Organisationen Einfluss zunehmen und so den Erfolg dieser Veränderungsprozesse zu unterstützen. – Durch das → Betriebsverfassungsgesetz und der hier definierten → Betriebsänderung gibt es mit dem → Interessensausgleich und → Sozialplan auch formale Handlungsfelder von Change Communications.

Charisma – lat. „Geschenk, himmlische Gabe"; bezeichnet die besondere Ausstrahlungskraft von Personen und wird zum Teil auf bestimmte Eigenschaften (z.B. → Persönlichkeit, → Sympathie, Überzeugungskraft) zurückgeführt, zum Teil in Abhängigkeit der Wahrnehmung Dritter gesehen und daher von → Beziehungen abhängig gemacht. Die Wirkung von Charisma wird vor allem in der → Führungskräftekommunikation analysiert. Charisma ist ein Treiber für die → Identifikationsmacht und leistet so einen Beitrag zur → Motivation.

Charity – von engl. für Wohltätigkeit; bezeichnet einerseits das Engagement für Soziales z.B. mit der Ausrichtung von Wohltätigkeitsveranstaltungen (z.B. Cocktail-Empfänge, Galas, Turniere), die vor allem im anglo-amerikanischen Bereich ein wichtiger Bestandteil eines gesellschaftlichen Systems mit staatlich zurückhaltenden Fürsorgeaufgaben ist. Andererseits sind Charity-Events mit der Präsenz prominenter Persönlichkeiten Teil der → Medienarbeit und des → Impression Managements ihrer → Personality-PR.

Chat – engl. „plaudern"; bezeichnet die synchrone, textorientierte, browsergestützte → Kommunikation mehrerer Teilnehmer über das Internet in einem Chatroom, die auch im Intranet als → PR-Instrument der → internen Kommunikation eingerichtet werden können. Sie dienen dem → Dialog mit allen oder definierten Mitarbeitern einer Organisation.

Checklisten – sind Prüfdokumente für das Qualitätsmanagement von PR-Projekten, z.B. die Checkliste für eine → Pressekonferenz oder → Podiumsdiskussion. Sie dokumentiert prozessual einzuhaltende Schritte, damit Verantwortliche in der Planung und/oder Durchführung des Projekts keine auslassen.

Chicagoer Schule → symbolischer Interaktionismus.

Chronik – von griech. chronos, „Zeit"; bezeichnet mit der Zeit als ordnendes Element die Darstellung hervorgehobener → Meilensteine aus der Geschichte von Unternehmen, Personen, Produkten oder anderen Themen als Instrument der → Textarbeit.

Churn-Kommunikation – Kunstwort aus engl. Change „Wechsel" und Turn „Abwenden"; Maßnahmen (z.B. Kundenkontakt, ggf. → Konfliktkommunikation, Angebote zur Kundenbindung wie verbesserte Konditionen), um drohenden Kundenabwanderungen entgegenzuwirken z.B. bei nahendem Vertragsende oder Reklamationen, die zum Teil als Handlungsfeld des → Customer Relationship Management verortet werden. Das Ziel ist, die Churn-Rate als Prozent der Kundenverluste pro Jahr im Vergleich zur Gesamtkundenzahl zu senken.

CIT → Critical Incident Technique.

Citizen Journalism → Bürgerjournalismus.

City-Light-Poster – hinterleuchtete und durch Glas geschützte Stadtmöbel für geeignete → Plakate vor allem an Bushaltestellen oder anderen hoch frequentierten öffentlichen Plätzen und zentraler Teil der → Außenkommunikation.

Claim – beschreibt als kompakter begrifflicher Zusatz zur Marke den → Markenkern eines Unternehmens als Leistungsanspruch (von englisch „claim", beanspruchen) mit dem Ziel der Erklärung des → Logos, der Aufmerksamkeitssteigerung, → Identifikation und/oder Wiedererkennung. Er wird oft mit dem → Slogan gleichgesetzt, jedoch gilt dieser oft als temporärer, auf → Kampagnen bezogener Ausspruch.

Clearingstelle – ist im Unternehmen eine Institution, die zur Lösung von → Konflikten beiträgt z.B. mittels → Mediation. Vor allem in kritischen Phasen wie → Krisen oder → Changes können sie erfolgskritisch sein, da sie ggf. gegen → Widerstand durchgesetzt werden müssen. Formell eingerichtete Clearingstellen dokumentieren die Akzeptanz von Konflikten und sind Ausdruck einer starken → Konfliktkultur.

Clipping – Presseausschnitt, von engl. Clipping, „der Zeitungsausschnitt"; sind (zunehmend digital) im → PR-Management eine Grundlage für die → Medienbeobachtung als Teil des → PR-Controllings.

Clipping-Agentur – spezialisierte Agenturen, die Presseausschnittdienste im Rahmen der Medienbeobachtung nach bestimmten Kriterien, suchen, sammeln und in einer Clipping-Dokumentation vorlegen, z.B. die Auswertung der Printerzeugnisse und Online-Treffer ausgewählter Medien zu bestimmten Stichwörtern in einem bestimmten Zeitraum.

Clipping-Kennziffern – bezeichnen Messgrößen der → Medienresonanzanalyse zur Bewertung des Erfolgs von → Medienarbeit.

Clipping Service → Clipping-Agentur.

Closed User Group – geschlossene Teilnehmergruppe (z.B. Bieter, Kunden, Mitarbeiter) beispielsweise in der → Online-PR (z.B. Nutzer einer Website, aber auch die Teilnehmer von → Events).

Club – bezeichnet im PR-Management die Organisationsform von → Gruppen als Individuen mit gemeinsamen → Werten, Interessen oder Themen. Für die → Kundenkommunikation (Aktionärsclub, Kundenclub, Nachbarschaftsclub) bieten sie die Möglichkeit, Clubmitglieder gemeinschaftlich (ggf. privilegiert) anzusprechen mit dem Ziel, einen Beitrag zur → Loyalität der → Dialoggruppe zu leisten. Typische Instrumente der Club-Kommunikation sind Club-Karten oder besondere Konditionen für Club-Mitglieder.

CMYK – bezeichnet die Anfangsbuchstaben der standardisierten Grundfarben für den Vierfarbendruck: Cyan (Blau), Magenta (Rot), Yellow (Gelb), Key (Schwarz). Dabei ergibt sich das „Key" (von engl. „Schlüsselplatte") von Schwarz als Bezugsfarbe für das Einpassen der Buntfarben.

Coaching – meint, dass der Coach dem Coachee im Gegensatz zur → Beratung zur Selbstbefähigung verhilft. Im PR-Kontext sind hiermit vor allem Argumentationstechniken, Konfliktbewältigung, → Moderation, → Reden, Präsentationen vor Gruppen und vor Kamera/Mikrofon (→ Medientraining) für Fach- und Führungskräfte gemeint.

Co-Branding – bezeichnet die Kooperation und Verbindung zweier → Marken zu einem gemeinsamen Leistungsbündel (z.B. Langnese-Eis mit Oreo-Keks, Philadelphia Brotaufstrich mit Milka-Schokolade) mit dem Ziel des gegenseitigen Imagetransfers zur verbesserten und/oder erweiterten Ansprache von → Zielgruppen mit Maßnahmen wie Copromotion und Coadvertising.

Cocooning – von engl. „verpuppen"; bezeichnet einen Verhaltenstrend, wonach die Freizeit statt außer Haus mehr und mehr in den eigenen vier Wänden verbracht wird. Für das → PR-Management ergeben sich hieraus mehrere Konsequenzen wie die steigende Bedeutung von → Online-PR mit → Blogger Relations und den → Social Media als zunehmend genutzte Freizeitmedien.

Code – bezeichnet in der → Systemtheorie im Anschluß an Niklas → Luhmann eine wichtige Steuerungsgröße eines Systems, nach der sich seine Akteure richten und zugleich von denen anderer Systeme abgrenzen. Codes bestimmen, welche Operationen zu einem System gehören müssen, damit es sich fortentwickeln kann. Für die PR-Theorie spielen Codes beispielsweise in dem Beitrag von Herger → Organisationskommunikation zur Beobachtung und Steuerung des Risikos eine wichtige Rolle und helfen etwa, die Eigendynamik von → Gruppen (z.B. Fans einer Marke, Widerstandsgruppen in einem Change-Prozess, Formierung von Stakeholdergruppen) zu erklären.

Codebuch – bezeichnet in der → Mediaplanung alle wesentlichen Angaben, die für die Durchführung einer → Medienresonanzanalyse benötigt werden. In den Codieranweisungen sind (1) die Auflistung der formalen (z.B. Titel des Mediums, Erscheinungsdatum) und inhaltlichen Kategorien (z.B. Berichte über Geschäftsführung, Produkte), (2) die Operationalisierung der Kategorien (z.B.

Bewertungsskalen), (3) die Codieranweisungen mit Beispielen, (4) der Codebogen (z.B. Abbildung der Eingabefelder in der Datenbank) sowie (5) allgemeine Hinweise und Hintergrundinformationen beschrieben mit dem Ziel, dass unterschiedliche Codierer zu den gleichen Ergebnissen kommen.

Code de Lisbonne → Lissaboner Kodex.

Code d'Athènes → Athener Kodex.

Codierung – im sozialen Kommunikationsprozess verschlüsselt (codiert) ein Sender Informationen, die der Empfänger (Rezipient) decodiert, die im Erfolgsfall zur → Verständigung führt. Dieses technische Kommunikationsverständnis wird auf die menschliche Kommunikation übertragen. Sprache und Schrift, aber auch Körperhaltung, Mimik und Gestik, gelten als zentrale → Codes. Codierung führt im Gegensatz zur geplanten Kommunikation im Marketing dazu, dass der Empfänger und nicht der Sender die Informationen kontrolliert.

Cognitive-Response-Ansatz → Elaboration Likelihood Model.

Collaborative Branding → Kollaborative Markenführung.

Commercial – (1) → Werbung; (2) → Werbespot.

Commercial Song – ist ein Musikstück, das abhängig vom Kommunikationsanlass zeitlich begrenzt die akustische Präsentation der → Marke prägt, etwa als Song in einem Werbespot mit dem Ziel, die → Markentonalität (Tonality) einer Marke und/oder Kampagne zu transportieren. Insofern gehört er zum → Soundbranding.

Communication(s) → Corporate Communication(s).

Communication Constitutes Organizations (CCO) – ist eine vor allem nordamerikanische PR-Debatte der → Organisationskommunikation, die die organisierende Funktion von Kommunikation in den Mittelpunkt rückt und der mindestens drei Diskursstränge zugeschrieben werden. (1) Die Montreal School um James Taylor und Francois Cooren, die die Fortentwicklung von Organisationen als Wechselspiel aus Konversations- und Interaktionsereignissen verstehen (induktiv-mikrobezogene Kommunikation: Entstehung von Organisation durch sprachliche Interaktion); (2) das Four-Flow-Modell von Robert McPhee und Kollegen: Dieses Modell identifiziert vier wesentliche Interaktionstypen der Kommunikation und zwar: (a) Die Aushandlung von Mitgliedschaften, also die Abgrenzung von ihrer Umwelt durch Herausbildung von Zugehörigkeit einer Gruppe; (b) Selbststrukturierung mit der Herausbildung von eigenen Regeln, nach der sich eine Gruppe weiterentwickelt; (c) Koordination von Aktivitäten mit der Herausbildung von Operationen, die die Kernprozesse und –funktionen einer Organisation bilden und (d) die institutionelle Positionierung mit der Außenkommunikation der betrachteten Organisation zu seinen Umwelten. Hier geht es anders als bei der Montreal School um die Betrachtung von Makroprozessen der Kommunikation, aus der sich Organisationen herausbilden und kann insofern als deduktives Modell Organisationskommunikation verstanden werden. – Beide Denkrichtungen arbeiten in der gemeinsamen Kritik der geplanten Kommunikation, wie sie in vielen funktionalistischen PR-Theorien zugrundegelegt wird, wenn Kommunikation als Kanal zwischen Sender und Empfänger gilt. Vielmehr argumentiert CCO umgekehrt, dass soziale Strukturen und Prozesse erst auf Basis von Kommunikation entstehen. (3) Insofern wird die → Systemtheorie im Anschluss an → Luhmann als eine weitere Säule des CCO-Diskurses interpretiert.

Communication Control Cockpit (CCC) – ist eine Methode zur Messung des Kommunikationserfolgs von Lothar → Rolke, die mit dem Zusammenhang von Kommunikationsleistung, Image und Unternehmenserfolg arbeitet. Es werden die summierten Kommunikationsetats eines Betrachtungszeitraums, die hierdurch erreichten Image- und Reputationswerte sowie der Economic Added Values (EAV), der sich aus dem Gewinn nach Steuern minus Kapitalkosten ergibt, gegenübergestellt. Der Wertbeitrag der Kommunikation zum ökonomischen Erfolg ergibt sich durch den Return on Communications (RoCom), der sich aus der Gegenüberstellung von EAV und Kommunikationsetat errechnet. Dieses Kennzahlensystem ist aufgrund der multikausalen Zusammenhänge von Kommunikation und Markterfolg stark interpretationsbedürftig.

Communicative Governance – bezeichnet den Teil der → Corporate Governance, der die für die → Reputation relevanten Verhaltensweisen, Sachverhalte, Regeln sowie Kommunikation und Botschaften mit den dafür notwendigen Durch- und Umsetzungsinstrumenten regelt und das Management eines Unternehmens prägt.

Community – engl. für „Gemeinschaft", „Gruppe"; Begriff zur Kennzeichnung von → Dialoggruppen des → PR-Managements, der mit Begriffen wie Community Relations (Standort-PR), Marken-Community (Fans einer Marke), Financial-Community (Akteure am Kapitalmarkt) oder Online-Community (z.B. Nutzergruppen innerhalb von → Social Media) als relevante → Teilöffentlichkeiten („publics") für eine Organisation zum Ausdruck kommt.

Community Relations – engl. „Beziehungen zu Gruppen"; PR-Management zur Identifikation, Ansprache, Aufbau und Teilnahme an/für spezifische/n Gruppen als → Dialoggruppen, zum Teil verstanden als Teil der → Online-PR und hier vor allem der → Social Media Relations sowie auch der Nachbarschafts- oder → Standort-PR.

Community Trade Mark (CTM) – bezeichnet eine Gemeinschaftsmarke, auch EU-Marke genannt, die es seit 1996 gibt. Sie bietet Schutz in allen Ländern der Europäischen Union. Grundlage für die Eintragung sind die Gemeinschaftsmarkenverordnung (GMV) und die Durchführungsverordnung (GMDV). Die Anmeldung für die EU-Marke erfolgt beim Harmonisierungsamt für den Binnenmarkt (HABM) in Spanien, Alicante.

Compliance-Kommunikation – engl. „Einhaltung", „Konformität"; unter Compliance versteht man die Einhaltung gesetzlicher Vorschriften und unternehmensinterner Richtlinien und Werte durch Führungskräfte und Mitarbeiter. Compliance-Kommunikation bezeichnet als Teil des → PR-Managements Strategien, Prozesse und Maßnahmen, die der Vorbereitung, Implementierung, Vermittlung und Durchsetzung entsprechender Initiativen dienen mit dem Ziel, einen

Beitrag zu entsprechender unternehmerischer Praxis und Führung (→ Corporate Governance) zu leisten. Aus Sicht des PR-Managements geht es hierbei um den Aufbau von → Vertrauen zur Erlangung von → Reputation. Compliance, → Corporate Governance, → Corporate Social Responsibility und → Ethik sind dadurch verbunden, dass viele der Initiativen und Standards auf dem Prinzip der Freiwilligkeit beruhen, also ohne zwingenden gesetzlichen Rahmen, und damit im Sinne einer Nachhaltigkeitskultur ein Handlungsfeld der internen Kommunikation werden.

Confédération Européenne Relations Publiques (CERP) – Dachorganisation von PR-Verbänden aus ganz Europa in Brüssel.

Consulting → Beratung.

Consumer Affairs – engl. „Verbraucherwissenschaften"; bezeichnet im → PR-Management verbraucherpolitische Themen wie den Verbraucherschutz, der ein Beispiel für die Relevanz der Ansprüche von → Stakeholdern beschreibt und die → Macht von → Non-governmental Organisations gegenüber Unternehmen widerspiegelt.

Consumer-PR – bezeichnet als Teil der → Produkt-PR das Handlungsfeld des Aufbaus von → Beziehungen zu Konsumenten und deren Medien.

Content – von engl. „Inhalt"; bezeichnet seit dem → Web 2.0 die Anforderungen an Inhalte von Websites, also Texte, Bilder, Videos. Gemeint ist, dass die Inhalte besonderes Interesse der Websitebesucher wecken sollen, was im → PR-Management keine neue Erkenntnis ist und

dennoch eine aktuell häufige Diskussion über die Anforderungen von Social Media ist.

Content Curation – engl. „Inhaltspflege"; bezeichnet das Auffinden und Lesen, Überprüfen sowie das Einbinden von Content, der im Internet von anderen erstellt wurde. Es umfasst die Präsentation von Content in einer für die eigene Community passende → Story sowie auch das Posten (→ Posting) von Content. Damit beginnt das Kuratieren (lat. „pflegen", „vertreten") bereits mit dem Teilen und Kommentieren eines Links.

Content-Kommunikation/-Marketing – bezeichnet die informierende, beratende und/oder unterhaltende Bereitstellung von Unternehmensinformationen. Im Gegensatz zu werblicher Kommunikation (z.B. Anzeigen, Banner, Werbespots) betont das Content Marketings nicht die positive Selbstdarstellung, sondern die Bedeutung informierend-unterhaltender Inhalte, um Interessenten und Kunden zu gewinnen oder zu halten. Insofern findet hier eine Annäherung des Marketings an das → PR-Management statt.

Content-Strategien – bezeichnen vor allem durch die → Online-PR aktualisierte Anforderung an das → PR-Management den → Dialoggruppen informierend-unterhaltender Inhalte anzubieten, damit Internetnutzer die Informationen teilen. Dabei nimmt die Bedeutung von Visual Content, also die → Bildkommunikation zu. Die Anforderung wird als → Shareability zusammengefasst.

Convenience Goods → Güter.

Convention – von lat. convenire, „zusammenkommen"; uneinheitlich verwendeter

Begriff für Kongresse, Tagungen und andere Zusammenkünfte von → Teilöffentlichkeiten, die das gemeinsame Interesse an einem Thema verbindet.

Conversion-Rate – von engl. „Konvertierungsrate"; bezeichnet das Verhältnis von den Besuchern einer Website und ihren getätigten Transaktionen (z.B. Klicken auf Banner, Registrierung auf der Website, getätigte Käufe). Sie dient als Erfolgsindikator der → Marketingkommunikation für Online-Präsenzen.

Copy-Strategie – von engl. „Werbetext"; bezeichnet nicht einheitlich definiert in der → Werbung die Kommunikations- und/oder Kreativstrategien mit der Festlegung von Leistungsversprechen und Bildmotiven für die definierten → Zielgruppen auf Basis der → Positionierung. Sie wird zum Teil als kurzgefasste Vorgabe und Zusammenfassung für die Kreativen zur instrumentellen Umsetzung der Strategie verstanden („Creative Briefing").

Corporate – von engl. „Unternehmen"; die unterschiedlichen Corporate-Begriffe (z. B. → Corporate Behaviour, Corporate Culture, → Corporate Communications, → Corporate Design, → Corporate Identity, → Corporate Publishing) im Kontext des → PR-Managements lassen sich normativ im Sinne der → integrierten Kommunikation als aufeinander abgestimmte Handlungsfelder der PR verstehen, um konsequent → Image und → Reputation zu prägen. In der Praxis werden aber weder alle Begriffe noch die integrierte Kommunikation systematisch-konsequent angewendet, wenn man nur → Online-Kommunikation, → Werbung und → Medienarbeit als drei Handlungsfelder betrachtet.

Corporate Accountability – unternehmerische Rechenschaftspflicht mit dem Streben nach verbindlichen Regelungen des Unternehmensverhaltens im Gegensatz zur → Corporate Social Responsibility, die freiwillig erfolgt. Mit der Suche und Definition von Informationsstandards ist dies ein normativ wichtiger Aspekt des PR-Managements, in das es aber praktisch meist bestenfalls als ausführende Instanz eingebunden ist, beispielsweise mit der Verantwortung für den Kürteil von Geschäftsberichten.

Corporate Behaviour – bezeichnet normativ das imagegerechte Verhalten des Unternehmens oder einer anderen Organisation auf Basis der → Corporate Identity als Ergebnis des → Verhaltensmanagements. Wenn → PR-Management auch die ungeplante → Kommunikation beinhaltet, sind Ist- und Soll-Corporate Behaviour zu unterscheiden mit Ziel, Lücken zur Sicherung der → Reputation zu schließen.

Corporate Blogging – bezeichnet den Einsatz von → Corporate Blogs und betont die → Prozesskommunikation. (1) Internes Corporate Blogging ist ein Instrument der → internen Kommunikation, dient dem Informationsaustausch, dem → Wissensmanagements und kann als Instrument der → partizipativen Führung als Diskussionsplattform, vor allem in der → Projektkommunikation, dienen. (2) Externes Corporate Blogging: (a) Ist ein Instrument zur Prägung des → Images, indem es mit → Dialog Einblicke in das Unternehmen und seine Unternehmenskultur gewährt. (b) Als Instrument der → Marketingkommunikation kann Corporate Blogging als Produktdiskussionsforum dienen und als Instrument der

→ kollaborativen Markenführung eingesetzt werden.

Corporate Blogs – bezeichnen → Blogs von Unternehmen, die als → Corporate Blogging ein Teil der internen Kommunikation und/oder externen Kommunikation eingesetzt werden können.

Corporate Brand → Unternehmensmarke.

Corporate Citizenship – das gesellschaftlich-bürgerschaftliche Engagement von Unternehmen. Als Module des Corporate Citizenships gelten das → Corporate Giving und das Corporate Volunteering. Beides gilt als Teil des → Integritäts-Managements und macht die Bedeutung des Verhaltensaspekts der PR deutlich.

Corporate Color → Unternehmensfarbe.

Corporate Communication(s) – engl. Bezeichnung für Unternehmenskommunikation, die hier mit → Public Relations im weiteren Sinne gleichgesetzt wird. Einzahl (Communication) und Mehrzahl (Communications) sind zulässig und werden meistens synonym verwendet. In der Einzahl meint Corporate Communication einen durchgängigen Verantwortungsbereich in Anlehnung an die Differenzierung der Begriffe „Wissenschaft" und „Wissenschaften". Letzte beinhalten eine Sammlung von Forschungsströmungen und Lehrmeinungen, während Wissenschaft (Einzahl) eine durchgängige → Methodologie und Logik meint.

Corporate Culture → Unternehmenskultur.

Corporate Design – bezeichnet das visuelle Erscheinungsbild eines Unternehmens, das vom → Kommunikationsdesign gestaltet wird, mit dem Ziel der besseren Wiedererkennbarkeit und des Imagebeitrags. Zu den Kommunikationsobjekten gehören das → Produkt, seine → Verpackung, aber auch die Elemente des → Corporate Publishing sowie das Firmengebäude. Zentrale Elemente sind der (Marken-)Name, das → Logo, aber auch die Farben, die zum Stil (→ Corporate Style) eines Unternehmens führen, das mit dem → Soundbranding und ingesamt multisensuell stimmig sein soll.

Corporate Fashion – engl. „Unternehmenskleidung"; bezeichnet die unter Aspekten des Stils geschaffene Unternehmenskleidung als Träger des → Corporate Designs mit dem Ziel der Wiedererkennbarkeit vor allem von Kunden und/oder → Identifikation der Mitarbeiter (z.B. Unternehmensuniformen).

Corporate Fonts – engl. „Hausschrift", „Unternehmensschrift"; bezeichnet eine eigens für Unternehmen gestaltete Schriftart zur besseren Wiedererkennbarkeit.

Corporate Giving – bezeichnet die Geld- und Sachspende als uneigennützige Gabe eines Unternehmens. Erst mit dem → Sponsoring erfolgte eine strategische Verknüpfung des Corporate Giving mit Unternehmenszielen.

Corporate Governance (CG) – wird zum Teil als Unternehmensverfassung bezeichnet. Sie bezeichnet eine unabhängige, wert- und erfolgsorientierte Unternehmensführung mit dem Ziel der Steigerung des Unternehmenswertes. Im Kern bildet die CG eine unternehmens- und kapitalmarktrechtliche Diskussion mit Aspekten wie Organisation, Entscheidungen und Handlungen der Unternehmensleitung. Sie reicht bis in die Verankerung der Beachtung ethischer Werte hinein, beispielsweise mit der Einhaltung von Informationsstandards. Diese Dimensionen prägen auch das → Image einer Organisation, so dass CG einen Teil der → Reputation prägt.

Corporate Hospitality → Hospitality.

Corporate Identity – die Unternehmensidentität wird von der → Identität von Personen für Unternehmen abgeleitet mit Kernaspekten wie das Selbstverständnis mit der Kultur, der → Mission und der → Vision. Sie gilt wie die individuelle Identität als psychologische Basis des individuellen Verhaltens der Mitglieder einer Organisation, die gemeinsam das Verhalten des Unternehmens (→ Corporate Behaviour) prägen und damit als langfristiger Rahmen für den Stil (→ Corporate Style), → Image und → Reputation gilt.

Corporate Journalism – engl. „Unternehmensjournalismus"; bezeichnet (1) als zentrales Handlungsfeld des → PR-Managements die → Textkompetenz der → PR-Redaktion als Maßstab der → Medienarbeit, z.B. für → Pressemitteilungen und → Corporate Media; (2) das Angebot von Organisationen im Rahmen ihrer → Online-Kommunikation, auf ihren Websites zu Unternehmensthemen zu kommunizieren mit dem Ziel, den → Dialog zu oder zwischen → Rezipienten anzuregen.

Corporate Language – engl. Unternehmenssprache; bezeichnet (1) eine zentrale definierte einheitliche unternehmensspezifische Sprache, z.B. Englisch in internationalen Konzernen; (2) umfasst den Sprachstil, z.B. (künstliche) Sprachakzente (z.B. der Sprachstil der IKEA-Werbung) als → Symbol der schwedischen

→ Unternehmenskultur. Sprache und Sprachstil sind damit Ausdruck der → Corporate Identity, sofern sie authentisch sind, Teil der → Corporate Behaviour und eine Möglichkeit, → Image und → Marke zu prägen.

Corporate Media – bezeichnen unternehmenseigene (→ owned media) → Medien (z.B. Imagebroschüre, Mitarbeiterzeitschrift, Website) als Ergebnis des → Corporate Publishing.

Corporate Publishing – engl. Publikationstätigkeit von Unternehmen; steht für normativ journalistisch aufbereitete Publikationen und Medien (z.B. Mitarbeiter- und Kundenmagazine, Geschäftsberichte, Websites) eines Unternehmens, die aber oft auch werblich aufgemacht sind. Corporate Publishing richtet sich dabei sowohl an interne als auch externe → Dialoggruppen. Es gehört als → Medienmanagement zur → Medienarbeit als Teil der → Public Relations.

Corporate Scent – engl. „Unternehmensduft"; → Markenduft.

Corporate Social Responsibility (CSR) – kennzeichnet die gesellschaftliche Verantwortung von Unternehmen, das normativ das Handeln der Betriebstätigkeit kennzeichnet, aber in der Praxis oft parallel hierzu verläuft und/oder darüber hinaus reicht. Aus Sicht der PR ist CSR ein Aspekt von → Image- und → Markenbildung von Unternehmen mit Themen des ethisch-moralisch-gesellschaftlich verantwortlichen Handelns. Operativ ist damit eine große Bandbreite von Themen wie umweltgerechter und/oder nachhaltiger Produktion (zum Beispiel energiesparende Produktion), geschlechtergerechte Personalpolitik (zum Beispiel die Förderung von Frauen als Führungskräfte) oder auch die Förderung von Tierschutz oder Menschrechtsorganisationen. CSR gilt als Teil des Integritätsmanagements (→ Integrität) und macht den Verhaltensaspekt der PR deutlich. Ein Merkmal von CSR ist, dass es freiwillig ist und mehr leistet als die Einhaltung gesetzlicher Vorschriften.

Corporate Song – engl. „Firmenmusik", „Unternehmenslied"; es kann ein gekaufter oder ein von Einzelnen oder im Team entwickelter Song sein, mit dem sich die Mitarbeiter dann ggf. in besonderer Weise identifizieren. Damit ist der Corporate Song dann Teil der akustischen → Markenführung und wird zum Brand Song, der ggf. von einer → Corporate Voice gesprochen/gesungen wird.

Corporate Story → Story.

Corporate Style – bezeichnet die charakteristisch und damit langfristig ausgeprägte Erscheinungsform eines Unternehmens, die sich an langfristigen Elementen des → Corporate Design, aber auch der Sprache, ausrichtet. Der Style wird als wahrnehmbarer Ausdruck der → Corporate Identity gewertet.

Corporate Theatre → Business-Theater.

Corporate TV → Business-TV.

Corporate Twitter – sind in Anlehnung an den US-amerikanischen Dienst → Twitter Mikro-Bloggingdienste, die Unternehmen zum Teil in der → internen und/oder → externen Kommunikation verwenden. Mitarbeiter und/oder Kunden können auf diese Weise zum Beispiel über neue Produkte, Services und Applikationen informiert werden und sie diskutieren.

Corporate Voice – engl. „Unternehmensstimme"; bezeichnet die Stimme eines professionellen Sprechers oder des Mitarbeiters eines Unternehmens, der als Teil der akustischen → Markenführung eine → Unternehmens- oder → Produktmarke beispielsweise in der → Werbung, der Warteschleife der Telefonanlage oder im → Corporate Song repräsentiert. Bekanntes Beispiel aus der Werbung ist die Stimme von Willi Pfannenschwarz, der Gründer von Seitenbacher Naturkost.

Corporate Volunteering – engl. „Freiwilligenprogramme in Unternehmen"; bezeichnet die Förderung des (bürgerschaftlichen) Engagements oder Freiwilligenprogramme von Mitarbeitern. Es steht aus Sicht deutscher Unternehmen für eine neue und bisher nicht sehr verbreitete Entwicklung. Sie werden mit dem Ziel organisiert, einen Beitrag zur Prägung von → Unternehmenskultur und deren → Werte zu leisten.

Counterfeiting → Markenpiraterie.

Country Brand-Index (CBI) – bezeichnet die Ergebnisse der Rangfolge des → Nation Branding der Markenberatung Futurebrand, einer Agentur der McCann-Erickson-Gruppe.

Country-of-Origin-Effekt → Herkunftslandeffekt.

Couponing – von. frz. coupon „Abschnitt"; → Gutschein-Kommunikation.

Crawl – Sonderwerbeform als Bauchbinde, die das gestaltete Laufband im unteren Drittel des Bildschirms meint. Es enthält in der Regel Textinformationen, beispielsweise bei n-tv die Nachrichten- und Werbedurchmischung.

Creative Commons – engl. „schöpferisches Gemeingut"; bezeichnet eine gemeinnützige Organisation, die vorgefertigte Lizenzverträge für die öffentliche Verbreitung von Medieninhalten im Internet anbietet mit dem Ziel, dass Autoren Nutzungsrechte an ihren Werken (z.b. Texte, Bilder, Musik) einräumen und damit freie Inhalte schaffen können, sofern sich diese aus dem allgemeinen Urheberrecht ableiten lassen. Zur Zeit sind es sechs Standardlizenzverträge, die jedermann bei der Verbreitung kreativer Inhalte nutzen kann, um die rechtlichen Bedingungen festzulegen. CC-BY-ND bedeutet beispielsweise Creative Commons (CC) – Namensnennung (by) – keine Bearbeitung (no derivates).

Creative Director – bezeichnet in Agenturen die gestalterische Leitung mit Zuständigkeit für Konzeption und Koordination des → Ateliers.

Credential – engl. „Empfehlungsausweis"; bezeichnet eine spezielle Form der → Präsentation einer → Agentur, die interessierten Unternehmen Einblick in die Agenturarbeit (z.b. mit Referenzprojekten, Studien, Teamaufstellungen) gibt, die beispielsweise im Vorfeld von → Pitches erstellt werden mit dem Ziel, auf die → Long List zu gelangen.

Credibility Gap – engl. „Glaubwürdigkeitslücke"; bezeichnet enttäuschtes → Vertrauen und damit ein beschädigtes → Image.

Creditor Relations – von engl. „Kreditgeber-" oder „Gläubiger-Beziehungen"; bezeichnet als Teil der → Investor Relations die Fremdkapitalgeberkommunikation, also in häufigen Fällen den Teil der Kapitalmarktkommunikation mit Banken oder die → Bondkommunikation im Gegensatz zur Kommunikation mit Aktionären, die aus Sicht von Unternehmen Eigenkapital geben.

Critical Incident Technique (CIT) engl. „Methode der kritischen Ereignisse"; bezeichnet eine besondere Form der Befragung, die sich an so genannten „kritischen Situationen" ausrichtet, die im negativen wie im positiven Sinne von der Norm abweichen und besonders zum Erfolg oder Misserfolg für einen Leistungsprozess beitragen. Beispielhafte Einsatzgebiete sind das Management von Reklamation und Service, bei dem etwa Hotelgäste befragt werden, was sie die Dienstleistungen in einem besuchten Haus als besonders gut oder schlecht empfinden lässt.

Cross Media Publishing – meint die Steuerung bestimmter Kommunikationsinhalte in möglichst viele Medienkanäle (z.b. Zeitschrift, Internet, TV), so dass mit crossmedialen → Kampagnen eine differenzierte Zielgruppenansprache angestrebt werden kann. Man kann Cross Media heute als Synonym für → integrierte Kommunikation verstehen, jedoch war der Ursprung von Cross Media technisch geprägt, indem Inhalte einer technischen Plattform in unterschiedliche Kanäle eingespeist wurden.

Cross Publishing → Cross Media Publishing.

Crowdfunding – bezeichnet eine Form der Finanzierung („funding") durch Gruppen („crowd") von Internetnutzern und setzt auf die Finanzierungskraft Vieler auf Basis sozialer → Ansteckungseffekte. Crowdfunding ist damit vor allem ein webbasiertes Finanzierungsinstrument, das jenseits von harten Faktoren (z.b. Kosten, Renditeerwartung) zur Herleitung von Investitionsentscheidungen auch weiche Faktoren (z.B. → Identifikation mit der Szene, der das Finanzierungsobjekt zugehörig ist wie Musiktitel, Konzerte, Modelabel) bedeutend macht. Zur Spende oder Beteiligung wird auf → Social Media- und/oder speziellen Crowfunding-Plattformen sowie der eigenen → Homepage aufgerufen.

Crowdmanager – von engl. „Menge", „Gruppe"; bezeichnet (1) den in der → Online-Kommunikation für die Interaktion zwischen einer Plattform und ihren Usern Verantwortlichen. Crowdmanagement beinhaltet damit Aspekte von Prozessmanagement, Content- sowie Marketingmanagement; (2) Verantwortlicher in der → Veranstaltungskommunikation für die Planung, Steuerung und Kontrolle der Menschenströme von Großveranstaltungen wie Festivals oder Turnieren mit dem Ziel, Stauungen und etwaige Paniken auszuschließen.

Crowdsourcing – Kofferwort aus crowd, „Menge" und outsourcing, „Auslagerung"; bezeichnet im Ergebnis die Auslagerung von Aufgaben oder Projekten aus dem Unternehmen an freiwillige Gruppen von Internetnutzern mit dem Ziel der kostensparenden Nutzung der → Identifikation und → Kreativität von → Communities. Damit ist es ein Instrument der → Dialogkommunikation vor allem zur → Markenführung.

Crown-Jewel-Taktik – *Kronjuwelen-Taktik*; bezeichnet der Verkauf attraktiver Unternehmensanteile als Taktik der → Defence Communication zur Abwehr unerwünschter Übernahmen

CSR → Corporate Social Responsibility.

CSR-Kommunikation – bezeichnet als thematisches Handlungsfeld (1)

die Kommunikation zur Prägung von → Image und → Reputation für Unternehmen und deren Leistungen auf Basis bestehender nachhaltiger Unternehmensstrategien, die zur → Corporate Social Responsibility gehören; (2) die → interne Kommunikation zur Prägung einer → Unternehmenskultur, die CSR-gerechtes Verhalten als Basis von (1) stärkt bzw. ermöglicht, z.B. mit der Durchführung von → Leitbildprozessen, der kommunikativen Flankierung der Einführung von Anreizsystemen oder internen Events.

CTM → Community Trade Mark.

Cultural Due Diligence → Due Diligence.

Customer Journey – engl. „Reise des Konsumenten"; bezeichnet den gedachten Weg, den ein Kunde vom wahrgenommenen empfundenen Mangel bis zur Kaufentscheidung beschreitet. Sie kann je nach Unternehmensleistung, Kundentyp und Situation nur Sekunden oder auch viele Tage mit unterschiedlichen Stationen umfassen. Maßgeblich für das → PR-Management sind hier die Berührungspunkte (→ Touchpoints) vom Erstkontakt bis zum Kauf, da diese Punkte als Teil des Wahrnehmungsmanagements mit → Kommunikation optimiert werden können mit dem Ziel, die Kaufentscheidungssicherheit und -geschwindigkeit zu erhöhen.

Customer Perception Management → Perception-Management.

Customer Relationship Management (CRM) – ein strategischer Ansatz zur vollständigen Planung, Steuerung und Durchführung aller interaktiven Prozesse mit den Kunden. Es umfasst das gesamte Unternehmen, den gesamten

Kundenlebenszyklus und beinhaltet das Database Marketing sowie entsprechende CRM-Software als Steuerungsinstrument. CRM basiert in der Praxis oft auf technischen Lösungen. Wie im → Relationship-Marketing steht der Begriff der → Beziehung in der Tradition bilateraler Transkationen (z.B: Kauf, Verhandlung, Vertragsabschluss) im Gegensatz zu → Public Relations als von Dritten beobachtete Beziehungen.

Customization – engl. „Anpassung"; bezeichnet die kundenindividuelle Massenfertigung als Umsetzung der Differenzierung mit dem Ziel, Kundenbedürfnisse gezielt zu befriedigen. Das Ausmaß der Customization reiht sich zwischen vollständiger Individualisierung mit der massenhaften Fertigung von Unikaten (hard customization) und Standardisierung ein, die mit der Möglichkeit der Selbstindividualisierung vom Kunden selbst angepasst werden können (z.B. Softwareeinstellungen) (soft customization).

Cybersquatting – von engl. „Hausbesetzung"; → Domain-Grabbing.

Dachmarke – bezeichnet im Gegensatz zur Einzelmarke solche Marken, unter der sogenannte Submarken geführt werden mit dem Ziel, dass → Image und → Reputation der bekannten Dachmarke auf die Submarken ausstrahlen (z.B. Nivea, Nivea Sun, Nivea for Men usw.).

DAPR → Deutsche Akademie für Public Relations.

Darksite – Begriffsherkunft unklar, vermutlich von engl. „im Dunkeln geparkte Website"; die für eine → Krise vorbereitete Website eines Unternehmens. Sie bereitet krisengerechte Formulierungen vor, die im Krisenfall anstatt oder in Ergänzung zur Website eines Unternehmens online geschaltet werden, um schnell krisengerecht zu informieren.

DATIF-Prinzip – bezeichnet eine Regel zur Optimierung von → Content mit den Anfangsbuchstaben folgender Begriffe: detailliert (konkret), attraktiv (strukturiert, visualisiert), teilbar (Shareability), interaktiv (aktiv in Social Media), fesselnd (begeisternd).

de'ge'pol → Deutsche Gesellschaft für Politikberatung.

Deadline – engl. „Abgabefrist"; bezeichnet abgeleitet aus der Begrenzungslinie von Gefangenenlagern, die nicht überschritten werden dürfen, (1) allgemein den Schluss- und damit Handlungstermin, z.B. die Anmeldung zu einer Veranstaltung, die Abgabe eines Dokuments zum Projektende oder den Einsendeschluss für ein Gewinnspiel; (2) als Redaktionsschluss den Termin, bis zu dem spätestens ein Text und/oder Bild vorliegen muss, um in der anstehenden Ausgabe eines Mediums veröffentlicht zu werden. Er ergibt sich aus den notwendigen Produktionszeiten vor der Auslieferung/Ausstrahlung/Onlinestellung.

Debriefing engl. „Auswertung", „Abschlussbesprechung"; bezeichnet die abschließende Manöverkritik nach Umsetzung eines PR-Auftrags innerhalb der Agentur als Teil des Wissensmanagements und/oder zusammen mit dem Auftraggeber zur Beschließung weiterer Schritte.

Decay-Effekt – von engl. „Zerfall"; bezeichnet den Prozess der stets im Zeitablauf nachlassenden Wirkung von Kommunikationsmaßnahmen, so dass sie aktualisiert werden müssen.

Deep-Link – bezeichnet spezielle Links, die nicht allgemein auf die → Homepage eines Unternehmens oder Produkts leiten, sondern auf eine bestimmte Website innerhalb einer Internetpräsenz, beispielsweise eine Aktionssite, Imagebroschüre oder einen Produktkatalog. Sie sind für das PR- und Marketingmanagement von Bedeutung, da ihnen Einfluss auf die → Conversion-Rate zugeschrieben wird. Die → Identifikation mit einem Unternehmen oder Produkt und damit auch Käufe sind wahrscheinlicher, wenn Websitebesucher mit Deep-Links auf konkrete Angebots- oder Fansites geführt werden anstatt auf allgemeine Homepages ohne konkreten Nutzen.

Defence Communication – von engl. „Abwehrkommunikation"; Handlungsfeld im Rahmen von → Investor Relations und → Krisenkommunikation zur kommunikativen Abwehr der unerwünschten Übernahme des Unternehmens. Zentrale Taktiken sind die → Crown-Jewel-Taktik sowie die → White-Knight-Taktik.

Delisting – Aufgabe aller Börsennotierungen und damit häufig Teil des → Going Private.

Delphi-Methode – bezeichnet ein mehrstufiges Gruppenbefragungsverfahren, innerhalb dessen den Befragten die Ergebnisse der jeweiligen vorigen Stufe zur Kenntnis gegeben werden mit dem Ziel, dass die erfragten Ergebnisse Eingang in die Befragung finden. Namensgeber ist das Orakel von Delphi, das seinen Zuhörern Ratschläge erteilt haben soll. Die Delphi-Methode wird z.B. im Zuge von Expertenbefragungen eingesetzt.

Dementi – von lat. mentir „lügen"; bezeichnet die Berichtigung oder den Widerruf einer Nachricht und wird vor allem in der → Krisenkommunikation angewendet. Das Dementi als Reaktion auf Gerüchte ist ein häufig verwendetes, aber oft wirkungsschwaches Instrument.

Deonym – griech. de „von"; onoma „Name"; bezeichnet Markennamen, die sich zu Gattungsnamen (Gattungsmarketing) entwickelt haben (z.B. Tempo, Tesa, Pampers, Uhu, Zewa).

Deppenleerzeichen – bezeichnet abwertend das Auslassen von Bindestrichen oder Einfügen von Leerschritten in zusammengesetzten Hauptwörtern.

Design → Corporate Design.

Desinformation – bezeichnet die gezielte Verbreitung von Falschinformationen mit dem Ziel, die → Rezipienten zu täuschen. Desinformation ist ein Instrument der → Propaganda.

Destinationmarketing – bezeichnet die Kommunikation und Vermarktung touristischer Ziele und Regionen und ist Teil des Destinationsmanagement. Die Destination wird als marktfähige Wettbewerbseinheit gesehen, die in Konkurrenz zu anderen Destinationen steht und als Teil von Regionalentwicklung und Regionalmarketing verstanden werden kann.

Determinationsforschung – fassen diskursive, vor allem kommunikationswissenschaftliche Untersuchungen zusammen, die Prozesse der Entstehung von Medieninhalten zum Gegenstand haben. Dabei fokussieren sie auf die Rolle, die Öffentlichkeitsarbeit, insbesondere → Medienarbeit, als Quelle von Nachrichten spielt. Die Determinationshypothese, die auf Forschungsarbeiten von Barbara → Baerns (1985) zurückgeht, aber begrifflich erst in der Folgediskussion aufkam, besagt, dass Öffentlichkeitsarbeit Themen und Zeit der Berichterstattung unter Kontrolle hat und damit den Journalismus beherrscht.

Determinationshypothese → Determinationsforschung.

Dethematisierung – bezeichnet einen Ansatz der → Krisenkommunikation, um das Berichterstattungsinteresse der Medien zu senken mit dem Ziel, den Druck von Nachfragen und durch kritische Berichterstattung zu mindern. Einfache Prinzipien der Dethematisierung wie der Zeitgewinn durch den Verweis auf die andauernden Prozesse von Krisenaufklärung und Einleitung betriebswirtschaftlich-technischer Gegenmaßnahmen werden um beziehungsorientierte

Maßnahmen ergänzt. Auch → Low-Profile-Strategien gehören zur Dethematisierung. So ist es zum Teil möglich, eine unternehmensindividuelle Krise zu einem Branchenthema zu machen, um die Bedeutung des betreffenden Unternehmens für die Berichterstattung zu senken. Ein anderer Ansatz kann sein, Journalisten in die Ursachenanalyse der Krisenaufklärung einzubinden mit dem Ziel, sie für die Komplexität betriebswirtschaftlicher, technischer und/oder politischer Zusammenhänge zu sensibilisieren, um ihnen so Argumente an die Hand zu geben, die die oft reißerisch-anklagende Berichterstattung durch abwägende Aspekte relativiert.

Deutsche Akademie für Public Relations (DAPR) – ist die Bildungsinstitution der → Deutschen Public Relations-Gesellschaft (DPRG) und der → Gesellschaft Public Relations Agenturen (GPRA).

Deutsche Gesellschaft für Ad-hoc-Publizität (DGAP) – Eine Institution zur Erfüllung der Pflichtpublizität der drei Gründungsgesellschafter Deutsche Börse, Reuters und vwd. Sie leitet Mitteilungen im Auftrag börsennotierter Unternehmen an Wertpapierbörsen und Aufsichtsbehörden weiter.

Deutsche Gesellschaft für Politikberatung (de'ge'pol) – ist ein Zusammenschluss von rund 120 deutschsprachigen Politikberatern. Die Mitglieder der Gesellschaft sind in den Bereichen Public Affairs, Kampagnenberatung und Politikfeldberatung in verschiedenen europäischen Ländern tätig.

Deutsche Gesellschaft für Publizistik- und Kommunikationswissenschaft (DGPuK) – Forum interdisziplinärer Zusammenarbeit für Kommunikationswissenschaftler und -praktiker.

Deutsche Public Relations Gesellschaft (DPRG) – wurde am 8. Dezember 1958 in Köln als der Berufsverband der Public-Relations-Fachleute in Deutschland gegründet.

Deutscher Investor Relations Verband (DIRK) – ist der deutsche Berufsverband für Investor Relations (IR) und Vertreter kapitalmarktorientierter Unternehmen.

Deutscher Kommunikationskodex – ist ein Verhaltenskodex für das → PR-Management des → Deutschen Rats für Public Relations zur Wahrung der → Ethik, der sich vor allem am → Athener und → Lissaboner Kodex orientiert und Normen wie Transparenz, Integrität, Fairness, Wahrhaftigkeit, Loyalität und Professionalität festschreibt.

Deutscher Kommunikationsverband → Kommunikationsverband.

Deutscher Preis für Wirtschaftskommunikation – würdigt mit der Verleihung des „Goldenen Funken" in unterschiedlichen Kategorien moderne Kommunikationskampagnen und herausragende Werbekonzepte durch eine studentische Jury.

Deutscher Presserat – ist ein Verein zur Wahrung des Ansehens der deutschen Presse und Beseitigung von Missständen im Pressewesen, der vom Bundesverband Deutscher Zeitungsverleger (BDZV), Deutschem Journalisten-Verband (DJV), Deutscher Journalistinnen- und Journalisten-Union (dju) und dem Verband Deutscher Zeitschriftenverleger (VDZ) getragen wird. Er ist Herausgeber des → Pressekodex.

Deutscher Rat für Public Relations (DRPR) – Organ der freiwilligen Selbstkontrolle der Public-Relations-Branche (Berlin) und damit Teil der → Medienordnung. Die Träger sind die → Deutsche Public Relations Gesellschaft, → Gesellschaft Public Relations Agenturen, → Bundesverband deutscher Pressesprecher und → Deutsche Gesellschaft für Politikberatung.

Deutsches Institut für Public Relations (DIPR) – ist ein gemeinnütziger Verein, um die Aus- und Weiterbildung der Public Relations zu professionalisieren. Er wurde 1971 von Mitgliedern des Berufsverbandes → Deutsche Public Relations Gesellschaft (DPRG) gegründet.

Deutsches Patent- und Markenamt – ist die Zentralbehörde auf dem Gebiet des gewerblichen Rechtsschutzes in Deutschland, das für die Anmeldung und Eintragung in das Register des Deutschen Patent- und Markenamtes zuständig ist. Markenschutz entsteht durch die Eintragung in das Register. Eine Marke dient aus rechtlicher Sicht der Kennzeichnung von Waren oder Dienstleistungen eines Unternehmens. Schutzfähig sind Zeichen, die geeignet sind, Waren oder Dienstleistungen eines Unternehmens von denjenigen anderer Unternehmen zu unterscheiden. Das können z.B. Wörter, Buchstaben, Zahlen, Abbildungen, aber auch Farben und Hörzeichen sein.

Deutsche Vereinigung für Finanzanalyse und Asset Management (DVFA) – ist der Berufsverband der Analysten und Anlageberater, die meist bei Banken und Kapitalanlagegesellschaften beschäftigt sind. Das Ziel der DVFA ist die Verbesserung der Finanz- und Wertpapieranalyse sowie die Förderung des Verständnisses für die Bedeutung der Wertpapieranalyse.

Deutungshoheit – bezeichnet den von Dritten einer Person oder Institution zugeschriebenen Anspruch, ein Thema oder eine Situation zu interpretieren und damit in den Medien zu repräsentieren. Den Zeitungen wurde früher die Deutungshoheit kritischer Themen zugeschrieben, so dass ihnen vor allem in den Kommunikationswissenschaften die Rolle einer ethischen Instanz zugeschrieben wird, die ihnen mit der zunehmenden Bedeutung des Internets abhanden kommt. Aus Sicht des → PR-Managements wird im Rahmen von → Positionierungsstrategien von Unternehmen versucht, ihnen zugleich die Deutungshoheit (Marktführer gleich Meinungsführer) zuzuschreiben mit dem Ziel, ihre Reputation durch Medienpräsenz zu steigern.

DGAP → Deutsche Gesellschaft für Ad-hoc-Publizität.

DGPuK → Deutsche Gesellschaft für Publizistik- und Kommunikationswissenschaft.

Dialog – ist eine besondere Form der → Kommunikation die (1) zweiseitig im Gegensatz zum Monolog angelegt ist und (2) die Bereitschaft der Zielanpassung und (3) das Ziel der gegenseitigen Verständigung enthält. Der Dialog gilt zum Teil als normativer Prototyp vertrauensschaffenden PR-Managements. Er hat aber konzeptionelle Schwächen, da Verständigung durch Dialog mit einer Zielgruppe nicht automatisch Verständigung mit einer anderen Zielgruppe bedeutet und damit zu Endlosschleifen des Dialogs führen kann.

Dialoggruppe – Ihre Mitglieder werden durch gemeinsame Wahrnehmung, Interpretation und Handlung verbunden, was beispielsweise durch gemeinsame Interessen zum Ausdruck kommt, die als → Stakeholder zu relevanten Anspruchsgruppen von Organisationen werden, so dass im Falle von Interessenskonflikten durch → Dialog das Ziel der Einigung erreicht werden soll.

Dialogkommunikation – bezeichnet eine Haltung mit Gesprächs- und Verhandlungsbereitschaft sowie der Akzeptanz von Zielanpassung von Unternehmen, um mit → Dialog eine ggf. kompromissartige Teilbefriedigung der Ansprüche von → Stakeholdern zu erzielen.

Didaktik – gehört zu den → Basiswissenschaften der Public Relations. Die Didaktik (von griechisch didáskein „lehren") kann als Theorie und Praxis des Lehrens und Lernens aufgefasst werden. → PR-Management verbreitet Informationen nicht nur, sondern prägt die Wahrnehmung dahingehend, dass Informationen auch verstanden werden. Lernziele finden sich im → PR-Controlling mit der Wahrnehmungsveränderung auf der → Outgrowth-Ebene. So gilt die Übersetzungsleistung von Fachthemen an die Publikumsmedien als eine Kernleistung des PR-Managements, während in der Beziehungsdidaktik die → Beziehungen zwischen Lehrenden und Lernenden als Schlüsselgröße für den Lernerfolg gelten.

Dienstleistung – bezeichnet im Gegensatz zu Produkten nicht-haptische Leistungen eines Unternehmens. Durch Kennzeichen des Prototyps von Dienstleistungen wie der Immaterialität, der Nicht-Lagerfähigkeit und Nicht-Transportfähigkeit sowie der Notwendigkeit der Integration des externen Faktors (also die Einbeziehung des Kunden) in die Leistungserstellung, ergeben sich besondere Anforderungen an die → Kundenkommunikation von Dienstleistungen. Die Fähigkeit, → Beziehungen aufzubauen und zu pflegen, gilt hierbei als herausragend, so dass das → Relationship Marketing als Maßstab der → Dienstleistungskommunikation gilt.

Dienstleistungskommunikation – bezeichnet (1) das → PR-Management für Unternehmen und deren Angebote des Dienstleistungssektors, die sich durch die Besonderheiten von → Dienstleistungen von der → Produktkommunikation unterscheidet; (2) bezeichnet unabhängig von der Branche Aufbau und Durchsetzung einer → Dienstleistungskultur als Teil internen Kommunikation von Organisationen (z.B. Behörden, Handwerk, Industrieunternehmen).

Dienstleistungskultur – bezeichnet einen Teil der Unternehmenskultur auch von Nicht-Dienstleistungsunternehmen, die die Kunden als kundenorientierte Haltung wahrnehmen. Sie wird durch nicht abschließend definierte und subjektive Kriterien geprägt (z.B. Aufmerksamkeit, Flexibilität, Hilfsbereitschaft, Problemlösung, → Wertschätzung) und prägt das → Image des Unternehmens.

Dienstleistungs-PR → Dienstleistungskommunikation.

Die unsichtbaren Dritten – differenziert als Kritik von → Bürker am mehrstufigen Prozess des → PR-Controllings die Outflow-Ebene der Kommunikation mit der

Outclime-Ebene, um das Meinungsklima hier explizit mit zu berücksichtigen.

Differenzierung – bezeichnet (1) im Marketing allgemein die → Strategie, sich durch Abgrenzung von vergleichbaren Marktleistungen, einen Wettbewerbsvorteil zu verschaffen; (2) in der Produkt-/Marktmatrix von Ansoff die Basisstrategie, auf vorhandenen Märkte mit neuen Produkten tätig zu werden. Für das → PR-Management liefern diese strategischen Marktansätze Inhalt für die → Kommunikation, beispielsweise in der → Medienarbeit.

Differenzmanagement – bezeichnet eine PR-Theorie von → Hoffjann, die PR als systemische Kontextsteuerung beschreibt. Demnach ist PR einerseits eine interne Beratungsleistung als Empfehlungssystem interner Selbststeuerung und andererseits das Pendant zur externen Kontextsteuerung, mit der Unternehmen die Erwartungsstrukturen relevanter Bezugsgruppen zu verändern versucht. Differenz meint also die Angleichung interner und externer Erwartungen an unternehmerisches Handeln zur Steigerung der Legitimation.

Diffusionsforschung – bezeichnet (1) als Teil der → Medienwirkungsforschung in Kommunikationswissenschaften, Marketing, Psychologie und Public Relations-Forschung die Analyse der Verbreitung von Informationen und Nachrichten. Erforscht wird damit ihr Weg vom Sender zum Rezipienten. Ausgehend von den ersten Forschungen in den 1930er Jahren konzipiert auf Basis linearer, einseitiger Kommunikation dargestellt in bis heute vielfach zitierten Stimulus-Response-Modellen mit Annahmen des → Behaviorismus wurde davon ausgegangen, dass Informationen von den Medien zunächst zu den Meinungsführern und von dort erst zu den eher passiven Medienrezipienten gelangen. Die Forschungsergebnisse schlugen sich im Konzept des → Meinungsführers (opinion leader) und im Zwei-Stufen-Modell der Kommunikation (two step model of communication) nieder und finden Ausdruck in der → Lasswell-Formel sowie in mehrstufigen Kommunikationsmodellen als Erweiterung und Fortführung der Diffusionsforschung; (2) in der Weiterentwicklung von (1) die Forschung, wie sich neue Ideen und Innovationen verbreiten, was z. B. zum → Diffusionsmodell nach Rogers führte.

Diffusionsmodell – bezeichnet als Teil der → Diffusionsforschung die räumlich-zeitliche Ausbreitung von → Innovationen. Ein häufig zitiertes Modell ist das von Rogers aus den 1960er-Jahren, gemäß dessen sich die Verbreitung von Innovationen mit einem fünfphasiges Modell beschreiben lässt, das Typ und Anzahl der Verwender anhand der Verlaufs einer Kurve abbildet und dabei die Rolle der Medien und Meinungsführer berücksichtigt. Es unterscheidet dabei Innovatoren (experimentierfreudige „innovators"; großer Medieneinfluss), frühe Folger (schnell überzeugte „early adoptors"; wachsende Bedeutung von Medien und Meinungsführern), frühe Mehrheiten (wohlüberlegte „early majorities"; zunehmende Bedeutung von Meinungsführern ggü. Medien), späte Mehrheiten (eher skeptische „late majorities") und Nachzügler (eher misstrauische „laggards"). Für das → PR-Management ist dieses Modell ein Orientierungsrahmen zur adäquaten Ansprache von → Medien,

→ Meinungsführern und Kunden in der → Innovationskommunikation.

Digital Canvassing – engl. „digitale Signatur"; bezeichnet eine Tracking-Technik, mit der Firmen das Online-Verhalten ihrer Websitebesucher analysieren. Im Gegensatz zu den Informationen von Cookies werden diese Daten nicht auf dem Computer des Websitebesuchers, sondern auf den Servern der Webseitenbetreiber gespeichert. Sie lassen sich also nicht mehr ohne Weiteres löschen. Anhand der Daten erstellen Unternehmen auf den User zugeschnittene Informationsangebote, so dass die Tracking-Technik eine Basis für Online-PR und Werbung ist. – siehe auch → Canvassing.

digitale Kommunikation – bezeichnet die → Kommunikation mit → digitalen Medien, z.B. die → Online-PR und → Social Media und reicht bis in das → Leadership mittels digitaler Prozesse (z.B. partizipative Führung, kollaborative Prozesse mittels → Wikis).

digitale Medien – bezeichnen die Onlinemedien (Internet und hier besonders die Angebote der Verlage, aber auch Suchportale und → Social Media). Sie bilden einen zunehmend wichtigen Kanal der → Medienarbeit in Abgrenzung zu den → Printmedien.

Digitale Reputation – bezeichnet die → Reputation, die sich eine Organisation im Internet erarbeitet. Die Einflussfaktoren wie die → Authentizität oder die → Beziehungen unter den → Stakeholdern sowie auch die Wechselwirkungen und Überschneidungen zur „realen Reputation" sind bisher kaum erforscht.

Digital Immigrant – bezeichnet eine Person, die die neuen Technologien (v.a. Internet, Smartphones) erst im Erwachsenenalter kennengelernt hat und sich diese Schritt für Schritt erarbeiten muß im Gegensatz zu → Digital Natives.

Digital Native – bezeichnet eine Person der aktuellen Generation und damit eine wichtige → Dialoggruppe des → PR-Managements, die mit den neuen Medien (z.B. Apps, Smart Phones, Tablets) und ihren Funktionalitäten wie → Social Media und → Web 2.0 aufgewachsen ist. Für sie ist im Gegensatz zur vorigen Generationen (→ Digital Immigrant) die Trennung zwischen realer und virtueller Welt künstlich. Der Begriff wurde von Marc Prensky geprägt.

Digital Publishing – engl. „digitale Veröffentlichungen"; bezeichnet die Produktion und Veröffentlichung → digitaler Medien, also die Publikation von Newslettern, Zeitschriften oder Büchern für digitale Endgeräte (z.B. PC, Smartphones, Tablets).

Digital Relations – bezeichnet als Handlungsfeld der → Online-PR den Aufbau von → Beziehungen über → digitale Medien, betont also die Ansprache von → Dialoggruppen über das (mobile und stationäre) Internet mit den → Blogger Relations als eine Gruppe.

Digital Signage – engl. „digitale Beschilderung"; bezeichnet elektrische Beschilderungssysteme wie animierte Werbetafeln, Displays am → Point of Sale, LED-Tafeln in Shopping-Centern mit den Vorteilen der aktuellen Anpassung von Content, der lokalen Anpassbarkeit und der kundenindividuellen Ansprache gegenüber herkömmlichen Beschilderungen.

Dinks – von engl. „double income no Kids"; bezeichnet die → Dialoggruppe der Doppelverdiener ohne Kinder, also eher jüngere Paare, die relativ gut verdienen und der oberen Mittelschicht angehören.

DIPR → Deutsches Institut für Public Relations.

Directors' Dealings – bezeichnet den Handel durch Vorstände und Aufsichtsräte börsennotierter Unternehmen eigener Aktien. Für den Anlegerschutz verlangt das Wertpapierhandelsgesetz (§ 15aWpHG) von diesen und sonstigen Personen, die regelmäßig Zugang zu Insiderinformationen haben und zugleich wesentliche unternehmerische Entscheidungen treffen können, dass sie Geschäfte mit eigenen Aktien dem Emittenten und der → Bundesanstalt für Finanzdienstleistungsaufsicht (BaFin) innerhalb von fünf Werktagen melden.

Direct-Response TV – engl. „Fernsehen mit direkter Antwort"; bezeichnet eine besondere Form des TV-Spots, die eine unmittelbare Handlung auslösen soll, indem Zuschauer aufgefordert werden, z.B. per Telefon, Fax, SMS oder E-Mail Produkte zu kaufen oder zu spenden. Sie kommt vor allem im Teleshopping oder bei → Spenden-PR zum Einsatz.

Direktkommunikation – bezeichnet Kommunikationsmaßnahmen mit unmittelbaren Kontakt zu Mitgliedern ausgewählter → Dialoggruppen, um in → Interaktion in Form von → Dialog treten zu können, so dass Antwortoptionen (Response-Elemente) zu Direktkommunikationsinstrumenten (z.B. Mailing, Events) meist dazu gehören. Ein häufiger Einsatz ist die Werbung als Teil des Direktmarketings.

Direktmarketing werbliche → Direktkommunikation.

DIRK → Deutscher Investor Relations Verband.

Diskussion – von lat. discutere „zerschlagen", „prüfen"; in einer → Gruppe oder → Teilöffentlichkeit oft von → Medien initiierte und begleitete Erörterung eines Themas zum Teil mit den Elementen eines → Dialoges. Für das → PR-Management ist die Diskussion ein wichtiges Instrument für Anhörung und Ausgleich der Ansprüche von → Stakeholdern.

Diskussionsveranstaltung → Event zur Durchführung von → Diskussionen.

Disperses Publikum – bezeichnet mit Gerhard → Maletzke in Konkretisierung von → Massen oder → Öffentlichkeit eine Vielzahl von Individuen, die durch die Wahrnehmung von Informationen bestimmter Medien miteinander verbunden sind, z.B. Internetnutzer, Fernsehzuschauer oder Zeitungsleser.

Displayverpackungen – bezeichnen Verpackungen, die neben der Transportfunktion die verkaufsfördernde Präsentation von Produkten zum Ziel haben. Sie werden Sekundärverpackung genannt, aus der Kunden am → Point of Sale die Erstverpackung entnehmen. Displayverpackungen übernehmen damit in der → Produktkommunikation eine zentrale Aufgabe, bilden einen → Touchpoint und sind ein zentrales Handlungsfeld des → Corporate Design.

Dissipationsmanagement – von lat. dissipare „zerstreuen"; eine Organisation (z.B. Agenturnetzwerk, Konzern, Vertriebsstruktur) dissipiert, indem sie ihre

Struktur verflüssigt. Je mehr Markt eine Organisation in ihren Hierarchien zulässt, desto weiter schreitet die Dissipation fort. Organisationen können ihre Strukturen durch Energiezufuhr ordnend restabilisieren. → Emotionalisierung, → Identifikation und die Wirkung von → Symbolen sind Beispiele ordnender Energie. PR-Management dient im Anschluss an → Lies als Dissipationsmanagement, indem es zur Energiemessung dient: PR dient der Beobachtung und Selbstbeobachtung von Organisationen und schafft damit die Voraussetzungen, Ordnungsveränderungen wahrzunehmen und so → Systeme zu beeinflussen. PR dient darüber hinaus zur „Verkabelung" von Organisationen, indem → Beziehungen geschaffen werden. PR leistet zudem einen Beitrag zur „Leitfähigkeit" von Organisationen und sorgt mit kulturprägender Arbeit dafür, dass das eigene System relevante Ordnungsveränderungen besser antizipiert, die man auch als Evolutionsfähigkeit des eigenen Netzwerkes auffassen könnte. Dissipationsmanagement ist somit angewandte → Evolutionsökonomik.

Distinktionstheorie – Distinktion bezeichnet in der soziologischen Theorie eine Analyse gesellschaftlicher Strukturen, Prozesse und Funktionen nicht anhand der Erfassung absoluter Ausstattungsmerkmale oder Charkateristika, sondern anhand vergleichender Beobachtungen und damit anhand von Unterscheidung (Distinktion). Eine → Gruppe ergibt sich beispielsweise durch Unterschiede in den Themen, die sie von anderen abgrenzt. Distinktion meint also eine vergleichende Beobachtung, aus der sich Unterschiede z.B. in Bezug auf beobachtete Situationen, Gegenstände, Prozesse

u.a. ergeben. Im Anschluss an Niklas → Luhmann und Spencer Brown ist die Distinktion die soziologische Grundlage des Erkennens und damit auch der Information. Die von Luhmann bekanntgemachte → Systemtheorie, die die Gesellschaft und hier wiederum Unternehmen, Märkte oder Marken als Beispiele für die Subsysteme einer Gesellschaft zu erklären versucht, nimmt an, dass sich Systeme auf der Basis von der Beobachtung durch ihre Akteure nach eigenen Regeln weiterentwickeln. Beoachtung führt zur Erkenntnis, dies führt zur beobachteten Unterscheidung (beispielsweise zweier Kulturen, Marken, Parteien) unterschiedlicher Systeme. Systeme sind also beobachtbare Handlungsräume, die sich durch Distinktion von ihrer Umwelt abgrenzen. Auf dieser Basis leiten sich Systeme eigene Regeln ab, nach denen sie sich weiterentwickeln. Insofern ist die luhmannsche Systemtheorie immer auch → Beobachtungstheorie als soziologischen Analyse und Prinzip der Evolution von Systemen. Für die → PR-Theorie ist die Distinktionstheorie mehrfach interessant, da sie unterschiedlichen → Communities (z.B. Markenfans, Protestgruppen) durch Beobachtung und Distinktion unterscheidet und so z.B. die Bedeutung von → Kultur für die unterschiedliche Wahrnehmung von inhaltlich gleichen Botschaften in der → internationalen Kommunikation besonders verdeutlicht.

Diversity-Kommunikation – von engl. diversity „Vielfalt"; Diversity Management meint die Anerkennung und Nutzung von Vielfalt im Unternehmen. Diversity Marketing bezeichnet die marktorientierte Berücksichtigung der Anforderung von Unterschiedlichkeit innerhalb bestimmter Zielgruppen (z.B. Mode auch für Menschen ohne Modelmaße, Telekommunikationsdienste in unterschiedlichen Sprachen). Diversity Kommunikation beinhaltet zudem imagebildende Kommunikationsmaßnahmen auf Basis von Vielfalt. Sie umfasst zudem das interne → Kulturmanagement zur Förderung der Akzeptanz von Diversity. In der Praxis gehört z. B. Alters-Diversity (die Förderung von Senioren, um sie an das Unternehmen in Zeiten einer alternden Bevölkerung zu binden) genauso zu Diversity wie → Gender-Kommunikation (die Förderung von Frauen als Führungskräfte in den männerdominierten Führungsetagen) oder kulturelle Vielfalt (die interkulturelle Förderung zum Beispiel die Unterstützung von Mitarbeitern unterschiedlicher Nationen am Fließband, auf dem Flugvorfeld oder in der OP-Pflege im Krankenhaus). Damit ist Teammanagement eine im HR-Management angewandte Form von Diversity-Management, indem Teams auf Basis der Vernetzung, Nutzung und gemeinsamen Anerkennung der Unterschiedlichkeit ihrer Mitglieder erfolgreich sind.

Domain-Grabbing – bezeichnet die bewusste Registrierung von Domain-Namen, die die Kennzeichnungs-, Namens- bzw. Markenrechte Dritter verletzen mit dem Ziel, dem Rechteinhaber diese zu verkaufen.

Dominanz-Standard-Modell – bezeichnet einen Strukturierungsvorschlag von Marketinginstrumenten von Richard Kühn für die Marketingplanung angesichts ihrer Anwendung und bereits erprobten Wirkung in Bezug auf die Marketingziele. So werden Standardinstrumenten eine hohe Wirkung auf den Absatz

und keine Freiheitsgrade in Bezug auf ihre Ausgestaltung attestiert. Dominante Instrumente haben ebenfalls eine hohe Wirkung auf den Absatz, aber hohe Freiheitsgrade in ihrer Ausgestaltung. Komplementäre und marginale Instrumente werden geringere Wirkungsbeiträge und unterschiedliche Freiheitsgrade zugesprochen. Ziel des Modells ist, mit Erkenntnissen aus der erprobten Praxis den Planungsaufwand für künftige Marketingmaßnahmen zu senken.

Doodle – von engl. „Gekritzel"; bezeichnet die tagesaktuell und/oder anlassbezogene Veränderung des offiziellen Google-Logos.

Döring, Nicola – Dr. phil. habil. Nicola Döring ist Professorin für Medienpsychologie und -konzeption an der Technischen Universität Ilmenau.

Dörrbecker, Klaus – (1925-2008) war Mitbegründer der Gesellschaft Public Relations Agenturen (GPRA) und engagierte sich für die PR-Ausbildung mit dem → Deutschen Institut für Public Relations (DIPR).

Dörrbecker-Rakete – bezeichnet mit dem Bild einer V2-Rakete den Aufbau eines → Konzepts, das wie die Stufen einer V2-Rakete gezündet werden, um ihr Ziel zu treffen: „Strategische Zielsetzung", „Dialoggruppen", „Kommunikationsinhalte"/„Positionierung" und „strategische Umsetzung"/„Kräfteeinsatz". → Dörrbecker betont damit den strategischen Charakter des → PR-Managements.

DPMA → Deutsches Patent- und Markenamt.

DPRG → Deutsche Public Relations Gesellschaft.

DPWK → Deutscher Preis für Wirtschaftskommunikation.

Draft – engl. „Entwurf"; bezeichnet im → Atelier Kreativleistungen im Entwurf.

Dramaturgie – meint die innere Struktur des Dramas (hier: Handlung). Die Dramaturgie bezeichnet in Literatur oder Theater den Aufbau eines Spannungsbogens. Übertragen auf pr-relevante Handlungsfelder wie → Kampagnen, Reden oder → Stories prägt die Dramaturgie die Erzählstruktur und damit den Aufbau von Texten oder → Events. Abgeleitet aus der → Strategie und in Orientierung an der Story wird festgelegt, ob und welche Teilziele innerhalb bestimmter Event- oder Kampagnenphasen zu verfolgen sind.

Drei-Speicher-Modell – bezeichnet in der Psychologie ein Modell der individuellen → Wahrnehmung, das Reize in Form eines Prozesses mit drei Schritten beschreibt. Demnach werden → Reize als erste sensorische Registrierung im Ultrakurzzeitgedächtnis aufgenommen. Die weitere Verarbeitung erfolgt im Kurzzeitgedächtnis bevor im Idealfall der Reiz im Langzeitgedächtnis gespeichert wird. Das Ziel des → PR-Managements und der → Markenkommunikation ist, durch → Reputation und → Vertrauen in das Langzeitgedächtnis zu gelangen.

Drei-Zonen-Modell – ist der Erlebnispädagogik für die → interne Kommunikation entnommen und geht davon aus, dass Lernen im Unternehmen insbesondere dann stattfindet, wenn Führungskräfte und Mitarbeiter die Komfortzone verlassen. In der Komfortzone fühlen sie sich wohl. Selbstsicherheit herrscht vor. In der Lernzone besteht noch kein

Erfahrungswissen. In der Panikzone liegt alles, was ihnen Angst macht und sie überfordert. Der Ansatz der Erlebnispädagogik besteht darin, Führungskräfte und Mitarbeiter aus der gewohnten Komfortzone hinauszubegleiten, sodass sie sie positiv motiviert verlassen und spielerisch an neue Erfahrungen geführt werden.

Drittel-Regel → Zwei-Drittel-Regel.

Drive Time – von engl. „Fahrzeiten"; bezeichnet die Hauptsendezeit von Radiosendern, die während der Berufsverkehrszeit besonders gehört werden. Sie ist eine relevante Dimension im Rahmen der → Mediaplanung, aber auch für das PR-Management für die Bestimmung von Werbepreisen bzw. Reichweiten.

DRPR → Deutscher Rat für Public Relations.

DR-TV → Direct-Response TV.

Druckvorstufe – bezeichnet im PR-Management eine wichtige Qualitätssicherungsphase im → Corporate Publishing, bevor gedruckte Medien (z.B. Broschüren, Geschäftsberichte, Bücher) für den Druck freigegeben werden. Hier sind Ursache und Behebung von Mängeln wie unscharfe Abbildungen oder Abweichungen von definierten Farben des → Corporate Designs verortet.

Due Diligence – engl. „sorgfältige (Kauf-)Prüfung"; beinhaltet im Rahmen der → Mergers- und Acquisitions-PR die Informationsbestandsaufnahme und den Informationsaustausch im Vorfeld einer geplanten Übernahme oder Fusion, aber auch eines → Börsenganges. Es werden dabei vor allem rechtliche, finanzielle, steuerliche und strategische Kompatibilitäten geprüft. Darüber hinaus gilt es, die Kompatibilität der

→ Unternehmenskulturen zu prüfen (Cultural Due Diligence).

Dummy – engl. „Atrappe"; bezeichnet im Corporate Publishing und Packaging ein Muster, das für Abstimmungsprozesse oder als Test aus Veranschaulichungsgründen produziert wird, um erst nach Freigabe bzw. positiven Testergebnissen in Produktion zu gehen.

Durchdringungsindex – bezeichnet als Messgröße der → PR-Evaluation, wie häufig ein platziertes Thema (z.B. ein Unternehmens- oder Produktname, eine Produkteinführung) in einem Set definierter Medien genannt wird.

Durchdrückverpackung → Blisterverpackung.

Durchschuss – bezeichnet den Abstand zwischen den Zeilen eines Mediums.

DVFA → Deutsche Vereinigung für Finanzanalyse und Asset Management.

E

Earned Media – von engl. „verdiente Medien"; bezeichnen in der Klassifizierung der möglichen Medienpräsenz solche transportierten Medieninhalte, die durch die Ersteller und/oder Nutzer (z.B. positive Berichterstattung von Journalisten, → Mund-zu-Mund-Propaganda in → Communities im Internet) gekennzeichnet ist im Gegensatz zu → Owned Media und → Paid Media.

Echtzeitkommunikation – zeitlich unverzüglicher → Dialog mit den Bezugsgruppen, ist mit → Krisenkommunikation, → Life-Communications und → Pressekonferenzen eine Kernkompetenz des → PR-Managements, die mit dem → Web 2.0 und dem hier entstehenden → Echtzeitmarketing eine nur scheinbar neue Anforderung von → Corporate Communications ist.

Echtzeitmarketing – bezeichnet eine mit dem → Web 2.0 und hier v.a. mit den → Social Media aufkommende Anforderung an das Marketing, (1) auf neue oder bekannt gewordene Kundenbedürfnisse aktuell zu reagieren und/oder (2) aktuelle Situationen mit → Social Media Relations und/oder → Echtzeitwerbung für → Image, → Reputation oder Marketing zu nutzen. Diese neue Anforderung für das Marketing ist mit der → Echtzeitkommunikation wie der → Krisenkommunikation eine bereits gelernte Anforderung des → PR-Managements.

Echtzeitwerbung – *Real-Time Advertising*; (1) bezeichnet die Vermarktung von Online-Werbeflächen in Echtzeit z.T. mit dem → Real-Time-Bidding ; (2) Live-Marketing.

Economies of Attention → Ökonomie der Aufmerksamkeit.

Editorial – von engl. editor, „Herausgeber"; bezeichnet in Zeitschriften den Meinungsartikel des Herausgebers oder Chefredakteurs, das ähnlich wie das Vorwort in Büchern meist auf Seite 3 platziert wird.

Edutainment – Kofferwort aus „Education" und „Entertainment"; bezeichnet die unterhaltsame Lehre. Sie steht als → Didaktik der PR für die aktive, oft spielerische Wissensvermittlung, die als Charakteristikum → PR-Instrumente wie → Events oder → Kampagnen, aber auch Computerspiele oder Websites prägen kann. Ihr Ziel ist, dass sich → Dialoggruppen mit → Botschaften spielerisch-unterhaltsam auseinandersetzen.

Effektivität – bezeichnet im → PR-Management die Wirksamkeit eines → PR-Instruments, indem sein richtungsfunktional unterstützender Beitrag anhand von Zielerreichungsgraden gemessen werden kann (z.B. ein Plakat in Bezug auf die Bekanntheit einer lokal angebotenen Dienstleistung).

Effizienz – bezeichnet im → PR-Management die Wirtschaftlichkeit eines PR-Instruments, indem sein Wirkungsbeitrag im Verhältnis zu den dafür eingesetzten Ressourcen bewertet wird (z.B. die Kosten eines Plakats und seiner Plakatierung in Bezug auf die Bekanntheit einer lokal angebotenen Dienstleistung).

Einschaltquote – bezeichnet den prozentualen Anteil der Haushalte mit Fernseher oder Radio, die eine bestimmte Sendung eingeschaltet haben. Sie bestimmt entscheidend den Preis für Werbeplätze. Die Einschaltquote in Deutschland von der Gesellschaft für Konsumforschung (GfK) wird im Auftrag der Sender gemessen.

Einstellung – gehört in der Psychologie zu den → aktivierenden Prozessen von Individuen und gilt als verhaltensbestimmend. Einstellungen basieren zentral auf kognitiven Prozessen (Ansichten, Denkweisen) und affektiven Prozessen (gefühlsgeprägte Wahrnehmung). Einstellungen gelten im Gegensatz zur → Stimmung als langfristig angeeignet bspw. durch Sozialisierung und Kulturalisierung. Einstellung meint in der → Produktkommunikation die subjektive wahrgenommene Eignung eines Produktes zur Befriedigung einer Motivation (=Emotion mit einer Zielorientierung) mit einer kognitiven Gegenstandsbeurteilung. Einstellungen sind etwa für die Weckung der Ansprüche von → Stakeholdern eine wichtige Dimension des → PR-Managements. Die Einstellungsänderung wird häufig als → Kommunikationsziel genannt, z.B. als Ziel von → Change Communications zur Senkungen von Widerständen, ist aber allein durch Kommunikationsmaßnahmen bestenfalls langfristig änderbar.

Einwegkommunikation – meint eine Form der → Kommunikation, indem ein Sender einem oder mehreren Empfängern eine Botschaft schickt, ohne dass ein Rückkanal technisch und/oder durch die → Haltung des Senders vorgesehen ist. Die → Massenkommunikation → klassischer Medien ist von dieser Art der Kommunikation geprägt.

Einwiller, Sabine – geb. 1969; Dr. oec. Sabine Einwiller ist Professorin für Unternehmenskommunikation an der Universität Mainz.

Elaboration Likelihood Model – engl. „Modell der wahrscheinlichen Informationsverarbeitung"; bezeichnet ein sozialpsychologisches Modell von Richard Petty und John T. Cacioppo (1981), das zur → Medienwirkungsforschung zählt und Meinungsänderung entlang zweier Wahrnehmungspfade erklärt. Auf dem zentralen Wahrnehmungspfad setzen sich Rezipienten eingehend mit den Argumenten einer wahrgenommenen Botschaft auseinander („cognitive response"), was zur Idee des high → Involvement führt. Mit dem „peripheren Pfad" beschäftigen sich Rezipienten dagegen nur oberflächlich mit Botschaften.

Embedded Posts – engl. „einbetten von Inhalten"; öffentliche Äußerungen bei Facebook inklusive Likes, Shares und Kommentaren, die wie Tweets bei Twitter auf jeder Webseite wie Homepages oder Blogs eingebettet werden können, sodass sie dort sichtbar sind und per Link zum Originalpost führen. Aus Sicht der → integrierten Kommunikation können → Social Media Newsrooms so die Aktivitäten in den Social Media besser abbilden.

Embedded PR – von engl. „eingebettete PR"; beschreibt eine neue Beziehung von Public Relations und Journalismus, wonach die PR von Unternehmen auf der Basis inhaltlicher Beziehungen berichtender Teil der Medien wird, deren verantwortlicher Redakteur weiterhin der Journalist bleibt. Diese auch kritisch kommentierte

Entwicklung wird durch die ökonomische Krise klassischer Medien und den Aufschwung der → Online-Medien begründet und ist ein Ausdruck der Gültigkeit des → Intereffikationsmodells.

Emotion – ein psychischer Zustand in Form innerer Erregungen, die angenehm (z.B. Glück, Vergnügen, Behagen) oder unangenehm (z.B. Angst, Wut, Verärgerung) empfunden und mehr oder weniger bewusst erlebt wird. Emotionen gelten als handlungssteuernd und sind damit ggf. kaufentscheidungsrelevant. Emotionen sind neben Information, Edukation und Identifikation zentrale Ziele des → PR-Managements.

Emotionale Intelligenz – bezeichnet eine Fähigkeit, Emotionen und soziale → Beziehungen zu kennen und erwartungsgerecht zu handhaben. Die → Empathie gilt als eine wichtige Dimension hierfür. Sie ist prägend für das → Image von Führungskräften, Unternehmen und → Marken und damit eine wichtige Kompetenz für das → PR-Management. Sie gehört zu den → Soft Skills.

Emotionalisierung – bezeichnet (1) einen Wahrnehmungsprozess, der positive oder negative Gefühle (→ Emotionen) hervorrufen soll. Er wird im → PR-Management bspw. in der → Markenkommunikation verwendet, um rationale Leistungsversprechen um Identifikationsangebote zu ergänzen. Auch Angstapelle in der Werbung sind ein Beispiel für (negative) Emotionalisierung; (2) die → strategische Kommunikation zum Aufbauf von → Positionierungen für Marken bzw. deren Produkten, die auf Emotionen basieren und so mittels Erlebnispositionierungen zur Abgrenzung dienen.

Empathie – bezeichnet die Einfühlsamkeit. Empathisches Verhalten bezeichnet die Fähigkeit, das eigene Verhalten auf die Gefühle und die Persönlichkeit von anderen einzustellen und ist Teil der → emotionalen Intelligenz.

Empfehlungsmarketing – bezeichnet Marketing mittels Kunden, die als Fürsprecher für ein Unternehmen oder Produkt auftreten. Die Kunden sind hier im Gegensatz zum → Referenzmarketing der Absender der → Botschaft. Mit der Weiterempfehlung ist es zugleich relevant für die → Reputation und damit Teil des → PR-Managements.

Employer Branding – bezeichnet die Arbeitgebermarkenbildung und -führung. Sie ist gleichermaßen Teil der → internen Kommunikation zur → Bindung von Mitarbeitern und Führungskräften wie auch der → externen Kommunikation zur Gewinnung neuer Mitarbeiter und Führungskräfte sowie der Markenbildung insgesamt. Employer Branding ist ein Ziel der → HR-PR.

Employer Value Proposition – engl. „Nutzenversprechen des Arbeitgebers"; bezeichnet die Anwendung des aus dem Marketing bekannten → Alleinstellungsmerkmals auf den Kern der Arbeitgebermarke eines Unternehmens oder einer anderen Organisation (→ Employer Branding).

Engineering of Consent – von engl. „Herbeiführung von Konsens"; bezeichnet einen frühen massenpsychologischen Ansatz der → PR-Theorie, von Edward → Bernays geprägt durch die → Psychoanalyse. Die Manipulation von → Massen ist demnach ein wesentlicher Bestandteil von Demokratien, die es mittels Führungspersönlichkeiten zu steuern gilt.

Equity-Kultur – die Aktien- oder Kapitalmarktkultur ist ein diffuser Dachbegriff, der Werte wie Affinität, Akzeptanz, Einstellung, Identifikation oder Haltung der Wirtschaftsgesellschaft – hier v.a. Sparer, Unternehmen und Medien – zu Finanzierungsinstrumenten des Kapitalmarkts beschreibt. Dem anglo-amerikanischen Bereich wird eine reifere Equity-Kultur attestiert als Deutschland, wo sie als verhalten gilt. Sie schlägt sich in Indikatoren wie privaten Aktienbesitzquoten, der kritischen Medienberichterstattung über Kapitalmarktthemen, aber auch in dem Kommunikationsverhalten kapitalmarktnotierter Unternehmen nieder, die für ihre → Reputation auch über den Kapitalmarkt hinaus relevant ist.

Equity-Story – die Kapitalmarktstory, die die Geschäftsidee, die Positionierung, die Erfolgsfaktoren, Börsenreife und das Zukunftspotenzial eines börsennotierten Unternehmens zusammenfasst. Sie wird im Vorfeld von Börsengängen entwickelt und beantwortet v.a. Analysten und Anlegern, warum das emittierte Wertpapier für sie attraktiv ist mit dem Ziel, positive Analystenkommentare bzw. Anlegerinteresse aufzubauen. Sie zeichnet sich im Gegensatz zur der eher metaphorischen → Story durch ihre Rationalität aus.

Erfolg – bezeichnet die Effektivität (z.B. die Wirksamkeit einer richtungsfunktional beitragenden PR-Maßnahme) und zugleich Effizienz (z.B. der bewertete Input im Verhältnis zum bewerteten Output einer PR-Maßnahme) einer oder mehrerer betrachteten Maßnahme(n).

Erfolgsgeschichte – *Success Story*; schildert als → PR-Instrument v.a. in der → Kundenkommunikation einen positiv dargestellten → Anwenderbericht z.b. eines Produkts oder eines Dienstleisters mit dem Ziel, den Nutzen meist erklärungsbedürftiger Unternehmensleistungen zu verdeutlichen, sodass ein Kunde zum Referenzgeber wird. Insofern sind Erfolgsgeschichten Teil des → Referenzmarketings.

Erfolgshonorar – bezeichnet die erfolgsabhängige Bezahlung von PR-Agenturen durch ihre Auftraggeber in Abhängigkeit erzielter Ergebnisse der PR-Arbeit, bspw. die Bezahlung für erzielte Auflagen der beauftragten → Medienarbeit gezählt anhand der abgedruckten → Clippings.

Ergebniskommunikation – bezeichnet (1) die (Pflicht-)Veröffentlichung von Geschäftszahlen zum Ablauf einer Berichtsperiode (z.B. Quartalszahlen, Jahresergebnisse) als Teil von → Investor Relations; (2) im Gegensatz zur → Prozesskommunikation den Nachberichterstattung-Charakter von → Kommunikation. Sie steht damit für ein veraltetes Verständnis der → internen Kommunikation, die früher als → Betriebsjournalismus derart arbeitete, als → Führung aber einbindend, erklärend und motivierend und damit entscheidungsvorbereitend angelegt sein sollte.

Erinnerung → Wiedererkennung.

Erlebnispositionierung → Positionierung.

Erwartungen – bezeichnen Annahmen über künftige Zustände (z.B. Handeln einer Person, Funktion eines Produktes). Unterschieden werden antizipatorische Erwartungen, als allgemeine Vorstellung und normative Erwartungen als wünschenswerte Vorstellung. Wie → Einstellungen haben sie eine handlungsleitende Funktion, indem eingelöste Erwartungen Vertrauen schaffen und damit zum Referenzmaßstab künftiger Entscheidungen werden. Sie senken soziale Komplexität. Erwartungen sind als → Erwartungsmanagement ein wichtiger Teil der → Kommunikation als Basis von → Vertrauen und damit → Reputation.

Erwartungsmanagement – bezeichnet im → PR-Management ein Handlungsfeld v.a. mit → Change Communications und der → Produktkommunikation, die Erwartungen der relevanten → Dialoggruppen so zu beeinflussen, dass Vertrauen durch eingelöste Erwartungen entsteht, um Widerstände zu senken bzw. Unzufriedenheit zu vermeiden. Dabei entsteht ein Spannungsfeld zwischen der Reaktion auf die Bekanntmachung ggf. unerwünschter Botschaften und dem Ziel der → Reputation, z.B. bei der Planung vieler Entlassungen in einer Restrukturierung oder der Meldung von Produktfehlern, sodass das → Modell der funktionalen Transparenz an Bedeutung gewinnt.

Erzählmanagement – bezeichnet eine → Methode des → PR-Managements, → Botschaften mit → Stories vereinfachend zu transportieren.

Esch, Franz-Rudolf – geb. 1960; Dr. rer. oec. Franz-Rudolf Esch ist Professor insbesondere für Markenmanagement an der European Business School.

Etat-Kalkulator – ist eine Kalkulationshilfe für Marketing-, PR- und Werbebudgets auf Basis von Anzeigenschaltkosten, Agenturleistungen, Stundensätzen und weiteren Daten des creativ collection Verlags.

Ethik – bezeichnet die kritische Reflexion der Einhaltung von → Moral. Ethisches Handeln bezeichnet in der Praxis die Idee „gesellschaftskonformen Handelns", deren Maßstäbe angesichts der nicht vorhandenen Massengesellschaft aus theoretischer Sicht nur im Einzelfall zu leisten ist. Damit sind ethische → Positionierungsstrategien (z.B. im Rahmen von → Corporate Social Responsibility) immer krisenanfällig, da die Bewertungen ethischer Kriterien durch → Stakeholder und → Medien zeitgeistabhängig sind. Für das → PR-Management ist die Ethik zur Vermeidung der Ansprüche von Stakeholdern ein zentrales Handlungsfeld.

ethnozentrische Strategien – bezeichnen eine Form → internationaler Kommunikation, bei der eine Organisation aus der Sicht des Heimatlandes bzw. mit Prägung der eigenen → Kultur arbeitet.

EU-Marke → Community Trade Mark.

Euprera → European Public Relations Education and Research Association.

European Communication Monitor – ist eine seit 2007 jährlich stattfindende Befragung von derzeit rund 2.700 Kommunikationsfachleuten in 42 Ländern ausgehend von elf europäischen Universitäten unter der wissenschaftlichen Leitung von Ansgar → Zerfaß.

European Public Relations Education and Research Association – Europäischer Verband, der sich der PR-Forschung widmet und sich zuerst an Wissenschaftler wendet (www.euprera.org).

Evaluationsforschung – ist ein Handlungsfeld der empirischen Forschung. Im PR-Kontext ist die Messung, Bewertung und Wirkungskontrolle von

Kommunikationsinstrumenten und -prozessen mithilfe von → PR-Evaluation gemeint.

Event – *Veranstaltung*; stellt ein wichtiges → PR-Instrument dar, v.a. weil hier die Erlebbarkeit von Unternehmen und/oder Unternehmensleistungen sowie auch → Dialog mit Bezugsgruppen möglich ist. Sie hat zu einer eigenen PR-Kompetenz der → Veranstaltungskommunikation geführt.

Eventagentur → Agentur.

Event-PR → Veranstaltungskommunikation.

Evolution → Evolutionsökonomik.

Evolutionsökonomik – bezeichnet eine Forschungsströmung innerhalb der → Wirtschaftswissenschaften als → Basiswissenschaft der PR, die im Gegensatz zur klassischen/neoklassischen Ökonomie, Evolution in die Theoriewelt einbezieht. Evolution ist dabei nicht allein auf neue Produkte oder Techniken zu beziehen, sondern umfasst als Phänomen alles, was die Akteure eines → Systems für neu halten und in ihrer Wahrnehmung geeignet ist, Handlungsfähigkeit auszuweiten bzw. zu verlieren und damit → Macht neu zu verteilen. PR als Evolutionsmanagement schafft wahrnehmungsbezogene Macht (z.B. Identifikation, Image, Reputation) als Handlungsvorsprung von Unternehmen und anderen Organisationen, die ihre Handlungen in sozialen Netzwerken organisieren und mit oder gegen → Stakeholder durchsetzen. Macht ist damit stets an das System gebunden und bestimmend für individuelles Handeln. Das Ziel von PR als Evolutionsmanagement ist die maximale Fähigkeit zur Evolution von Systemen für die Sicherung von mental bestimmten und damit flüchtigen relationalen Machtpositionen, was im Kern zur → Evolutionstheorie Darwins zurückführt. Dies ist die Aussage der → systemfunktionalistischen Synthese der evolutionsökonomischen → PR-Theorie.

Evolutionstheorie – von lat. evolvere, „entwickeln"; bezeichnet im Anschluss des Theologen Charles Darwin (1809-1882) eine biologische Theorie zur Erklärung der Fortentwicklung von Lebewesen. Demnach sind Arten in der Natur nicht gottgegeben und unveränderlich, sondern das Ergebnis von Variation, Selektion und Bewahrung, ein Optimierungsprozess durch den Wandel der Arten. Eine zentrale These ist, dass Lebewesen eine umso höhere Überlebenschance haben, je besser sie an die Umwelt angepasst sind, was sich im wettbewerblichen Marktprinzip des „Survival of the Fittest" niederschlägt. Das hierauf fußende Schema Variation-Selektion-Bewahrung findet sich in vielen Beiträgen der → Evolutionsökonomik als zentrale analytische Einheit: Mit der Variation werden bei der Fortpflanzung Erbanlagen weitergeben. Es entstehen genetische Mutationen in Form von abweichenden Lebensformen mit neuen Eigenschaften. – Selektion: Lebewesen zeugen mehr Nachkommen als zur Arterhaltung erforderlich sind. Deshalb kommt es zu einer Selektion – der Auswahl – von Lebensformen, die sich besser an die Umweltbedingungen anpassen können. Dieser Daseinskampf ermöglicht die Weiterentwicklung der Art. – Bewahrung: Die Vermehrung der überlegenen Mutationen und die damit verbundene Weitergabe ihrer günstigen Erbanlagen (Bewahrung/Retention) führen zu einer Ausbreitung und Verfestigung der veränderten Art.

Die Evolutionstheorie ist das Fundament der evolutionsökonomischen → PR-Theorie und → systemfunktionalistischen Synthese von → Lies.

EVP → Employer Value Proposition.

Exit Rate – gibt den Prozentsatz der Besucher an, die eine Homepage von einer bestimmten Seite aus verlassen, basierend auf der Anzahl der Besuche dieser Seite im Gegensatz zur → Bounce Rate. Die Seite, auf der sich der User zum Schluss aufgehalten hat, bevor er z.b. das Browser-Fenster schließt, wird als Ausstiegsseite bezeichnet.

Experteninterview – bezeichnet (1) als → PR-Instrument der → Medienarbeit die → Platzierung von Unternehmen mittels ihrer Fachleute in Form von Interviews. Oftmals sind solche Interviews besonders für die Darstellung in der → Fachpressearbeit geeignet; (2) die besondere Erhebung von Wissen im Rahmen der Primärforschung. Experteninterviews zeichnen sich im Vergleich zu meinungs- oder einstellungsbezogenen Massenbefragungen inhaltlich durch vertiefende (z.B. anwendungs- oder situationsbezogene) Fragen aus, die sich nicht aus dem Alltagswissen oder Literaturkenntnissen ergeben.

Expertenthemen – bezeichnet die Nutzung von Fachwissen als Themen und damit Informationsanlässen im Rahmen der → Medienarbeit mit dem Ziel, das → Image des Unternehmens zu prägen z.B. mit → Experteninterviews.

Exposé – von lat. exponere, „darlegen"; bezeichnet im → PR-Management ein Dokument zur Vorlage beim Kunden, das je nach Ziel ein Konzept, eine Idee oder Projektskizze z.T. mit Kostenschätzungen

ist. Es dient zur Kundengewinnung, Projektfreigabe und/oder Projektdokumentation.

Externe Effekte – *Externalitäten*; bezeichnen ursprünglich in der → Wohlfahrtsökonomie die Auswirkungen von Produktion und Konsum auf den Nutzen unbeteiligter Marktteilnehmer, die dafür keine Kompensation erhalten. Sie können positiv (z.B. der schöne Anblick eines Gartens) und negativ (z.B. die Abgase einer Industrieanlage) wahrgenommen werden. Unterschieden werden (1) pekuniäre externe Effekte (z.B. veränderte Preise als Ausdruck knapp werdender Güter). Sie gelten als gewollte, systemimmanente externe Effekte, die die Marktsteuerung bewerkstelligt; (2) technologische externe Effekte als direkter physischer Zusammenhang zwischen mehreren Akteuren (Lärm eines → Events); (3) psychologische externe Effekte als Impulse, die nicht-physischer Natur sind (z.B. Vertrauen in eine Marke). Externe Effekte sind mit (3) ein wesentliches Element der wirtschaftswissenschaftlichen → PR-Theorie, um allgemein die Diffusion auch ungewollter Information (z.B. die Wirkung von → Skandalen) abzubilden.

Externe Kommunikation – bezeichnet die nach außen gerichtete PR in Abgrenzung zur → internen Kommunikation.

Externe Pressestelle → Pressestelle.

Exzellenzmodell der Public Relations – eine → PR-Theorie von James E. → Grunig und Todd → Hunt, die zwei Fragen zentral nachgehen: (1) Effektivitätsfrage: Wie, warum und in welchem Umfang trägt Kommunikation dazu bei, die Ziele einer Organisation zu erreichen; (2) Exzellenzfrage: Wie muss die

Kommunikationsfunktion organisatorisch gestaltet sein und wie muss die Öffentlichkeitsarbeit praktisch durchgeführt werden? Auf Basis der Analyse von 270 Unternehmen kamen vier Modelle der Unternehmenskommunikation heraus, die sie situativ anwenden: (a) Modell der → asymmetrischen Kommunikation, (b) → Informationsmodell, (c) → Publicity-Modell, (d) → symmetrische Kommunikation. Die Modelle sind später zu der → Win-Win-Situation weiterentwickelt worden.

Eyecatcher – engl. „Blickfang"; bezeichnet ein Instrument der Gestaltung, das Aufmerksamkeit auf einen Gegenstand oder eine Situation lenkt, z.B. durch Größe, Form, Farbe oder Dynamik. Sie senden → Reize als → aktivierende Prozesse z.B. bei der → Ladengestaltung, bei Fernsehspots, bei → Anzeigen oder in der → Bildkommunikation.

F

Facebook – bezeichnet ein derzeit führendes soziales Online-Netzwerk, das v.a. für private Interaktion genutzt wird und zu den → Social Media gehört.

Facebook-Marketing – bezeichnet (1) allgemein die werbliche → Kommunikation über die Social-Media-Plattform Facebook; (2) steht kritisch für die bisher wenig erfolgreiche → Marketingkommunikation in privaten, sozialen Online-Netzwerken. Es betont die Notwendigkeit, jenseits der → persuasiven Kommunikation mit besonderem → Content das Interesse der Nutzer zu wecken. Als ein Kriterium hierfür gilt die hohe → Shareability, um so soziale → Ansteckungseffekte zu erzielen mit dem Ziel, die Bekanntheit und → Identifikation so bekannt gemachter Leistungen zu erhöhen. Damit steht Facebook-Marketing für das Prinzip klassischen → PR-Managements, das normativ werbliche Kommunikation im Gegensatz zum Marketing vermeidet.

Face-to-Face-Kommunikation → persönliche Kommunikation.

Fachöffentlichkeitsarbeit → Fachpressearbeit.

Fachpresse – wendet sich an thematisch/beruflich definierte Leser (z.B. allgemeine Fachpresse, Wissenschaftspresse, Kennziffernzeitschriften, Lebensmittelzeitschrift, Journal of Marketing, Industrieanzeiger) im Gegensatz zur → Publikumspresse. Sie ist das Ziel der → Fachpressearbeit.

Fachpressearbeit – wird als fachlich spezialisiertes PR- und Kommunikationsmanagement definiert, das sich an bestimmte Fachöffentlichkeiten richtet. Die Kenntnis von Branchen, ihren Fachtermini und Themen sowie deren Medien ist hier wesentlich, sodass die Übersetzungsleistung der PR hier geringer ist als für die Publikumsmedien.

Fachtagung – die Organisation von Expertentreffs zum Austausch und/oder zur Weiterentwicklung von Wissen ist als → Event ein → PR-Instrument mit dem Ziel, Aufmerksamkeit in den entsprechenden → Communities zu wecken und das → Image zu profilieren. Die Fachtagung ist zugleich ein Anlass für Medienarbeit.

Fachverband für Sponsoring-Agenturen und Dienstleister – Interessenvertretung der Dienstleister innerhalb des Sponsoring-Marktes.

Fachzeitschriften → Fachpresse.

Factsheet – Informationsblatt; in unterschiedlichen Zusammenhängen verwendetes → PR-Instrument mit Zahlen, Daten und Fakten (z.B. über Unternehmen, Produkte, Aktien) für unterschiedliche → Dialoggruppen (z.B. Kunden, Investoren, Medien), z.T. auch als → Waschzettel bezeichnet und verwendet.

Factual Entertainment – *tatsachenbasierende Unterhaltung*; Fernsehformate mit Realitätsnähe wie dokumentarische Reality-Programme, soziale Experimente und Reality-Talk-Shows (z.B. Undercover Boss, RTL). Als → PR-Instrument bietet es v.a. in der → externen Kommunikation die Möglichkeit der Bildung von

→ Images für Unternehmen und/oder Produkten, der → Produktplatzierung sowie von → CEO-Positioning.

Fairnesswert – bezeichnet eine Messgröße der → PR-Evaluation, die angibt, ob sich Journalisten in einem definierten Set definierter Medien und Themenbetrachtung an definierte Kriterien (z.b. Objektivität der Themenauswahl, Ausgewogenheit der Argumente, Tenor der Berichterstattung) halten. Dieser Wert ist bspw. in der → Krisenkommunikation eine wichtige Kennzahl zur Bestimmung weiterer → PR-Instrumente und deren Budgetierung.

Fake Account – engl. „gefälschtes (Internet-)Profil"; bezeichnen künstliche und gefälschte Nutzerprofile in → Social Media (z.B. eBay, Facebook, Twitter). Sie werden z.T. von Einzelpersonen, z.T. professionell in Serie programmiert, bspw. um als → Troll aufzutreten oder mit dem Handel dieser Fake Accounts, die Anzahl von Fans oder → Followern zu steigern, um als Fehlindikatoren Bekanntheit und → Reputation zu generieren. Nach Schätzungen sind rund zehn Prozent der Profile führender Social-Media-Plattformen gefälscht, sodass digitales → Astroturfing möglich wird.

Fan – von lat. fanaticus, „rasend"; „begeistert"; bezeichnet den begeisterten Anhänger, z.B. Fans von Unternehmen, Produkten, Diensten bzw. deren → Marken, die sich durch von starken → Emotionen geprägten → Beziehungen von anderen Interessenten oder Sympathisanten abgrenzen. Sie sind als → Dialoggruppe und → Multiplikatoren von besonderer Bedeutung für das → PR-Management, um bspw. soziale → Ansteckungseffekte zu erzielen.

FAQ → Frequently Asked Questions.

FASPO → Fachverband für Sponsoring-Agenturen und Dienstleister.

Fast moving consumer goods – von engl. „schnelldrehende Konsumgüter"; FMCG bezeichnen im Einzelhandel Konsumgüter des täglichen Bedarfs mit hoher Umschlagsgeschwindigkeit (z.b. Lebensmittel, Sanitär- und Kosmetikartikel) im Gegensatz zu slow moving consumer goods. Sie sind Gegenstand der → Consumer-PR bzw. der → Produkt-PR.

Favicon – Kurzform von „favorite icon", Favoriten-Symbol; bezeichnet das Symbol links in der Adresszeile des Webbrowsers und stellt meist eine Miniaturversion des Unternehmenslogos dar. Es ist ein Instrument der → Online-PR und digitalen → Markenführung. Im Internet existieren vielfältige Favicon-Generatoren.

F-Commerce – bezeichnet den Handel auf → Facebook und ist damit ein Teil des → Social Commerce. Es wird zwischen direktem F-Commerce mit Abwicklung des gesamten Verkaufsprozess in Facebook Stores und indirektem F-Commerce unterschieden, wobei der Kaufprozess hier eingeleitet wird, der Vertragsabschluss auf der Homepage oder im Webshop des jeweiligen Unternehmens stattfindet. Für das PR-Management sind hier die Beziehungen zu → Influencern und → Bloggern ein wichtiges Aufgabenfeld, um Einfluss auf Kaufprozesse und deren Umfeld zu nehmen.

Feature – von engl. „Eigenschaft" oder „Besonderheit"; bezeichnet (1) Produkteigenschaften, über die z.B. in einer → Pressemitteilung als Neuheit berichtet wird. (2) Gehört zu den → journalistischen

Darstellungsformen (a) als Sammelbegriff für alle umfangreicheren Textformate und (b) als eine reportagenähnliche Darstellungsform, die die Beobachtungsperspektive des Schreibenden mit Atmosphäre und beobachteten Details prägt und darüber hinaus analytisch-berichtende Details enthält.

Feedback-Kultur – engl. „Kultur der Rückmeldung"; bezeichnet als Instrument der Wertschätzung eine → Führungskultur, die durch gegenseitige Rückmeldung von Führungskräften an Mitarbeiter et vv. (z.B. zur Verwendung gelieferter Ergebnisse von Mitarbeitern, zum Führungsverhalten, zum Status quo begonnener Prozesse) geprägt ist. Sie gibt Orientierung durch zeitnahe Information und trägt so zur verbesserten Selbstkontrolle bei. Die Rückmeldung kann sowohl positive als auch negative Kritik enthalten.

Feedback-Theater – ist eine besondere Form des → Business-Theaters, das oftmals spontan und improvisiert bestimmte Themen eines Unternehmens aufgreift, um den Mitarbeitern und Führungskräften als Zuschauern den Spiegel vorhaltend eine Rückmeldung (engl. Feedback) aus der Perspektive Externer zu geben mit dem Ziel, ihnen bestimmte, eigene Verhaltensweisen oder Umstände zu verdeutlichen, um dieses selbstmotiviert zu ändern.

Feeds → RSS-Feeds.

Fehlerkultur – bezeichnet eine für ein Unternehmen und/oder ein Team vorherrschende → Unternehmenskultur, in der Fehler nicht als Makel oder Zeichen des Versagens gelten, sondern als Teil des → Wissensmanagements. Hierbei werden Fehler ausgewertet und als Teil des Verbesserungsmanagements verwendet, um sich auf Basis entstandener Fehler zu verbessern. Für das → PR-Management ist die Etablierung einer Fehlerkultur als produktive Arbeitsumgebung ein häufiges Ziel der → internen Kommunikation, für die eine → Konfliktkultur wichtige Voraussetzung ist.

Femers, Susanne – geb. 1962; Dr. phil. Susanne Femers ist Professorin für Text, Rhetorik und Management internationaler Kommunikationsprozesse an der Hochschule für Technik und Wirtschaft (HTW) Berlin.

Fernseh-PR → TV-PR.

Festival – bezeichnet eine kulturelle, oft mehrtägige Großveranstaltung. Festivals sind im → PR-Management (1) ein Handlungsfeld als Organisationsprojekte von Eventagenturen; (2) ein → PR-Instrument als Teil der kommunalen PR von Gemeinden, Städten und anderen Gebietskörperschaften als kulturelles Angebot mit dem Ziel der Imagebildung; (3) ein Anlass für Unternehmen, sich in diesem Kontext zu präsentieren mit dem Ziel der Steigerung von Aufmerksamkeit, Imagebildung und Kundengewinnung (z.B. Kunstgewerbehersteller auf Kulturfestivals, Getränkehersteller auf Musikfestivals).

Festschrift – bezeichnet ein anlassbezogenes → PR-Instrument des → Corporate Publishing, das bspw. zur Würdigung eines Ereignisses, einer Person oder einer Leistung herausgegeben wird mit dem Ziel, einen Beitrag zur Pflege des → Images zu leisten.

Filialkommunikation – bezeichnet als Teil der → Händlerkommunikation die Kommunikation zwischen

Unternehmenszentrale, bspw. dem Herstellerunternehmen, mit den oft exklusiv hierfür tätigen Filialen.

Financial Community – bezeichnet als → Dialoggruppe die → Stakeholder der → Kapitalmarktkommunikation, also aktuelle und künftige private und institutionelle Investoren sowie → Multiplikatoren wie → Analysten, Anlageberater, → Blogger, Journalisten der Finanz- und Wirtschaftspresse und Politiker.

Finanzkommunikation – bezeichnet das → PR-Management zu → Dialoggruppen der → Financial Community und betont als Handlungsfeld der → Investor Relations den Themenbezug zu Finanzen und Wirtschaft, insbesondere der Entwicklung von Unternehmen anhand von Geschäftszahlen und den dafür relevanten Einflüssen (z.B. Auftragslage, Marktentwicklung, Investitionen).

Find – engl. „Auffindbarkeit"; Begriff für die Auffindbarkeit von → Websites durch Internetnutzer und damit ein Klammerbegriff für Erfolgsmaßnahmen zur Auffindbarkeit (z.B. Bannerwerbung, Präsenz bei Affiliate-Partnern) in der Prozessabfolge → Stay – Find → Act für das → PR-Controlling in der → Online-PR.

Firmenjubiläum – ist ein anlassbezogenes → PR-Instrument für die → Pressearbeit, das oft auch für die Organisation eines → Tags der offenen Tür und anderen Instrumenten der → Veranstaltungskommunikation genutzt wird, um → Dialog mit den Anwohnern zu suchen und Medienpräsenz zu schaffen mit dem Ziel, die → Reputation zu steigern.

Firmenmuseum → Heritage Communication.

Firmenmusik → Corporate Song.

First-Moment-of-Truth (FMOT) – engl. „Moment der Wahrheit"; bezeichnet den Zeitpunkt, zu dem ein potenzieller Käufer eine Unternehmensleistung (Produkt/ Dienstleistung) zum ersten Mal real in Augenschein nimmt. Geweckte → Erwartungen begegnen jetzt der Wirklichkeit. Der Second-Moment-of-Truth (SMOT) bezeichnet den Zeitpunkt, zu dem der Käufer die Leistung nutzt.

Fishbowl-Methode – engl. „Goldfischglas-Methode"; auch *Innen-/Außenkreis-Methode*; bezeichnet eine Diskussionsmethode, mit der die Teilnehmer in einen beobachtenden Außenkreis und einen diskutierenden Innenkreis aufgeteilt werden. Im Gegensatz zur → Podiumsdiskussion wird die Trennung zwischen dem Sprecher auf dem Podium und den Zuhörern aufgelöst. Die Methode bindet mehr Teilnehmer in den → Dialog ein und ist besonders geeignet, kritische Themen in der → internen Kommunikation oder → Krisenkommunikation herauszuarbeiten.

Fixation – „Augenhaltepunkt"; bezeichnet Momente zwischen Saccaden (Sehsprünge), in denen das Auge sich in relativer Ruhe befindet und dabei Informationen aufnehmen kann.

Fixed-Income-Kommunikation – bezeichnet die Kommunikation zu Anlegern, die in festverzinsliche Wertpapiere investiert haben. Sie entspricht den → Creditor Relations als Teil der → Investor Relations.

Flashmob → Smartmob.

Flickr – eine Plattform zum Teilen von Bildern. Sie gehört zu den → Social Media und ist ein Instrument der → Social Media Relations. Für das → PR-Management ist Flickr ein wichtiges Instrument der → Bildkommunikation, um bspw. mit Bildern organisierter → Events die → Produkt-PR zu unterstützen.

Fliegende Bauten – bezeichnen laut Landesbauordnungen bauliche Anlagen, die geeignet und bestimmt sind, wiederholt aufgestellt und abgebaut zu werden. Wesentliches Merkmal eines Fliegenden Baus ist hiernach das Fehlen einer festen Beziehung der Anlage zu einem Grundstück wie z.B. Festzelte oder Tribünen, die für Events wichtig sein können.

Flight – bezeichnen in der Mediaplanung, Werbung bzw. Kampagnenplanung die aktiven Phasen der Kommunikation, die bspw. in Form gebuchter Werbeblöcke oder in den Wellen von Kampagnen mit Events Ausdruck finden.

Flighting-Kampagnen → Kampagnen.

Flurfunk – steht als Synonym für die informelle → Kommunikation im Unternehmen, die in Form von → Small Talk inhaltlich durch Aktualität und Relevanz wichtig für die (formelle) → interne Kommunikation ist, bspw. um → Gerüchte zu begrenzen.

Flyer – engl. Flugblatt; bezeichnet einen Handzettel unterschiedlicher Größe, der je nach Ziel Kurzinformationen über ein bestimmtes Thema (z.B. Unternehmen, Produkt, Event) beinhaltet. Er kann als Werbeprospekt dienen. Im Direktmarketing als Handlungsfeld der → Direktkommunikation werden Flyer z.T. → Mailings beigelegt.

FMCG → Fast moving consumer goods.

FOH → Front of House.

Fokusgruppe – moderierte Gruppendiskussion mit ca. sechs bis zehn Teilnehmern, die in der → Interaktion der Teilnehmer vorgegebene Ziele wie Ansätze, Ideen, Meinungen und/oder Problemlösungen erarbeiten. Das Instrument wird in der Marktforschung, im Projektmanagement und anderen Handlungsfeldern des PR-Managements eingesetzt.

Folder – engl. „Faltprospekt"; gefaltetes, nicht geheftetes Prospektblatt.

Follower – von engl. „Anhänger"; bezeichnen in der → Online-PR die wichtige → Dialoggruppe der Internetnutzer, die die Bereitschaft hat, Informationsangebote der Online-PR in Social Media zu nutzen z.B. mit dem Abonnement von Inhalten, durch → Social Sharing, dem Einstellen von Inhalten (z.B. Texte, Videos) oder mit Kommentaren und Bewertungen. Follower werden so zu → Multiplikatoren und ggf. zu → Influencern.

Follow-up – engl. „verfolgen", „nachfassen"; bezeichnet im → PR-Management die Nachbearbeitung von Erstkontakten, wie der Redaktionskontakt nach dem Versand von Pressinformationen im Rahmen der → Medienarbeit oder der Anruf von eingeladenen Experten zu einer Podiumsdiskussion mit dem Ziel, die positive Rückmeldequote zu erhöhen.

Font – engl. „Schriftart", „Zeichensatz"; Schriftart eines Zeichensatzes, der z.B. für → Corporate Fonts als Teil des → Corporate Designs für das → PR-Management relevant ist.

FooCamp → BarCamp.

Footage-Material – engl. Filmmaterial; Audio-, Film- bzw. Video-Material, das im Rahmen der → Medienarbeit geschnitten oder ungeschnitten v.a. Fernsehsendern und Radiostationen als Service zur Weiterverwendung bereitgestellt wird, z.B. → O-Töne. Der Begriff aus der Filmproduktion geht auf die Länge des Materials zurück, das in Foot/Feet gemessen wird.

Footer – engl. „Fußzeile"; bezeichnet in der → Online-Kommunikation die abbindende Zeile, in der Links, Kurzinformationen zum Unternehmen und ähnliche Informationen angeordnet werden.

Force Field Analysis → Kraftfeldanalyse.

Foreign Branding – engl. „ausländische Marke"; meint die Bezeichnung einer Marke mit einem ausländischen oder ausländisch klingendem → Markennamen, korrespondierender → Corporate Language und anderen Markenaspekten, um Markenwerte dieses Landes auf die so markierte Unternehmensleistung zu übertragen (z.B. Bruno Banani als italienisches Wäsche- und Duftlabel, das aber aus Deutschland kommt).

Four-Flow-Modell → Communication Constitutes Organizations.

Fragetechnik – bezeichnet ein Instrument der Gesprächsführung, das nicht nur zur Informationsgewinnung (Informationsfragen) dient, um ziel-, personen-, sach- und situationsgerechte Inhalte in der persönlichen Kommunikation zu gewinnen, sondern ist zugleich ein Instrument, um Gespräche zu steuern. Dabei erfüllen Fragen im Gespräch Funktionen wie Aufmerksamkeit, Verständnis und Identifikation. Beantwortet der Gesprächspartner Fragen, wird er zum Nachdenken angeregt und trägt so mit selbst erarbeiteten Antworten zur Identifikation mit dem Frageobjekt bei. Zudem sorgt die Beantwortung kritischer Fragen für Zeitgewinn, die v.a. in kritischen Situationen Zeitvorteile für den Fragenden

bedeuten. Zirkuläre Fragen analysieren zudem die Sichtweise eines Dritten zu anderen (z.B. „Wie würden Sie als Mitarbeiter der Marke X die Beziehung zu den Kunden der Marke Y kennzeichnen?") und bedeuten angewandtes → systemisches Management, da dieses die Beobachtung (→ Beobachtungstheorie) von Systemen als zentrale Methode beinhaltet.

Fraktale Markenkommunikation – folgt der Idee der multiplen Positionierung, die im Gegensatz zu essentialistischen Positionierung aufgrund einer sich pluralisierenden Gesellschaft eine zeitlich-dynamische wie gruppenspezifische Markenkommunikation erforderlich macht, um für das Umfeld von Unternehmen relevant zu sein, sodass zu einem gegebenen Zeitpunkt eine differenzierte Sendung von Botschaften erfolgt. Die fraktale Markenführung wird aufgrund fehlender Konsistenz und Konsequenz z.T. scharf kritisiert.

Frame – von engl. „Rahmen"; kennzeichnet in der Psychologie einen Relevanzrahmen für die Auswahl des Handlungsmodells, der das individuelle Handeln bestimmt. Ein bestimmter Frame leitet den Zugriff auf ein spezifisches → mentales Modell ein. Die Entscheidung für die Auswahl eines mentalen Modells wird als „Framing" bezeichnet. → Marken können zu Frames werden, indem sie zu Referenzrahmen für bestimmte Produkte werden. Die Marke als Frame sorgt dafür, dass das gleiche Produkt plötzlich anders wirkt, weil die Marke aus dem Hintergrund das Produkt in einem anderen Licht erscheinen lässt.

Framing → Frame.

Freebies – engl. „Werbegeschenke"; bezeichnen (1) Give-aways, die kostenfrei im Rahmen von Events als Geschenk (z.B. Feuerzeuge, Kugelschreiber, Zeitschriften) und Beitrag zur Erinnerung an Besucher und Interessenten vergeben werden; (2) als Freebie-Marketing Lockangebote, die günstig oder kostenfrei an Interessenten vergeben werden mit dem Ziel, Interesse und Bedarf für stetige (dann kostenpflichtige) Nachfrage aufzubauen.

Freiverkehr → Open Markt.

Frequency Capping – engl. „Häufigkeitsdeckelung"; bezeichnet in der Online-Kommunikation die Möglichkeit, die Häufigkeit zu steuern und zu begrenzen, mit der einem bestimmten Webseiten-Besucher eine Werbekampagne innerhalb eines bestimmten Zeitraums angezeigt wird.

Frequently Asked Questions (FAQ) – engl. „häufig gestellte Fragen"; bezeichnen wie Q&A (questions & answers, Fragen und Antworten) Fragenkataloge mit Antworten, die im → PR-Management vielfach und mit unterschiedlichen Zielen verwendet werden, z.B. (1) in der → internen Kommunikation oder → Krisenkommunikation dienen sie Führungskräften zu definierten Themen als Sprachregelung mit dem Ziel, gemeinschaftlich Antworten geben zu können; (2) in der → Kundenkommunikation zur Beantwortung von Standardfragen, die auf Websites von Kunden nachgelesen werden, um die Kundenhotline zu entlasten; (3) in der → Medienarbeit geben sie Journalisten Antwort zu bestimmten Themenkreisen und werden auf Presse-Sites hinterlegt oder der → Pressemappe beigelegt.

Fröhlich, Romy – geb. 1958; Dr. phil. Romy Fröhlich ist Professorin für Kommunikationswissenschaft am Institut für Kommunikationswissenschaft und Medienforschung der Ludwig-Maximilians-Universität (LMU) München.

Frontloading-Kampagne → Kampagne.

Front of House (FOH) – engl. „Publikumsbereich"; bezeichnet in der Eventkommunikation und der Veranstaltungstechnik den im Publikumsbereich eingerichteten Bereich für die Tontechnik und/oder Regie, um Ton und Licht von der Bühne bestmöglich aufzubereiten.

Fuhrberg, Reinhold – geb. 1960; Reinhold Fuhrberg ist Professor für Public Relations und Kommunikationsmanagement an der Hochschule Osnabrück.

Führung – bezeichnet im Management neben der betriebswirtschaftlichen Unternehmensführung den verhaltenswissenschaftlichen Teil, der sowohl auf Einzelpersonen (z.B. Mitarbeiter, Führungskräfte) wie auf Gruppen (z.B. Teams, Abteilungen, Standorte) bezogen wird mit dem Ziel, einen Erfolgsbeitrag mit → Motivation durch → Identifikation zu schaffen. Führung geschieht zentral mittels → Kommunikation und → Verhalten, sodass → interne Kommunikation als Führungsinstrument gilt und z.T. als Synonym für Führung gilt.

Führungshandeln → Verhalten.

Führungskräftekommunikation – bezeichnet (1) die → interne Kommunikation als Teil der → Führung durch Führungskräfte; (2) die interne Kommunikation des Top-Managements zu Führungskräften, um diese mit Informationsvorsprüngen vor den Mitarbeitern handlungsfähig zu machen, z.B. als

Teil von → Change Communications; (3) die → externe Kommunikation von Führungskräften und Top-Management als Teil des → Reputationsmanagements mit dem → CEO-Positioning als Handlungsfeld.

Führungskultur – bezeichnet den Teil der → Unternehmenskultur, der das Führungsverhalten prägt und bestimmte → Führungsstile hervorbringt, z.B. die → partizipative Führung oder das → wertschätzende Management. Führungskultur gilt als prägend für → Image und → Reputation und ist damit ein Handlungsfeld der → internen Kommunikation.

Führungsstil – bezeichnet die typische und damit die wiederkehrende Art und Weise des → Verhaltens von Vorgesetzten (Führung) gegenüber einzelnen Mitarbeitern und Gruppen. Der Führungsstil wird idealen Typologien wie dem demokratischen (Führungskraft beteiligt die Geführten aktiv an Entscheidungen) oder autoritären (Führung in unumschränkter Selbstherrschaft ohne Berücksichtigung der Geführten) Führungsstil und der Laissez-faire-Führung (Führungskraft lässt die Geführten weitgehend bei allem gewähren) zugeordnet. In der Praxis werden diese meist nicht systematisch innerhalb einer Organisation, sondern situations- und personenabhängig praktiziert. Die in einem Team, einer Abteilung oder einem Unternehmen vorherrschende → Führungskultur prägt den Führungsstil und damit die Ziele und Möglichkeiten der → internen Kommunikation.

Fullservice-Agentur – ist eine → Agentur, die → Kommunikation ganzheitlich plant und umsetzt von der Analyse und Beratung, über die Herleitung von → Strategien, das → Konzept bis zur → Textarbeit, → Gestaltung und Ausrichtung von → Events.

Fundraising – bezeichnet die systematisierte Werbung um Spenden, Fördermittel und Sponsoren von → Non-Profit-Organisationen.

Fünf-Faktoren-Modell → Big Five.

funktionale Transparenz → Modell der funktionalen Transparenz.

funktionalistische PR-Theorien – begreifen → Public Relations als eine Funktion zur → Kommunikation von Organisationen und fragen, welchen Beitrag Kommunikation für die Zielerreichung von Organisationen leistet. Diese Diskussion nimmt einen breiten Raum in der PR-Literatur ein v.a. seitens der → Wirtschaftswissenschaften als → Basiswissenschaften der PR und stehen im Gegensatz zu den → gesellschaftlichen PR-Theorien. Das wohl am häufigsten zitierte → Exzellenzmodell von James E. → Grunig und Todd → Hunt sowie auch PR als Teil des Kommunikations-Mix wird zu den funktionalistischen PR-Theorien gerechnet.

G

Gadget – engl. „technische Spielerei"; dient als Blickfänger (z.B. aufgeklebte Münzen, Produktproben, Rubbelfelder) in Mailings wie Werbebriefen, um Aufmerksamkeit zu erzielen.

Games-PR → Spiele-PR.

Gamification – von engl. game, „Spiel"; bezeichnet die Übertragung von spieltypischen Elementen und Vorgängen in spielfremde Zusammenhänge wie Produkten oder im Qualitäts- und Prozessmanagement (z.B. Produkte mit Spielelementen wie Geschicklichkeitsspiele im Verpackungsdeckel, Geocaching mit Spielanleitung auf Speisekarten), mit dem Ziel der Verhaltensänderung und Motivationssteigerung bei Nutzern. Gamification ist ein Element der → Didaktik der PR und Ausdruck des → Edutainment.

Gap-Analyse – „Lückenanalyse"; ist ein Instrument des (strategischen) Controllings, das auf das → PR-Management übertragen wird und die den Verlauf einer betrachteten Zielgröße (z.B. → Bekanntheit, → Image) ihrem gewünschten Verlauf gegenüberstellt. Aus der Größe der Lücke wird (strategischer) Kommunikationsbedarf abgeleitet.

Gatekeeper – von. engl. „Pförtner"; bezeichnet die Kommunikationskontrolle durch Personen, im Kontext der herkömmlichen → Massenkommunikation, bisher also v.a. durch die Journalisten mit ihrer Informationsselektionsfunktion. Sie verlieren aber mit der → Online-Kommunikation und den → Ansteckungseffekten im → Web 2.0 derzeit ihre Informationshoheit an → Influencer und → Blogger.

Gattungsmarketing – bezeichnet die → Positionierung von → Markennamen als Gattungsbegriff (→ Deonym) für Produkte oder Dienste.

Gebrauchsanweisung – ist eine Information mit Anleitung und Anweisung, wie ein Produkt oder eine Dienstleistung zu gebrauchen ist. Sie ist ein wichtiger → Touchpoint für Kunden, die umso wichtiger für die → Kundenzufriedenheit und damit das → Image ist, je komplexer die Unternehmensleistung wird. Gebrauchsanweisungen sind damit auch ein PR-Instrument der → Produktkommunikation.

Gedächtnismodell, multimodales → multimodales Gedächtnismodell.

Gefühl → Emotion.

Gegendarstellung – bezeichnet den in den Landespressegesetzen geregelten Gegendarstellungsanspruch von natürlichen und juristischen Personen in Form von zu veröffentlichenden Richtigstellungen, wenn Tatsachen von → Medien falsch wiedergegeben wurden. Aus Sicht des → Reputationsmanagements ist die Gegendarstellung insofern kritisch, da es keinen Anspruch darauf gibt, dass die Gegendarstellung in dem gleichen Umfang erfolgt wie die unrichtige Darstellung zuvor. Faktisch fallen Gegendarstellungen oftmals minimal aus und werden meist weniger prominent dargestellt als die zuvor veröffentlichte Falschdarstellung, sodass trotz Gegendarstellung Reputationsschäden bleiben.

Geheimhaltung – bezeichnet im Kontext des → PR-Managements die geplante Nicht-Kommunikation, bspw. in Phasen der (strategischen) Entscheidungsvorbereitung etwa zu Themen der Finanzen, im Personal oder Marketing sowie anlässlich tiefgreifender Veränderungsprozesse mit dem Ziel, Top-Down-Entscheidungen ohne → Partizipation treffen zu können und etwaige Vetostimmen im Vorfeld zu vermeiden. Geheimhaltung ist in der Entscheidungsvorbereitung oft auch aus rechtlichen Gründen mit Blick auf die Kapitalmarktrelevanz von Bedeutung, da kursrelevante Entscheidungen börsennotierter Unternehmen der → Ad-hoc-Publizität unterliegen. Geheimhaltung führt aber auch zur Bildung von → Gerüchten.

Gelbrich, Katja – geb. 1971; Dr. rer. pol. habil. Katja Gelbrich ist Professorin für internationales Management und Marketing an der Katholischen Universität Eichstätt-Ingolstadt.

Gender-Kommunikation – bezeichnet Handlungsfelder des PR-Managements, die sozialisierten Geschlechter (Gender) thematisieren mit dem aktuellen Ziel, Frauen in Unternehmen zu fördern bzw. allgemein die Unterschiedlichkeit von Geschlechtern zu nutzen. Dazu gehört die → Führungskräftekommunikation mit der geschlechterspezifischen Führungsstildebatte, die Frage nach geschlechterspezifischen Kommunikationsstilen (z.B. als Erfolgsfaktor in Verhandlungen), das → Gender-Marketing (z.B. geschlechterspezifische Produkte und Dienste), die Karriereförderung von Frauen (z.B. durch Mentoring), was zur → Diversity-Kommunikation und zum → Employer Branding überleitet.

Gender-Marketing – bezeichnet die geschlechterspezifische marktorientierte Unternehmensführung v.a. mit der Produktentwicklung und -kommunikation (z.B. Rasierklingen für Damen und Herren) sowie die Erforschung des geschlechterspezifischen Konsumentenverhaltens (z.B. Shopping wird v.a. Frauen als Hobby zugeschrieben und nicht Männern) mit dem Gender-Shopper-Marketing (z.B. die besondere Gestaltung des Point of Sales für Frauen).

General Interest-Medien – engl. „Medien allgemeinen Interesses"; bezeichnen innerhalb der → Publikumspresse Medien mit großer Themenbandbreite (z.B. Stern, Spiegel) im Gegensatz zu den → Special-Interest-Medien.

General Standard – bezeichnet einen Zulassungsstandard der Frankfurter Börse. Hier gelten die gesetzlichen Mindestanforderungen des Regulierten Marktes mit der → Ad-hoc-Publizität, der Anwendung internationaler Rechnungslegungsstandards (IFRS/IAS oder US-GAAP) und die Veröffentlichung eines Zwischenberichts im Gegensatz zum → Prime-Standard.

generische PR – bezeichnet in der → Medienarbeit im Gegensatz zur → Produkt-PR oder → Markenkommunikation → Content, der sich nicht auf ein bestimmtes Unternehmen, Produkt oder eine bestimmte Marke bezieht, sondern allgemein Branchen oder Branchenthemen bearbeitet, um bspw. Bekanntheit, Akzeptanz oder Verständnis für solche Themen aufzubauen.

Geo-Kommunikation – erfolgt im Kern auf Basis geographischer Informationssysteme, deren Daten visualisiert und in thematischen Landkarten zusammengefaßt werden. So ergibt die Geo-Kommunikation räumliche Potenziale, die als Basis für die ortsbezogene → Media-, Standort- oder Vertriebsplanung genutzt werden können. Geo-Kommunikation bildet eine wichtige Basis der → Mobile PR und der → Proximity-Kommunikation.

Geo-Marketing – bezeichnet als Teil der → Geo-Kommunikation die marktbezogene Kommunikation auf Basis ortsbezogener Aspekte.

Gerüchte – sind Informationen mit unklarem Wahrheitsgehalt und ohne definierte Quellen. Sie sind für das → PR-Management relevant, wenn sie personenübergreifend wahrgenommen werden. Dann können sie als erfolgskritische, handlungsrelevante Information in Form möglicher Auslöser der Ansprüche von → Stakeholdern auftreten. Sie sind damit v.a. ein Ziel der → internen Kommunikation und der → Krisenkommunikation.

Gesamtkommunikation – bezeichnet mit Wolfgang Reineke im Anschluss an die politikwissenschaftliche Theorie und in Übertragung auf die → integrierte Kommunikation ein Kommunikationsraster für die Handlungsfelder des → PR-Managements. Es umfasst die Ebenen „Polity" (Normen: Kommunikationsfundament), „Policy" (Inhalte: Unternehmensimage mit Public Affairs, Public Relations und Internal Relations sowie das Markenimage (Advertising, Product Publicity, Sponsoring, Sales Promotion und Direktmarketing)) und „Politics" (Prozesse sowie Instrumente der Umsetzung).

Geschäftsausstattung – bezeichnet im PR-Management das Handlungsfeld der Gestaltung von Briefpapier, Briefumschlägen, Formularen, Notizblöcken, Stempeln, Visitenkarten usw. als Grundelemente der Bürokommunikation. Die Objekte werden als → PR-Instrumente verstanden, da sie als Träger von → Logo und → Corporate Design einen wichtigen → Touchpoint für Unternehmen und ihre Persönlichkeiten bilden.

Geschäftsbericht – gilt als zentrales Instrument der Investor Relations, indem er den für Kapitalgesellschaften laut Handelsrecht (Handelsgesetzbuch (HGB) §264ff.) verpflichtenden Jahresabschluss beinhaltet, der um einen Anhang zu erweitern ist und mit der Bilanz sowie der Gewinn- und Verlustrechnung eine Einheit bildet. Er wird mit einem Lagebericht ergänzt. Juristisch ist der Geschäftsbericht heute jedoch eine freiwillige Publizitätsform, da weder das HGB noch das Bilanzrichtliniengesetz von 1985 den Begriff „Geschäftsbericht" im Gegensatz zum vorigen Aktiengesetz enthält. Faktisch ist der Geschäftsbericht heute der Standard. Er wird von vielen Unternehmen als finanzorientierte → Imagebroschüre mit Pflicht- und Kürteil veröffentlicht, wobei der Pflichtteil die gesetzlichen Bestandteile umfasst und inhaltlich von den Finanzabteilungen verantwortet wird. Der Kürteil bereitet die Finanzlage lesefreundlich auf und gehört zu den Kernbereichen des → PR-Managements bzw. der Investor Relations.

gesellschaftliche PR-Theorien – bezeichnen im Gegensatz zu → funktionalistischen PR-Theorien die Analyse, Diskussion und Konzeption von Public Relations als gesellschaftliche Institution, die v.a. von kommunikationswissenschaftlich-soziologischen Aspekten geprägt sind. So wird Public Relations durch seinen Einfluss auf Dimensionen wie Transparenz und Vertrauen eine gesellschaftliche Integrations- und/oder Stabilitätsfunktion zugesprochen. Zu prominenten Beispielen zählen die → Theorie öffentlicher Beziehungen und die → Theorie öffentlichen Vertrauens.

Gesellschaft Public Relations Agenturen (GPRA) – ist neben der → Deutschen Public Relations Gesellschaft (DPRG) ein Wirtschaftsverband der Public-Relations- und Kommunikationsberatungsunternehmen Deutschlands mit Sitz in Frankfurt/Main.

Gesprächsführung – bezeichnet in uneinheitlicher Definition den verbalen und non-verbalen Vorgang zielbezogener Interaktion mind. zweier Gesprächspartner. Defintionen enthalten prozess-, prinzipien-, regel-, persönlichkeits-, situations- und/oder zielbezogene (z.B. entscheidungs-, verhandlungs- oder motivationsorientierte Gespräche) Analysen, Techniken und Strategien zur Vorbereitung und Durchführung dieser häufigen Form menschlicher und persönlicher Kommunikation. Für das → PR-Management ist sie als Teil der → Führung und Form der → Kommunikation ein grundlegendes Handlungsfeld bspw. in der → Kundenkommunikation, → Konfliktkommunikation oder → Verhandlungskommunikation.

Gestaltung – *Design*; Konzeption und Erstellung visueller und damit form- und farbgebender → Kommunikation zur Unterstützung von Kommunikationsinhalten mit zunehmender Bedeutung innerhalb des → PR-Managements aufgrund des Stellenwerts der → Ästhetik und → Bildkommunikation.

Gestaltungsrichtlinie – bezeichnet die Vorgaben einer Organisation für die Gestaltung von Design-Elementen wie Schriften, Farben und Bildauffassung für das → Corporate Publishing sowie z.T. für die Produktgestaltung und das → Packungsdesign mit dem Ziel, eine konsistente Gestaltung im Rahmen der → Markenkommunikation zu erreichen.

Gestik – kommunikative Bewegung und Körperhaltung, v.a. von Armen und Beinen, die zusammen mit der → Mimik als Ausdruck der inneren Haltung gelten und Teil der → non-verbalen Kommunikation ist.

gewaltfreie Kommunikation – Kommunikations- und Konfliktlösungsmethode von Marshall B. Rosenberg, die ohne physische und psychische Gewalt arbeitet. Dafür übersetzt sie Angriffe, Vorwürfe und Beleidigungen in den Prozess (1) Beobachtungen, (2) Gefühle und (3) Bedürfnisse. Beispiel: „Wenn ich a sehe, dann fühle ich b, weil ich c brauche. Deshalb möchte ich jetzt gerne d."

Gewinnspiel – ist v.a. im Rahmen von → Medienkooperationen ein Instrument, um Aufmerksamkeit und Neugier von → Dialoggruppen themenspezifisch zu wecken mit dem Ziel, dass sich die Nutzer von Medien mit Unternehmensthemen beschäftigen. Viele → Medien stehen Gewinnspielen offen gegenüber, da sie die Medienattraktivität erhöhen, sodass sie hierfür oft eigene Rubriken pflegen, die auch produktnahe Gewinnspielkonzeptionen ermöglichen. Gewinnspiele sind daher ein Instrument der → Vertriebs-PR.

Gewinnwarnung – bezeichnet die Pflichtmitteilung eines börsennotierten Unternehmens, dass die Gewinne deutlich niedriger als mit dem vorangegangenen Geschäftsjahr oder Quartal erwartet ausfallen. Der Pflichtcharakter ergibt sich aus §15 WphG, wonach alle kursrelevanten Veränderungen der Ad-hoc-Publizität unterliegen. Für das → PR-Management ist die Gewinnwarnung wichtig, da sie → Image und → Reputation eines Unternehmens beeinflussen.

Ghostwriting – engl. „Geist- oder Phantomschreiber"; bezeichnet die Autorentätigkeit für und im Namen einer anderen Person, die oft eine bekannte und/oder führende Persönlichkeit ist. Ghostwriting erfolgt z.B. bei Reden von Managern oder Politikern oder bei → Namensbeiträgen in den Medien.

globale Marke – wendet weltweit die → Positionierung, die → Werte, den Markennamen und das → Logo an, auch wenn sie sich durch operative Anpassungen im → Marketing-Mix von Land zu Land unterscheiden kann. Eine globale Marke trägt als Minimalanforderung den weltweit gleichen Markennamen und das gleiche Logo.

glokale Kommunikation → internationale Kommunikation.

Glosse – knapper, oft spöttischer Kommentar zu aktuellen Ereignissen oder Personen. Es ist eine journalistische Darstellungsform und damit ein Gestaltungselement des → Corporate Publishing.

Going Private – bezeichnet den vollständigen Rückzug von der Börse mit der Aufgabe aller Börsennotierungen (Delisting). Wie der → Börsengang erfordert das Going Private das → PR-Management mit der Pflege von → Beziehungen v.a. zu Banken, Investoren und Kunden. Zu den Vorteilen des Going Private gehören u.a. der Wegfall von Publizitätsanforderungen und der Übernahmeschutz.

Going Public → Börsengang.

Goldener Funke → Deutscher Preis für Wirtschaftskommunikation.

Goldener Schnitt – bezeichnet in Ableitung der Natur eine Art ästhetisches Idealmaß, das im Kommunikationsdesign als eine Gestaltungsnorm bspw. für das Layout von Seiten in Zeitschriften oder der Bildkommunikation angewendet wird. Es wirkt auf das Auge besonders harmonisch. In mathematischer Formel ausgedrückt lautet der goldene Schnitt $a:b=b:(a+b)$. Das heißt, eine kleinere Seite a verhält sich zu einer größeren Seite b wie die größere Seite b zur ganzen Seite. In der Praxis schlägt sie sich in der → Zwei-Drittel-Regel nieder.

Goldener Windbeutel – ist ein Negativpreis für irreführende Werbeversprechen des Vereins Food Watch, der 2002 als Verbraucherschutzorganisation gegründet wurde.

Gongo – engl. „governmental organised non-governmental organisations"; bezeichnen Nichtregierungsorganisationen, die aufgrund staatlicher Initiative entstanden sind und den Großteil ihrer finanziellen Mittel durch staatliche Instanzen erhalten. Sie gelten als unechte NGO und sind v.a. in postsozialistischen Staaten sowie in Entwicklungsländern zu finden, aber auch Entwicklungshilfeorganisationen westlicher Staaten gehören hierzu.

Goodwill – engl. „Wohlwollen"; wird v.a. im anglo-amerikanischen Sprachraum als Synonym für den guten Ruf

(→ Reputation) einer Organisation, Person oder Marke bezeichnet. Er beinhaltet einen Vorschuss von → Vertrauen, das es den Betreffenden im Vergleich zum Wettbewerb ermöglicht, Transaktionen (z.b. Entscheidungsfindung, Verkäufe) vereinfacht durchzuführen. Goodwill gehört zu den → Kommunikationszielen.

Google – führende Suchmaschine im Internet, die für das → PR-Management für die Online-Bekanntheit und -Reputation von Bedeutung ist. Sie prägt als eigenes Handlungsfeld des PR-Managements die → Suchmaschinenoptimierungs-PR und damit die → Online-PR.

Governmental Relations – bezeichnet das Beziehungsmanagement von Unternehmen und anderen Organisationen zu Regierungsinstitutionen und -personen mithilfe v.a. kommunikativer und juristischer Maßnahme im Rahmen der → Public Affairs.

GPRA → Gesellschaft Public Relations Agenturen.

GPRA-Vertrauensindex → Vertrauensindex.

Grafikdesign → Kommunikationsdesign.

Grammatur – bezeichnet das Gewicht von Papier in Gramm pro Quadratmeter. Je höher die Grammatur, desto wertiger wirkt das Papier, mit dem bspw. eine Kundenzeitschrift gedruckt wird. Zeitungsdruckpapier liegt bei 45 bis 52 g/qm, Kopierpapier hat etwa 80 bis 90 g/qm, Postkartenkarton haben 190 bis 250 g/qm. Die Grammatur ist auch für die → Direktkommunikation von Bedeutung, wenn Mailings per Post versandt werden, um Portogrenzen nicht zu überschreiten.

Grassroot-Journalismus → Bürgerjournalismus.

Grassroots – von engl. „Graswurzeln"; bezeichnen Aktionen und Aktivitäten, die von Bürgern als „Wurzeln der Gesellschaft" organisiert und durchgeführt werden. Im Rahmen der Einflussnahme auf die Politik und damit der politischen Kommunikation lassen sich die direkte Einflussnahme und die indirekte Einflussnahme auf Entscheider durch Aufbau öffentlichen und/oder medialen Drucks unterscheiden. Die Mobilisierung bestimmter Teilöffentlichkeiten wie z.b. die Organisation einer Unterschriftensammlung unter den Anwohnern gegen den Bau eines Flughafens wird auch als Grassroots-Lobbyismus bezeichnet. → Astroturfing kann als eine Variante des Grassrooting bezeichnet werden. Derzeit verlagert sich ein Großteil der Grassrooting-Aktivitäten und -instrumente auf das Internet und die → Social Media.

Grassroots-Lobbyismus → Grassroots.

Greenwashing – meint den (ungerechtfertigten) Versuch vor allem von Unternehmen, sich ein „grünes Image" zu geben, also ein Image, das ethisch-moralischen Anforderungen an umweltgerechtes Wirtschaften gerecht wird. Greenwashing wird v.a. im Rahmen von → Corporate Social Responsibility (CSR) verwendet.

Gross Rating Point (GRP) → Bruttoreichweite.

GRP – Gross Rating Point; → Bruttoreichweite.

Grundform der gesellschaftlichen Kommunikation – bezeichnet einen Ansatz der PR-Theorie von Horst → Avenarius. Kommunikation versteht Avenarius als elementares Geschehen mittels

Sprache, Bildern, Körpersprache und auch Handlung. → Beziehungen zu schaffen, ist deshalb die Grundform gesellschaftlichen Kommunizierens schlechthin. Er knüpft damit an den Kommunikationsbegriff von Watzlawick an, gemäss dessen man „nicht nicht-kommunizieren" kann. Ähnlich wie Albert → Oeckl spricht Avenarius der PR eine integrierende Funktion gesellschaftlicher Teilgruppen mit wohlfahrtmaximierender Wirkung zu.

Grunig, James E. – geb. 1942; war Professor für Kommunikation in Maryland und leitet seit 1985 eine von der International Association of Business Communicators (IABC) geförderte grundlegende Studie zur Unternehmenskommunikation, das sogenannte „Excellence Project", das u.a. zum → Exzellenzmodell der PR führte.

Grunig, Larissa A. – geb. 1946; war Professorin für Kommunikation in Maryland.

Gruppe – bezeichnet allgemein eine größere Anzahl von Menschen. Der Gruppenbegriff hat im → PR-Management den Begriff der → Masse oder → Öffentlichkeit abgelöst, da er sich im Gegensatz zur Menge (→ Masse) oder Öffentlichkeit (nicht-Privat) durch gemeinsame → Interaktion (kommunikativer und ggf. weiterreichender sozialer Austausch), Abgrenzung vom Umfeld (beobachtbare Unterschiede wie Funktionen), Struktur (Ein-/Austrittsregeln), Zusammengehörigkeit (z.B. Identifikation, Interesse) und Kollaboration (zielgebundene Zusammenarbeit, Wissensaustausch, emotionale Unterstützung) auszeichnet. Erst in dieser Kombination ist zu erklären, wie Gruppen → Macht mit Erfolgsrelevanz für Dritte (z.B. Unternehmen, Verbände,

Politik) entwickeln, die im PR-Management als Relevanz von → Stakeholdern oder Marken-Communities (→ Markengemeinschaften) bekannt ist.

Gruppendynamik – bezeichnet soziale Strukturen und Prozesse, die das gemeinschaftliche Wahrnehmen und Handeln der Mitglieder einer → Gruppe beschreiben. Für das → PR-Management sind solche Prozesse zur Erklärung der Entstehung und Wirkung von → Marken, → Trends oder → Widerständen zentral. Konzeptionell stehen die unterschiedlichen Dynamiken von Gruppen in oder um eine Organisation wie Unternehmen dem individualistischen Rationalkalkül der → Wirtschaftswissenschaften als → Basiswissenschaft der PR entgegen.

Guerilla-Kommunikation – *Guerilla Marketing, Guerilla-PR*; Sammelbegriff für unkonventionelle Kommunikationsinstrumente oder -ideen, die der Kommunikationstreibende anwendet, um sich aus der Masse der Kommunikationsangebote herauszuheben. Oftmals ist damit ein Verstoß gegen ethische Normen und Werte verbunden. So erklärt sich der Begriff der Guerilla-Kommunikation (von engl. „Guerilla", Kleinkrieg, Rebellion), also die Rebellion gegen bestehende Werte und Regeln in der Kommunikation. Aktuelle Beispiele sind das → Ambushing, aber auch das → Reverse Branding/Streetbranding.

Gustatorik – von lat. gustare „kosten", „schmecken"; meint die Ansprache des Geschmackssinns und ist Teil der → multisensuellen Kommunikation, die v.a. in der → Produktkommunikation (z.B. die Verkostung von Produkten am → Point of Sale, die Bedeutung der Farbe von

Lebensmitteln für den angenommenen Geschmack) von Bedeutung ist.

Güter – sind im Gegensatz zu → Dienstleistungen dingliche/haptische Ergebnisse eines unternehmerischen Leistungsprozesses. Als → Produkte befriedigen diese Leistungen die Bedürfnisse ökonomisch formulierte Bedarfe am Markt. Im Produktmarketing werden auf Basis typischer Kaufverhaltensweisen oft folgende Produkttypen unterschieden: Convenience Goods (von engl. Artikel des täglichen Bedarfs/Verbrauchsgüter) wie Brot oder andere Lebensmittel, Shopping Goods wie Kleidung (Güter des gehobenen Konsums), die im Kaufprozess einen gewissen Merkmalsvergleich erfordern (Preis, Design, Wertigkeit…), Specialty Goods (von engl. hochwertige Waren, Spezialitäten) wie technische Geräte oder teure Werkzeuge und Unsought Goods wie Medikamente, Grabsteine (von engl. unerwünschte/nicht gesuchte/nicht gefragte). Je nach Güterkategorie ergeben sich Grundanforderungen an die → Produktkommunikation und Führung von → Marken.

Gütesiegel – sind Kennzeichnungen von Produkten oder Dienstleistungen für Kunden und andere → Stakeholder (z.B. Journalisten, Umweltgruppen) zur → Positionierung mittels definierter Qualitätskriterien, die mit dem Ziel der Steigerung und Sicherung von → Reputation oftmals von unabhängigen Instituten bestimmt und stetig überprüft werden.

Gutschein – bezeichnet ein gedrucktes oder digitales Dokument, das gegen hierauf definierte Leistungen eingetauscht werden kann. Unterschieden werden entsprechend Wert- und Warengutscheine. Wertgutscheine können auch Rabattgutscheine sein. Gutscheine kommen als → PR-Instrument in der → Gutschein-Kommunikation zum Einsatz.

Gutschein-Kommunikation – *Gutschein-Marketing, Couponing*; Gutscheine kommen in unterschiedlichen Handlungsfeldern der → Corporate Communications und hier v.a. in der der → Produktkommunikation zum Einsatz. (1) Als → PR-Instrument werden sie im Rahmen von → Gewinnspielen als Form von → Content verwendet mit Ziel, das Interesse an der couponierten Leistung zu steigern. (2) In der → Marketingkommunikation wird die Gutschein-Kommunikation als Instrument der Kundengewinnung und –bindung eingesetzt. (3) Gutscheine sind als → Dienstleistung zur Unterstützung der couponierten Leistung käuflich zu erwerben, um sie als Geschenk an Dritte weiterzugeben. (4) Sie werden als Gutscheincode in der → Online-PR und hier oftmals im → Affiliate-Marketing verwendet, um die Attraktivität der Präsenz auf den Websites der Partner zu erhöhen.

Güttler, Alexander – geb. 1960; Prof. Dr. phil. Alexander Güttler ist Honorarprofessor an der Hochschule Gelsenkirchen.

Habermas, Jürgen – geb. 1929; emeritierter Professor, Philosoph und Soziologe der Universität Frankfurt.

HABM → Harmonisierungsamt für den Binnenmarkt.

Haltung – bezeichnet die durch → Argumentation und/oder Engagement, Emotionalität sowie → Körpersprache sichtbare → Einstellung, die eine Person oder Organisation zu einem bestimmten Sachverhalt oder einer Situation einnimmt. Im → PR-Management ist die Haltung eine relevante Dimension, da sie prägend für → Image und → Reputation ist. Die von → Stakeholdern wahrgenommene Haltung kann ihre Ansprüche auslösen.

Hamburger Verständlichkeitsmodell – beschreibt vier Anforderungen, damit Texte verständlich sind: (1) Einfachheit (einfache, kurze Sätze, keine Fachworte), (2) Gliederung und Ordnung (optisch, strukturiert), (3) Kürze und Prägnanz (nicht zu knapp, nicht zu weitschweifig), (4) anregende Zusätze (Beispiele, Illustrationen).

Handeln – bezeichnet das zielgerichtete, absichtsvolle und bewusste Agieren. Das Handeln wird hier also zuerst psychologisch erklärt und weitergefasst als der Handel (Tausch: Kauf, Verkauf), der in den Wirtschaftswissenschaften wohl sonst die erste Erklärung für diesen Begriff ist. Allgemein verstanden, ist er für das → PR-Management eine zentrale Größe für → Image und → Reputation und grenzt sich z.T. vom → Verhalten durch das bewusste Tun ab.

Handelsgesetzbuch – gibt einen Teil der → Pflichtpublizität im Rahmen der → Investor Relations vor. Es regelt den verpflichtenden Jahresabschluss (§ 264ff), der um einen Anhang zu erweitern ist, und mit der Bilanz sowie der Gewinn- und Verlustrechnung eine Einheit bildet und mit einen Lagebericht ergänzt wird. Er führt zu der Praxis der → Geschäftsberichte.

Händlerkommunikation – bezeichnet als Teil der → Vertriebs-PR (1) die interne → Business-to-Business-Kommunikation eines Herstellerunternehmens zu seiner oft exklusiven oder unternehmenseigenen Vertriebsorganisation als → Filialkommunikation, (2) die externe B2B-Kommunikation zu Geschäftskunden, die als Geschäftspartner den selbständigen Vertrieb verantworten, wie z.B. Verlage zu Buchhändlern. Neben Services der Verkaufsförderung sind Schulungen zu Benefit oder Handhabungen bei erklärungsbedürftigen Leistungen zentrale Instrumente der Händlerkommunikation.

Hangout – engl. „Treff"; ist eine browserbasierende Videokonferenzfunktion von Google, die wie → Skype als → PR-Instrument z.B. für Online-Pressekonferenzen, Seminare oder → Hintergrundgespräche nutzbar ist.

Haptik – von griech. háptein, „berühren"; bezeichnet die Lehre vom Tastsinn und meint im → PR-Management die Nutzung des Tastsinns als Kanal der → multisensuellen Kommunikation und hier v.a. die Anwendung in der → Produktkommunikation und dem Produktdesign

(→ Produktgestaltung), wobei das Fühlen gleichzeitig oft auch die anderen Sinne einbezieht (z.B. der Probierteller an der Wursttheke).

Hard Facts – harte Faktoren; siehe → weiche Faktoren.

Hard Selling – bezeichnet eine Kompetenz und Haltung im Vertrieb mit einer akzentuierten und oft aggressiven abschlussorientierten Verkaufsrhetorik. Hard Selling folgt dem Ziel der Umsatzmaximierung, die langfristigen → Beziehungen zu Kunden oft entgegensteht, sodass → Vertriebs-PR mit → Verhandlungskommunikation zu einem Handlungsfeld des → PR-Managements geworden ist.

Harmonisierungsamt für den Binnenmarkt (HABM) – zuständiges Amt der Europäischen Union mit Sitz in Spanien, Alicante, für die EU-Marke (→ Community Trade Mark).

Harte Faktoren → weiche Faktoren.

Harvard-Methode – meint im Kontext des → PR-Managements eine Technik der → Verhandlung, die die Trennung von Sach- und Beziehungsebene beinhaltet mit dem Ziel, Emotionen und Sachaspekte zu trennen, um hart in der Sache, aber weich im Umgang verhandeln zu können. Sie ist zugleich eine Methode zur Anwendung der → gewaltfreien Kommunikation.

Hashtag – von engl. hash, „Raute" und tag, „Markierung"; der Begriff ist v.a. mit dem Microblog-Dienst (→ Microblog) Twitter bekannt geworden. Soll ein bestimmter Begriff in einer Twitter-Nachricht gesondert hervorgehoben und zugleich für eine Schlüsselwortsuche verfügbar gemacht werden, wird das Rautenzeichen # vor diesen Begriff gesetzt. Die so „getaggten" Begriffe werden zu sogenannten Meta-Tags gemacht. Das heißt, mit einem Klick auf einen Hashtag werden alle → Postings (Beiträge) gelistet, die ebenfalls diesen Hashtag enthalten. V.a. bei Twitter, weniger bei Facebook, sind sie von den Nutzern ein gelerntes Signal in der Kommunikation. Sie werden auch auf der Twitter-Startseite als Begriffstrends angezeigt und können von dritten Diensten zur Auswertung von digitalen Trends ausgewertet werden. Zudem sind über Hashtags und den gelisteten Themen Nutzer, Organisationen und Medien aufzufinden.

Hashtag-PR – bezeichnet die Verwendung von → Hashtags zur beschleunigten Verbreitung von Begriffen und Themen. Dies kennzeichnet ein Vorgehen, das v.a. von → Twitter initiiert wurde. Indem Hashtags zu Meta-Tags werden, stehen sie für eine Möglichkeit, virale → Ansteckungseffekte auszulösen und so auch andere → Multiplikatoren wie Journalisten auf Thementrends aufmerksam zu machen. Umgekehrt stehen sie aber auch für die Auslösung von → Shitstorms und damit die → Krisenkommunikation.

Hauptversammlung – bezeichnet die Versammlung der Aktionäre, in der sie ihre Rechte in Angelegenheiten der Aktiengesellschaft gemäß §118 Aktiengesetz ausüben, bspw., um sich über die Geschäftsentwicklung zu informieren und zentrale Entscheidungen zu treffen. Sie ist ein zentrales → Event der → Pflichtpublizität gegenüber Aktionären.

Hausschrift → Corporate Font.

Hausse – von franz. „Anstieg"; bezeichnet im Gegensatz zur → Baisse an den

Börsen eine Phase steigender Börsenkurse, die mit einer vorherrschend optimistischen → Stimmung einhergeht und mit dem Begriff Bullenmarkt synonym verwendet wird. Die Hausse ist ein Beispiel für die Abhängigkeit der Märkte von → Stimmungen durch → Stakeholder.

Hauszeitschrift → Mitarbeiterzeitung.

Hawthorne-Effekt – bezeichnet die Erkenntnis, dass Arbeitnehmer mehr leisten, wenn die psychologischen Bedingungen verbessert werden. Er betont die Bedeutung von → Human Relations als Teil der → internen Kommunikation als Teil des → PR-Managements.

Herbst, Dieter Georg – geb. 1960; Dr. phil. Dieter Georg Herbst ist Professor für Kommunikation an der Universität der Künste in Berlin.

Heritage Communication – von engl. „heritage", Erbe; „cultural heritage", Kulturbesitz; meint die kommunikative Hervorhebung von Traditionswerten in der → externen Kommunikation sowie ggf. der → Markenkommunikation. Der Übergang zum → History Marketing ist fließend, wobei dieses sich vor allem auf die → Marktkommunikation und → Produktkommunikation fokussiert. Die Einrichtung von Unternehmensmuseen (z.B. das Porsche-Museum) gehört genauso zu Heritage Communication wie die Inszenierung von Jahrestagen (z.B. Muttertag, Tag des Bieres, Valentinstag), Jubiläen oder die Eröffnung der einhundertsten Filiale.

Herkunftslandeffekt – *Origin-of-Country-Effekt*; in Zeiten der Globalisierung mit einer zunehmenden Zahl von Hybridprodukten, also Produkten mit grenzüberschreitenden Wertschöpfungsschritten, spielt die Benennung des Herkunftslands (z.B. „Made in Germany") je nach Produkt (z.B. high oder low involvement) eine Qualitätsdimension in der Wahrnehmung der Verbraucher. Das heißt: Funktionsgleiche Unternehmensleistungen können durch Positionierungen mit Herkunftsländern einen wahrgenommenen Qualitätsvorsprung erzielen.

Hidden Agenda – engl. „verdeckte Tagesordnung"; bezeichnet die verdeckte Zielsetzung und damit Programmatik, die Mitarbeiter und Führungskräfte verfolgen, um ihre eigenen Ziele innerhalb und mittels einer Organisation (z.B. Karriereziele) zu verwirklichen. Diese können von denen ihrer Organisation (zeitweise) abweichen. Hidden Agendas sind ein Instrument der → Mikropolitik und können die → Unternehmenskultur und damit das → Image einer Organisation prägen.

High Involvement → Involvement.

Hintergrundgespräch – bezeichnet ein → PR-Instrument im Rahmen der → Medienarbeit mit einem meist kleinen Kreis ausgewählter Journalisten oder anderen → Multiplikatoren mit dem Ziel zusammenzukommen, durch vertrauliche Informationsangebote, vertrauensvolle Beziehungen zu stärken.

History Marketing – stellt im Rahmen der Unternehmenskommunikation/des Marketings die Traditionswerte als beweisbare Erfolgskriterien heraus und überträgt sie mittels des Leistungsversprechens eines Produkts, einer Dienstleistung oder eines Unternehmens in die Zukunft. AEG mit der Übersetzung „Aus Erfahrung gut" ist ein Beispiel hierfür und gehört zu → Heritage Communications.

Hofberichterstattung – meint die propagandistische Inszenierung des Managements als Verlautbarungsjournalismus v.a. in → Corporate Media und reicht zurück auf die journalistische Berichterstattung über Adelige, die sich bis ins Mittelalter mit Berichten über die Mitglieder von Königshäusern und deren Hofstaat zurückverfolgen lässt. Die Hofberichterstattung steht für eine mangelnde Kritikfähigkeit und Glaubwürdigkeit der Unternehmensführung, unter der das → Image des → PR-Managements insgesamt leidet und in der → PR-Theorie z.B. als → Lizenz zu Täuschen diskutiert wird.

Hoffjann, Olaf – geb. 1971; Dr. phil. Hoffjann ist Professor für Medien und Marketing an der Ostfalia Hochschule.

Homepage – engl. „Hauptseite", „Eingangsseite"; bezeichnet ursprünglich nur die Startseite einer → Website, wird aber z.T. auch als Synonym für die gesamte Internetpräsenz verwendet.

Homonym – bezeichnet gleichlautende Begriffe mit unterschiedlichen Bedeutungen, z.B. „kosten" für den Wert eines Preises und die Tätigkeit des Probierens.

Homo oeconomicus – bezeichnet den Modellmenschen der klassischen Ökonomie, für den radikal vereinfachte Annahmen für das Entscheidungsverhalten (z.B. → Rationalität, perfekte Information, unendlich schnelle Reaktionsgeschwindigkeit) zugrunde gelegt werden. Dabei handelt es sich um einen Durchschnittsmenschen, sodass Aussagen zum Verhalten auf Marktveränderungen (z.B. Preise, Mengen) getroffen werden können. Die Annahmen werden vielfach kritisiert, sodass z.B. die → Relationalität als modifizierte Annahme zum individuellen

Entscheiden diskutiert wird, um → Marken, → Image und → Reputation erklärbar zu machen, sodass der homo oeconomicus zum lebensnäheren homo socio oeconomicus wird. Der Modellmensch der Ökonomie behält also seine rationale Entscheidung als Grundannahme, die aber ggf. an die Ansprüche von erfolgsrelevanten → Stakeholdern angepasst wird.

Honorarumsatz – bezeichnet bei Agenturen die Netto-Honorare sowie -Provisionen und ist in → Agentur-Rankings eine übliche Kennzeichnung zur Größenbestimmung. Als Honorarumsatz je Mitarbeiter ist sie auch eine Effizienzkennzahl.

Hörfunk-PR – bezeichnet die → Medienarbeit mit dem → Massenmedium „Radio", das neben TV und Internet das meistgenutzte Medium ist und damit ein wichtiger Kanal für das → PR-Management. Das Radio ist neben dem Internet das aktuellste Medium. → Pressemitteilungen, vorproduzierte Hörfunkbeiträge, → Footage-Material und → Medienkooperationen sind beispielhafte Instrumente der Hörfunk-PR, die dem Ziel dienen, das Unternehmen und/oder seine Leistungen im Radio zur Steigerung von Bekanntheit und Reputation zu platzieren.

Horizontale Kommunikation → Kommunikation.

Hospitality – von engl. „Gastlichkeit"; meint (1) i.w.S. das Hotelmanagement mit dem Gast im Fokus; (2) ist als Hospitality Marketing ein Instrument des → Relationship-Marketings für Aufbau und Pflege von Beziehungen; (3) im Sportsponsoring bezeichnet Hospitality aus Sicht der Sportvereine ein Finanzierungsinstrument mit der Vermarktung von Stadionkapazität bzw. aus Sicht des

→ Sponsoringvon Unternehmen die Anmietung von Logenplätzen u.ä. Business Seats bei Sportveranstaltungen. Es wird geschätzt, dass etwa 15 Prozent des Gesamtumsatzes der Topligen durch Hospitality erzielt werden.

Hot Shop → Agentur.

HR-PR – *Human Ressources Public Relations*; bezeichnet das → PR-Management, das inhaltlich nicht zuerst Botschaften über das Unternehmen (→ Corporate Communications) oder seine Leistungen (→ Dienstleistungskommunikation, → Produkt-PR), sondern über das Unternehmen als Arbeitgeber in den Mittelpunkt stellt mit dem Ziel, die Bekanntheit und → Reputation eines Unternehmens als Arbeitgeber zu steigern, sodass HR-PR gezielt das Personalmanagement unterstützt. Das → Employer Branding ist ein Handlungsfeld der HR-PR.

Huck-Sandhu, Simone – geb. 1977; Professor Dr. rer. soc. habil. Simone Huck-Sandhu ist Professorin für Betriebswirtschaftslehre, insbesondere Marketing-Kommunikation und Public Relations an der Hochschule Pforzheim.

humanistische Psychologie – bezeichnet eine bis heute prägende Strömung innerhalb der Psychologie, die sich im Gegensatz zu Psychotherapie und zum → Behaviorismus etwa seit den 1950er-Jahren gegen das mechanistische Menschenbild wehrt und den Menschen als aktiv handelndes Wesen ansieht. Vor diesem Hintergrund analysiert sie z.B. affektive und kognitive Prozesse als handlungsprägende Faktoren. Sie liefert wichtige Impulse für die → Psychologie als → Basiswissenschaft der PR und auch für das → Konsumentenverhalten.

Human Relations – bezeichnet Aufbau und Pflege von → Beziehungen zwischen Mitarbeitern gleicher und unterschiedlicher Hierarchieebenen als Handlungsfeld der → internen Kommunikation und Teil des → PR-Managements mit dem Ziel der Steigerung von → Identifikation und → Motivation.

Humor – bezeichnet die Fähigkeit und Haltung, auch zu ernsten oder kritischen Situationen etwas Heiteres, Komisches wahrzunehmen und auszudrücken und damit zu positivem Denken anzuregen. Aus psychologischer Sicht hat er als Dimension der → Unternehmenskultur die Funktionen (1) Nähe zu schaffen, indem Menschen gemeinsam lachen und somit auch ihre gemeinsamen → Werte bestätigen. Damit wird Humor die Leistung zugesprochen, die Gemeinschaftlichkeit und Zusammenarbeit zu fördern; (2) Distanz zu unerfreulichen Situationen und unangenehmen Personen zu schaffen und damit stresssenkend bzw. motivationsfördernd zu wirken; (3) Schärfe aus inhaltlichen Debatten zu nehmen und damit zur Konfliktlösung beizutragen; (4) Humor in der Werbung dient als eine Sozialtechnik zur Erregung von Aufmerksamkeit und soll als Komponente von → Images Unternehmen und Produkte sympathischer machen. Rund 30 Prozent aller Werbespots enthalten humoristische Inhalte.

Hundhausen, Carl – 1893–1977; war PR-Direktor bei Krupp und Honorarprofessor an der Technischen Hochschule Aachen. Ein Hauptkriterium seiner PR-theoretischen Beiträge war, PR-Management als Entwicklung sozialer → Beziehungen („soziale Prozesse") zu verstehen.

Hunt, Todd T. – emeritierter Professor für Journalismus und Kommunikation der Rutgers Universität New Jersey.

Hurenkind – bezeichnet einen Fehler der → Typografie, bei dem die letzte Zeile eines Absatzes oben auf der nächsten Spalte oder Seite steht.

Husse – bezeichnet einen Überzug für Möbel, um bspw. Stühlen oder (Steh-)Tischen schnell und einfach ein gemeinsames Design zu verleihen und zugleich vor Abnutzung und/oder Schmutz zu schützen.

Hybrides Kommunikationsinstrument – bezeichnet disziplinen- oder methodenübergreifende Kommunikationsinstrumente im PR-Kontext z.b. Mischformen aus Werbung und Redaktion wie → Advertorials, → Imagewerbung, → Infomercials oder andere → Sonderwerbeformen.

Hype-Cycle – beschreibt analog zum Konzept des Lebenszyklus die Entwicklung von Aufmerksamkeit oder Interesse anlässlich neuer Technologien und anderer Trends anhand eines glockenkurvigen Verlaufs.

IABC → International Association of Business Communicators.

ICCO → International Communications Consultancy Organisation.

ICCO-Kodex – bezeichnet eine verbindliche Ethik-Charta für alle nationalen PR-Agenturverbände.

ICV → Internationaler Controller Verein.

Idee – bezeichnet im → PR-Management (1) den schöpferischen Gedanken, für die die → Kreativität und Spontanität als zentrale Voraussetzungen gelten. Sie ist ein wichtiger Impulsgeber für → Innovationen sowie die Entwicklung der → Botschaften und Gestaltung von → PR-Instrumenten und → Kampagnen; (2) meint den Leitgedanken und den rahmengebenden, konzeptionellen Rahmen als „Idee einer Lehre".

Identifikation – bezeichnet im → PR-Management (1) als Prozess z.B. der Marken- oder Personenidentifikation Wahrnehmung, Interesse, Akzeptanz und Übernahme von Werten, Einstellungen und Verhaltensweisen des Konsumenten und (2) als Ergebnis die Verhaltensübernahme bzw. individuelle Verhaltensanpassung an das Identifikationsobjekt (z.B. der Mitarbeiter identifiziert sich mit seinem Vorgesetzten, der Fan mit dem → Testimonial).

Identifikationsmacht – basiert auf der → Identifikation mit einer Person oder Sache, die über begehrte Ressourcen verfügt oder bestimmte als sympathisch erlebte Persönlichkeitszüge hat. Dritte verspüren so das Bedürfnis, sich an diese Person zu binden, ihr vielleicht auch nachzueifern. Identifikationsmacht befreit Macht von der Verknüpfung mit Zwang und erklärt so positiv die absatzfördernde Wirkung von → Marken oder → Reputation.

Identität – bezeichnet aus psychologischer Sicht die Gesamtheit individueller Persönlichkeitseigenschaften, zu denen zentral → Werte und → Einstellungen gehören und als Basis von → Handeln und → Verhalten gelten. Das Konzept der persönlichkeitsprägenden Identität wird auf die → Marke als Markenidentität übertragen und bildet dort die Basis markengerechten Verhaltens (→ Behavioral Branding).

Illustrierte – bezeichnet innerhalb der → Publikumspresse solche → Zeitschriften, innerhalb derer die → Bildkommunikation einen besonders gewichtigen Stellenwert hat. „Der Stern" gilt z.T. als „politische Illustrierte" und damit als illustriertes → Magazin.

Image – bezeichnet das Selbst- und Fremdbild (Vorstellungsbild) eines Unternehmens (Corporate Image), eines Managers (Personenimage), einer Marke (Markenimage), eines Produkts (Produktimage) oder anderen Bezugsgrößen und entspricht aus psychologischer Sicht einer → Stereotype (Vorurteil). Die psychologische Image-Forschung versteht ein Produkt- oder Markenimage als Menge aller Assoziationen, die ein Konsument oder andere → Stakeholder damit in Verbindung bringen. Dieses Verständnis basiert auf der → Schematheorie, die annimmt, dass Individuen ihre Wahrnehmung in Form von Wissensstrukturen im Langzeitgedächtnis bündeln und organisieren. Die Aufgabe von Images besteht darin, die Komplexität individueller Wahrnehmung zu senken. Sie tragen so zur vereinfachten Kaufentscheidung und damit zur → Bindung von Kunden bei. Ein wichtiges Instrument des Imagemanagements ist die → Marke, die Soll-Images und Ist-Images einander annähern.

Imagebroschüre – bezeichnet ein → PR-Instrument des → Corporate Publishing, das heftartig z.T. werblich, z.T. journalistisch das → Image (Soll-Image/Selbstbild) einer Organisation oft zielgruppenübergreifend darstellt. Sie hat zum Ziel, einen positiven Beitrag für Bekanntheit, → Sympathie und damit Gewinnung und → Bindung von Zielgruppen zu leisten.

Imagefilm – bezeichnet ein → PR-Instrument des → Corporate Publishing, das zum Teil werblich, zum Teil journalistisch das → Image (Soll-Image/Selbstbild) einer Organisation oft zielgruppenübergreifend darstellt mit dem Ziel, einen positiven Beitrag für Bekanntheit, → Sympathie und damit Gewinnung und → Bindung von Zielgruppen zu leisten. Imagefilme werden zunehmend für die Nutzung im Internet produziert.

Imagemanagement – Strategie- und Maßnahmenentwicklung zur Prägung des → Images.

Imagestrategie → Strategie.

Imagewerbung – in Abgrenzung zur herkömmlichen → Werbung die Kommunikation mit dem ersten Ziel, Images mithilfe von → Positionierungen für Produkte, Dienstleistungen, Unternehmen oder andere Organisationen aufzubauen. Sie kann mit Kaufappellen klassisch-werbliche Aspekte enthalten. Imagewerbung gehört dann zu den → hybriden Kommunikationsinstrumenten (→ PR-Anzeige).

Imhof, Kurt – geb. 1956; Dr. phil. Kurt Imhof ist Professor für Soziologie an der Universität Zürich.

Implizites Wissen – bezeichnet das in einem Unternehmen vorhandene, aber durch einen Mangel an Sichtbarkeit und Anwendbarkeit nicht einsetzbare Wissen. Es nutzbar zu machen, ist Aufgabe der → Wissenskultur.

Impression Management – Inszenierungsstrategien als Teil der → Personen-PR, oft im Rahmen des → CEO-Positioning zur Eindrucksteuerung durch Selbstdarstellung von Persönlichkeiten in Unternehmen, Politik oder Showgeschäft, aber auch Bewerbern.

Impressum – die Herkunftsangabe in gedruckten oder Online-Medien, die die → Impressumspflicht vorschreibt.

Impressumspflicht – die in den Landespressegesetzen bzw. im Telemediengesetz geregelte Herkunftsangabe mittels → Impressum für alle Druck- und Online-Medien.

InBranding → Ingredient Branding.

Incentives – von engl. „Anreize"; bezeichnen Belohnungen für unterschiedliche → Stakeholder, (1) in der Marketingkommunikation Kaufanreize für den Kunden (z.B. Produktzugaben, Rabatte, kostenloser Versand), (2) in der → internen Kommunikation Motivationsinstrumente (z.B. Geldprämien, Sachprämien, Fortbildung).

Individualkommunikation → persönliche Kommunikation.

induux – ein soziales Netzwerk für die Investitionsgüterindustrie und ihre Dienstleister (www.induux.de). Es soll Industrieunternehmen erleichtern, einen Überblick über sämtliche Social-Media-Aktivitäten der Branche zu erhalten.

Inflightmagazine → Inflights.

Inflights – *Inflightmagazine*; bezeichnen die meist recht aufwändig-wertigen Bordmagazine der Fluggesellschaften. Mit den oft internationalen Privat- und Geschäftsreisenden sind sie ein spezielles → Medium und Ziel der → Medienarbeit.

Influencer – von engl. „beeinflussen"; sind → Multiplikatoren im Internet, die meist themenbezogen und social-media-übergreifend gut vernetzt sind. Sie posten bei Facebook, → Twitter und anderen Plattformen und sind digitale → Meinungsführer. Zum Teil haben sie eigene Blogs und sind dann auch → Blogger. Sie sind zu einer wichtigen → Dialoggruppe der → Online-PR geworden, sodass von → Blogger Relations oder → Influencer Relations gesprochen wird.

Influencer Relations – bezeichnet das → PR-Management zu → Influencern.

Infografik – bezeichnet die grafische Kombination von gestalterischen und textlichen Elementen zur anschaulichen und komprimierten Darstellung von oft komplexen Informationen (z.B. Daten, Zusammenhänge, Entwicklungen) mittels eines Schaubilds. Infografiken werden mit der zunehmenden → Bildkommunikation zunehmend wichtig, um die Wahrnehmung von → Botschaften zu vereinfachen.

Infomercials – Kunstwort aus engl. information und commercial für „Werbung"; bezeichnet eine Sonderwerbeform in Fernsehen oder Hörfunk, die wie ein → Advertorial als hybride Kommunikationsform werbliche Informationen mit redaktionellen Mitteln transportiert.

Information – bezeichnet (1) die Rohdaten von → Nachrichten; (2) die Veränderung von Wissen mithilfe von → Kommunikation.

information chunks → Schlüsselinformation.

Informationsflut – bezeichnet die zunehmenden (medialen) Informationsangebote. Diese Kennzeichnung beinhaltet implizit zugleich ein veraltetes Menschenbild, gemäß dessen Rezipienten Medieninformationen ausgeliefert sind und diese „wahrnehmen müssen". Die Humanpsychologie geht aber davon aus, dass der Mensch gezielt Informationen selektiert, sodass die Informationsflut weniger für die Empfänger als für die Absender gilt, die im Informationsangebotswettbewerb um Aufmerksamkeit ringen.

Informationsgemeinschaft zur Feststellung der Verbreitung von Werbeträgern (IVW) – ermittelt und prüft die Verbreitung von Werbeträgern. Sie ermittelt, publiziert und kontrolliert die Auflagenhöhe v.a. von Zeitungen, Zeitschriften und Fachzeitschriften. Im Bereich der Online-Medien stellt sie v.a. die Gesamtanzahl der Seitenaufrufe fest.

Informationsgrafik → Infografik.

Informationsjournalismus → Journalismus.

Informationskaskade → Kommunikationskaskade.

Informationsmanagement – bezeichnet in uneinheitlicher Verwendung die Veränderung von → Wissen durch das → PR-Management in Ergänzung und im Gegensatz zu PR als → Reputationsmanagement. Der Begriff des Informationsmanagements wird genauso für die Leistungen der Informationstechnologie verwendet.

Informationsmodell – bezeichnet die Kommunikationshaltung, möglichst wahrheitsgemäße Einweginformation mittels der Massenmedien und kontrollierten Medien wie Broschüren, Newsletter etc. zu verbreiten. Feedback ist in diesem Kommunikationstyp im Rahmen des → Exzellenzmodells nicht wichtig.

Informationspflicht – bezeichnet die minimale Anforderung der → internen Kommunikation als formale Pflicht der Arbeitgeber, die Arbeitnehmer gemäß Betriebsverfassungsgesetz (§§ 81 ff.) zu informieren. Es regelt die Zusammenarbeit des Arbeitgebers mit der von den Arbeitnehmern gewählten betrieblichen Interessenvertretung. Sie findet meist Ausdruck in Veranstaltungen wie Betriebsversammlungen, die in Unternehmen mit Betriebsrat obligatorisch sind. Hierzu lädt die Mitarbeitervertretung die Unternehmensleitung ein, die die Mitarbeiterschaft informiert. Dabei hat der Arbeitgeber das Recht, dort das Wort zu ergreifen.

Infoscreen – ist ein führender Anbieter digitaler Out-of-Home-Medien in Deutschland. Mit Bildflächen in U- und S-Bahnstationen, in Fernbahnhöfen und Flughäfen ist das Unternehmen ein Kanal für → Außenkommunikation und → Ambient Media.

Infotainment – Kofferwort aus „Information" und „Entertainment"; bezeichnet die unterhaltsame Information und steht als → Didaktik der PR für die aktive, oft spielerische Informationsvermittlung, die als Charakteristikum → PR-Instrumente wie → Events oder → Kampagnen, aber auch Computerspiele oder Websites prägen kann. Infotainment verfolgt das Ziel, dass sich → Dialoggruppen mit → Botschaften auseinandersetzen, was im → PR-Management z.T. als → PR-Tainment bezeichnet wird.

Ingenhoff, Diana – geb. 1971; Dr. oec. Diana Ingenhoff ist Professorin für Organisationskommunikation/Public Relations und Medienökonomik an der Universität Fribourg.

Ingredient Branding – engl. „Zutaten-Markenführung"; bezeichnet eine vertikale Markenstrategie, in der ein Markenprodukt die Komponente eines Endprodukts ist und zugleich als eigenständiger Markenname erhalten bleibt, sodass gegenüber den Endkunden eine Markenallianz entsteht (z.B. „Intel inside" als Marke von Prozessoren in Marken-Computern).

Inhouse-Agentur → Agentur.

Initiativquotient – bezeichnet in der → Medienresonanzanalyse den Anteil selbst- zu fremdgesteuerter Berichterstattung zu einem bestimmten Thema in definierten → Medien eines bestimmten Zeitraums. Ein hoher Anteil der Fremdsteuerung in Kombination mit einem hohen → Akzeptanzquotienten, einer großen → Reichweite und einem großen → Share of Voice gibt Hinweise darauf, welchen Beitrag ein Berichtsthema zur

→ Reputation des analysierten Themas/ Unternehmens leistet.

Innen-/Außenkreis-Methode → Fishbowl-Methode.

Innovation – echte oder als solche wahrgenommene technisch-wirtschaftliche realisierte Neuheiten, die für Unternehmen ein strategisches Erfolgspotenzial bedeuten. Für das PR-Management sind Innovationen Kern der → Innovationskommunikation.

Innovationsbeirat → Beirat.

Innovationskommunikation – bezeichnet (1) die → Marketingkommunikation anlässlich neuer Produkte und/oder Dienste zur Unterstützung der Markteinführung; (2) die → externe Kommunikation mit dem Thema „Innovation" zur → Positionierung und zur Profilierung des → Images von Unternehmen; (3) die → interne Kommunikation zur Prägung einer → Innovationskultur.

Innovationskultur – bezeichnet eine → Unternehmenskultur, die die stete Schaffung von → Innovationen begünstigt und damit auch einen Beitrag zur → Risiko- und → Konfliktkultur leistet, da jede Innovation Risiken und damit auch Potenziale für → Konflikte beinhaltet. Da Innovationen Wissen erfordern, ist zugleich auch die Prägung der → Wissenskultur themenverwandt.

Innovationsparadoxon – mit dem → Lebenszyklusmodell wird angenommen, dass Unternehmen → Innovationen notwendig zum Überleben brauchen. Zugleich müssen sie das → Risiko des Neuen i.S.d. kaufmännischen Solidität und Vorsicht scheuen. Dieses Paradoxon aufzulösen, erfordert eine → Unternehmenskultur als → Innovationskultur, die

sich Neuem zuwendet und zugleich eine → Risiko- und → Konfliktkultur pflegt.

Innovationstheorie der Public Relations – ein Ansatz der Systemtheorie zur Erklärung der Wirkung von Public Relations von → Ulrich Saxer (1991), wonach PR als Innovator und Stabilisator auf der Mikro-, Meso- und Makroebene der Gesellschaft aufgefasst werden kann, sodass PR-Kampagnen als Zweck gesellschaftlichen Wandels verstanden werden können. Systeme entstehen durch Abgrenzung und Differenzierung, wobei mehr Kommunikationsbedarf durch Binnen- und Außenorientierung entsteht. Dabei unterliegt ein Wirtschaftssystem in unterschiedlichen Phasen unterschiedlichen Dynamiken, sodass PR in der gesellschaftlichen Entwicklung unterschiedliche Funktionen übernimmt: (1) Industrialisierende Gesellschaft: PR als reaktives System zur verbesserten Legitimation von Innovationen; (2) industrialisierte Gesellschaft: PR für mehr Akzeptanzschaffung über ein differenzierteres Mediensystem; (3) Postindustrialisierte Gesellschaft: individualisierte Kommunikation in alle gesellschaftlichen Bereiche hinein.

Inokulationsstrategie – von lat. inoculare, „einpflanzen"; bezeichnet im → PR-Management in Anlehnung an das Impfen in der Medizin die kognitive Impfung von → Dialoggruppen. Dies kann durch das Aufarbeiten kritischer Argumente gegen ein Geschäftsmodell, eine Produktionsweise und/oder ein bestimmtes Produkt geschehen, was auf Seite der Empfänger in der Dialoggruppe zu einer positiven Einstellung und Vertrauensaufbau beiträgt. Auf Seite der Sender erfordert dieses Vorgehen das Training im

Umgang mit Opposition und Widerständen.

Input-/Output-Analyse – bezeichnet ein Instrument des → PR-Controllings. Es dokumentiert, wie PR-Maßnahmen angewendet wurden, z.B. zu wie vielen Clippings eine → Pressekonferenz als Anlass für Berichterstattung geführt hat. Das Ziel ist, das Medienecho der Maßnahmen zu prüfen.

Insel-Anzeige – bezeichnet ein Anzeigensonderformat, das von allen Seiten von redaktionellem Inhalt umschlossen ist.

Insolvenz-PR – bezeichnet die Flankierung eines Insolvenzverfahrens mit → PR-Management mit dem Ziel, die Insolvenz nicht als Abwicklung, sondern als geordneten Neustart mit einem strukturierten Verfahren des Umgangs mit Verbindlichkeiten zu positionieren. Das Wesen der Insolvenz ist also zuerst der Versuch einer Sanierung, die der bestellte Insolvenzverwalter unter dem Blick und damit Druck des Interesses von → Stakeholdern einleitet, sodass die Insolvenz-PR mit der → Krisenkommunikation verwandt ist. Der erfolgreiche Weg zum Neustart erfordert stabile Beziehungen zu den Gläubigern, den Lieferanten, Banken und Anteileignern sowie auch den Mitarbeitern und Kunden. Sie gilt es für den Neustart vor dem Hintergrund ihrer unterschiedlichen Interessen zu gewinnen, sodass die → Mediation zur Beseitigung von Konflikten, die Rolle der ggf. neuen Geschäftsführung als → CEO-Positioning, die → interne Kommunikation und hier die → Führungskräftekommunikation sowie auch → Investor Relations zentrale Handlungsfelder der Insolvenz-PR sind.

Instagram – ist ein derzeit führender Online-Dienst zum Teilen von Fotos, der zu den → Social Media gehört.

Instant Messaging – engl. „sofortige Nachrichtenübermittlung"; bezeichnet die → Echtzeitkommunikation auf Text- oder Telefoniebasis (z.B. ICQ, Skype) und ist mit → Social Media Relations v.a. ein → PR-Instrument der → internen Kommunikation, um standortübergreifend schnell und ggf. bildgestützt zu kommunizieren. Der Begriff Instant Messaging wird auf die 1960er-Jahre als Begriff in Science-Fiction-Filmen zurückgeführt.

Institutionelle Anleger – bezeichnen juristische Personen wie Banken, Versicherungen, Fondsgesellschaften, aber auch andere Unternehmen, die etwa ihre Pensionskassen in Wertpapieren anlegen. Sie gelten neben den privaten Anlegern als wichtigste Zielgruppe der → Investor Relations.

Institutionenökonomische PR-Theorie – bezeichnet die beziehungsorientierte Analyse von Public Relations, die zentral an die Principal Agent-Theorie der Institutionenökonomik anknüpft. Die Institutionenökonomik untersucht das Entscheidungsverhalten in und über Institutionen, wobei der Institutionenbergriff weitreichend angelegt wird und nicht nur Unternehmen, sondern z.B. auch Märkte oder rechtliche Rahmenbedingungen beinhaltet. Principal-Agent-Analysen konzentrieren sich auf Beziehungen, in denen ein Principal (z.B. Auftraggeber, Führungskräfte, Investoren) Aufgaben oder Entscheidungen an Agenturen (z.B. Auftragnehmer, Mitarbeiter, Management) überträgt, wobei diese Agenten über Informationsvorsprünge gegenüber den Principals verfügen. Hier werden also in der Tradition bilateraler Tauschbeziehungsanalysen der klassischen Ökonomie Informations- und Dialogbeziehungen mit → asymmetrischer Information angelegt, die typische Ziele des → PR-Managements wie → Vertrauen oder → Reputation begründen, die wiederum als kostensenkende Phänomene der Transaktionskostenanalyse in der Institutionenökonomik bekannt sind. Public Relations werden also als Strukturbegriff zwischen Principal und Agent sowie auch wirkungsbezogen in Bezug auf ihre kostensenkende Wirkung betrachtet.

Inszenierung – bezeichnet in Anlehnung an das Theater die Vorbereitung, Gestaltung und Umsetzung einer Handlung innerhalb eines gegebenen Rahmens als Bühnenstück. Sie bedeutet im → PR-Management die Kommunikationsplanung mit Akzent auf der Prozessgestaltung, Inhalte und Instrumentenauswahl der Soll-Wahrnehmung (1) für → Corporate Communications mit der Prägung des → Images; (2) für die Konzeption von → Marke, → Kampagne und einzelne → PR-Instrumente die Definition von → Botschaften, → Key-Visual und deren → Dramaturgie.

Intangible Effekte → Wert.

Intangible Werte → Wert.

Integration – bezeichnete v.a. in der beginnenden Diskussion der → PR-Theorie der Nachkriegszeit ein gesellschaftliches Ziel des → PR-Managements. Demnach ist der → Dialog ein zentrales Element der PR und wirkt daher positiv auf die Integration pluralistischer Gesellschaften.

Integrierte Kommunikation – bezeichnet einen strategischen Kommunikationsansatz von → Public Relations, um Kommunikationsinhalte auf unterschiedlichen Kommunikationskanälen systematisch (formell, zeitlich, inhaltlich, zielgruppengerecht) zu senden, mit dem Ziel, auch für unterschiedliche Zielgruppen ein konsistentes → Image zu generieren.

integriertes Management – beschreibt einen ganzheitlichen Management-Ansatz der St. Galler Professoren Hans Ulrich und Knut Bleicher. Er umfasst drei Ebenen: Ebene (1) normatives Management: generelle Ziele der Unternehmung, Prinzipien, Normen, Spielregeln. Sie ermöglichen die Lebens- und Entwicklungsfähigkeit des Unternehmens; Ebene (2) strategisches Management: Aufbau, Pflege und Nutzung von Erfolgspotenzialen; Ebene (3) operatives Management: Umsetzung und operativer Vollzug der normativen und strategischen Ebene mit leistungs-, finanzwirtschaftlicher- und informationswissenschaftlicher Prozessbetrachtung. – Diese Ebenen korrespondierenden mit den Begriffen der → strategischen Kommunikation und sind als ineinandergreifende → Systeme zu verstehen (und sind damit im Gegensatz zur Systemtheorie Luhmans offene Systeme). Sie leiten zum neuen → St. Galler Management-Modell über.

Integrität – die wirtschaftsethisch konforme Haltung einer Organisation und deren Mitglieder, bei der die Unternehmenspraxis mit moral-ethisch vorherrschenden Werten und Normen übereinstimmen.

Integritätsmanagement – das systematisch geplante Einhalten wirtschaftsethisch konformen Handelns mit dem Ziel, die → Integrität zu wahren, das Image zu prägen und die → Reputation zu steigern, um Konflikte und Krisen aus

Verstößen zu senken und die Ansprüche von Stakeholdern zu vermeiden. Als Strategien des Integritätsmanagements gelten → Corporate Social Responsibility, → Corporate Citizenship, Corporate Sustainability oder → Corporate Accountability. Da die → Unternehmenskultur als Richtschnur des Unternehmenshandelns gilt, ist die → interne Kommunikation als Handlungsfeld der PR wichtiger Teil des Integritätsmanagements.

Interaktion – beschreibt ein wechselseitiges Verhältnis mind. zweier Beteiligter und wird als aufeinander bezogenes Handeln gekennzeichnet. Eine soziale Interaktion liegt vor, wenn das Verhalten zweier Menschen voneinander abhängig ist, indem jedes Verhalten des einen eine Reaktion auf das vorangehende Verhalten des anderen beinhaltet. Solche Interaktionen lassen sich als Verhaltensketten beschreiben. In Definitionen von → Kommunikation wird z.T. darauf hingewiesen, dass Kommunikation eine spezifische Form der Interaktion ist. Es bildet sich im Zeitablauf eine gemeinsame, dyadische Interaktionsgeschichte, die stabilisierend auf das Interaktionsmuster wirkt. Interaktionsmuster beinhalten bestimmte Verhaltensweisen des einen und folgenden Reaktionen des anderen, die zu → Beziehungen führen können. Eine soziale Beziehung liegt dann vor, wenn sie mind. ein stabiles Interaktionsmuster aufweist. Es wird angenommen, dass die Interaktion in der konzeptionellen Anlage mit dem von Max Weber bekannten Begriff sozialer Beziehungen harmoniert.

Interaktive Medien – Medien, mit denen der Rezipient nicht nur Informationen empfängt, sondern aktiv an ihrer Erstellung teilnimmt und sie beeinflussen kann.

Für das → PR-Management ist v.a. das Internet als → Web 2.0 ein zentrales interaktives Medium geworden, wenn auch durch Kommentierungen und/oder → Content Curation – von Internetnutzern aus Unternehmenssicht oftmals ungewollt.

Interaktive PR – bezeichnet das gegenseitige aufeinander bezogene Kommunikations- und Verhaltensmanagement zwischen einer Organisation und ihren → Stakeholdern, die mit dem → Dialog eine herkömmliche PR-Kompetenz bildet und deren Relevanz mit dem → Web 2.0 und der → Online-PR aktualisiert wurde.

interaktive Wertschöpfung → Wertschöpfung.

Interaktivität – hat im PR-Kontext v.a. zwei Bedeutungen: (1) soziale Interaktivität mit der gegenseitigen Beeinflussung der Mitglieder von Gruppen mit Wirkungen wie sozialen → Ansteckungseffekten und der damit ausgelösten → viralen Kommunikation, die bis zur Bildung von → Marken als Ausdruck gemeinschaftlicher Wahrnehmung reicht, (2) maschinelle Interaktivität mit der Beeinflussung der Informationsaufnahme durch den Internetnutzer im Kontext der → Online-PR. Damit ist durch die technische Entwicklung das Internet (→ Web 2.0) die → Online-PR über weite Strecke zu → interaktiver PR geworden, sobald a) die Informationsangebote mit technischen Möglichkeiten zum Dialog (z.B. Kommentierungsfunktion, Weiterempfehlungsbutton, Chat) versehen werden oder b) Informationsangebote von Usern erstellt werden.

Intereffikationsmodell – von lat. efficare, „etwas gegenseitig ermöglichen"; ein Erklärungsmodell von Günter → Bentele zur Kennzeichnung des Verhältnisses zwischen journalistischer Tätigkeit und PR-Arbeit. Im Gegensatz zur Determinationshypothese (→ Determinationsforschung) geht es nicht von einer Steuerung des Journalismus durch PR aus, sondern sieht eine gegenseitige Abhängigkeit der Berufsfelder und der Tätigkeiten mit wechselseitigen Anpassungsprozessen und Folgehandlungen.

Interessenausgleich (IA) – im Rahmen tiefgreifender Veränderungen und damit im Kontext von → Change Communications lösen geplante → Betriebsänderungen den Kommunikationsanlass aus. Das Betriebsverfassungsgesetz (§112) sieht in diesem Fall einen Interessenausgleich vor. Inhalt ist, Einvernehmen zwischen Unternehmer und dem Betriebsrat über Art und Ausmaß einer vom Unternehmer gewollten Betriebsänderung herbeizuführen, deren materiellen Konsequenzen im → Sozialplan formuliert werden. Funktion des Interessenausgleichs ist, dass die Arbeitnehmerseite zwingend in den Entscheidungsprozess des Arbeitgebers einzubeziehen ist. Kommt ein Interessenausgleich nicht zustande, so können der Unternehmer oder der Betriebsrat den Vorstand der Bundesagentur für Arbeit um Vermittlung ersuchen.

Interessengruppe – bezeichnet allgemein eine Anspruchsgruppe oder → Stakeholder, die v.a. in der → politischen Kommunikation der Demokratie als nicht-legitimierte Gruppen vielfach diskutiert werden, da sie politische Interessen durch Einflussnahme auf politische Instanzen ohne demokratisch verliehenes Mandat durchsetzen wollen. Aus Sicht der → PR-Managements bilden sie als → Stakeholdermanagement ein wichtiges

Handlungsfeld, um ihre Ansprüche auf Relevanz zu prüfen, durch → Dialog in eigene Entscheidungen einzubeziehen und/ oder ggf. zu glätten.

Interfunktionale Kommunikation – ist ein exploratives Modell von → Rademacher zur Beschreibung und Bewertung leistungsbezogener → Kommunikation. Gemeint ist Kommunikation zwischen funktionalen Einheiten, die am gleichen Leistungsprozess beteiligt sind. Sie erwächst aus der Kritik organisationsstrukturbezogener Kommunikation, die die Wirkung leistungssteigernder Kommunikation in dynamischen Organisationen aufgrund ihrer Komplexität nur unzureichend entfalten kann und damit hinter ihrem wertschöpfenden Potenzial zurückbleibt.

Interkulturelle Kommunikation – bezeichnet Instrumente, Prozesse und die Fähigkeit mit Individuen und → Dialoggruppen anderer Kulturen zu handeln und zu kommunizieren. Sie enthält eine affektive Dimension (Einfühlung und Sensibilisierung für andere → Kulturen) und eine kognitive Dimension (Wissen über fremde Kulturen wie → Werte oder den → Corporate Style). Oft wird interkulturelle Kommunikation bei der Führung → globaler Marken in der → internationalen Kommunikation thematisiert. Jedoch ist letztlich die → interne Kommunikation mit der Führungs- und Mitarbeiterkommunikation bereits maßgeblich auch interkulturell geprägt, da es „die eine" Unternehmenskultur nicht gibt und etwa auf Führungsetagen anders kommuniziert wird als in der Produktionshalle des gleichen Unternehmens.

Internal Relations – bezeichnet als Synonym für die → interne Kommunikation die organisationsinterne Pflege von Beziehungen zu Führungskräften und Mitarbeitern mit Zielen wie Identifikation und Motivation.

International Association of Business Communicators (IABC) – ist ein internationales Netzwerk aus Kommunikationsexperten für Wissensaustausch und Karriereentwicklung mit Zentrale in San Francisco.

International Communications Consultancy Organisation (ICCO) – ist der weltweite Dachverband der Kommunikationsberatungsunternehmen mit Sitz in London. In Deutschland ist die → Gesellschaft Public Relations Agenturen (GPRA) der Mitgliedsverband.

Internationale Kommunikation – bezeichnet ein heterogenes Forschungsfeld der → Kommunikationswissenschaften, das sich u.a. mit dem staatenübergreifenden Vergleich von Mediensystemen, den Formen, Funktionen, Strukturen und Prozessen von → Kommunikation zwischen Staaten, internationalem Journalismus, internationaler Nachrichtenberichterstattung, der Auslandsberichterstattung, der Rolle von supranationalen Organisationen auf Kommunikation in und zwischen Staaten sowie den kommunikativen Aspekten der Globalisierung befasst. Im PR-Kontext geht es im Rahmen der → integrierten Kommunikation um Fragen von internationaler Standardisierungsfähigkeit und der Notwendigkeit lokal-spezifischer Umsetzbarkeit von PR-Instrumenten. Sie bedeutet in der Praxis Mischformen als „glokale Kommunikation" auf Basis der → interkulturellen Kommunikation zu entwickeln. Dies führt mit Manfred → Bruhn zu → ethnozentrischen und → polyzentrische

Strategien des → PR-Managements, den → Sievert mit dem Theorierahmen internationaler Kommunikation strukturiert.

Internationaler Controller Verein (ICV) – hat 2009 zusammen mit der DPRG einen Bezugsrahmen für Kommunikations-Controlling (→ PR-Controlling) vorgelegt.

International Public Relations Association (IPRA) – internationaler Verband von PR-Praktikern mit rund 700 Mitgliedern weltweit mit Zentrale in London. Sie verleiht seit 1990 den IPRA Golden World Award.

Interne Kommunikation – das ins Unternehmensinnere gerichtete → PR-Management. Interne Kommunikation gilt heute als Führungsinstrument mit dem Ziel der Motivation und Integration auf der Basis von Information und Identifikationsangeboten, um die → Macht des Managements zu steigern. Die wichtigsten Zielgruppen sind daher Mitarbeiter und Führungskräfte. Die Tradition der internen Kommunikation ist die mediale und oft höfische Berichterstattung in Unternehmen. Heute gehört auch das → Employer Branding und die → interne Markenführung zu den Handlungsfeldern, was die interne Kommunikation oft werblich macht und daher zu Glaubwürdigkeitsverlusten führt. Sie unterhöhlt so die Führungsfunktion interner Kommunikation. Die oft imageprägende → Markenkommunikation in Kombination mit einer Unternehmenskultur der → Geheimhaltung führt oft zu einem Typ interner Kommunikation, die viele Charakteristika der → Propaganda (positive, schöngefärbte, unauthentische Inhalte) trägt und kritische Inhalte in internen Medien ausblendet.

Interne Markenführung – bezeichnet die organisationsinnere Vorbereitung der Unternehmens- und/oder Produktmarkenbildung. Mithilfe von Instrumenten wie → Leitbildern, Markenentwicklungs- und Kulturworkshops sowie Anreizen hat sie zum Ziel, die → Authentizität und Nachhaltigkeit von Kommunikation der hierauf aufbauenden → Markenführung zu erhöhen. Der Fokus liegt damit auf der verhaltensorientierten Kommunikation (→ Behavioral Branding).

Internes Marketing – bezeichnet die Übertragung des Ansatzes marktorientierter Unternehmensführung auf die Mitarbeiter und beinhaltet die Auffassung, die Mitarbeiter als Kunden mit bestimmten Bedürfnissen aufzufassen, um das Management hieran auszurichten. Es folgt der Erkenntnis, dass von der → Mission des Unternehmens überzeugte Mitarbeiter die besten → Multiplikatoren sind. Von daher ist das interne Marketing ein strategischer Ansatz der → internen Kommunikation und damit des → PR-Managements.

Internet – kurz für interconnected networks, „zusammengeschlossene Netzwerke"; bezeichnet ein dezentrales, weltumspannendes Computernetzwerk, das mit der Einführung des World Wide Web (WWW) als einheitliche Übertragungstechnologie seit Mitte der 1990er-Jahre die Basis für die → neuen Medien und hier aktuell v.a. den → Social Media bildet und zur Entwicklung der → Online-PR mit → Blogger Relations als Handlungsfeld des → PR-Managements geführt hat. Die aktuellen Entwicklungen werden derzeit mit den Strömungen → Web 2.0 und → Web 3.0 bezeichnet.

Interstitial – bezeichnet in der Online-Kommunikation die Unterbrecherwerbung z.B. in einem automatisch aufspringenden Extrafenster (→ Pop-up), während der Internetnutzer eine Website aufruft.

terventions-PR – bezeichnet als Handlungsfeld der → Krisenkommunikation das schnelle Eingreifen durch das Krisenmanagement möglichst bereits im Vorfeld sich abzeichnender Krisen. Die Eingriffe bestehen aus einer Kombination von krisenvermeidenden oder -begrenzenden Maßnahmen (z.B. produktions-, prozess-, situations- oder personenbezogener Veränderungen) und der adäquaten → Kommunikation.

Interview – von franz. entrevoir, „sich kurz sehen"; bezeichnet eine → journalistische Darstellungsform und besondere Gesprächsform, die als → PR-Instrument die Befragung einer Fach- oder Führungskraft einer Organisation durch einen Journalisten meint.

Intranet – ein Computernetzwerk, das mit Internettechnik arbeitet, aber nur für eine geschlossene Nutzergruppe (z.B. die Mitarbeiter und/oder Führungskräfte) zugänglich ist. Es ist ein zentrales → PR-Instrument der → internen Kommunikation geworden.

Investigativer Journalismus → Journalismus.

Investor Relations (IR) – bezeichnet als heute oft eigenständige PR-Kompetenz die → Finanzkommunikation mit dem Ziel, das Anlegervertrauen für stetige Investitionen zu pflegen, mithilfe von Kommunikation die Kapitalmarktreputation zu steigern, ggf. die Volatilität emittierter Wertpapiere zu senken und insgesamt die Finanzierung am Kapitalmarkt zu sichern. Viele IR-Instrumente sind gesetzlich verplichtend (→ Pflichtpublizität) und dienen dem Anlegerschutz.

Investor Relations 2.0 – bezeichnet (1) die Frage nach der Notwendigkeit und den Mehrwerten von → Kapitalmarktkommunikation mit mehr → Dialog innerhalb und zur → Financial Community, die mit der Entwicklung der Rolle von → PR-Management im → Web 2.0 und der hier organisierten → Macht von → Stakeholdern verbunden ist; (2) die Finanzkommunikation mittels → Social Media, bspw. ob sie → RSS-Feeds anbietet, ob die Ansprache der → Financial Community in → Social Media Newsrooms eingebunden ist, ob es → Apps für IR oder → Wikis für IR-Themen gibt.

Involvement – bezeichnet in der Marketingpsychologie die Bereitschaft eines Konsumenten, sich kognitiv und emotional mit der Kaufentscheidung auseinanderzusetzen. Es wirkt sich auf die Informationssuche und -aufnahme(bereitschaft) aus. Das High Involvement bedeutet aktive Informationssuche, eine hohe Informationserarbeitungstiefe und meint die Bereitschaft, vor dem Kauf vergleichende Bewertungen mit der Beachtung vieler Merkmale vorzunehmen (z.B. Autokauf). Das Low Involvement beinhaltet eine eher passive Informationsaufnahme mit geringer Informationsverarbeitungstiefe und die Beachtung weniger Merkmale bei der Kaufentscheidung (z.B. Lebensmittel des täglichen Bedarfs). Dem Involvement wird ein wichtiger Erklärungsbeitrag in der Kaufverhaltens- und Werbewirkungsforschung zugesprochen und ist im → PR-Management für die

Konzeption von → PR-Instrumenten und –kampagnen ein wichtiges Kriterium.

IPO – Abk. für Initial Public Offering; Ausdruck für den → Börsengang eines Unternehmens mit (erstmaligen) öffentlichem Angebot der Aktien.

IPRA → International Public Relations Association.

IR → Investor Relations.

IR-Marke – bezeichnet die internationale Registrierung (IR) von Marken, mit der eine Vereinfachung der Erlangung des internationalen Markenschutzes gegenüber direkten Auslandsanmeldungen erreicht werden soll. Knapp 100 Länder haben mind. einen der dafür nötigen Verträge unterzeichnet: (1) das Madrider Markenabkommen (MMA) und/oder (2) das Protokoll zum Madrider Markenabkommen (PMMA). Der Antrag für die internationale Registrierung kann über das Deutsche Patent- und Markenamt bei der WIPO (World Intellectual Property Organization) in Genf gestellt werden. Der Antrag bewirkt ein Markenrecht im Erstreckungsland.

Irradiationsphänomen – von lat. irradiare, „strahlen"; bezeichnet als wahrnehmungspsychologischer Effekt der Gestaltpsychologie allgemein Ausstrahlungselemente visueller Reize, die ein Ganzes prägen. So verwandelt nur der Strich als Mund einen traurigen in einen fröhlichen Smiley insgesamt, obwohl nur diese eine Linie verändert wird. Die Irradiation ist ein in PR-Management, Marketing und Werbung häufiges Phänomen, indem z.B. die Art der Verpackung auf Wahrnehmung wie Wertigkeit des Produkt (z.B. Wein in Pappkartons), die Farbe auf den

Charakter (z.b. das gefärbte Fleisch als Hinweis auf seine Frische) usw. wirkt.

Irreführende Kommunikation – bezeichnet in Anlehnung an das Verbot irreführender geschäftlicher Handlungen nach § 5 UWG die Regel, dass Anzeigentexte und andere Arten von Werbung weder unwahre Angaben noch sonstige zur Täuschung geeignete Informationen enthalten dürfen. Das Irreführungsverbot bezieht sich jedoch nicht nur auf Werbung, sondern auf alle irreführenden geschäftlichen Handlungen, wie z.b. irreführende Angaben über Gewährleistungs- und Widerrufsrechte, Beschwerdemöglichkeiten, Zubehör, Kundendienst und Ähnliches. Irreführend ist eine Aussage bereits dann, wenn sie auch nur von einem kleinen, nicht ganz unbeachtlichen Teil der Angesprochenen missverstanden werden kann. Maßgebend ist also nicht das Verständnis des werbenden Unternehmers, sondern der jeweilige Eindruck, den die Werbung beim Publikum erweckt. Dabei wird ein verständiger, aufmerksamer und durchschnittlich informierten Verbraucher zugrunde gelegt.

Irritation – bezeichnet ein Gefühl der Verunsicherung und Störung und ist für das → PR-Management relevant, indem es die psychologische Verarbeitung von → Botschaften verstärkt, zugleich aber den Beeinflussungserfolg senkt und als Ursache von → Widerständen z.B. im Rahmen von → Change Communications gilt.

Issues Management – bezeichnet das Risiken- und Chancen-Management von Organisationen. Ein Issue (engl. Thema, Aspekt, Angelegenheit) bezeichnet eine Entwicklung inner- oder außerhalb der Organisation, die dazu geeignet ist, erfolgskritischen Einfluss auf die Handlungsfähigkeit einer Organisation zu nehmen, ihre Ziele zu erreichen. Das Ziel des Issues Managements ist, in der medialen → Öffentlichkeit bzw. bei bestimmten → Dialoggruppen aufkommende, organisationsrelevante Themen frühzeitig zu erkennen und entsprechend zu reagieren, um die → Reputation zu schützen.

Ist-Image → Image.

IVW → Informationsgemeinschaft zur Feststellung der Verbreitung von Werbeträgern.

J

Jahrestag → Heritage Communication.

Jarren, Otfried – geb. 1953; Dr. phil. Otfried Jarren ist Professor für politische Kommunikation an der Universität Zürich.

Ja-Sager – sind Mitarbeiter und Führungskräfte, die ihr Verhalten nach dem richten, was Vorgesetzte hören wollen, auch wenn sie fachlich möglicherweise anderer Meinung sind mit dem Ziel, offene → Konflikte zu vermeiden. Dieses Verhalten ist eine Taktik der → Mikropolitik und ist das Ergebnis mangelnder → Konfliktkultur.

Jingle – engl. „Geklingel"; bezeichnet in der → Hörfunk-PR die Wiedererkennungsmelodie als Gedächtnisstützte, die in Ergänzung zum → Sound-Logo arbeitet.

Johari-Fenster – bezeichnet nach den Namensbestandteilen der amerikanischen Sozialpsychologen Joseph Luft und Harry Ingham einen Analyserahmen zur Modellierung von Interaktionsbeziehungen mit der Betrachtung bewusster und unbewusster Persönlichkeits- und Verhaltensmerkmale zwischen zwei Personen und deren Wahrnehmung durch Dritte zur Erklärung von Selbst- und Fremdwahrnehmung. Die Achsen einer Vier-Felder-Matrix sind von Dritten bekannten und unbekannten Verhaltensweisen sowie einer Person selbst bekannten und unbekannten Verhaltensweisen gekennzeichnet, sodass sich vier Felder ergeben: (1) Feld 1 ist der Bereich der Öffentlichkeit: Hier sind Verhalten, Werte und Einstellungen für eine Person selbst und andere klar erkennbar. (2) Feld 2 ist der Privatbereich: Verhaltensweisen sind der Person bewusst und sie will diese anderen nicht darstellen. (3) Feld 3 wird als „blinder Fleck" bezeichnet: Dieser Teil ist der Person selbst nicht, aber für Dritte sichtbar wie Gewohnheiten und Verhaltenstendenzen. (4) Feld 4 ist der Bereich des Unbewussten: Hier finden sich Vorgänge, die weder der eigenen Person noch Dritten unmittelbar zugänglich sind.

Jour fixe – von franz. „Stichtag"; bezeichnet im PR- und Projektmanagement eine Form der Teambesprechung, die regelmäßig, oft wöchentlich und kurz, durchgeführt wird mit dem Ziel, alle Beteiligten über den Stand des Projekts zu informieren.

Journalismus – bezeichnet die Formen und Prozesse publizistischen Handelns mit der Recherche, dem Schreiben, Redigieren und z.T. auch Fotografieren zur Veröffentlichung → journalistischer Darstellungsformen in → Massenmedien mit dem Ziel der neutralen Information der → Rezipienten. Unterschieden werden der Informationsjournalismus mit der Priorität von Selektion und Weitergabe der Information und der investigative Journalismus mit dem Ziel der aktiven Suche nach möglichst sensationellen Nachrichten, sodass der investigative Journalismus z.T. als überkritisch gilt.

Journalist – ein fester oder freier Beschäftigter von → Massenmedien. Er beschafft, sammelt, bewertet → Informationen und erstellt daraus → Nachrichten oder andere Beiträge für Presse, Radio,

TV und Internet. Er trägt zur Prägung der → öffentlichen Meinung bei. Journalisten sind damit → Multiplikatoren und bilden eine wichtige → Dialoggruppe des → PR-Managements. Der Beruf „Journalist" ist nicht geschützt.

Journalistenkontakte → Medienkontakte.

Journalisten-Workshop – bezeichnet als → PR-Instrument die Organisation eines → Workshops, zu dem Journalisten eingeladen werden, um z.b. Themen für die → Medienarbeit zu entwickeln und/oder zu erklären mit dem Ziel, ihre Berichterstattung zu vereinfachen.

journalistische Darstellungsformen – bezeichnen die Stilformen des → Journalismus, auf deren Handwerk und Regeln die → Medienarbeit basiert. Hierzu gehören (1) informierende Stilformen (z.B. → Nachricht, → Bericht, → Interview, → Reportage, Feature) und (2) kommentierende Stilformen (z.B. → der wertende Kommentar, → Glosse, die neutrale Kritik). Information und Kommentar sollten strikt getrennt und gekennzeichnet sein.

Jubiläum → Heritage Communication.

K

K1 – von K für „Kumulation" und 1 als „Anzahl der Ausgaben"; ist ein Wert aus der Medienforschung. Er gibt an, wie viele Personen eine durchschnittliche Ausgabe eines Mediums nutzen. Dieser Wert schließt alle Nutzer ein, die mind. eine der letzten z.B. zwölf Ausgaben eines Titels gelesen haben. Der Wert drückt damit aus, wie viele Nutzer von einer Anzeigenschaltung erreichbar sind.

Kaltakquise – bezeichnet im PR-Kontext Maßnahmen von → Agenturen zur Neukundengewinnung bei potenziellen Kunden, zu denen bislang noch keine Beziehung bestand.

Kamingespräch – bezeichnet das → PR-Instrument informeller Gespräche z.B. mit Journalisten mit dem Ziel komplexe, exklusive und/oder vertrauliche Themen zu besprechen und damit persönliche → Beziehungen aufzubauen.

Kampagne – ist ein von einer → Dramaturgie geprägter und zeitlich geschlossener Kommunikationsprozess, dessen Kommunikationsinstrumente durch eine gemeinsame Idee, oft von einer → Story, geprägt sind und zu einem bestimmten Ziel beitragen, indem sie zur Resonanz in definierten Teilöffentlichkeiten beitragen. Unterschieden werden zielgebundene Kampagnen (z.B. Aufklärungskampagnen, Imagekampagnen), Kampagnen mit unterschiedlich konzipierten → Dramaturgien wie Frontloading-Kampagnen (von engl. „Vorverteilung", mit erst starkem und dann abnehmendem Kommunikationsdruck), Backloading-Kampagnen (von engl. „Rückverteilung", mit steigendem Kommunikationsdruck), Pulsing-Kampagnen (von engl. „getaktete" Kampagne mit wechselnden Phasen der kommunikativen Präsenz) oder Flighting-Kampagnen (Wechsel aktiver und passiver Kommunikationsphasen, wobei im Gegensatz zu den pulsierenden Kampagnen in den passiven Phasen gar keine Kommunikationsaktivität stattfindet), instrumentelle Kampagnen (z.B. Plakatkampagnen, TV-Kampagnen), Mono- und Multikampagnen (Nutzung einer oder mehrerer Mediengattungen) und disziplinenspezifische- oder übergreifende Kampagnen (z.B. Werbekampagnen, Cross-Media-Kampagnen).

Kapitalmarktkommunikation – bezeichnet das → PR-Management gegenüber den Mitgliedern der → Financial Community (z.B. Analysten, Wirtschafts- und Finanzpresse, Investoren), sodass → Investor Relations ein zentrales Handlungsfeld bildet.

Kapitalmarktkultur → Equity-Kultur.

Kapitalmarktstory → Equity-Story.

Karmasin, Matthias – geb. 1964; Dr. habil. Matthias Karmasin ist Professor für Kommunikationswissenschaften an der Universität Klagenfurt.

Kartenmethode – bezeichnet als → Kreativitätstechnik eine schriftliche Form des → Brainstormings. Hier notieren die Teilnehmer ihre Ideen stichwortartig auf Karten und heften sie an eine Pinnwand. Das hat ggü. dem Brainstorming den Vorteil, dass auch Teilnehmer, die nicht gerne vor großen Gruppen das Wort ergreifen, ihre Beiträge beisteuern.

kaskadische Information/Kommunikation → Kommunikationskaskade.

Kaufentscheidungsprozess → Konsumentenverhalten.

Kennzahlenillusion → Steuerungsillusion.

Kennziffernzeitschrift – bezeichnet Medien der → Fachpresse, deren redaktionelle Beiträge und/oder Anzeigen mit Nummern (Kennziffern) versehen sind. Mit beigelegten Leserdienstkarten können Leser so ausführliche Informationen anfordern.

Kerning von engl. „unterschneiden"; → Schriftweitenausgleich.

Ketchum Pleon – führendes → Agentur-Netzwerk (Public Relations).

Key Performance Indicators (KPI) engl. „Leistungskennzahlen"; bezeichnen im → PR-Controlling Kennzahlen, die ausgewählte Ziele anhand definierter Erfolgsfaktoren für eine kommunizierende Organisation messen. Am Beispiel des KPI „strategisches Bewusstsein der Mitarbeiter" nimmt die → interne Kommunikation Einfluss auf Erfolgsfaktoren wie den → Corporate Citizenship. Die KPI als verdichtete Kennzahlen gliedern sich in weitere Teilziele auf wie das Wissen über strategische Ziele, die Einschätzung von Prioritäten durch Manager und andere Indikatoren, die die KPI genauer beschreiben. Solche KPI könnten Führungskräften in ihre gehaltsrelevanten Zielvereinbarungen geschrieben werden, sodass sie einen Anreiz bekommen, ihre Mitarbeiter entsprechend zu führen. Value Links (Werttreiberbäume) zeigen den Zusammenhang auf zwischen

Einzelinstrumenten, wie bspw. bestimmte Medien in der internen Kommunikation, um bestimmte Kennzahlen zu bilden. KPI werden in der PR-Praxis in einigen (wenigen) Unternehmen weltweit zur Führung der operativen Ebene eingesetzt und dienen dort als Zielvorgaben. Im Zuge der Anwendung der Corporate-Communications-Scorecard werden diese Zielwerte regelmäßig quantitativ erhoben und beispielsweise quartalsweise mit den Ergebnissen verglichen (z.B. PR-Kennzahlen aus Imageanalyse, Medienresonanzanalyse, Teilnehmerbefragungen, Fokusgruppen etc.).

Key-Visual – das Bildmotiv, das z.B. in einer → Kampagne als Wiedererkennungsmerkmal dient. Z.T. wird argumentiert, dass Key-Visuals das → Logo als wiederkehrendes Bildmotiv z.B. in einer Werbekampagne langfristig ergänzen mit dem Ziel der besseren Wiedererkennbarkeit und → Identifikation. Beispiel: Der Fuchs in der Werbung der Bausparkasse Schwäbisch Hall.

Kickback – engl. „Rückvergütung"; bezeichnet die Rückvergütung von einer Agentur an den Kunden bzw. von Auftragnehmern an eine Agentur. So bekommt etwa eine Mediaagentur von Vermarktern eine Agenturprovision, die diese zum Teil an die Kunden weiterleiten (müssen).

Kick-off – engl. „Auftakt"; bezeichnet in uneinheitlicher Verwendung (1) den Auftakt der Zusammenarbeit zwischen → Agentur und beauftragender Organisation den gemeinsamen → Workshop zum Kennenlernen und zur Ausarbeitung ausgewählter Handlungsfelder, um die Erwartungen des Kunden zu konkretisieren; (2) den Start einer → Kampagne bspw. mit einem → Event oder eines anderen großen PR-Projektes.

Kilian, Karsten – geb. 1972; Dr. rer. oek. Karsten Kilian ist Professor für Markenmanagement an Hochschule Würzburg.

Kinesik – von griech. „Bewegung"; bezeichnet die Lehre der Sprache des Körpers und ist für das → PR-Management als → non-verbale Kommunikation relevant.

Kirchhoff, Sabine – geb. 1963; Dr. phil. Sabine Kirchhoff ist Professorin für Presse- und Medienarbeit an der Hochschule Osnabrück.

Klassische Medien – bezeichnen die traditionellen oder herkömmlichen nicht-computergestützten → Medien (z.B. Fernsehen, Radio, Zeitung) im Gegensatz zu den multimedialen neuen Medien.

Klassische PR – bezeichnet in uneinheitlicher und nicht abschließend definierter Verwendung die historisch gewachsenen Kernaufgaben des → PR-Managements, zu denen in dieser Sichtweise zuerst die → Pressearbeit mit dem Aufbau von persönlichen → Beziehungen zu Journalisten gehört. Z.T. wird PR bis heute hiermit gleichgesetzt, obwohl auch die → interne Kommunikation, die → Veranstaltungskommunikation sowie der Aufbau von → Reputation zu den Handlungsfeldern der klassischen PR gezählt werden. Da Reputation nicht zuerst von geplanten → PR-Instrumenten, sondern v.a. von der Wahrnehmung von Handlungen (z.B. → Touchpoints wie der Qualität von Produkten, Produktionsverfahren, Einhaltung ethischer Anforderungen) abhängt, muss das PR-Management zuerst → Verhaltensmanagement sein, was mit

den Ursprüngen des PR-Managements in Deutschland auch so angelegt war.

Klewes, Joachim – geb. 1954; Dr. phil. Joachim Klewes ist Honorarprofessor am Institut für Sozialwissenschaften an der Heinrich-Heine-Universität in Düsseldorf mit den Schwerpunkten Veränderungsprozesse sowie Reputation.

Klub → Club.

Klüngel – gilt als abwertende und auch verniedlichende Bezeichnung einer → Gruppe von Personen, die sich gegenseitig Vorteile verschafft. Er steht aus Sicht des → PR-Managements für die Wirkung informeller → Beziehungen als relevante Strukturen in Unternehmen, die die → Macht des Managements einschränken. Der Klüngel ist damit Ziel der → internen Kommunikation, um ihn zu vermeiden.

Kode → Code.

Kodex – bezeichnet die Zusammenschau verhaltensrelevanter Normen, Regeln und Werte. Kodizes zeigen Maßstäbe auf, an denen sich ein Berufsstand orientieren sollte, um berechtigten Ansprüchen auf der Basis konkreter Wertvorstellungen und kulturunabhängiger Moralprinzipien gerecht zu werden. Im → PR-Management sind sie Teil der Selbstkontrolle z.B. in Form des → Deutschen Kommunikationskodex, des → Athener oder → Lissaboner Kodex.

Kognitive Prozesse – von lat. cognocere, „erkennen"; bezeichnen als zentrale Prozesse der Psychologie gedankliche Vorgänge der Informationsaufnahme, -verarbeitung und -speicherung. Sie stehen im Gegensatz und zur Ergänzung affektiver Prozesse (→ aktivierende Prozesse) und → konativer Prozesse.

Kollaborative Markenführung – *Collaborative Branding*; bezeichnet die Einbeziehung von Mitgliedern der Marken-Community (→ Markengemeinschaft) als → Prosumenten in die Produktentwicklung und -gestaltung mit dem Ziel, ihre Ansprüche in der → Markenführung zu berücksichtigen und so die → Akzeptanz von Marken zu steigern.

kollaborativer Journalismus → Bürgerjournalismus.

Kollative Prozesse – lat. conferre, „zusammentragen"; bezeichnen in der Psychologie neben affektiven (→ aktivierende Prozesse), → kognitiven und → konativen Prozessen handlungsbestimmende → Reize. Dabei handelt es sich um Prozesse des individuellen Vergleichs (z.B. Komplexität, Neuartigkeit, Plötzlichkeit), die für die → Aktivierung als bestimmend gelten.

Kollektive mentale Modelle → mentale Modelle.

Komfort-Risiko-Zonenmodell → Drei-Zonen-Modell.

Komfortzone → Drei-Zonen-Modell.

Kommentar – bezeichnet eine journalistische Darstellungsform, die im Gegensatz zum Bericht einen Meinungsartikel statt reinen Tatsachenbericht darstellt. Er ist ein Stilmittel im → Corporate Publishing.

Kommunikation – Mitteilungsprozesse als Zeichenübermittlung mit Wahrnehmung und Deutung. Im PR-Management ist Kommunikation ein zentraler, oft ungeplanter Prozess, der → Stakeholder beeinflusst und deren erfolgskritische Ansprüche wecken kann. Kommunikation gilt als Basiskompetenz des → PR-Managements. Mit → Watzlawick hat jede

Kommunikation eine Inhalts- und eine Beziehungsebene, und man kann nicht nichtkommunizieren (Watzlawicksches Axiom). Unterschieden werden im Rahmen der PR zentral (1) geplante und ungeplante Kommunikation, wobei letztere in PR-Theorie und -Praxis vernachlässigt wird; (2) Individual- und → Massenkommunikation, wobei letztere in der PR meist über → Medien vermittelt wird; (3) formelle (z.B. Reden des Managements, Mitarbeiter- und Kundenkommunikation) und informelle Kommunikation (→ Gerüchte, → Small Talk) im Unternehmen, wobei letztere als die für Image- und Reputationsprozesse besonders relevant gilt; (4) explizite und implizite Kommunikation unterscheidet die ausgesprochene, wortwörtliche und unausgesprochene Kommunikation, sodass die Botschaft im Nicht-Gesagten besteht; (5) → interne und → externe Kommunikation, Zielgruppenkommunikation (z.B. Mitarbeiter-, Führungskräfte-, Kundenkommunikation); (6) hierarchische Kommunikation (z.B. von Mitarbeitern zu Führungskräften (bottom-up), von Führungskräften zu Mitarbeitern (top-down) oder unter Gleichrangigen (horizontale oder Peer-Kommunikation); die (7) als → Einwegkommunikation oder → Zweiwegkommunikation und/oder als (8) synchrone oder asynchrone (zeitgleiche, nicht-zeitgleiche) Kommunikation angelegt sein kann. (9) Negative/positive Kommunikation: PR und Werbung vermeiden negative Kommunikation und betonen dagegen die positive Kommunikation, indem kritische Aspekte ausgeblendet werden (→ Dethematisierung) und stattdessen mit → Content gearbeitet wird, der begeistert, Angebote zur → Identifikation macht, überzeugt und positive → Assoziationen weckt.

Kommunikation, gewaltfreie → gewaltfreie Kommunikation.

Kommunikation, persönliche → persönliche Kommunikation.

Kommunikationsbudget → Budget.

Kommunikationsdesign – konzeptioniert die Gestaltung für das → Corporate Design auf Basis der → Strategie des → PR-Managements und gestaltet (Corporate Style mit Symbolen, Farben, Strukturen und Materialität) operativ → Medien wie Imagebroschüren, → Logos oder Websites. Dabei liegt es im Wesen des Designs mit einem größeren Abstraktionsgrad zu operieren, als es die Logik eines erklärenden Textes erfordert. Theoretisch betont das Kommunikationsdesign die Kompetenz, mit Gestaltung → Kommunikation zu prägen, während das Mediendesign die Kompetenz der Gestaltung von Medien betont. Praktisch unterscheiden sich Kommunikations- und Mediendesign derzeit nicht systematisch. Das Grafikdesgin ist der ältere Begriff und ist in der Praxis eher auf die Gestaltung von → Printmedien ausgerichtet.

Kommunikationsfreiheit – bezeichnet ein grundgesetzlich garantiertes Recht (Art. 5 GG). Danach werden die Pressefreiheit und die Freiheit der Berichterstattung durch Rundfunk und Film gewährleistet. Es obliegt allein der Presse und dem Rundfunk, über die redaktionellen Inhalte zu bestimmen. Hieraus ergibt sich auch, dass PR und Werbung redaktionelle Inhalte interessenverfälschend nicht beeinflussen dürfen, sodass bereits das Grundgesetz maßgeblich für das

→ PR-Recht, das → Medienrecht und die → Medienordnung ist.

Kommunikationsinstrument → PR-Instrument.

Kommunikationskaskade – bezeichnet die Regel der → internen Kommunikation v.a. im Kontext von → Change Communications, Führungskräfte vor Mitarbeitern und diese *vor* der Presse zu informieren (Prinzip kaskadischer Information) mit dem Ziel, die Glaubwürdigkeit und Relevanz der internen Kommunikation durch Informationsvorsprünge zu erhöhen.

Kommunikationskodex → Deutscher Kommunikationskodex.

Kommunikationskongress – Fachkonferenz für Kommunikationsmanager, die seit 2004 jährlich vom → Bundesverband deutscher Pressesprecher durchgeführt wird.

Kommunikationsmanagement → PR-Management.

Kommunikationsmanager – bezeichnet (1) eine Berufsfunktion (→ PR-Manager); (2) ist ein praktisch orientiertes (print/online) Magazin mit PR-Managementthemen.

Kommunikationsmix → Marketingmix.

Kommunikationspolitik – fasst mit Manfred → Bruhn sämtliche unternehmerischen Entscheidungen zusammen, die auf die Gestaltung der → Kommunikation gerichtet sind. Politik wird hier als zielgerichtetes Verhalten verstanden, wobei Kommunikation zum Verhaltensbegriff einschränkend die bezweckte Übermittlung von Informationen und Bedeutungsinhalten kennzeichnet.

Kommunikationspsychologie – untersucht als Teilgebiet der Psychologie den individuellen komplexen Wahrnehmungsprozess von individueller und medialer → Kommunikation mit ihren Faktoren, Prozessen und Situationen, (1) die die wechselseitige Kommunikation als → Interaktion beeinflussen; (2) die die individuelle Wahrnehmung von Informationen und Kommunikation als Prozess der Interaktion ausmachen; (3) die das individuelle → Verhalten und die Kommunikation in der Interaktion prägen. Die Psychologie ist eine → Basiswissenschaft des PR-Managements.

Kommunikationssanduhr → PR-Sanduhr.

Kommunikationsstrategie → Strategie.

Kommunikationsverband – ist der Berufsverband der Wirtschafts- und Gesellschafts-Kommunikation mit rund 500 Mitgliedern aus Werbung, PR und anderen Kommunikationsberufen.

Kommunikationswissenschaften – bilden mit Forschungsfeldern wie den → Medien und der → Massenkommunikation sowie der → Medienwirkungsforschung eine der → Basiswissenschaften der Public Relations. Sie ist ein Teil der Sozial- und Geisteswissenschaften, die aber in Unterschied zu den → Wirtschaftswissenschaften keine Individualwissenschaft ist, sodass sich methodologische Unterschiede und Widersprüche wie etwa der Rolle von → Transparenz im Vergleich zu den Wirtschafts- und → Politikwissenschaften ergeben, die Individualwissenschaften sind.

Kommunikationsziel – bezeichnet nicht abschließend definierte Zustände innerhalb bestimmter Zeiträume

unterschiedlicher Ebenen, die mit → Kommunikation bzw. → PR-Management erreicht werden sollen und auf den jeweiligen Ebenen im → PR-Controlling gemessen werden. (1) Auf der operativen Ebene werden die Einhaltung von Budgetzielen (Input-Ziele: z.B. Kosten für eine Pressekonferenz) sowie (2) Ziele der Informationsbereitstellung (Output-Ziele: z.B. Anzahl von Publikationen), (3) auf der vorökonomischen Wahrnehmungsebene werden Ziele (a) der Wissensänderung in Ableitung von der Psychologie (Outgrowth-Ziele: z.B. Bekanntheitssteigerung, Erinnerung („recall"), Reputationssteigerung) sowie (b) Veränderungen von → Verhalten (Outcome-Ziele: z.B. veränderte Emotionen, → Einstellung(-sänderungen), Motivationssteigerung) und (4) Ziele auf der betriebswirtschaftlichen Ebene (Outflow-Ziele: z.B. gesenkte Krankheitsquoten, gesteigerte Verkäufe) bearbeitet.

Kommunikatives Handeln → Theorie des kommunikativen Handelns.

Kommunikatorforschung – Forschungsfeld der → Kommunikationswissenschaften und hier der → Massenkommunikationsforschung mit der Analyse von Organisations-, Gruppen- und Personenbedingungen der Medienakteure als Sender von Informationen und hierbei die Medienproduktion und -verbreitung.

konative Prozesse – bezeichnen als zentrale Prozesse der Psychologie menschliche Antriebs- und Willensprozesse mit der Konation (lat. Streben, Wunsch, Antrieb) als Beweggrund des Handelns neben affektiven (→ aktivierende Prozesse) und → kognitiven Prozessen und z.T. auch → kollativen Prozessen, die die individuelle Wahrnehmung prägen. Konative

Prozesse werden daher als verhaltensbezogene Prozesse diskutiert.

Konditionierung – bezeichnet in der Lern- und Verhaltenspsychologie allgemein die Herausbildung einer Reaktion auf einen Reiz. Die klassische Konditionierung wurde von Iwan Petrowitsch → Pawlow (1849 – 1936) geprägt, der Konditionierungsversuche an seinem Hund durchführte, welcher hierbei nicht nur beim Anblick von Nahrung, sondern auch beim Klingeln einer Glocke Speichel produzierte. Für das → PR-Management bedeutet die Konditionierung die Beeinflussung von → Dialoggruppen zur Erzielung von Lerneffekten und soll bei der Positionierung von Marken positive emotionale Welten eröffnen.

Konflikte – liegen dann vor, wenn zwei Akteure (Personen, Gruppen, Organisationen) durch gegensätzliche oder unvereinbare Handlungen entweder faktisch oder nur in ihrer Wahrnehmung einander hindern oder stören. Es sind erfolgskritische Potenziale, indem sie die Zielerreichung hemmen oder verhindern können. Konflikte können in Form der Ansprüche von → Stakeholdern auftreten. Die Art, mit ihnen umzugehen, prägt die → Konfliktkultur. Zur Prävention und/oder Bereinigung von Konflikten dient die → Konfliktkommunikation. Aus Konflikten können Krisen werden und sind damit ein Anlass der → Krisenkommunikation.

Konfliktkommunikation – hat das Ziel (1) potenzielle → Konflikte bzw. → Krisen rechtzeitig zu identifizieren bzw. zu vermeiden (PR als Frühwarnsystem: → Issues Management) und (2) aufgetretene Konflikte bzw. Krisen zu bereinigen. In Konfliktsituationen (wie z.B. bei Bürgerprotesten, Anrainerkonflikten) bedient sich das → PR-Management der → Mediation.

Konfliktkultur – bezeichnet den Teil der Unternehmenskultur, der den Umgang mit → Konflikten in einer Organisation prägt. Eine aktive und positive Konfliktkultur versteht Konflikte als Ausdruck des Engagements motivierter Mitarbeiter und Aufeinandertreffen unterschiedlicher Fachkompetenzen und damit als Teil einer → Wissenskultur. Konflikte werden in der Praxis aber oft tabuisiert, obwohl sie zum Unternehmensstandard gehören.

Kongress – lat. congressus, „Zusammenkunft"; bezeichnet als Teil der → Veranstaltungskommunikation das Treffen von Fachleuten zu einem bestimmten Thema (z.B. Branchenexperten, Entwicklungsexperten) mit dem Ziel (1) die ausrichtende Organisation in diesem Themen- und Expertenumfeld bekanntzumachen; (2) Persönlichkeiten als Experten und Referenten im Rahmen der → Personen-PR in diesem Themenumfeld zu positionieren, um so einen Beitrag zur → Reputation für Unternehmen und/oder Personen zu leisten.

Konpress – ein führender Zusammenschluss von derzeit 37 Titeln der katholischen und evangelischen Publizistik, also der konfessionellen Presse.

Konstruktivismus – besagt als philosophische Grundauffassung im Gegensatz zum → Realismus, dass Individuen z.B. die materielle Welt, die Wissenschaften mit der Mathematik und der Logik selbst konstruieren. Sie sind also die Konstrukte der Gesellschaft und bestimmen die Wahrnehmung von Individuen im Gegensatz zu der Annahme der perfekten

Information der klassischen Ökonomie. Der Konstruktivismus bildet die Basis diverser PR-Theorien und erklärt grundsätzlich die Funktionsfähigkeit von Konstrukten wie → Image, → Reputation und → Vertrauen, die als zentrale Zielgrößen des → PR-Managements gelten.

Konstruktivistischer PR-Ansatz → Lizenz zu täuschen.

Konsum – bezeichnet die Nutzung und/oder den Verbrauch von Produkten und Diensten durch den Endverbraucher, der sich dem Kaufentscheidungsprozess anschließt und mit dem Konsumentenverhalten einhergeht. Konsum, Kaufentscheidungsprozess und → Konsumentenverhalten sind wichtige Entscheidungsgrößen der → Markt- und → Produktkommunikation.

Konsumentenverhalten – bezeichnet das → Verhalten von Akteuren beim (Nicht-)Kauf und (Nicht-)Konsum von Produkten und Diensten, das als Kaufentscheidungsprozess bezeichnet wird. Es wird mit folgenden idealtypischem Prozess beschrieben, der individuell aber spezifisch angepasst verlaufen kann: (1) Bewusstwerden eines Mangelzustandes als → Bedürfnis, (2) Suche und Bewertung von Alternativen zur Bedürfnisbefriedigung, (3) Treffen der Auswahlentscheidung, (4) Kauf, (4) Bewertung der Kaufentscheidung. – Die Untersuchung des Konsumentenverhaltens ist Teil der Konsumentenforschung und prägt die verhaltensorientierte Marketingforschung. Sie deutet stellvertretend für andere → Stakeholder die Bedeutung der → Markt- und → Produktkommunikation für das → PR-Management als → Verhaltensmanagement an.

Kontingenz – bezeichnet in der → Systemtheorie im Anschluss an → Luhmann eine „Erwartungs-Erwartungshaltung" oder anders ausgedrückt das (doppelte) Selektionsbewusstsein der Akteure eines Systems. Die Bedeutung dieser doppelten Erwartungshaltung ergibt sich aus den speziellen Annahmen über das Zustandekommen von individueller Handlung. In der Betrachtung zweier Personen wird unterstellt, dass sich beide Akteure zugleich an der Handlung des jeweils anderen orientieren. Dabei organisieren sich die psychischen Systeme dieser Akteure nach jeweils eigenen Regeln, da geschlossene Systeme unterstellt werden. Kontingenz bezeichnet im Ergebnis die durch das System zugelassenen Verhaltensmöglichkeiten und erklärt so das Zustandekommen von Systemen. Entsprechend fragt die Kontingenztheorie nach Formen und Bedingungen des Zusammenpassens von Systemen und ihrer Umwelt. Für die PR-Theorie betont dieses Konstrukt die Bedeutung der PR-Tätigkeit, um gegenseitige Erwartungen zu prägen.

Konvergenz der Medien → Medienkonvergenz.

Konvertierungsrate → Conversion-Rate.

Konzept – ist (1) der Plan strukturierten Arbeitens für die Organisation planvollen Handelns in unterschiedlichen Handlungsfeldern der PR (z.B. Event-Konzept, Kampagnen-Konzept, PR-Konzept) und damit das Ergebnis von (2); (2) eine Planungsmethodik zur systematischen Herleitung, Begründung und Organisation von Kommunikations- und anderen PR-Aktivitäten. Das Ziel ist, nachvollziehbar und überprüfbar zu geplanten Vorgehensweisen zu gelangen. Dafür wendet die Konzeption als Vorgang der Konzepterstellung den allgemeinen → Managementkreislauf an.

Konzeption → Konzept.

Kopplungsgeschäft – bezeichnet allgemein die Verpflichtung eines Vertragspartners zur Abnahme weiterer Leistungen, die nicht zum eigentlichen Vertragsgegenstand gehören. Speziell im → PR-Management sind hiermit oftmals Anzeigenaufträge gemeint, die nicht mit Vereinbarungen über Inhalte des redaktionellen Teils verknüpft werden dürfen. Dies ergibt sich aus dem → Trennungsgrundsatz redaktioneller Veröffentlichung und des Anzeigenteils eines Presse- oder sonstigen Medienerzeugnisses.

Körpersprache – bezeichnet die bewusste oder unbewusste Bewegung eines Körperteils oder des ganzen Körpers mit → Mimik, → Gestik, → Haltung und Bewegung. Sie wird zum Teil als Synonym für die nicht-sprachliche, → non-verbale Kommunikation verstanden.

Kostentransparenz – bezeichnet die Anwendung der Prinzipien „Rechtzeitigkeit", „Vollständigkeit" und „Verständlichkeit" bei Preisanfragen künftiger Kunden, die im → Kostenvoranschlag (KVA) dargestellt werden, bei der außerplanmäßigen Kostenentstehung im Leistungsprozess und bei der Rechnungstellung. Das Ziel der Kostentransparenz ist, einen Beitrag zum → Vertrauen, zur → Kundenzufriedenheit und zur → Reputation zu leisten.

Kostenvoranschlag (KVA) – ist ein Element der → Kostentransparenz und aus Sicht des PR-Managements ein wichtiger → Touchpoint. Der KVA ist ein Beispiel dafür, dass das → PR-Management an der Schnittstelle von Kommunikations- und → Verhaltensmanagement arbeitet.

KPI → Key Performance Indicator.

Kraftfeldanalyse – *Force Field Analysis*; bezeichnet eine Untersuchungsmethode von Kurt Lewin (1947) zur Bestimmung von wandelhemmenden und -fördernden Kräften mit dem Ziel, Frontenbildung in gruppendynamischen Prozessen zu erkennen. Demnach werden Menschen in ihrem Verhalten durch ein Kräftefeld analog zur Physik umgeben und beeinflusst. Dies führt zu typischen Reaktionsphasen („unfreeze", „move", „refreeze"), die durch individuelle Wahrnehmung und Interpretation geprägt werden: Wird eine Situation in eine andere überführt, muss in das aktuelle Kräftefeld („unfreeze") eingegriffen werden, die Akteure müssen sich der neuen Situation anpassen („move"), und die neue Situation muss stabilisiert werden („refreeze"). Für das → PR-Management ist diese Analyse v.a. für → Change Communications relevant mit dem Ziel, wandelhemmende Kräfte zu begrenzen, indem je Phase adäquate → PR-Instrumente geplant und eingesetzt werden.

Kreativagentur → Agentur.

Kreative – bezeichnen als Sammelbegriff die Berufsprofile gestalterischer Berufe in Agenturen v.a. → Creative Director, → Art-Director, Grafiker und Texter.

Kreativität – bezeichnet eine menschliche Eigenschaft, neue Problemlösungen für bereits bekannte oder neue Aufgabenstellungen zu erzeugen (produktive Kreativität) oder um völlig neue Ideen hervorzubringen (expressive Kreativität). Kreativität trägt zur Problemlösung bei und ist damit geeignet, das Management zu unterstützen. Das kreative Potenzial ist Teil der → Unternehmenskultur und damit Handlungsfeld der → internen Kommunikation, um Beiträge zur → Innovation zu leisten. Es wirkt in der Anwendung zugleich nach außen und ist damit ein Faktor für das → Image des Unternehmens. Mit → Kreativitätstechniken lassen sich kreative Ideen vereinfacht entwickeln.

Kreativitätstechniken – sind Techniken, um → Kreativität prozessual und kulturell zur Entwicklung von Ideen anwendungsbezogen zu fördern. Dazu gehören z.b. die → 6-3-5-Methode oder das → Brainstorming.

Krisen – sind zeitlich begrenzte Phasen, die den Fortbestand einer Organisation gefährden können. Die Ursachen von Krisen sind vielfältig (z.B. technisch, finanziell, stakeholder-induziert), die Phänomene aber oft vergleichbar (z.b. Zeitdruck, aktualisierte Prioritäten, erhöhte Aufmerksamkeit Dritter). Das Aufmerksamkeitspotenzial von Krisen betont die Bedeutung der → Krisenkommunikation und sind Phasen, in denen die für Unternehmen erfolgskritische → Macht von → Stakeholdern besonders spürbar wird.

Krisenkommunikation – ist der Teil des Krisenmanagements, der der Einflussnahme auf → weiche Faktoren dient, um Unternehmenskrisen zu verhindern oder zu bewältigen. Wenn Reputation ein Ziel von → Public Relations ist, besteht das Ziel von Krisenpräventionskommunikation darin, Reputationsschäden durch Vermeidung künftiger Krisen möglichst zu verhindern, z.B. durch → Interventions-PR. Kriseninterventionskommunikation wird dagegen eingesetzt, um die Auswirkungen bereits eingetretener Krisen zu reduzieren. Ein zentrales Handlungsfeld ist das → Stakeholdermanagement, um die in Krisenphasen auftretenden Ansprüche von Stakeholdern durch Information und → Dialog in Kombination mit internen Anpassungsmaßnahmen auszuräumen.

Küchenzuruf – formuliert als Ausdruck des Journalismus in einem Satz den Hauptgedanken eines Textes. Der Ausdruck stammt von Henri Nannen, Verleger und Chefredakteur des Sterns, der damit ein zentrales Qualitätskriterium journalistischer Texte erklärt. Er hat hierfür folgende Szene eines Ehepaars vor Augen: Der eine Partner sitzt im Wohnzimmer und liest Zeitung. Der andere kocht in der Küche und fragt, was in der Zeitung steht. Diese Szene erklärt den Ausdruck „Küchenzuruf". Jeder Text sollte mit einem Küchenzuruf zusammenzufassen sein.

Kultur – ist ein facettenreicher und uneinheitlich definierter Begriff mit dem verbindenden Element vieler Definitionen, dass es sich bei ihr um ein → System geteilter → Werte, Normen, → Einstellungen, Überzeugungen und Ideale ihrer Individuen handelt. Als → Unternehmenskultur prägt sie das gemeinschaftliche Handeln einer Organisation und ist damit relevant für → Image und → Reputation. Unternehmenskulturen zu prägen, bildet ein Handlungsfeld des → PR-Managements.

Kulturmanagement – bezeichnet (1) als Handlungsfeld der → internen Kommunikation die Prägung von → Werten zur Einflussnahme auf die → Unternehmenskultur; (2) die Förderung, Pflege, Präsentation, Verbreitung, Vermittlung und Verwaltung von Kultur und ihren Organisationen (z.B. Ausstellungen, Museen).

Kulturwissenschaften – gehören zu den → Basiswissenschaften der Public Relations. Sie beinhalten Analyse, Konzeption, Diskussion und Aufbau von Wissen über → Kultur. Im Kontext von PR-Management stehen die Auswirkungen von Kultur auf → Kommunikation im Mittelpunkt. In der kulturwissenschaftlichen Anwendung dient PR-Management zur Prägung von → Unternehmenskultur im Rahmen der internen Kommunikation. Die → interkulturelle sowie → internationale Kommunikation ergeben sich als zentrale Handlungsfelder des → PR-Managements in unterschiedlichen Kulturen.

kulturwissenschaftliche PR-Theorie – bezeichnet eine struktur- und prozesserklärende PR-Theorie von Werner Faulstich, die PR als kulturstiftendes System versteht. Dabei wird der Kulturbegriff wie die Systeme der → Systemtheorie als übergreifende Umgebung verstanden und auf die → Interaktion von System und Umwelt bezogen. Ein System grenzt sich in Form eines beobachtbaren Handlungsraums von seiner Umwelt ab. Die Überlebensfähigkeit von Systemen hängt von deren Interaktionsfähigkeit ab, die sich nicht durch → Images, sondern durch Kenntnis der und Einstellung auf systemspezifische Tiefenstrukturen ergeben. Die kulturstiftende Wirkung von PR wird am Beispiel des → Sponsorings erklärt, dessen Wesen im gemeinnützigen Ausgleich zwischen Sponsor und Gesponsortem liegt.

Kunczik, Michael – geb. 1945; Dr. rer. pol. Michael Kunczik war Professor am Institut für Publizistik der Johannes Gutenberg-Universität Mainz.

Kundenbeirat → Beirat.

Kundenbindung → Bindung.

Kundenkommunikation – Oberbegriff aller kundengerichteter Kommunikation mit dem Ziel, neue Kunden zu gewinnen z.B. mit der → Produktkommunikation und → Werbung, gewonnene Kunden zu halten (→ Churn-Kommunikation) und verlorene Kunden zurückzugewinnen.

Kundenloyalität → Loyalität.

Kundenmagazin – bezeichnet als → PR-Instrument der → externen Kommunikation ein → Medium (→ Owned media) der → Kundenkommunikation mit dem Ziel, Kunden Angebote für → Information, → Identifikation und z.T. auch zur Kaufentscheidungsunterstützung zu machen.

Kundenstopper – sind selbststehende Schilder (Straßenreiter) im, vor oder bei Ladenlokalen mit dem Ziel, mehr Laufkundschaft zu gewinnen.

Kundenzufriedenheit – bezeichnet als Bestätigungsgefühl von Kunden das Beurteilungsergebnis des Abgleichs erlebter Nutzungserfahrungen mit ihren subjektiven Erwartungen vor dem Erwerb einer Unternehmensleistung (Produkt, Dienst). Sie ist für das → PR-Management wichtig für die Bestimmung von → Botschaften der → Produkt-PR.

Kunst-Public-Relations – bezeichnet (1) Kunst als → PR-Instrument, indem Kunst und Kultur → Identität, → Werte, → Image und → Marke eines Unternehmens widerspiegeln, sodass Unternehmen Kunst erwerben und/oder → Sponsoring für Kunst betreiben und diese wiederum als Teil des Management ihrer → Beziehungen betreiben, wie dies etwa bei den Sparkassen praktiziert wird; (2) PR-Management für Kunst- und Kulturorganisationen wie Künstler, Galerien oder

Museen; (3) PR als Kunst, indem Aufbau und Pflege von Beziehungen als Kunstform begriffen wird, wie dies bspw. bei Edward → Bernays oder Albert → Oeckl geschieht.

Kuratieren → Content Curation.

KVA → Kostenvoranschlag.

Kybernetik – klassische Kybernetik (erster Ordnung) versteht sich vor allem als Steuerungstechnik, die sich im Management mit der Betrachtung von Rückkoppelungsprozessen beschäftigt. Die Fragestellung konzentriert sich darauf, wie sich Prozesse im Gleichgewicht halten. Hierbei handelt es sich um eine Planungstheorie im Gegensatz zur Kybernetik zweiter Ordnung, die man als Angebot einer → Beobachtungstheorie für die Struktur- und Prozessanalyse sich selbst organisierender Organismen in → Systemen kennzeichnen kann. Die Entwicklung der kybernetischen Diskussion von der ersten zur zweiten Ordnung vollzieht die PR-Diskussion mit der → kybernetischen PR nach.

Kybernetische PR – beruht (1) mit der Kybernetik erster Ordnung auf der Idee, Kommunikation auf der Basis von Steuerungskreisläufen zu planen und durchzuführen, indem grundlegend dem → Sender-Empfänger-Modell der → Kommunikation ein Feedback als Rückkopplung vom Empfänger zugefügt wird. Die Fragestellung konzentriert sich darauf, wie sich solche Prozesse im Gleichgewicht halten lassen. Das → PR-Prozessmodell und auch das → Kybernetische Modell der PR gehören zu diesen Kreislaufmodellen der PR; (2) mit der Kybernetik zweiter Ordnung als Ergänzung zu (1) geht die Kybernetik in die Analyse der selbstreferenziellen → Systemtheorien über.

Kybernetisches Modell der PR – bezeichnet ein PR-Modell von Cutlip/Center/Broom, das Rückkopplungen zwischen Organisationen und ihren Umwelten beschreibt. Unternehmen werden dabei als offene Systeme mit PR als Subsystem aufgefasst. PR übernimmt eine Regelfunktion zwischen Unternehmen und Umwelt, indem es die Ist- mit den Soll-Beziehungen abgleicht und so den Output in Form von Kommunikation erzeugt. Damit gehört dieses Modell zur → kybernetischen PR erster Ordnung. Es ähnelt dem → PR-Prozessmodell von Long/Hazleton.

L

Ladenatmosphäre – bezeichnet die Summe der subjektiv empfundenen Sinneswirkungen im Verkaufsraum und kennzeichnet eine entscheidungs- und damit verhaltensrelevante Dimension für den Konsumenten. Sie hängt u.a. von der → Ladengestaltung ab. Sie wird z.T. als Handlungsfeld des Handelsmarketings aufgrund ihrer Bedeutung im Kaufentscheidungsprozess, z.T. auch als Handlungsfeld des → PR-Managements und hier der → multisensuellen Kommunikation im Handel aufgrund ihrer Bedeutung für → Image und → Reputation verstanden.

Ladengestaltung – bezeichnet den Prozess und das Ergebnis der Gestaltung des Verkaufsraums inkl. Warenpräsentation. Sie wird zum einen durch die bauliche Struktur und Materialität, zum anderen durch das → Corporate Design geprägt, beeinflusst die Verkaufs- oder → Ladenatmosphäre und damit das → Konsumentenverhalten sowie das → Image des Einzelhandels.

LAE → Leseranalyse Entscheidungsträger.

Landingpage – von engl. „Landewebseite"; die Webseite, auf die man durch Anklicken einer Werbung im Internet im Rahmen von → Kampagnen oder eines Links gelangt, der per E-Mail versendet wurde. Sie dienen meist dem Ziel, → Images zu prägen und → Leads zu generieren. Landingpages sind meist auf die Kampagne abgestimmt und oft über die Homepages der jeweiligen Unternehmen allein gar nicht auffindbar.

Lasswell-Formel – bezeichnet mit Harold Dwight Lasswell (1948) den Grundaufbau der Massenkommunikation: „Who says what in which channel to whom with what effect?" (Wer sagt was zu wem mit welcher Wirkung?) Die Formel strukturiert bis heute die → Massenkommunikationsforschung.

Layout – engl. „Gestaltung"; bezeichnet in unterschiedlichen Zusammenhängen das Erscheinungsbild (z.B. Kampagnenmotive, Produktaussehen, Gestaltung von Internet oder Mitarbeiterzeitschrift) von Unternehmen bzw. seinen Leistungen und ist ein Handlungsfeld des → PR-Managements im → Kommunikationsdesign.

LBM → Location-based Marketing.

LBS → Location-based Services.

Lead – von engl. „führen"; bezeichnet in Marketing und Vertrieb qualifizierte Kundenkontakte, die z.B. auf → Messen, → Landingpages oder im Rahmen von → Kampagnen zur weiteren Bearbeitung erzeugt werden.

Lead Agency – von engl. „Leitagentur"; bezeichnet die führende, koordinierende Agentur, wenn anlässlich eines PR-Projekts mehrere Agenturen beauftragt werden, bspw. anlässlich einer Messe, die von einer Event- und Medienagentur vorbereitet wird. Auch in der internationalen Kommunikation, die länderspezifisch von mehreren nationalen Agenturen geleistet wird, ist die Bestimmung einer Lead Agency üblich.

Leadership – engl. „Führung"; bezeichnet nicht einheitlich definiert die menschen-, verhaltens-, eigenschafts-, interaktions- und/oder motivationsorientierten Aufgaben des Managements und betont seine personell-, beziehungs- und gruppendynamisch-orientierte Anforderungen. So führt die Leadership-Analyse zu den unterschiedlichen Anforderungen von Management, die mit der betriebswirtschaftlichen Managementdebatte ursprünglich analytisch-entscheidungsorientiert ausgerichtet war. Da Leadership zentral mit → Kommunikation arbeitet, wird → Führung auch als Kehrseite der → internen Kommunikation und damit als Handlungsfeld des → PR-Managements bspw. mit dem → CEO-Positioning aufgefasst.

Lead Nurturing – von engl. lead, „führen" und nurture, „erziehen/fördern"; meint im Marketing die Pflege von → Leads mit gezielten Maßnahmen in jeder Phase des Kaufentscheidungsprozesses.

Lead-Stil – von engl. „Vorspann"; kennzeichnet in der → Medienarbeit die Struktur aktueller → journalistischer Darstellungsformen wie → Nachricht oder → Bericht, die mit Dachzeile, Überschrift und Vorspann die wichtigsten Informationen des folgenden Texts zusammenfassen. Er gilt auch für → Pressemitteilungen.

Leaflet – engl. „Flugblatt"; → Flyer.

Lean Communication – engl. „schlanke Kommunikation"; bezeichnet in Anlehnung an das Lean Management, das als Managementdiskussion in den 1990er-Jahren aufkam und die gleichzeitige Erreichung von Kosten- und Qualitätszielen beinhaltete, im → PR-Management die prozess- oder personenoptimierte Ausrichtung von → Public

Relations i.w.S. und führt zu Konzepten der → integrierten Kommunikation.

Leapfrogging Behaviour – engl. „Bockspringer-Verhalten"; bezeichnet in der → Innovationskommunikation ein passives Käuferverhalten, angekündigte neue Serien oder Versionen nicht zu kaufen und Kaufentscheidungen zu vertagen.

Lebenszyklusmodell – beschreibt anhand eines glockenkurvigen Verlaufs die Entwicklung von Märkten, Unternehmen, Produkten, Technologien und auch Kunden in ihren unterschiedliche Phasen und zwar (1) Einführung (Kundengewinnung), (2) Wachstum, (3) Reife, (4) Sättigung und Degeneration (Kundenverlust) anhand geeigneter Indikatoren (z.B. Umsatzentwicklung). Das Ziel der strategischen → Public Relations ist, geeignete Maßnahmen für die Verlängerung und/oder den Ausstieg des abgebildeten Objekts herzuleiten.

Lee, Ivy – 1877-1934; war ein US-amerikanischer Journalist und gilt wie Edward → Bernays als einer der Begründer der Public Relations, indem er mit → Pressemitteilungen aktiv Informationen anbot.

Legitimation → Legitimität.

Legitimität – bezeichnet das Ergebnis eines Zuschreibungsprozesses (Legitimation), in dem es um die Akzeptanz und Anerkennung der Rechtschaffenheit von Organisationen geht. Sie arbeitet als Stabilisierungsprinzip sozialer Ordnung in der → neo institutionalistischen PR-Theorie und erklärt die kritische Rolle von → Stakeholdern. Aus strategischer Sicht bildet sie eine Erfolgsgröße für Unternehmen, in ihrem organisationalen Feld tätig zu sein.

Leistungsversprechen – bezeichnet den definierten und versprochenen → Nutzen einer → Marke gegenüber seinen Anspruchsgruppen (→ Stakeholder). Es muss klar, vom Wettbewerb abgrenzbar und vom Unternehmen leistbar sein, da hierin die Basis der → Markenführung verankert ist. Hier zeigt sich, dass der Kern der sonst kommunikationsorientierten Marke Teil des → Verhaltensmanagements ist.

Leitagentur → Lead Agency.

Leitbild – bezeichnet nicht einheitlich definierte Ergebnisse von gruppengerichteten Führungsinstrumenten mit Inhalten über die → Mission, das Selbstverständnis, die → Vision, die → Unternehmenskultur und andere zentrale, handlungsleitende Aspekte im Unternehmen. Entscheidend ist ihr idealerweise diskursiver, moderierter, hierarchie- und funktionsübergreifender → Leitbildprozess zur Entwicklung und Festigung des gemeinsamen Verständnisses der erarbeiteten Inhalte, die die Entscheidungs- und Handlungsprozesse im Unternehmen und damit → Image und → Reputation prägen. Leitbilder sind ein Beispiel für die Bedeutung der → Didaktik als → Basiswissenschaft der Public Relations.

Leitbildprozess – bezeichnet einen Arbeitsprozess definierter Teilnehmer (z.B. Führungskräfte und/oder Mitarbeiter) um → Leitbilder zu erarbeiten mit dem Ziel, ein gemeinsames Verständnis und Wissen über Themen wie Werte, Mission, Strategien zu erarbeiten. Leitbildprozesse sind Führungsinstrumente des → Verhaltensmanagements.

Lektorat – leistet die stilistische, inhaltliche und bei Bedarf auch orthografisch-grammatische Überprüfung eines Textes bspw. anlässlich der Auflage einer Broschüre oder Buches.

Leporello → Folder mit Zickzackfalz. Der Begriff geht auf die Oper Don Giovanni von Wolfgang Amadeus Mozart zurück. Der Diener des Frauenhelden Don Giovanni heißt Leporello und dokumentierte die Liebschaften seines Herrn. Aufgrund der umfangreichen Dokumentation erfand Leporello ein Faltsystem, das bis heute hiernach benannt wird.

Lernagenturen – bezeichnen Agenturen, die als studentische und/oder universitäre Initiativen reale Projekte durchführen mit dem Ziel, dass Studierende Public Relations, Projektmanagement und/oder den Umgang mit Kunden erlernen.

Lernen – bezeichnet den absichtlichen (intentionales Lernen), beiläufigen (inzidentelles und implizites Lernen), individuellen oder gemeinsamen Erwerb von geistigen, körperlichen und sozialen Kenntnissen und Fertigkeiten. Lernen als Prozess und/oder dessen Ergebnisse (Wissen) gelten als relevante Bestimmungsgröße des → Handelns und → Verhaltens. Es ist zudem eine Einflussgröße der → Wahrnehmung, die immer auch von dem verfügbaren → Wissen abhängt. Das → PR-Management prägt mit der Organisation und Gestaltung von Informationsangeboten das Lernen und beinhaltet mit seinen wahrnehmungsbezogenen Zielen (→ PR-Controlling) zentral die → Didaktik als Prinzip der Public Relations.

Lernzonenmodell → Drei-Zonen-Modell.

Leseranalyse Entscheidungsträger (LAE) – misst die Verbreitung von Medien in einer bestimmten Zielgruppe, hier den Entscheidungsträgern in Wirtschaft und Verwaltung, und ist damit eine Studie zum Mediennutzungsverhalten deutscher Führungskräfte oft als Teil der → Mediaplanung.

Leser pro Ausgabe – *LpA-Wert*; bezeichnet wie der K1-Wert (→ K1) die Leserschaft einer durchschnittlichen Ausgabe. Hierbei wird jedoch die Lesewahrscheinlichkeit durch ein empirisches Rechenverfahren konkretisiert.

Lettershop – bezeichnet spezialisierte Dienstleister für die Konfektionierung (drucken, adressieren, sortieren, kuvertieren) von Mailings als personalisierten Anschreiben bis zur Versandreife.

Leuchtturmprojekt – bezeichnet ein (Teil-)Projekt mit positiver Symbolkraft für ein Unternehmen mit dem Ziel, bei internen und/oder externen → Stakeholdern einen Beitrag zur Steigerung der → Akzeptanz zu leisten. Als Referenzmaßstab im Zuge von Changeprozessen liefern sie → Content für → Change Communications in Form von Erfahrungswerten und (Zwischen-)Ergebnissen, sodass die Beteiligten im kleinen Rahmen positive Erfahrungen sammeln, von denen alle Beteiligten → lernen und durch die sie → Motivation für Folgeprojekte aufbauen können.

Lichtdesign – bezeichnet die geplante Gestaltung von Licht als Teil der → Lichtkommunikation.

Lichtkommunikation – bezeichnet den Einsatz von Licht als Signalsystem (z.B. Ampeln, Blinker, Leuchttürme), die als → PR-Instrument unter dem Aspekt der → multisensuellen Kommunikation als Orientierungshilfe (Licht zur Raumgestaltung mit Beleuchtungssystemen z.B.

zur Kundenführung und/oder als Träger von Unternehmensfarbe(n)), als Medium zur Darstellung und/oder Weckung von → Emotionen v.a. zur Inszenierung von → Events (Licht als Raum, Licht als Aktionselement in Form von Lasershow oder Feuerwerken) und als Darstellungsform in der Außenwerbung (Leuchtschriften, beleuchtete Plakate) auf Basis von Lichttechnik und → Lichtdesign eingesetzt wird.

Lies, Jan – geb. 1970; Dr. rer. pol. habil. ist Professor für Marketing und Unternehmenskommunikation an der FOM, Hochschule für Oekonomie und Management.

Lifescience-PR – von engl. „Biowissenschaften"; bezeichnet das PR-Management für Organisationen aus den Bereichen Pharma und Gesundheitsforschung mit medizin- und naturwissenschaftsnahen Themenfeldern, sodass bspw. chemische, pharmazeutische sowie Bio- und Medizintechnologieunternehmen Lifescience-PR betreiben.

Lifestyle-Medien – bezeichnet einen Teil der Publikumspresse, deren Titel (z.B. Gala, Bunte, fit for fun) trendige und moderne Themen (z.B. Beauty, Fashion, Shopping) bearbeiten. Sie sind Zielmedien der → Lifestyle-PR.

Lifestyle-PR – von engl. „Lebensstil"; bezeichnet anders als der Begriff es ggf. vermuten lässt nicht allgemein manifestierte Muster der Lebensführung (Lebensstil), sondern umfasst die Positionierung, Platzierung und Beziehungspflege mit einer → Dialoggruppe, die Lebensqualität in Werten wie „trendig" und „modern" sieht und in diesem Umfeld auch konsumfreudig ist, sodass Lifestyle-PR ein

Handlungsfeld der → Consumer-PR ist. Themen wie Schönheit, Wellness, Shopping, Sport, Mode und Kulturszene prägen die → Lifestyle-Medien. Es ist damit ein Handlungsfeld des → PR-Managements, das stark mit → symbolischer Kommunikation und → Werten sowie der → Bildkommunikation für ihre Visualisierung arbeitet.

Like – von engl. „gefällt mir"; ist die englische Bezeichnung des „Gefällt mir-Buttons" bei → Facebook. Ein hoher Wert von Likes steht im Gegensatz zu Dislikes für die häufige positive Bewertung der → Follower von Personen, Produkten oder Unternehmen und ist ein Indikator für geweckte positive → Ansteckungseffekte, die für die Bildung von → Images und → Marken im Internet wichtig ist.

Limbisches System – von lat. limbus „Rand"; bezeichnet eine Region im Gehirn, der in der Erforschung der → Neurokommunikation großer Einfluss auf die Steuerung und Koordination der Hirnregionen zugesprochen wird, die für → Emotionen, → Motivation und → Aufmerksamkeit zuständig sind, indem sie die Hormon- und Neurotransmitterausschüttung reguliert. Das limbische System wird daher v.a. in der Markenliteratur und Erlebniskommunikation analysiert und diskutiert.

Linkbait – von engl. „Link-Köder"; bezeichnet im Rahmen der → Suchmaschinenoptimierung geeignete Inhalte, um neue Verlinkungen von den Websitebesuchern zu erhalten mit dem Ziel, mittels der Anzahl von Verlinkungen (→ Backlink) auf die eigene Webseite eine bessere Positionierung in den Suchmaschinen aufzubauen.

Linkbuilding – von engl. „Linkaufbau"; bezeichnet ein Instrument der → Suchmaschinenoptimierungs-PR mit der Erhöhung der → Backlinks, die auf die eigene Website verweisen. Zum Linkbuilding gehören z.B. die Eintragung in Webverzeichnisse, der gegenseitige Tausch und der Kauf. Aus Sicht des → PR-Managements ist die → Weiterempfehlungsbereitschaft von → Bloggern mittels Backlinks das nachhaltigste Linkbuilding. Ein Backlink wird von den Suchmaschinen als Empfehlung gewertet und erhöht die Position gefundener Websites in ihren Trefferlisten.

Lissaboner Kodex – europäischer Ethikkodex für die PR-Arbeit und Erweiterung des → Athener Kodex (Code d'Athènes) im Jahr 1991.

Listicle – engl. Kunstwort aus list, „Liste" und article, „Artikel"; Kofferwort für einen Text, der in Form einer (nummerierten) Aufzählung und/oder mittels Spiegelstrichen („Bulletpoints") verfasst ist und dessen Inhalte damit im Vergleich zum Fließtext leichter zu erfassen ist.

Litigation-PR – Bezeichnet die Begleitkommunikation juristischer Prozesse und kann als Nachbardisziplin der → Krisenkommunikation gekennzeichnet werden, muss aber nicht unbedingt einen Krisenfall beinhalten. Litigation (engl. Gerichtsverfahren, Streitsache) Public Relations ist nicht nur auf den Prozess an sich zu beziehen, sondern auch auf die Sachverhalte, die zu der möglichen juristischen Prüfung führen.

Live-Communications – wird oft mit → Veranstaltungskommunikation gleichgesetzt, betont aber die besondere Situation eines Unternehmens, auf ungeplante

Geschehnisse wie Rückfragen oder Kommentare von Teilnehmern reagieren können zu wollen und zu müssen. Da nicht jedes Event auf → Dialog ausgerichtet ist, wie z.b. bestimmte Messe-Inszenierungen oder Shows, betont die Idee von „live" den → Dialog, während „Event" die Erlebnismöglichkeit betont.

Live-Reader – bezeichnet eine Sonderwerbeform der Hörfunkwerbung, bei der der Moderator den Werbetext live spricht.

Live-Spot → Live-Reader.

Live-Marketing – bezeichnet die zeitnahe Produktion von Werbe- und Marketingbeiträgen, die innerhalb kürzester Zeit nach der Produktion in den Medien zu sehen sind.

Livestream – von engl. „aktuell übertragen"; bezeichnet aus dem Internet oder einem Computernetzwerk empfangene und gleichzeitig wiedergegebene Audio- und Videodaten und meint in der Online-PR Medienangebote (z.B. Videos von Pressekonferenzen oder Reden), die in Echtzeit über das Internet übertragen werden.

lizenzfreie Fotos – von engl. royalty free, „tantiemen-frei"; missverständlicher Begriff für den Erwerb der Lizenzen an → Stockfotos. Üblicherweise wird bei lizenzpflichtigen Fotos pro Nutzung bezahlt (z.B. auf der Website oder in der Broschüre). Lizenzfreien Fotos werden mit dem Kauf das (zumeist auch in bestimmten Fällen limitierte) Nutzungsrecht zur Mehrfachnutzung übertragen.

Lizenz zur Mitgestaltung öffentlicher Meinung – ist ein PR-theoretischer Ansatz von → Rolke. Demnach instrumentalisiert die Gesellschaft ihre Teilsysteme. Jedes erfüllt eine bestimmte Funktion, um einen Beitrag zum Erhalt des Gesamtsystems zu leisten. Basisfunktionen sind Systeme zur materiellen Versorgung (Wirtschaftssystem), Kontrolle der Gewaltpotenziale (politisch-administratives System) und Weitergabe von Wissen und Erfahrung (Orientierungssystem). Zum Orientierungssystem gehören auch die Medien, anhand derer sich auch die Funktion des Systems PR erklären lässt. Das System „Impulsgeber Public Relations" hat also sowohl aus Sicht des Systems „Unternehmen" als auch aus Sicht des Gesamtsystems „Gesellschaft" eine identische Funktion, wenn auch mit verschobenen Vorteilhaftigkeitsperspektiven. Der Ansatz ist auch eine Kritik des PR-theoretischen Ansatzes → Lizenz zu Täuschen von → Merten.

Lizenz zu Täuschen – PR-theoretischer Wirkungsansatz von → Merten, der die Bedeutung der → Medien und → Konstruktivismus für die individuelle Wahrnehmung betont. Demnach besteht die Aufgabe von Public Relations in der Konstruktion von → Images als „wünschenswerte Wirklichkeiten" von Unternehmen, deren Wahrheitsgehalt die Rezipienten von → Massenmedien nicht überprüfen können. Wahrheit wird deshalb für sekundär gehalten. Der Ansatz steht im Gegensatz zur → Theorie öffentlichen Vertrauens.

Lobbying → Public Affairs; es wird zwischen weißem (legal, legitim), schwarzem (illegal, illegitim) und grauem Lobbyismus unterschieden. Problematisch ist die graue Zone, deren Legitimationsspielraum auch zeitgeistgetrieben ist. Grundsätzlich aber ist Lobbyismus in der Demokratie weiß, da Parteien keinen Alleinvertretungsanspruch von Wahlberechtigten haben.

Lobbyist – Interessenvertreter im demokratischen Entscheidungsprozess der Politik.

Local Washing – engl. „lokale Alibiprofilierung"; meint den (ungerechtfertigten) Versuch von Organisationen, sich ein positives Image auf Basis lokalen Engagements zu geben. Die Begriffsgebung erfolgt in Anlehnung an das bekanntere → Greenwashing.

Location – engl „Ort"; bezeichnet den Ort eines → Events wie z.B. einer → Pressekonferenz.

Location-based Marketing (LBM) – bezeichnet das mobile Marketing mit ortsbasierten Diensten (→ Location Based Services).

Location-based Services (LBS) – sind in der Mobile-PR Dienste, die den Nutzern von Smartphones, iPads oder Laptops mit mobilem Internet die Möglichkeit bieten, unterwegs mit ihrer Umwelt zu interagieren, indem in Abhängigkeit vom Standort der Nutzer Informationen oder Interaktionsangebote auf das Smartphone übermittelt werden. Über das Mobilfunknetz, in das sich das jeweilige Gerät einwählt, können hierfür die Standortdaten ermittelt werden. → Mobile PR ist noch in den Anfängen, wird aber v.a. für den Einzelhandel, Gastronomie, Kultur und Tourismus an Bedeutung gewinnen.

Location Check – engl. „Überprüfung des Veranstaltungsorts"; bezeichnet die vorige Prüfung einer → Location auf ihre Eignung für ein → Event bspw. in Bezug auf Raumkapazität, technische Ausstattung, Erreichbarkeit und Vereinbarkeit mit dem → Corporate Style des Unternehmens, das die Location nutzen könnte.

Location-Scouting – engl. „Veranstaltungsortaufklärung"; bezeichnet das Auskundschaften neuer Veranstaltungsorte (z.B. Gastronomie, Firmenfeiern, Off-Sites) in Bezug auf Kriterien wie Ambiente, Kreativität, Image, Lage, Ausstattung, Verfügbarkeit, Kapazität, ggf. Sicherheit und Budget.

Löffelholz, Martin – geb. 1959; Dr. phil. Martin Löffelholz ist Professor für Medienwissenschaft an der Technischen Universität Ilmenau.

Logo – zentrales Element des visuellen Erscheinungsbilds eines Unternehmens. Es kann aus Wort- sowie Bildelementen und zunehmend auch auditiven Elementen bestehen und dient der vereinfachten Merkfähigkeit des → Namen und/oder der → Marke von Produkten und/oder Unternehmen. Das Logo entspricht dem → Markenzeichen und ist wichtiges Element des → Corporate Design.

Logomorphing – engl. „Logoverwandlung"; Sonderwerbeform, in der sich das Sender- oder Sendungslogo in das Logo des Werbenden verwandelt und/oder umgekehrt.

Lohas – Abk. engl. „Lifestyle of Health and Sustainability"; bezeichnet eine → Dialoggruppe, deren Mitglieder für einen speziellen Lebensstil und Konsumentyp stehen, denen die Werte Gesundheit und Nachhaltigkeit wichtig sind und mit speziellen Leistungsangeboten im Rahmen der Produkt-PR angesprochen werden (z.B. Bio- und Naturprodukte, Outdoor-Reisen). Sie sind verwandt mit den → Parkos.

Long List – engl. „größere Auswahlliste"; stellt im Zuge der → Agenturauswahl einen erste Übersicht über mögliche

Agenturen dar, die für die gesuchte Unterstützung in Frage kommen.

Lookbook – engl. „Kollektionsbuch", „Modelbuch"; bezeichnet ein Buch zur Darstellung neuer Kollektionen für Zielgruppen wie Kunden, Einkäufer und Medien und ist ein → PR-Instrument der → Produktkommunikation in der Mode-PR.

Lovemarks – von engl. „Liebeszeichen"; bezeichnen ein Markenkonzept der Agentur Saatchi&Saatchi, die Lovemarks als hoch entwickelte Marken verstehen. Demnach lassen sich Marken von Handels- und Vertrauensmarken zu Lovemarks entwickeln, sodass sich Markenfans auch emotional an diese binden.

Low Involvement → Involvement.

Low-Profile-Strategie – engl. „Politik der leisen Töne"; beschreibt das niederschwellige, konfliktvermeidende, vorsichtige Vorgehen in Verhandlungen, im Konfliktmanagement, aber auch in der → politischen Kommunikation, indem etwa gegensätzliche Positionen zunächst ausgeklammert und Angriffsbotschaften vermieden werden. Die Low-Profile-Strategy ist eine Kompetenz zur → Dethematisierung.

Loyalität – ist eine verhaltensbestimmende psychologische Größe, die nicht abschließend definiert von Attributen wie Zufriedenheit und Akzeptanz geprägt ist. Sie wird z.T. mit → Treue gleichgesetzt und führt zu Anhänglichkeit in Form von langfristigen → Beziehungen, impliziert ein gemäßigtes kritisches Verhalten etwa bei Preis- oder Qualitätsdefiziten und ist ein verhaltensänderndes Kommunikationsziel des → PR-Managements bspw. im Rahmen der → internen Kommunikation

(Mitarbeiterloyalität) und der → Kundenkommunikation (Kundenloyalität). Durch die Möglichkeit der Enttäuschung besteht eine konzeptionelle Verknüpfung mit dem → Vertrauen.

LpA – Leser pro Ausgabe. Eine Entscheidungsgröße der → Mediaplanung.

Luhmann, Niklas – 1927-1998; Professor für Soziologie an der Universität Bielefeld und Wegbereiter der soziologischen → Systemtheorie.

Lunch Presentation – engl. „Präsentation zu Mittag"; bezeichnet ein übliches → PR-Instrument v.a. der → Investor Relations, um z.B. Kapitalmarktthemen gegenüber → Analysten zu präsentieren. Während die Präsentierenden sprechen, essen die Zuhörer.

Luxusmarke – bezeichnen Marken hochwertiger und edler Marktleistungen (Produkte, Dienste), die in Kombination mit selektivem Vertrieb hohe emotionale Zusatznutzen wie Prestige und Status symbolisieren.

M&A-Kommunikation → Mergers und Acquisitions-PR.

Macht – facettenreicher Begriff mit unterschiedlichen Bedeutungen für das PR- und Kommunikationsmanagement. Als Marktmacht ist Macht eine etablierte Erfolgsgröße im Marketing (Indikator: relativ hoher Marktanteil im Vergleich zum relevanten Wettbewerb). Macht wird z.T. als absolute Kompetenz (z.B. Macht qua Amt), z.T. im Anschluss an Max Weber als relationale-soziale Struktur (Macht als Chance und Fähigkeit einer Person oder Gruppe, ihre Ziele gegen Widerstände anderer durchzusetzen), sodass Macht als Wirkung von und für → Beziehungen gilt. Macht wird oftmals negativ mit der Anwendung von Zwang zur Ausübung von Kontrolle interpretiert und begründet mit diesem Verständnis den negativ bewerteten Begriff der → Propaganda. Ein positives Machtverständnis prägt dagegen die → Identifikationsmacht mit der freiwilligen Selbstbindung etwa an charismatische → Persönlichkeiten oder → Marken. Mit der Macht von → Stakeholdern z.B. in Form von Widerstandsgruppen oder Protestgruppen ist Macht ein wichtiges Ziel des → PR-Managements.

Magazin – von arab. machazin, „Lager"; wird z.T. als besonders kritisch arbeitende Zeitschrift (z.B. Nachrichtenmagazin „Der Spiegel") gekennzeichnet. Mit dieser Bedeutung prägt es auch Nachrichtenformate in TV und Hörfunk. In der Praxis geht die Verwendung des Magazinbegriffs heute jedoch deutlich über Nachrichtenmagazine hinaus (z.B. Handwerk Magazin, Manager Magazin, PC Magazin), was den Magazinbegriff zum Teil zum Synonym für → Zeitschriften macht.

Mailing – engl. Postversand; persönlich adressierte Massenversandsendung (z.B. Post, E-Mail, Fax), oftmals als Werbebrief der → Direktkommunikation.

Major Donor – *Major Donor Fundraiser, Major Donor Officer*; innerhalb des → Fundraisings derjenige, der speziell Großspender anspricht. Seine Aufgabe ist die Planung, Steuerung, Budgetierung und Umsetzung von Maßnahmen zur Gewinnung neuer (Groß-)Spender.

Makro-Theorien → PR-Theorien.

Maletzke, Gerhard – 1922-2010; Professor für Kommunikations- und Medienwissenschaft mit der psychologischen Massenkommunikation als Forschungsschwerpunkt.

Managed News – in der → politischen Kommunikation ein Begriff für (staatlich) gelenkte → Nachrichten.

Management, systemisches → systemisches Management.

Management-Buy in (MBI) – bezeichnet die Übernahme von Unternehmen(steilen) durch ein fremdes Management von den bisherigen Eigentümern. MBI sind damit ein wichtiger Anlass von Investor Relations, aber auch der → Mergers- und Acquisitions-PR.

Management-Buy out (MBO) – bezeichnet die Übernahme von Unternehmen(-steilen) durch das angestellte Management von den bisherigen Eigentümern. MBO sind damit ein wichtiger Anlass von

Investor Relations, aber auch der → Mergers- und Acquisitions-PR.

Managementkreislauf – bezeichnet das methodische Vorgehen zur Herleitung von Managementhandeln mit der Ist-, Soll- und Abweichungsanalyse, zu deren Schließung Strategie, Taktik und operative Maßnahmen hergeleitet werden.

Manipulation – von lat. manus „Hand" und plere „füllen"; bezeichnet die Beeinflussung von Personen zugunsten der Ziele des Beeinflussenden mit ethisch negativ-abwertender Betrachtung, da die Manipulation des Beeinflussten oft unbewusst und ggf. gegen dessen Willen und Ziele erfolgt. → Public Relations, → Werbung, → Marketing sowie die Medien selbst werden oft mit dem Vorwurf der Manipulation ihrer → Dialoggruppen v.a. durch die → Medien konfrontiert.

Man kann nicht nichtkommunizieren – Axiom von → Watzlawick zur abgrenzenden Kennzeichnung der → Kommunikation als Mitteilungshandlung. Letztere bezieht die Handlung nicht als Kommunikationsdimension ein.

Manual – Anleitung, Handbuch. Als → Touchpoint ist das Manual v.a. für die → Produktkommunikation ein wichtiges → PR-Instrument, das aber oftmals nur von technisch-funktionalen Inhalten geprägt und z.T. schwer verständlich ist.

Manuskript – von lat. manus „Hand" und scribere „schreiben"; bezeichnet in unterschiedlichen Zusammenhängen die schriftliche Aufzeichnung und Vorlage z.B. von Texten für Drehbücher, Medien oder Reden mit dem Ziel, sie zu korrigieren oder anzuwenden.

Mapping – engl. „kartieren"; uneinheitlich verwendeter Begriff der Analyse, Identifikation und Darstellung bspw. als Zielgruppenbestimmung im Marketing.

Marke – heute v.a. Vorstellungsbild über Unternehmen, Produkte, Dienstleistungen und andere Bezugsobjekte von Konsumenten. Der Markenbegriff hat sich im Zeitablauf verändert: Herrschte in den 1960er-Jahren noch ein funktionsorientiertes Markenverständnis als physisches Kennzeichen eines Markenartikels mit Marken als geschützte Zeichen gemäß Markengesetz (Markenzeichen für Produkte), erfüllen Marken heute darüber hinaus eine Identifikations- und Differenzierungsfunktion auf Basis der Markenessenz (Brand Essence), die das transportierte Marken- oder → Leistungsversprechen aus Sicht der Community zusammenfasst, dem Markenkern mit dem Kundennutzen (Benefit) und die Markenpersönlichkeit (Brand Personality). Sie prägen das Entscheidungsverhalten von Kunden auf Basis von geteilten → Werten. Marken gelten entsprechen als Spiegel ihrer Nutzer. Heute wird der Begriff Marke für Personen, Produkte, Dienste, Unternehmen, Regionen und Politiker gleichermaßen genutzt.

Marken, globale → globale Marke.

Marken-Alphabetisierung – bezeichnet den Prozess des Wissenserwerbs zu → Marken mittels der Instrumente der → Markenführung bei → Dialoggruppen, die über diese Marke wenige oder gar keine Kenntnisse haben.

Markenarchitektur – bezeichnet die An- und Einordnung einer bestimmten → Marke in der Struktur von Konzern-, Unternehmens- und Produktmarken eines Unternehmens.

Markenattribute – die Eigenschaften von Unternehmen und Marke.

Markenbild – die äußeren, visuellen Erscheinungsmerkmale einer Marke wie → Logo und Design.

Markenbildung – in uneinheitlicher Verwendung (1) die → Markenentwicklung mit der Analyse, Konzeption und Gestaltung neuer Marken; (2) nach der Markenentwicklung der einführende Teil der → Markenkommunikation mit dem Ziel, diese bekannt zu machen.

Markenbotschafter – engl. Brand Ambassador; sind Persönlichkeiten (z.B. Führungskräfte, (Vertriebs-)Mitarbeiter, Kunden) die als Fürsprecher für → Marken auftreten, indem sie in ihren Verantwortungsbereichen bei geeigneten Anlässen und eigens hierfür gestarteten Initiativen (z.B. → Autorenbeiträge, → Blogs, Meetings) Inhalte, Werte und Nutzen ihrer Marken als → Multiplikatoren und → Testimonials mit besonderer Relevanz für ihre → Dialoggruppen präsentieren, anwenden und damit stärken.

Marken-Community → Markengemeinschaft.

Markendehnung – bezeichnet die Nutzung vorhandener Marken im Zuge von Produktlinienerweiterungen mit dem Ziel, ihre Bekanntheit und Identifikation auf die neuen Unternehmensleistungen zu übertragen.

Markenduft – *Brand Scent*; bezeichnet als angewendete → Olfaktorik die Entwicklung und Anwendung für eine → Marke typischen Duft als Handlungsfeld der → multisensuellen Kommunikation. Der Brand Scent ist für Parfums eine Kernleistung, wird aber bspw. auch bei Lebensmitteln, im Einzelhandel (Beduftung von Verkaufsräumen), in der Luftfahrt (Beduftung von Flugzeugkabinen) und auch der Fahrzeugentwicklung beachtet.

Markeneintragung – bezeichnet die Eintragung einer Marke in ein Markenregister, in Deutschland beim Deutschen Patent- und Markenamt beim Harmonisierungsamt für den Binnenmarkt (HABM). Mit der Markeneintragung (Registermarke) entsteht ein Markenrecht.

Markenentwicklung – Prozess von Aufbau und Einführung neuer Marken v.a. mit der Definition, Bekanntmachung und rechtlichem Schutz der Markenleistung, der Markenwerte, des Markennamens und Markenzeichens (Branding).

Markenframes → Frames.

Markenführung – bezeichnet die Bandbreite des Kommunikations- und → Verhaltensmanagement zur Pflege bereits aufgebauter Marken. Sie wird angesichts der Vielzahl und Zunahme unternehmerischer Skandale in Theorie und Praxis im Gegensatz zum Markenaufbau vernachlässigt.

Markengemeinschaft – *Brand Community*; Menschen, die sich auf eine Marke fokussieren. Obwohl sich die Fans einer Marke nicht kennen müssen, bilden sie durch ihr gemeinsames Interesse ein soziales Netzwerk mit den Merkmalen einer → Gruppe. Daher werden Marken auch als „sozialer Wille" bezeichnet.

Markengeschichte → Story.

Markengrabbing → Domain-Grabbing.

Markenhass – *anti-brand behaviours*; untersucht die gegenteiligen Effekte von der → Identifikation mit → Marken enttäuschter Mitglieder von → Markengemeinschaften.

Markenkern – Markennutzen (→ Marke).

Markenkommunikation – Aufbau und -führung von → Marken für Produkte, Dienstleistungen oder Unternehmen (Corporate Brand). Sie bezeichnet die heute oft identifikationsorientierte Präsentation des Leistungsangebots von Organisationen oder Personen, mithilfe verdichteter Vorteilsargumente unterschiedlich akzentuierter Nutzenbündel (Markennutzen). Unterschieden werden dabei v.a. die oft kombinierten funktionsorientierte (Marke als Nutzen- und Qualitätsbündel), abgrenzungsorientierte (Marke als Positionierungs- und Differenzierungsmerkmal), identifikationsorientierte (Marken aus Bezugsgruppensicht), systemische (Marken als selbstreferentielle Organismen) sowie rechtliche Markendefinitionen (Markenzeichen). Erfolgreiche Marken vereinfachen Wiedererkennung und Kaufentscheidung durch Vertrauensaufbau und Reputationsgewinn auf Basis von sozialen → Ansteckungseffekten, die zu → Loyalität und → Bindung von Kunden beitragen. Marken werden in PR, Werbung und politischer Kommunikation heute gleichermaßen eingesetzt, obwohl Studien zeigen, dass rund 70 Prozent aller neu eingeführten Produktmarken floppen.

Markenkommunikation, multisensuelle → multisensuelle Kommunikation.

Markenmanagement – der Prozess von → Markenentwicklung und → Markenführung mithilfe der → Markenkommunikation v.a. für Unternehmen, Produkte und Dienstleistungen mit dem Ziel der → Positionierung zum Aufbau von → Reputation und zur systematischen Vereinfachung von Kaufentscheidungen. Mit dem Reputationsziel kann das Markenmanagement als ein Handlungsfeld des PR-Managements verstanden werden.

Markenmuseum → Heritage Communication.

Markenname – gilt in Kombination mit anderen, einzelnen Produkteindrücken als eine wichtige Schlüsselinformation für die Bezugsgruppen eines Unternehmens. Namen unterscheiden vergleichbare Produkte. Sie leisten einen Positionierungs- und Differenzierungsbeitrag. Namensentwicklung ist eine spezielle PR-Kompetenz (→ Naming): Eigenständigkeit, Merkfähigkeit, Schutzfähigkeit und interkulturelle Verwendungsfähigkeit gehören zu den zentralen Anforderungen.

Markennutzen – funktionaler und psychologischer → Nutzen einer Marke.

Markenpersönlichkeit – kennzeichnet die Beschreibung von Marken mit charakteristischen Merkmalen, die von Attributen der → Persönlichkeit von Menschen abgeleitet und übertragen werden.

Markenpiraterie – bezeichnet die illegale Verwendung von Zeichen, Namen und Logos sowie geschäftlichen Bezeichnungen, die Markenhersteller zur Kennzeichnung ihrer Leistungen verwenden.

Marken-PR – bezeichnet Aufbau und Führung von Marken mit → PR-Instrumenten in Ergänzung zur → Werbung für Marken mit dem Ziel, ihr → Image und ihre → Reputation zu stärken. Da viele Unternehmen → Unternehmensmarken und/oder → Produktmarken führen, besteht der → Content von → Corporate Communications zu einem Anteil aus Botschaften über die kommunizierten Marken. Da das authentische → Leistungsversprechen von Marken die Basis erfolgreicher Marken ist, reicht die Marken-PR bis in das Verhalten von Unternehmen sowie ihren Führungskräften und Mitarbeitern hinein. Insofern arbeitet sie in der Praxis z.T. als korrektiv der v.a. emotionalisierenden Werbung für Marken.

Markenrecht – bezeichnet als Teil der gewerblichen Schutzrechte wie den Schutz von Patenten oder Gebrauchsmuster den Schutz von Marken. Eine Marke entsteht durch Eintragung ins Markenregister beim → Deutschen Patent- und Markenamt. Mit der Eintragung seiner Marke erwirbt ein Unternehmen das alleinige Recht, die Marke zu benutzen. Gegen Verletzer seines Markenrechts kann der Markeninhaber Unterlassungsansprüche bzw. Schadenersatzansprüche geltend machen.

Markenschutz → Deutsches Patent- und Markenamt.

Markensteuerrad – ist ein Analyseinstrument von Franz-Rudolf → Esch zur ganzheitlichen Erfassung einer Marke. Die Markenkompetenz ergibt sich aus dem → Markennutzen, den → Markenattributen, dem → Markenbild und der → Markentonalität.

Markenstory – bezeichnet die Übertragung des → PR-Instruments der → Story auf die → Kommunikation von zentralen Elementen der → Marke (v.a. ihr → Leistungsversprechen, mit dem → Nutzen einer Marke sowie den → Markenwerten) mit dem Ziel, ihre → Sociability zu erhöhen.

Markentonalität – gibt als Komponente des → Markensteuerrads Antwort auf die Frage, wie eine Marke erlebt wird z.B. mit Beziehungsmerkmalen,

Markenerlebnissen oder Persönlichkeitsmerkmalen einer Marke.

Markenversprechen → Leistungsversprechen.

Markenwert – bezeichnet (1) den finanziellen → Wert einer → Marke für ein Unternehmen, der sich nach unterschiedlichen Berechnungsmodellen aus den prognostizierten Erträgen einer Marke ergibt (Brand Equity); (2) bezeichnet die von der → Community einer Marke gemeinschaftlich wahrgenommenen Nutzenwerte als rationale und/oder emotionale Dimensionen wie z.B. kulturelle Werte, Emotionalität als Ausdruck der Qualität und Angebot zur → Identifikation mit einer Marke.

Markenzeichen – *Brandmark*; meist visuelle, zunehmend auch auditive Elemente, die dem → Markenname zur vereinfachten Wiedererkennung und Abgrenzung von Wettbewerbsangeboten beigestellt werden und alleinstehend oder zusammen mit dem Markennamen als → Logo dienen.

Marketing – bezeichnet in uneinheitlicher Verwendung als Oberbegriff die marktorientierte Unternehmensführung. Mit dem → Marketingmix und dem hierin enthaltenen Kommunikationsmix, der oft auch die PR als Instrument enthält, ist es eine diskussionsbedürftige Dachdisziplin von → Public Relations. Die Diskussionsbedürftigkeit besteht in dem Aspekt, dass PR im Kern nicht marktorientiert arbeitet, sondern v.a. → Dialoggruppen als → Stakeholder jenseits des Absatzmarkts bearbeitet.

Marketingästhetik → Ästhetik

Marketingautomation – engl. „Marketingautomatisierung"; bezeichnet die softwaregestützte Vernetzung definierter Marketingkanäle mit dem Ziel, Marketing und auch PR- und Vertriebsaktivitäten kosteneffizient und zeitoptimierend zu planen und durchzuführen. Sie kann sich von der Datenerfassung, über das → Lead Nurturing bis hin zum zielgruppenübergreifenden Management von → Kampagnen erstrecken, sodass → Content-Strategien den Rahmen hierfür bilden.

Marketingkommunikation – bezeichnet die nicht abschließend definierte Form der → Marktkommunikation, die z.T. als Oberbegriff der Marketingkommunikation verstanden wird, z.T. mit dem Verständnis von Public Relations im → Marketing-Mix korrespondiert und die → Werbung zum Kern hat. Z.T. wird das → PR-Management mit der auch nicht-werblichen Produktkommunikation (z.B. → Events oder → Pressearbeit) als Teil der Marketingkommunikation verstanden, die unter dem Dach der → integrierten Kommunikation → Dialoggruppen am Markt und jenseits des Markts anspricht.

Marketing-Mix – bezeichnet eine geläufige Struktur des Instrumentariums der marktorientierten Unternehmensführung mit den sogenannten „4P": (1) dem Produkt- (product), (2) Konditionen- (price), (3) Distributions- (place) und (4) Kommunikationsmix (promotion). PR wird hier als Teil des Kommunikationsmix verortet, – in Übernahme der US-amerikanischen Marketing- und PR-Praxis –, was im Widerspruch zum strategischen Potenzial von → Public Relations steht, da PR gerade nicht zuerst am Markt Wirkung entfaltet, sondern bei anderen → Stakeholdern als den Kunden. Der Marketingmix steht auch in

Abgrenzung und Ergänzung zum → Relationship-Marketing.

Marketingplan – bezeichnet (1) i.w.S. die konzeptionelle Darstellung der Marketingstrategie als der → Strategie eines Unternehmens und (2) i.e.S. die Planung (z.B. zeitlich, personell, budgetär) der Marketingaktivitäten innerhalb definierter Zeiträume (z.B. monatlich, jährlich), die in der Praxis oft die → Mediaplanung meint.

Marketingstrategie – bezeichnet die Anwendung der → Strategie als nachhaltig-erfolgskritische Ausrichtung des Unternehmens auf den Markt. Preis-, Produkt-, Konditionen- und Vertriebsstrategien zählen hierzu wie auch Marken- oder Positionierungsstrategien. Es gibt keine abschließende Auflistung dessen, was alles (marketing-)strategisch sein kann.

Markt – bezeichnet als zentraler Begriff der Wirtschaftswissenschaften den gedachten Ort, an dem Angebot und Nachfrage zusammentreffen aufgrund dessen sich Preise bilden. Dieser volkswirtschaftliche Marktbegriff hat Modellcharakter für viele Themen der ökonomischen Theorie bspw. zur Erklärung der Mechanismen von Preisbildung und Markträumung. Er erfordert für die Marktbearbeitung durch das Marketing sachliche, räumliche, zeitliche Spezifizierungen bspw. zur → Marktsegmentierung, um diese mit → Marketingkommunikation zu bearbeiten. Aus Sicht des → PR-Managements ergibt sich das Problem, dass Märkte von Dritten (z.B. Medien, Politik, Protestgruppen) als erfolgsrelevante → Stakeholder beeinflusst werden, die das Kaufverhalten prägen können und deshalb mittels → Stakeholdermanagement in der → Marketingkommunikation berücksichtigt werden müssen, um die kritischen Auswirkungen ihre Ansprüche zu senken.

Marktführer gleich Meinungsführer → Deutungshoheit.

Marktkommunikation – bezeichnet nicht abschließend definiert als Oberbegriff die absatzmarktbezogene Kommunikation, zu der die → Marketingkommunikation (absatzmarkt-orientierte Kommunikation) mit der → Werbung (verkaufsorientierte Kommunikation) sowie die → Produkt-, → Kunden- und → Vertriebskommunikation gehören, die die gleichen Themen mit sich ergänzenden Zielsetzungen kommunizieren.

Marktsegmentierung – bezeichnet die Analyse und Aufgliederung von Märkten in für das Marketing bearbeitungsfähige möglichst gleichartige Teile nach bestimmten Kriterien wie typischerweise demografischen Kriterien (z.B. Religion, Geschlecht, Alter, Haushaltsgröße), sozio-ökonomischen Kriterien (z.B. Einkommen, Schulbildung, Beruf) und nach psychographischen Kriterien (z.B. Lebensstil, Merkmale der Persönlichkeit).

Mashup – von engl. „vermischen"; bezeichnet im Internetjargon die Erstellung neuen → Contents durch die Rekombination von Webinhalten wie Texte, Bilder und Videos.

Masse – besteht aus einer Mehrzahl aktuell anwesender Individuen, die untereinander im Gegensatz zu → Gruppen nicht irgendwie (z.B. institutionell, thematisch, wertebezogen) organisiert sind. Sie sind auch heterogen bzgl. Merkmalen wie Alter, Geschlecht und Bildung. Der Massenbegriff wurde Anfang des 20.

Jahrhunderts intensiv als Zielgruppenbegriff des → PR-Managements diskutiert und gilt heute aufgrund des für das → Reputations- oder → Markenmanagement notwendigen und fehlenden Aspekts gemeinsamen Interesses als veraltet.

Massenkommunikation – bezeichnet die Bereitstellung von Botschaften ohne personell-räumliche begrenzte Rezipienten mittels → Massenmedien. Damit erfolgt die Massenkommunikation im Gegensatz zur → persönlichen Kommunikation indirekt und einseitig an ein → disperses Publikum. Da Individuen aus wirtschaftswissenschaftlicher Sicht individuell und damit unterschiedlich wahrnehmen, führt dies in Kritik von → Massen zu der für das PR-Management zentralen Frage, ob der Massenkommunikationsbegriff als ein Zeichenprozess mit Wahrnehmung und Deutung überhaupt existieren kann, da keine „Massenwahrnehmung" und Deutung in einer Gesellschaft angenommen werden kann, die durch viele unterschiedliche Werte und Ansprüche geprägt ist, wie das durch Management von → Stakeholdern bekannt ist.

Massenkommunikationsforschung – bezeichnet den Teil der → Medienkommunikation, die im Gegensatz zur Medienindividualkommunikation (z.B. Individualinteraktion am Computer) die → Massenkommunikation mit klassischen Medien (z.B. TV, Radio, Printmedien) und neuen Medien (z.B. Internet, mobile Kommunikation) untersucht und damit aus Sicht des → PR-Managements die Struktur, Prozesse und Wirkung der medienvermittelten Kommunikation mit → Stakeholdern analysiert. Sie wird unterteilt in die Bereiche

Kommunikatorforschung (Analyse der Personen und Organisationen, deren Botschaften durch ein Massenmedium verbreitet werden), Inhaltsforschung (Analyse von Medienangeboten aus struktureller, inhaltlicher und formeller Hinsicht), Medienforschung (Rahmenbedingungen der Medien mit der Analyse von Mediensystemen und Medienstrukturen), Publikumsforschung (Nutzungsforschung zu quantitativen Aspekten der Mediennutzung wie die Auswahl von Medienangeboten) und die Wirkungsforschung (mit der Mediennutzung verbundene Wirkungen und deren Folgen).

Massenmedien → Medien wie v.a. Internet, Fernsehen, Radio und Zeitungen, die eine Vielzahl von Rezipienten erreichen. Hier findet die → Massenkommunikation statt. Sie bilden deshalb einen zentralen Forschungsbereich der Kommunikationswissenschaften und Handlungsfeld des → PR-Managements.

Mast, Claudia – geb. 1952; Dr. Dr. habil. Claudia Mast ist Professorin für Kommunikationswissenschaften und Journalistik an der Universität Hohenheim.

Masterplan – bezeichnet bei Großprojekten wie der Integration von Organisationen im Rahmen der → Merger- und Acquisitions-PR die Rahmenplanung mit Elementen wie der → Strategie und ihren Zielen, → Vision, dem → Blue Print der Zielorganisation sowie ersten geplanten → Meilensteinen der Integration sowie dem Verweis auf die Detailplanung der Teilprojekte.

Materndienst – bezeichnet druckreife Artikelvorlagen zu definierten Themen und Auflagen, die v.a. Anzeigenblätter eins zu eins übernehmen und auch

Online-Medien verwenden. Sie folgen inhaltlich dem Stil der Zielmedien und sind damit Teil der Pressearbeit. Der Begriff „Mater" (von lat. „Mutter") geht auf die Druckvorlage in der Zeitungsproduktion zurück.

Mäzenatentum – Unternehmen stellen Einzelpersonen, Gruppen (Vereine, Teams etc.) oder Institutionen (Universitäten, Museen etc.) Finanz-, Sach- und/ oder Dienstleistungen bereit, ohne dafür im Gegensatz zum → Sponsoring die Rechte zur kommunikativen Nutzung des Gesponserten zu erhalten. Als Namensgeber dieser Art der Förderung von Kunst und Kultur gilt der Römer Gaius Clinius Maecenas (70–8 v. Chr.), der als Berater des Kaisers Augustus die bedeutendsten Dichter seiner Zeit versammelte und (nicht immer uneigennützig) unterstützte.

Meckel, Miriam – geb. 1967; Dr. phil. Miriam Meckel ist Professorin für Corporate Communication der Universität St. Gallen.

Mediadaten – bezeichnen die von Verlagen zu ihren → Medien (z.B. Radiosender, Zeitungen, Zeitschriften) in regelmäßigen Abständen veröffentlichten Informationen z.B. über Auflage, Erscheinungsweise, Anzeigenpreise, Reichweite, Verbreitungsgebiet und redaktionelle → Themenpläne v.a. zur Entscheidungsfindung potenzieller Anzeigenkunden.

Media for Equity – engl. „Werbezeit gegen eine Unternehmensbeteiligung"; eine alternative Form der Unternehmensfinanzierung mit dem Tausch von Werbezeit gegen eine Aktienbeteiligung, sodass auch junge Unternehmen wie Start-ups bspw. Medienpräsenz mittels TV-Werbung erlangen können.

Mediaplanung – bezeichnet (1) i.w.S. die werbliche Konzeption mit der Planung von Budget, Werbebotschaft, Zielgruppe, → Werbemittel (z.B. Anzeigen, Werbespots, Plakate), → Werbeträger (z.B. Internet, Fernsehen, Zeitungen), zeitliche und geographische Aufteilung der Werbung und die Erfolgskontrolle; (2) i.e.S. die Werbeträgerplanung mit der Verteilung des definierten Werbebudgets auf bestimmte Medien in einem bestimmten Zeitraum.

Media Relations – Teil der Medienarbeit, der die Beziehungspflege mit Medienvertretern fokussiert. Das Ziel ist, dass Redaktionen möglichst positiv und häufig über ein Unternehmen berichten.

Media Richness Theory → Theorie der Reichhaltigkeit von Medien.

Mediastrategie – bezeichnet die geplante Auswahl des Medienmixes mit der Priorisierung definierter Medien (z.B. TV, Hörfunk, Zeitungen, Internet) für die Schaltung von → Werbung als Rahmen für die → Mediaplanung.

Media Synchronicity Theory → Theorie der Synchronizität von Medien.

Mediatable – bezeichnen Werbetische in der Gastronomie und zählen zu den → Ambient Media.

Mediation – bezeichnet ein Verfahren zur Lösung von → Konflikten mittels eines Mediators, der im Gegensatz zum Moderator die Medianten allparteilich und eigenverantwortlich zur Konfliktlösung anleitet. Im Gegensatz zum Richter ist ein Mediator nicht dazu berechtigt, den Parteien eine Entscheidung aufzuerlegen oder in die Verhandlung inhaltlich

einzugreifen. Heute gilt die Mediation als die am weitesten verbreitete Methode der alternativen und außergerichtlichen Streitbeilegung. In den USA gilt das Verfahren als akzeptiert. Mediation ist ein Handlungsfeld der → Konfliktkommunikation der → internen und → externen Kommunikation sowie ein Instrument des → wertschätzenden Managements.

Medien – von lat. medium, „Mittel"; bezeichnen Mittel und auch Verfahren zur Verbreitung von → Botschaften (z.B. Nachrichten, Bilder). Sie umfassen im → PR-Management geplante → PR-Instrumente und auch soziale Konstrukte (z.B. Sprache). Im Kontext der → Medienarbeit als Teil des → PR-Managements dienen sie zur Vermittlung von Botschaften an → Dialoggruppen mit dem Ziel, Inhalte und Emotionen zur Steigerung der Reputation zu transportieren, um den Erfolg von Unternehmen am Markt zu unterstützen. Im Mittelpunkt stehen in der PR-Praxis die (1) Massenmedien (Fachmedien, Publikumsmedien), die in (a) Printmedien (Zeitungen, Zeitschriften), (b) AV-Medien (audio-visuelle Medien (Radio, Fernsehen) und (c) Online-Medien (Internet), hier insbesondere die soziale Medien (→ Social Media), unterschieden werden. Die computer- und webgestützten Medien werden auch als (2) neue Medien bezeichnet im Gegensatz zu den (3) klassischen (herkömmlichen) Print- und AV-Medien. (4) Eine weitere Unterscheidungskategorie bildet die Wiederholbarkeit und damit Verfügbarkeit gesendeter Botschaften: (a) Statuarische Medien (z.B. Banner im Internet, Plakate, Zeitungen) sind Medien, deren Inhalte fest stehen und wiederholt betrachtet werden können. (b) Transitorische Medien (Ablaufmedien) sind solche, deren Inhalte nicht wiederholbar sind (z.B. Radio, Kino, Fernsehen). (5) Eine weitere Kennzeichnung von Medien betrifft den Hebel der Verbreitung von Botschaften, die zur Unterscheidung von (a) → Earned Media, (b) → Owned Media und (c) → Paid Media führt. Auch die → Persönlichkeit von Repräsentanten ihrer Unternehmen sowie auch die Sprache gehört zu den PR-relevanten Medien, letztere wird aber eher in der → Wirtschaftskommunikation analysiert und angewendet.

Medienarbeit – zentraler, aber uneinheitlich verwendeter Begriff des → PR-Managements mit Bedeutungen wie (1) die Bereitstellung von Informationen nach journalistischen Anforderungen für die → Medienkommunikation mittels Massenmedien (v.a. Fernsehen, Radio, Online, Presse) mit dem Ziel, Botschaften einer Organisationen an relevante Zielgruppen zu übermitteln; (2) die Beziehungspflege mit Medienvertretern (→ Media Relations); (3) Herstellung und Verbreitung von Medienerzeugnissen (z.B. Geschäftsberichte, Mitarbeiter- und Kundenzeitschriften, Websites).

Medienbeobachtung – Teil des → PR-Controllings zur Überprüfung der Konnotation der Medienpräsenz eines Unternehmens und/oder seiner Marktleistung, die oft durch → Clipping Agenturen durchgeführt wird.

Mediendesign → Kommunikationsdesign.

Mediengattung – bezeichnet im → PR-Management und dem Marketing die Gesamtheit möglicher Werbeträger, die z.T. nach ihrer technischen Distribution (z.B. Zeitung und Internet), v.a. aber über gemeinsame Nutzungskriterien gebildet werden, sodass → Zeitungen und Anzeigenblätter, → Zeitschriften, Fernsehen, Kino (Film), Hörfunk und Anschlagwerbung (Außen- und Verkehrsmittelwerbung) als Mediengattung und Planungsgrundlage der Mediaplanung genutzt werden.

Medienhandeln – bezeichnet die kognitiven, (sozio-)emotionalen und/oder verhaltensbezogenen Prozesse der Mediennutzung. Geräteauswahl (Selektion) und -bedienung, Zuwendung zum Medium sowie offensichtliche Reaktionen der Mediennutzung sowie auch psychische, nicht-beobachtbare und/oder unbewusste Prozesse gehören zum Medienhandeln.

Medieninhaltsforschung – Forschungsfeld der → Kommunikationswissenschaften und hier die Erforschung der → Massenkommunikation mit der Analyse von Medienangeboten – strukturell, inhaltlich, formal.

Medienkommunikation – die Bereitstellung und Verbreitung von Botschaften mittels → Medienarbeit mit dem Ziel der Information, Einstellungs- und/oder Verhaltensänderung zur Prägung von → Images und Steigerung der → Reputation, die im Gegensatz zur Individualkommunikation (→ persönliche Kommunikation) auf → Ansteckungseffekte wie die Entstehung von → Marken setzt.

Medienkontakte – (1) bezeichnen persönliche → Beziehungen zwischen Unternehmen, ihren → PR-Managern bzw. PR-Agenturen zu Journalisten. Aufbau und Pflege solcher Beziehungen sind ein Handlungsfeld von → Media Relations.

Sie gelten als Erfolgsfaktor, die Medienberichterstattung positiv zu prägen. Die Nutzung von Medienkontakten steht jedoch dem Qualitätsjournalismus auf der Basis von → Nachrichtenfaktoren entgegen und damit auch dem nachhaltigen Aufbau von → Reputation; (2) bezeichnet die Medienkontakte i.S.d. Anzahl von Rezipienten (Internetnutzer, Leser, Zuschauer) als Indikator für die → Reichweite des betrachteten Mediums und gilt als Erfolgsfaktor im Rahmen des → PR-Controlling.

Medienkonvergenz – von lat. convergere, „sich einander annähern"; bezeichnet den Trend der technischen Verschmelzung unterschiedlicher Medien wie TV, Zeitungen, Radio und Internet mit dem Effekt für das PR-Management, Cross-Media und → integrierte Kommunikation zu betreiben, da früher unterschiedliche Mediennutzer sich nach neuen Kriterien (z.B. Themen, Werte) zu neuen Gruppen formieren.

Medienkooperation – sind nicht abschließend definierte Formen der Zusammenarbeit zwischen → Massenmedien und dem → PR-Management von Organisationen mit dem Ziel, ihre Bekanntheit zu steigern. Im Ergebnis führen sie oft z.B. zu → Advertorials, → Gewinnspielen oder Gutscheinaktionen, die auch als → Sponsoring von → Sonderwerbeformen bezeichnet werden können und als solche kennzeichnungspflichtig sind. Umgekehrt können auch gemeinsame → Events veranstaltet werden, über die das kooperierende Medium dann (ggf. exklusiv) berichtet und das ausrichtenden Unternehmen als Veranstalter dabei besonders berücksichtigt wird.

Medienlehre – Forschungsfeld der → Kommunikationswissenschaften und hier der Erforschung der → Massenkommunikation mit der Beschreibung äußerer Rahmenbedingungen der Medienproduktion.

Medienlobbyismus – bezeichnet in Anlehnung an das → Lobbying (1) die Lobbyarbeit von Medienunternehmen sowie ihren Verbänden und (2) die Kontaktpflege von Unternehmen und Agenturen bei relevanten Journalisten mit dem Ziel, → Beziehungen aufzubauen und auf politische Entscheidungen bzw. auf die Berichterstattung zu nehmen.

Medienmanagement – bezeichnet in uneinheitlicher Verwendung (1) die Analyse, Planung und Steuerung von Unternehmen der Medienwirtschaft (z.B. Sender, Verlage), die mit der Herausgabe von Medien neben betriebswirtschaftlichen Fragen auch Aspekte der → Medienökonomik wie ethische und politische Anforderungen erfüllen muss; (2) die Analyse, Planung und Steuerung von Medienprodukten (z.B. das Management von Onlineplattformen, Buchprojekten oder Zeitschriftenausgaben), sodass Medienmanagement zum Synonym für das Management des → Corporate Publishing wird.

Medienökonomik – bezeichnet die ökonomische Analyse der Bedingungen journalistischer Produktion, der Distribution und des Konsums von Medieninhalten und Trägermedien und bildet damit den handlungsrelevanten Rahmen des → Medienmanagements.

Medienordnung – bezeichnet Rahmenbedingungen und die hieraus abgeleitete Organisation und Strukturen der Medien, die die Kommunikationstätigkeit, insbesondere das Miteinander von Journalismus, Werbung und Public Relations im Mediensystem Deutschlands zentral über das Medienrecht prägt. Sie ist von einer Zurückhaltung des Staates im Medienbereich zur Sicherung der Freiheit der Medien, der Delegierung medienordnender und kontrollierender Aufgaben an die Länder, der Etablierung von unabhängigen Fremdkontrollinstanzen und der grundsätzliche Verpflichtung von brancheninterner Selbstkontrolle des Medienmarkts (→ Deutscher Rat für Public Relations) gekennzeichnet, um die Meinungsvielfalt in der Demokratie zu sichern. Ihr rechtlicher Rahmen ist über eine Vielzahl von Bundes- und Landesgesetzen definiert, die das → Medienrecht bilden.

Medienrecht – ist kein Rechtsgebiet im rechtssystematischen Sinne, sondern ein Querschnittsgebiet mit einer gewachsenen Vielzahl von Bundes- und Landesgesetzen zur Regelung der → Medienordnung mit dem → Presserecht als Teilgebiet. Das Medienrecht dient der Sicherstellung v.a. der Meinungsvielfalt und freiheit in der Demokratie und sichert die Freiheit der Medien. Es speist sich v.a. aus dem Grundrecht, Presserecht, Rundfunkrecht, Multimediarecht und internationalem Recht. Im Grundgesetz sind in Artikel 5 die so genannten Kommunikationsfreiheiten geregelt, die sowohl öffentliche wie individuelle Meinungsbildung garantieren. Hier sind die Freiheit der Meinungsäußerung und Meinungsverbreitung, Informationsfreiheit, Pressefreiheit, Rundfunkfreiheit, Filmfreiheit und Freiheit von der Zensur formuliert.

Medienresonanzanalyse – bezeichnet ein Instrument zur quantitativen und qualitativen → PR-Evaluation der → Medienarbeit anhand definierter Clipping-Kennziffern wie → Affinitätswert, → Fairnesswert, → Durchdringungsindex, → Initiativquotienten, → Share of Voice oder Werbeäquivalenzwert. Ein wesentliches Element ist hierfür das → Codebuch.

Medientraining – bezeichnet das → Coaching v.a. von Fach- und Führungskräften im Umgang mit Pressevertretern mit Antworttraining auf journalistische Fragen und Verhalten vor der Kamera.

Medienwandel – bezeichnet unterschiedliche Entwicklungstendenzen wie (1) der Wandel von Print- zu Onlinemedien, (2) die Konvergenz einst getrennter Medientechnologien und –endgeräte (z.B. Computer und Telefon zum Smartphone; Internet und TV); (3) die Sozialisierung des Internets durch möglichen Funktionalitäten wie Social Media aufgrund zunehmender Bandbreite.

Medienwirkungsforschung – bezeichnet ein Forschungsgebiet der → Kommunikationswissenschaften, das die Wirkung von Medien auf das Verhalten der Rezipienten untersucht. Zu zentralen Forschungen zählen z. B. die frühen → Reiz-Reaktions-Modelle, das → Agenda-Setting oder die → Schweigespirale.

Medienwissenschaftliche PR-Theorie – bezeichnet einen Ansatz von → Rademacher, der in Kritik an dem häufigen Verständnis von PR in der → Systemtheorie bezweifelt, dass PR ein eigenständiges Funktionssystem im Sinne Niklas → Luhmanns ist, sondern vielmehr ein Orientierungssystem bildet. Public Relations ermöglicht Systemen demnach als „neue Literatur der Gesellschaft" alternative

Möglichkeiten des Beobachtens, sodass auch neue Formen des PR-Managements wie z.b. Infotainment mit dieser Theorie erklärbar werden.

Mega-Lights → City-Light-Poster.

Meilensteine – bezeichnen im → PR-Management Zwischenziele, die geplante → PR-Instrumente erreichen oder zu denen sie beitragen. Sie dienen als wichtige Instrumente zur Prägung von → Wahrnehmung bspw. im Rahmen von → Kampagnen oder von → Change Communications, um geplante oder erzielte Erfolge zu kommunizieren.

Meinung → private Meinung; → öffentliche Meinung.

Meinungsführer – *opinion leader*; bezeichnet (1) heute allgemein → Multiplikatoren, die aufgrund ihrer anerkannten Rolle (z.b. Freunde, ältere Mitbürger) und/oder Expertise (z.b. Journalisten, Wissenschaftler) mit ihrer Meinung die Wahrnehmung, Interpretation und Entscheidung Dritter in ihrem Umfeld beeinflussen (→ Deutungshoheit), z.B. bei Kauf- oder Wahlentscheidungen; (2) bezeichnete ursprünglich im Modell des zweistufigen Informationsflusses („two step flow of communication") im Anschluss an Paul Lazarsfeld in den 1950er-Jahren die Rolle von Meinungsführern für die individuelle Meinungsbildung, die in Bezug auf Wahlentscheidungen erforscht wurde. Demnach erreichen die → Massenmedien die → Rezipienten nicht direkt, sondern gelangen über Meinungsführer zu ihnen, sodass die interpersonale Kommunikation über Meinungsführer als bedeutender gilt als die Kommunikation über die Massenmedien.

Meldung → Nachricht.

Memetik – Den Begriff Memetik hat der Evolutionsbiologe Richard Dawkins 1976 geprägt. Analog zur Gentechnik beschäftigt sich die Memetik mit der Aufschlüsselung von Information, Wissen und damit der konzeptionellen Analyse kleinster Informationseinheiten. Das Wort Mem ist ein Kunstwort und dem Begriff Gen nachempfunden. So wie Gene sich im Genpool vermehren, verbreiten sich Meme im Mempool, indem sie von Gehirn zu Gehirn über springen. Wirkungsbezogen gleichen Mems den → externen Effekten. Das Besondere der Memetik ist, dass sie Informationsprozesse aus Sicht des Replikators betrachtet. Das Mem selbst ist ein Replikator. Memes können Melodien, Gedanken, Schlagworte u.a.m. sein. Memetik wird in der Marken- und → Viralen Kommunikation als Erklärungsansatz von eigendynamischen Kommunikationsprozessen herangezogen.

Mentale Modelle – sind als Speicher handlungsleitenden Wissens ein Konstrukt der Psychologie. Wie Schemata (statisch) oder Skripte (dynamisch) bilden mentale Modelle individuelle psychologische Prozesse ab. Kollektive mentale Modelle sind in der vergleichenden Individuenbetrachtung ähnliche individuelle mentale Modelle. Durch Sozialisierung ist die Annäherung individueller mentaler Modelle erklärbar. Kollektive mentale Modelle erklären die Bildung von Gruppen, indem sie die Angleichung individuell wahrnehmender und entscheidender Menschen modellieren und so überindividuelle Größen der PR wie → Marke, → Reputation oder die Ansprüche von → Stakeholdern erklären. Sie sind zugleich das Erklärungsmodell von → Rationalität bzw. → Relationalität.

Mentoring – bezeichnet die Tätigkeit einer erfahrenen Person des Mentors, die ihr fachliches Wissen und ihre Erfahrungen an eine unerfahrene Person (Mentee) weitergibt. Mentoring ist ein Instrument des Wissensmanagements und steht in Unternehmen für eine Kultur der Partnerschaftlichkeit und ist damit relevant für das Verhaltensmanagement.

Merchandising – von engl. „Verkaufsförderung"; bezeichnet allgemein verkaufsfördernde Maßnahmen mit unterschiedlichen Bedeutungen wie (1) im Handel die Regalarbeit, Art der Warenpräsentation und käuferoptimierten Verkaufsregale mit v.a. visuellen Maßnahmen (Visual Merachandising); (2) Fan-Artikel rund um Marken, Events und Persönlichkeiten; (3) der Transfer der Imagewerte von Prominenten als Testimonials für Produkte und Marken.

Mere-Exposure-Effekt – von. engl. „nur Kontakt"; der Effekt der Darbietungshäufigkeit (Robert Zajonc) besagt, dass ein Reiz (z.B. ein → Logo) durch bloße Wiederholung der Darbietung zu einer positiveren Einstellung führen kann, z.B. als sympathischer empfunden wird. Neuere Forschungen zeigen, dass Werbebotschaften nicht unbedingt bewusst wahrgenommen werden müssen, um eine gewisse Vertrautheit etwa mit → Marken zu erzielen.

Merger of Equals – engl. „Fusion unter Gleichen"; bezeichnet eine Fusionsstrategie zweier oder mehrerer Organisationen, die aus Sicht des PR-Managements das (in der Praxis unrealistische) Versprechen beinhaltet, dass die Integration zweier Organisationen nach dem gleichberechtigten Verhandlungsprinzip und entsprechenden → Dialog verläuft. Die Integrationspraxis zeigt, dass diese Strategie sehr aufwändig ist und als Aushandlungsprozess aller Leistungen, Funktionen, Strukturen und Positionen unrealistisch ist.

Mergers- und Acquisitions-PR – bezeichnet das → PR-Management mit den Handlungsfeldern der → internen Kommunikation und → externen Kommunikation zur Unterstützung von Fusionen (engl. Merger) oder Übernahmen (engl. Acquisition) mit dem Ziel, intern die → Akzeptanz und → Motivation bei Führungskräften und Mitarbeitern zu steigern sowie Widerstände zu senken und extern die → Beziehungen zu relevanten → Stakeholdern (z.B. Kunden, Partnern, Zulieferern) zu stabilisieren bzw. zu beenden. Unterschieden werden die Phasen (1) Pre-Acquisition/-Merger Phase (zentrale Kommunikationsziele: → Due Diligence, strategische Begründung der Transaktion, Eingrenzung von → Gerüchten) (2) Acquisition/-Merger Phase (zentrale Kommunikationsziele: Vertragsunterzeichnung, Definition rechtlicher Integrationsschritte, → Masterplan/ → Blue Print) (3) Post-Acquisition/-Merger Phase mit der eigentlichen Integration der Organisationen, deren Aufbau und Durchsetzung der Zielorganisation je nach Größe und Komplexität der zu fusionierenden Unternehmen mehrere Jahre dauern kann.

Merten, Klaus – geb. 1940; emeritierter Professor empirische Kommunikationsforschung der Universität Münster. Die → „Lizenz zu Täuschen" ist eine seiner konträr diskutierten PR-theoretischen Beiträge.

Meso-Theorien → PR-Theorien.

Messe – Eine Messe ist eine zeitlich begrenzte, im allgemeinen regelmäßig wiederkehrende Veranstaltung, auf der eine
Vielzahl von Ausstellern das wesentliche Angebot eines oder mehrerer Wirtschaftszweige ausstellt und überwiegend
nach Muster an gewerbliche Wiederver-
käufer, gewerbliche Verbraucher oder
Großabnehmer vertreibt (§ 64, Gewer-
beordnung). – Z.T. werden Messen und
Ausstellungen voneinander abgegrenzt,
indem Messen mit dem ersten Ziel von
Kundengewinnung und Handel organisiert werden, Ausstellungen dagegen zuerst die Repräsentation und Reputation
dienen, sodass sich Messen zuerst an das
Fachpublikum, Ausstellungen dem allgemeinen Publikum wenden.

Messedesign – bezeichnet die Konzeption und Umsetzung von Standarchitek-
tur und -austattung, Farbgebung, Displays
als Anwendung → multisensueller Kommunikation im Rahmen des → Corporate
Designs.

Metapher – ist eine rhetorische Figur,
die einen abkürzenden, bildhaften Vergleich bezeichnet mit dem Ziel in der
PR, komplexe Sachverhalte adressatenge-
recht zu erklären. Sie kommen etwa in der
→ Story zum Einsatz.

Methode – von griech. methódos, „Art
und Weise des Vorgehens"; beschreibt die
Verfahrensweise des Denkens und Erkennens bspw. in der Theoriebildung, einer
Strategie oder eines Konzepts. Die „Methode" eines → PR-Instrumentes besteht
im Gegensatz zu der der → Werbung darin, dass man deren Kommunikationsangebote nicht auf Anhieb als solche er-
kennt.

Methodik – kennzeichnet die Gesamtheit
der Methoden. So könnte in Bezug auf die
„Methode-PR" in Abgrenzung zur „Methode der Werbung" die argumentativen
Multiplikationseffekte zur Bildung von
Reputation im Gegensatz zu den emotionalen Kaufappellen der Werbung hervorgehoben werden.

Methodologie – bezeichnet die Methodenlehre und Metaebene der Betrachtung
mit grundlegenden Forschungsparadig-
men (grundsätzliche Ideen oder Betrach-
tungsweisen), die auch das Nachdenken über Methoden beinhaltet. Eine anerkannte → PR-Methodologie ist derzeit
nicht standardisiert, wie die Diskussion
der PR-Methodologien → „methodologischer Individualismus" und → „methodologischer Kollektivsmus" dokumentieren.

methodologischer Individualismus –
Grundannahme der → Wirtschaftswissenschaften und → Psychologie als → Basiswissenschaften der Public Relations,
die davon ausgeht, dass die Letztveranke-
rung des Denkens und Handelns beim Individuum liegt im Gegensatz zum → methodologischen Kollektivismus.

methodologischer Kollektivismus –
Grundannahme der Kommunikationswissenschaften und Soziologie als → Basiswissenschaften der Public Relations,
die davon ausgeht, dass die Letztveran-
kerung des Denkens und Handelns in der
Gesellschaft bzw. im Umfeld Einzelner
vom Individuum liegt im Gegensatz zum
→ methodologischen Individualismus.

methodologischer Relationalismus –
modifizierte Grundannahme der Wirtschaftswissenschaften bezüglich des
Handelns. Er geht davon aus, dass weder radikale individualistische noch

kollektivistische → Methodologien zur Kennzeichnung etwa handlungs- oder entscheidungstheoretischer Konzepte überzeugen. Er geht grundsätzlich von individualistischer Entscheidung aus und betont zugleich die Bedeutung wechselseitiger Bezogenheit Handelnder und dem sie beobachtenden Umfeld, die das rationale Entscheidungskalkül relativieren.

MICE – Abkürzung und Sammelbegriff für Meetings, → Incentives, → Conventions und → Events in der → Veranstaltungskommunikation.

Microblog – von griech. „klein"; bezeichnet verkleinerte oder begrenzte → Blogs. Bekanntester Mikroblog ist derzeit → Twitter, ein US-amerikanischer Dienst, der deshalb für das PR-Management als Veröffentlichungsplattform interessant ist.

Micropage → Landingpage.

Microsite – bezeichnet eine Website, die nur aus wenigen Unterseiten besteht, über einen eigenen Link verfügt und oft zeitlich begrenzt als Onlineinformation einer → Kampagne dient.

Microstock-Agentur – Anbieter von oft lizenzfreien → Stockfotos zum Minimalpreis (daher „Micro") z.B. iStockphoto oder Fotolia.

Mikropolitik – bezeichnet das nicht abschließend definierte Instrumentarium von Machtmethoden, mit denen innerhalb von Organisationen Macht aufgebaut und eingesetzt wird mit dem Ziel von Führungskräften und Mitarbeitern einer Organisation, (Eigen-)Interessen durchzusetzen. Zu den Instrumenten zählt die Bildung von Seilschaften und Allianzen, verdeckte Agenden, Verbreitung von → Gerüchten, gezielte Intrigen u.a.m. Je nach Ausmaß ist Mikropolitik ein Aspekt der → Unternehmenskultur, motivationsrelevant und damit ein Handlungsfeld der → internen Kommunikation.

Mikro-Theorien → PR-Theorien.

Mimik – kommunikativer Ausdruck des Gesichts (z.B. Mund, Augen, Stirn), der zusammen mit der → Gestik als Ausdruck der inneren → Haltung gilt und Teil der → non-verbalen Kommunikation ist.

Mindmapping – von engl. „Gedankenlandkarte"; bezeichnet eine → Kreativitätstechnik. In Weiterentwicklung des → Brainwritings geht es methodisch darum, ein zentrales Thema mithilfe von Baumstrukturen in relevante Themen und Zusammenhänge zu gliedern. Der Vorteil der Mindmap gegenüber dem Brainstorming beruht darauf, dass Wissen bildhaft strukturiert, auf verschiedenen Ebenen abbildbar ist und so zu Lösungsbeiträgen entwickelt werden kann.

Mission – die Aspekte (z.B. Kultur, Vision, Werte) die das tägliche Entscheiden und Handeln einer Organisation (normativ) prägen. Als Teil des Leitbildes prägt sie → Image und → Reputation des Unternehmens.

Mission-Statement – prägnante Kurzform der → Mission.

Mitarbeiterbeirat → Beirat.

Mitarbeiterbindung → Bindung.

Mitarbeiterkommunikation – bezeichnet zusammen mit der → Führungskräftekommunikation das zentrale Handlungsfeld der → internen Kommunikation als Teil des → PR-Managements.

Mitarbeiterloyalität → Loyalität.

Mitarbeiterzeitung – *Hauszeitschrift*; Leistung der → internen Kommunikation, Teil der → Medienarbeit und Teil des → Corporate Publishing. Sie wird als meist gedrucktes, zunehmend aber auch online veröffentlichtes zweckorientiertes und instrumentalisiertes (Informations-) Medium der innerbetrieblichen Kommunikation gekennzeichnet, das angesichts ihrer Informations- und Motivationsziele journalistische Stilmittel benutzen sollte. Die Mitarbeiter- oder Hauszeitschrift gehört zu den ältesten und wichtigsten Instrumenten der internen Kommunikation.

Mitteilungshandlung – Kennzeichnung des kommunikationswissenschaftlichen Begriff der → Kommunikation.

Mittelstands-PR – bezeichnet das → PR-Management für Unternehmen der mittelständischen Wirtschaft. Obwohl sie die meisten Arbeitsplätze in Deutschland stellt, sind die → Medien von Großunternehmen geprägt, sodass sich die Zielmedien der Mittelstands-PR auf die Lokal-, Fach- und Branchenmedien konzentrieren. Gerade die Lokalmedien werden als B2B-Medien von Unternehmen als Zielgruppe des Mittelstands zu wenig gelesen bzw. gehört, sodass die Möglichkeiten der lokalen B2B-Kommunikation begrenzt sind. Sie muss sich neben der → Online-Kommunikation auf die persönliche Kommunikation, das → Corporate Publishing und die → Veranstaltungskommunikation sowie Messen und Ausstellungen konzentrieren.

Mobbing – vermutlich von engl. mob, „anpöbeln, angreifen, attackieren"; bezeichnet changierende Verhaltensweisen und Situationen, die die systematische, längerfristige und oft verdeckt ausgeübte Belästigung, Anfeindung, Schikane

und/oder Diskriminierung am Arbeitsplatz oder an anderen Orten und Situationen in einer Organisation beinhalten. Ihre Inhalte und Ausmaße sind nicht einheitlich oder abschließend definiert und mit unterschiedlichen Zielen verbunden sind (z.B. Spaß, Druckausübung, Konfliktlösung, Machtinteressen). Damit kann Mobbing ein Ergebnis der → Mikropolitik sein. Instrumentell gehören zum Mobbing verbale Attacken, ungerechtfertigte und/oder überzogene Kritik, Ausgrenzungen usw. Mobbing zu verhindern bzw. einzugrenzen ist eine Aufgabe der → internen Kommunikation bspw. indem mit internen → Kampagnen für das Thema sensibilisiert wird

Mobile PR – durch Smartphones und mobiles Internet sind → Dialoggruppen mobil geworden und damit auch das → PR-Management und die → Online-PR, die Botschaften auch für → personalisierte Nachrichten-Anwendungen unterwegs bereitstellt. → Location Based Services machen die Kommunikation in Abhängigkeit des Standort des → Rezipienten möglich und prägen die → Proximity-Kommunikation als ein Handlungsfeld der → Geo-Kommunikation.

Mobile Tagging – von engl. „mobiles Markieren"; bedeutet in der → Mobile PR, dass → PR-Instrumente der physischen Welt (z.B. Bücher, Plakate) mit zusätzlichen digitalen Informationen angereichert werden, indem → QR-Codes zu ihnen leiten. Bspw. wird ein Plakat mit einem QR-Code versehen, der mit einem Handy ausgelesen wird und zu einer Website mit weiterführendem Material führt.

Mode – von lat. modus, „Art und Weise"; bezeichnet (1) i.w.S. den vorherrschenden → Trend, der in einer bestimmten Zeit von einer Vielzahl der Mitglieder einer → Gruppe für aktuell gehalten wird und damit aktuelle und nahende Entscheidungen als Determinante der → Relationalität prägt; (2) i.e.S. den aktuellen Stil (z.B. von Gestaltung, Kleidung, Möbel).

Modell (a)symmetrischer Kommunikation → asymmetrische Kommunikation; → symmetrische Kommunikation; → Exzellenzmodell der Public Relations.

Modell der funktionalen Transparenz – bezeichnet eine → PR-Theorie von Peter → Szyszka, der → PR-Management als Transparenzmanagement versteht. In Kritik an der häufigen Forderung nach absolutem öffentlichen Vertrauen und in Weiterentwicklung der → Win-Win-Situation von Grunig/Hunt besteht die funktionale Transparenz darin, die absolute Transparenz zuzulassen wie sie für ein Unternehmen Zugewinn verspricht, drohenden Schaden abwendet oder eingetretenen Schaden eingrenzt oder bewältigt.

Modell interfunktionaler Kommunikation → Interfunktionale Kommunikation.

Moderation – von lat. „moderator", Leiter; meint eine Prozess- und Methodenkompetenz der Gruppenführung und wird zur partizipativen Entscheidungsfindung in Situationen eingesetzt, in denen das motivatorische Element gemeinsamer Entscheidungen den Top-Down-Entscheidungen vorgezogen wird.

Moiré-Effekt – von frz. moirer, „marmorieren"; bezeichnet einen Bildfehler, der dort auftreten kann, wo Muster oder Raster in einem bestimmten Winkel übereinander liegen, sich gegenseitig beeinflussen und so neue Muster bilden. Der Effekt tritt in gedruckten Medien und auch auf Bildschirmen auf.

Monitoring – engl. „Beobachtung"; „Kontrolle"; bezeichnet (1) in unterschiedlichen Zusammenhängen die Überwachung mittels Prozessbeobachtung; (2) im → Issues Management die Überwachung der Entwicklung identifizierter kritischer Themen in den Medien mit dem Ziel, Schäden der → Reputation zu verhindern oder zu begrenzen; (3) in der → Online-PR die Entwicklung von Themen in → Social Media mit dem Ziel, Risiken und Chancen z.B. in der Kundenansprache zu identifizieren; (4) bei → Change Communications die Entwicklung von Widerstandslinien gegen geplante Veränderungen mit dem Ziel, deren Auswirkungen zu minimieren.

Monokampagne – bezeichnet eine → Kampagne mit nur einer Mediengattung, z.B. eine Plakatkampagne in einem Wahlkampf oder eine Radiokampagne für einen lokalen Dienstleister.

Montreal School → Communication Constitutes Organizations.

Moodboard – engl. „Stimmungsbild"; bezeichnet im Projektmanagement kreativer Leistungen (z.B. Gestaltung von Layouts oder Kampagnen) ein Instrument zur Darstellung von Ideen im Rahmen von Team- und/oder Kundenpräsentationen, um mit Fotos, Grafiken, Skizzen, Farben und/oder Materialien die vorliegenden Ideen darzustellen mit dem Ziel, Entscheidungen für die Freigabe von Gestaltungsideen zu erwirken.

Moral – umfasst die Normen, Grundsätze und → Werte, an denen Menschen oder soziale Gruppen ihre Handlungen ausrichten. Die Moral ist aber nicht wertend in dem Sinne, ob die Normen und Grundsätze im gesellschaftlichen Zeitgeist als gut oder schlecht zu bewerten sind. Das leistet die → Ethik. Moral ist im → PR-Management bspw. für die Prägung der handlungsrelevanten → Unternehmenskultur zentral und begründet in vielen Fällen die Anspruchsgrundlage von → Stakeholdern. Verstöße gegen ihre moralischen Ansprüche sind damit die Auslöser reputationsrelevanter → Skandale.

Motivaktivierung – Die psychologische Motivaktivierung entspricht der (erwarteten) Bedürfnisbefriedigung der Konsumenten aus Sicht des Marketings. Zu den Motiven gehören z.b. das Leistungsmotiv, das Prestigemotiv, Neugierde, das Sicherheitsbedürfnis und das Affiliationsbedürfnis/Anschlussmotiv.

Motivation – bezeichnet (1) in der Psychologie → Emotionen mit einer Zielorientierung, umfasst, (2) aber auch eine individuelle kognitive Gegenstandsoder Situationsbeurteilung auf Basis von → Motiven. Motivation umfasst die Gesamtheit der Beweggründe, die das Handeln bestimmen. (3) Meint in der Mitarbeiterführung die Anreizsetzungen für Führungskräfte und Mitarbeiter. Motivation von Mitarbeitern oder Kunden sind keine Zustände, sondern unstabile psychologische Prozesse.

Motive – bezeichnen in der Psychologie Spannungszustände und sind Beweggründe des Handelns. Man kann sie als vorökonomische Dimension der → Bedürfnisse als zentrale Größe des Marketings bezeichnen. Z.T. werden (künstliche und beeinflussbare) Bedürfnisse von Motiven (als sozial gewachsene Konstrukte) abgegrenzt. Das ist aber nicht bewiesen.

MSK → multisensuelle Kommunikation.

Muckraker – engl. „Schmutzaufwühler"; eine aus den USA stammende Benennung für (über-)kritische, investigative (Sensations-)Journalisten der → Yellow Press.

Multimedia → Multimedialität.

Multimedialität – bezeichnet die Verknüpfung von Text, Bild, Film und Ton, die auf Basis digitalisierter Informationen für die Möglichkeiten → neuer Medien und hier v.a. der → Online-Medien stehen.

multimodales Gedächtnismodell – bezeichnet ein für die → multisensuelle Kommunikation relevante Darstellung der Wahrnehmung von Engelkamp (1997), wonach es für sprachliche sowie für nonverbale Reize getrennte Eingangssysteme des menschlichen Gedächtnisses gibt, in denen der jeweilige Reiz verarbeitet wird. Treffen gleichzeitig verschiedene Reize in unterschiedlichen Eingangssystemen ein, so wird die Verarbeitung dann erschwert, wenn die verschiedenen Sinneseindrücke unterschiedliche Inhalte vermitteln. Dies führt zur Aufnahmekonkurrenz. Hingegen führen übereinstimmende Reizwahrnehmungen zu einer besseren und intensiveren Verarbeitung und somit zu einer besseren Speicherung von Kommunikationsinhalten, sodass dieses Modell die Empfehlung integrierter, multisensueller Kommunikation beinhaltet.

Multiplikatoren – sind Mitglieder einer → Dialoggruppe, die → Informationen und Meinungen aufgrund ihres Berufes und/oder ihrer Funktion in der Gesellschaft an andere weitergeben und damit die Wahrnehmung sowie das Handeln im Umfeld beeinflussen. Die

→ Medienarbeit ist ein Beispiel für die gezielte Ansprache von Journalisten als Multiplikatoren. Auch → Blogger, Ärzte, → Nachrichtenagenturen und Politiker gelten als wichtige Multiplikatoren.

multisensuelle Kommunikation – bedeutet, mit → Kommunikation alle Sinnesorgane des Menschen (z.B. Text, Bild, Ton, Geruch am Point of Sale) etwa für die → Markenführung stimmig anzusprechen. Es ist eine Dimension der → integrierten Kommunikation.

Mund-zu-Mund-Propaganda – Prozess der direkten persönlichen Kommunikation z. B. zwischen Mitarbeitern oder Konsumenten innerhalb bestimmter → Gruppen als informelle → Kommunikation über → Marken, Produkte, Dienste und Unternehmen auf Basis von sozialen → Ansteckungseffekten.

n:n-Kommunikation – bezeichnet nach einer Struktur von → Döring die Kommunikation in und von Gruppen mit n = Anzahl der Gruppenmitglieder im Gegensatz zur → 1:1-Kommunikation (Individualkommunikation; → persönliche Kommunikation) und → 1:n-Kommunikation (→ Massenkommunikation), die synchron (zeitgleich: z.B. Instant Messaging) oder asynchron (z.B. E-Mail) erfolgt.

Nachbarschafts-PR – ist als Teil der → Standort-PR das → PR-Management im lokalen Umfeld einer Organisation, um → Beziehungen zu Bürgern, Vereinen, Unternehmenund und anderen Nachbarn aufzubauen mit dem Ziel, die → Reputation zu steigern.

Nachhaltigkeitskommunikation – bezeichnet die ressourcenschonende generationengerechte Wirtschaft mit der angestrebten Win-Win-Situation von Ökonomie und Ökologie. Dieser Gedanke steckt auch in der → Corporate Social Responsibility, der gesellschaftlichen Verantwortung von Unternehmen, die auch soziale Aspekte beinhaltet. Für das → PR-Management ist die Dokumentierfähigkeit authentischer → Leistungsversprechen nachhaltiger → Marken zentral, um → Images und → Reputation prägen zu können.

Nachricht – stellt einen Sachverhalt kurz und ohne Wertung dar und bildet die Grundform des Journalismus als Basis für den ausführlicheren Bericht. Sie beantwortet die journalistischen „W-Fragen"

und prägt mit dem → Nachrichtendreieck die Struktur einer → Pressemitteilung.

Nachrichtenagenturen – spezialisierte Unternehmen, die → Nachrichten sammeln, auswerten, ggf. verdichten und zur Veröffentlichung an die Presse weitergeben. Durch ihre Bedeutung als Nachrichtengeber für die → Presse sind sie eine wichtige → Zielgruppe der → Medienarbeit. Die Deutsche Presseagentur (dpa) ist die größte deutsche Nachrichtenagentur.

Nachrichtendreieck – kennzeichnet den Aufbau von Pressemitteilungen und Berichten entlang der Bedeutung von → Nachrichten. Idealerweise eröffnen sie mit den wichtigsten Informationen , die in der Spitze der Pyramide als Titel zusammengefasst werden, und werden nach hinten weniger wichtig. Zum Teil wird dieses Dreieck auch als umgekehrte Pyramide dargestellt, wobei die breite Oberseite die gehaltvollen Nachrichten zu Beginn symbolisiert.

Nachrichtenfaktoren – bestimmen normativ den journalistischen → Nachrichtenwert von → Pressemitteilungen und strukturieren deren Aufbau, indem die wichtigsten Informationen zuerst genannt werden, sodass Journalisten von hinten streichen können. Es werden harte Nachrichtenfaktoren (Ausmaß, Nähe, Aktualität) und weiche Nachrichtenfaktoren (Human interest – allgemeines Interesse wie z.B. Liebe, Lifestyle, Prominente) unterschieden, die als Kriterien des → Qualitätsjournalismus gelten.

Nachrichtenquadrat → 4-Ohren-Modell.

Nachrichtenwert – bestimmt das bewertete und angenommene Interesse der Rezipienten eines Mediums für eine → Nachricht anhand von → Nachrichtenfaktoren und damit die Wahrscheinlichkeit der Veröffentlichung.

Name – ist die kennzeichnende Benennung von Unternehmen, Produkten oder Marken (→ Markenname).

Namensbeitrag – bezeichnet die redaktionelle Veröffentlichung unter dem Namen des Autors z.B. in einer Zeitung oder im Internet, der nicht der Redaktion angehört, z.B. ein Experte oder eine Führungspersönlichkeit. Namensbeiträge sind ein Instrument der → Medienarbeit und können dem → CEO-Positioning und/oder allgemein der → Reputation dienen.

Naming – bezeichnet den Prozess der Entwicklung von Produkt-, Unternehmens- und → Markennamen.

Narrative Posts – bezeichnen → Postings in → Social Media mit Erzählcharakter. Sie bilden eine personalisierte Form von Internetbeiträgen, die als angewendetes → Storytelling im Handlungsfeld von → Blogger Relations verstanden werden können.

Narratives Management – von lat. „erzählen"; bezeichnet eine → Methode des → PR-Managements, → Botschaften mit → Stories vereinfachend zu transportieren.

Narrow-Casting – engl. „Nischenprogramm"; bezeichnet (1) im Gegensatz zum → Broadcasting eine Übertragungsmethode, die auf ein Nischenpublikum ausgerichtet ist. So gelten Angebote im Internet, → Podcasts und Streaming-Medien als Beispiele für Narrow-Casting; (2) bezeichnet Spotwerbung, die in dem Spot eine inhaltliche Thematik des Programms aufgreift, in das sie eingebettet ist, z.B. → Werbung für ein Kosmetikprodukt als Unterbrecher einer Model-Castingshow.

Nation Branding – bezeichnet die Übertragung und Anwendung der → Markenführung auf Länder, Staaten und Nationen, was aufgrund der Vielzahl der Handelnden in Bezug auf den Managementprozess kritisiert wird, im Ergebnis aber das → Image auf Basis der gemeinsamen Außendarstellung aller Akteure eines Landes prägt.

Native Advertising → native Werbung.

native Werbung – von lat. „natürlich"; bezeichnet Formen der Werbung v.a. im Internet, die sich als natürliches Element in den Content fügt, der sie umgibt, bspw. mit → Sponsored Posts in → Social Media. Das Ziel ist, den Lesefluss nicht zu unterbrechen und den Effekt von Werbung als störendes Element zu senken.

negative Kommunikation → Kommunikation.

Negativkampagne – bezeichnet die unethische Methodik einer → Kampagne, einen Wettbewerber (z.B. am Markt, in der Politik) zu diffamieren.

neo-institutionalistische PR-Theorie – bezeichnet eine in Deutschland sich erst noch abzeichnende Richtung der soziologisch geprägten PR-Forschung. Die Soziologie nimmt im Gegensatz zu den klassischen Wirtschaftswissenschaften an, dass Institutionen einzelne Mitglieder einer Gesellschaft beeinflussen, sodass Institutionen das Verhalten Einzelner einerseits erst ermöglichen, andererseits aber auch einschränken. Ein wesentlicher Aspekt ist das sogenannte organisationale Feld, in dem sich eine bestimmte Organisation bewegt und der Bezugsrahmen für viele empirische neo-institutionalistische Forschungen ist. Untersucht man ein Unternehmen, so besteht das organisationale Feld bspw. aus Wettbewerbern, Zulieferern, Kunden und/oder politischen Instanzen, das für das PR-Management etwa zur → Legitimität als erfolgskritische Größe führt. Abstrakt kommt es zwischen diesen Organisationen zu Strukturangleichungsprozessen, die die empirisch-orientiere neo-institutionalistische Forschung untersucht. Der Zusatz „neo" betont die Mulitkontextualität, die die Entwicklung und Wirkung von Institutionen prägt im Gegensatz zu herkömmlich institutionalistischer Soziologie, die sich implizit oder explizit an ökonomischen Theorien, Ideen oder Erfordernissen orientieren. – Der Institutionalismus fasst den Institutionenbegriff meist sehr weit. Er umfasst nicht nur Organisationen wie Unternehmen oder die Politik, sondern auch Regeln wie Gesetze oder Normen. Hier liegt zugleich eine wichtige Unterscheidung zur → Systemtheorie, die v.a. Niklas → Luhmann bekannt gemacht hat. Während Institutionen im Neo-Institutionalismus ein nicht abschließend definierter und bewusst offener Begriff für konzeptionelle Anpassungsfähigkeit darstellt, hat Luhmann versucht, Systeme als funktionsgebundene Sinneinheiten einer Gesellschaft mit einer durchgängigen Logik zu definieren.

Nessmann, Karl – geb. 1956; Dr. phil. Karl Nessmann ist Assistenz-Professor für Organisationskommunikation an der Universität Klagenfurt.

Netiquette – von engl. net, „Netz" und franz. étiquette, „Umgangsformen"; bezeichnet als Kunstwort und selbst entwickelte Regeln die politisch korrekten Umgangsformen im Internet wie Höflichkeit, Beachtung voriger Threads, sprachliche Richtigkeit und Zurückhaltung u.a.m.

Netizen – Kofferwort aus engl. internet und citizen; bezeichnen Internetnutzer als Netzbürger, die viel Zeit im Internet verbringen und damit für das → PR-Management → Stakeholder bspw. als → Blogger sein können.

Netnography – Kofferwort aus engl. „internet" und „ethnography"; bezeichnet eine beobachtende Forschungsmethode, die das Verhalten (z.B. Interaktion, Kommunikation, Kauf) von → Communities im Internet untersucht und damit Grundlagen für die Konzeption von → PR-Instrumenten liefert.

Nettoreichweite – bezeichnet die Anzahl der Personen, die von einem Werbeträger mind. einmal erreicht werden. Doppel- und Mehrfachkontakte werden nicht berücksichtigt im Gegensatz zur Bruttoreichweite. Sie ist ein Maß für die Mediaplanung z.B. als Argument für die Höhe der Werbekosten eines Senders.

Nettostundenreichweite – bezeichnet die Anzahl der Hörer, die an einem bestimmten Sendetag in einem bestimmten Zeitabschnitt eine Stunde lang einen bestimmten Sender eingeschaltet haben. Sie ist je nach Tageszeit unterschiedlich hoch. Die Nettostundenreichweite ist ein Maß für die Mediaplanung z.B. als Argument für die Höhe der Werbekosten eines Senders.

Netzbürger → Netizen.

Netzwerk → soziales Netzwerk.

Netzwerk-Journalismus → Bürgerjournalismus.

Neuberger, Christoph – geb. 1964; Dr. phil. habil. Christoph Neuberger ist Professor für Kommunikationswissenschaften an der Ludwig-Maximilians-Universität München.

Neue Institutionenökonomik → Institutionenökonomische PR-Theorie.

neue Medien – bezeichnen zeitgeistabhängig unterschiedliche Medieninnovationen, die derzeit im Gegensatz zu den → klassischen Medien computer-gestützte Medien für die → Kommunikation digitalisierter Informationen umfassen und damit auch für → Multimedialität stehen. Für das → PR-Management sind hier z.B. Digitalfernsehen, Internet oder Computerspiele relevant.

Neurokommunikation – bezeichnet Erkenntnisse aus den Neurowissenschaften v.a. als apparative Gehirnforschung für die Kommunikation zumeist mittels der Messungen der Gehirnaktivitäten durch einen Magnetresonanztomograf, also mit Medizintechnik als bildgebendes Verfahren. Die Scans des Gehirns zeigen mit Farbgebungen, dass dort in bestimmten Arealen unterschiedliche Aktivitäten stattfinden, aber nicht, was welche Hirnaktivitätsintensität bedeutet. Dabei wird das → Limbische System als Teil des Hirns identifiziert, das für die Steuerung emotionaler Prozesse und unbewusster Entscheidungsprozesse zuständig ist und damit auch für Kaufentscheidungen. Die Darstellung von Produkten, mit denen sich ein Proband stark identifiziert, löst eine erhöhte Hirnaktivität aus. Hieraus werden bisher meist wenig fundierte Empfehlungen für das

Kommunikations- und Verhaltensmanagement, das Marketing, den Verkauf und andere kommunikationsnahe Handlungsfelder abgeleitet.

Neurolinguistische Programmierung (NLP) – bezeichnet ein vielfach angewendetes (z.B. Rhetorik-, Verkaufs-, Verhandlungstrainings), aber auch kritisiertes Modell von Richard Bandler und John Grinder, das sich mit dem Zusammenhang von Körper, Sprache und Denken unter der Leitfrage befasst, was einen guten Kommunikator erfolgreich macht. „Neuro" bezeichnet die neurologischen Prozesse, die im Gehirn eines Menschen ablaufen. „Linguistisch" steht für die Sprache. „Programmieren" steht für menschliches Lernen. Im Ergebnis enthält NLP eine Vielzahl von Methoden, Ansätzen und Regeln (z.B. → Ankern, → Pacing) zur Verbesserung der → Kommunikation.

New-School-PR – von engl. „neue Schule der PR"; uneinheitlich verwendeter Begriff zur Kennzeichnung von Fortentwicklungen des → PR-Managements, (1) die mit der → Social Media-PR, → Social Media Newsrooms und → Blogger Relations, → Mobile PR und → App-PR v.a. das → Reputationsmanagement mittels neuerer technologischer Kanäle erfasst; (2) die mit dem Verlust des Informationsmonopols von Journalisten und dem direkten Zugang zu den Teilöffentlichkeiten im Web 2.0 entstehende neue Form der Ansprache der relevanten Dialoggruppen und damit eine mehr informierend-unterhaltende Aufbereitung von → Botschaften, sodass im Gegensatz zur „Old-School-PR" die herkömmliche → Medienarbeit mit → klassischen Medien und journalistischen Anforderungen abnehmen; (3) die aufgrund der technischen Möglichkeiten des Web 2.0 methodisch-instrumentelle Konvergenz von PR, Marketing und Werbung versteht und damit auch die Verkaufsbeiträge des PR-Managements und damit eine Diskussionsform der → integrierten Kommunikation ist.

Newsletter – engl. „Informationsschreiben"; bezeichnet innerhalb des → Corporate Publishing ein kurzes, aktuelles → Medium mit dem Ziel, den Kontakt zu definierten → Dialoggruppen (z.b. Kundennewsletter, Mitarbeiternewsletter) mit für sie interessanten → Content stetig zu erneuern.

Newsroom → Social Media Newsroom.

Newswert → Nachrichtenwert.

NGO → Non-governmental Organisations.

Nielsen-Gebiete – bezeichnet die Aufteilung Deutschlands des Marktforschungsinstituts Nielsen in z.Zt. sieben Regionen, innerhalb derer sich das Verbraucherhalten ähnelt v.a. im Hinblick auf die durchschnittliche Kaufkraft. Sie dienen als eine Information in der Planung von Marktforschung und Werbung. Viele → Werbeträger weisen ihre → Mediadaten nach Nielsen-Gebieten aus.

NLP → Neurolinguistische Programmierung.

No-badge-Kommunikation – engl. „ohne Kennzeichnung"; verdeckte PR-Aktivitäten, bei denen der Absender (anonyme Blogbeiträge, Leserbriefe, vorgebliche Befragungen usw.) nicht erkennbar ist.

Noelle-Neumann, Elisabeth – 1916-2010; Professorin für Publizistik und Gründung des Instituts für Demoskopie

Allensbach, das erste deutsche Meinungsforschungsinstitut.

Non-governmental Organisations (NGO) – Nichtregierungsorganisationen, die ihr Selbstverständnis in der Interessenvertretung von Bürgeransprüchen (z.B. Gesundheit, Menschenrechte, Verbraucherschutz) sehen und damit organisatorischer Ausdruck für das → Stakeholdermanagement von Unternehmen sind (siehe → Non-Profit-PR). Es wird eine Vielzahl von Bindestrich-NGO unterschieden (z.B. → Bongo, → Gongo).

Non-Profit-Organisation (NPO) – Organisationen, deren erste Zielsetzung nicht die Gewinnerwirtschaftung ist, sondern in anderen Zielen in Bereichen wie Gesundheit, Menschenrechte, Verbraucherschutz, Naturschutz oder Sport liegen. Das Instrumentarium von → Non-Profit-PR unterscheidet sich nicht systematisch von PR für Unternehmen, jedoch ergeben sich durch die Arbeit mit dem Geld Dritter oft andere Ansprüche, die insbesondere Anforderungen an die → Transparenz im Umgang mit Spenden und öffentlichen Zuwendungen betrifft. Erstes Abgrenzungskriterium von Non-Profit-Organisationen ist das Erfolgskriterium der Nicht-Gewinnerzielung im Gegensatz zu Nichtregierungsorganisationen, die ihren Auftrag meist in der regierungsneutralen Interessensvertretung und damit im Politischen sehen.

Non-Profit-PR – Das Instrumentarium von → Non-Profit-PR unterscheidet sich nicht systematisch von PR für Unternehmen, jedoch ergeben sich durch die Arbeit mit dem Geld Dritter besondere Anforderungen an die Transparenz (Mittelverwendung) und damit an die Bildung der → Marken, etwa für die Erteilung von Spendensiegeln. Zudem ergibt sich eine besondere Rolle der PR für die Akquise von Spendengeldern (→ Fundraising), dessen Gegenstück auf Unternehmensseite das → Sponsoring bildet. Darüber hinaus haben Non-Profit-Organisationen als Protestgruppen – v.a. im Bereich von Arbeitnehmer- und Menschenrechten, aber auch im Natur- und Tierschutz – das Potenzial, Druck auf Unternehmen auszuüben, sodass aus Unternehmenssicht die → Krisenkommunikation und das → Issues Management bei der NPO-PR von Bedeutung sind. Sie werden in der Praxis v.a. als → Non-governmental Organisations bezeichnet.

non-verbale Kommunikation – umfasst alle Formen der nicht sprachlichen und damit z.T. unbewussten Kommunikation. Dazu zählen oft → Gestik und → Mimik, aber auch wahrnehmungsrelevante Handlungen (z.B. der Umgang mit Kundendaten, die Höhe von Managementgehältern), die oft relevant für das → Image und die → Reputation sind.

Nordisches Format – gehört neben dem Berliner und Rheinischen Format zu den drei führenden Zeitungspapierformaten (400 x 570 mm).

Not-Invented-Here-Syndrom – engl. „Nicht-hier-erfunden-Syndrom"; bezeichnet eine Abwehrhaltung von → Gruppen (z.B. Teams, Standorte, Unternehmen) gegen Innovationen, die von außen in deren Unternehmen eingebracht werden sollen. Das Syndrom beinhaltet einerseits eine Schutzfunktion zur Erhaltung der eigenen Innovationsleistung, stellt andererseits aber einen Ausdruck des → Widerstands gegen Neuerungen und damit ggf. auch gegen → Beratung dar. Für das → PR-Management bedeutet

dieses Syndrom daher je nach Ausprägung ein Handlungsfeld der → Innovationskommunikation und/oder → Change Communications.

Novizen-Experten-Paradigma – beschreibt nach Dreyfus/Dreyfus fünf Stufen der Kompetenzentwicklung vom Anfänger (Novize), fortgeschrittener Anfänger, Kompetente, Gewandte bis zum Experten. V.a. für die → Innovationskommunikation und → Change Communications sind diese Stufen relevant, um von der → Persönlichkeit der Mitglieder in den relevanten (internen) Dialoggruppen abhängige Ziele der Kommunikation zu entwickeln.

NPO – → Non-Profit-Organisation wie Vereine und Verbände, für die sich das Arbeitsfeld der → Non-Profit-PR entwickelt hat.

Nudging – engl. „(an-)schubsen"; bezeichnet eine selbstmotivierende Methode zur Entscheidungsfindung von Thaler/Sunstein, das auf das Prinzip rational-träger Entscheidungsvorbereitung setzt, sodass sich Personen oder → Gruppen mit einem „Schubs" in die geplante Richtung lenken lassen. Beispiel Organspende: Statt einer dafür notwendigen Zustimmungserklärung wird eine Widerspruchserklärung empfohlen mit dem Ziel, die Anzahl der Organspenden zu erhöhen. Nudging ist für das PR-Management ein Prinzip der → Didaktik, das in allen Bereichen der Kommunikation mit selbstmotivierenden Elementen arbeitet.

Nullnummer – *Dummy*; bezeichnet im → Corporate Publishing die Ausgabe einer neuen Zeitung oder Zeitschrift, die vor der ersten offiziellen Ausgabe kostenfrei aufgelegt wird, z.T. mit dem Ziel, Anzeigenkunden zu gewinnen.

Nutzen – bezeichnet den Grad der subjektiv empfundenen Befriedigung von → Bedürfnissen. Unterschieden werden der persönliche und psychologisch begründete Grundnutzen (Grundbedürfnisse wie Sicherheit, Selbstbestimmung, sinnlich-ästhetischer Nutzen wie Design, Schönheit; hedonistischer Nutzen wie Freude, Vergnügen), funktionaler Nutzen (physikalische-technischer Nutzen; ökonomischer Nutzen – z.B. Preis-Leistungsverhältnis) sowie sozialer Nutzen (z.B. Prestige, Dazugehörigkeit).

Nutzenkommunikation – betont in Handlungsfeldern wie der → Produktkommunikation und im Gegensatz zur oft abschlussorientierten → Vertriebs-PR die Erarbeitung von → Content aus Sicht der relevanten → Stakeholder und erfordert, die herkömmliche geplante Kommunikation im Management um den emotionalen Zusatznutzen von Marktleistungen zu erweitern.

nutzergenerierte Inhalte → User Generated Content (UGC).

Oeckl, Albert – 1909–2001; hat den Begriff „Öffentlichkeitsarbeit" maßgeblich geprägt, der oft mit → Public Relations übersetzt und auch hierzulande so bezeichnet wird. Er war u.a. beim Deutschen Industrie- und Handelskammertag (DIHT) und der BASF für die Öffentlichkeitsarbeit verantwortlich. Er gilt v.a. als PR-Praktiker und hat für die → PR-Theorien den Ansatz einer → wohlfahrtsökonomischen PR-Theorie aufgezeigt.

Öffentliche Beziehungen – wörtliche Übersetzung von „Public Relations" (→ Beziehungen).

Öffentliche Kommunikation – bezeichnet Kommunikation, die für jedermann zugänglich ist und v.a. mittels der → Medienkommunikation und → Massenkommunikation stattfindet. Sie gilt in den Kommunikationswissenschaften als Komponente der Öffentlichkeit. Begriffstheoretisch ergibt sich wie bei der Massenkommunikation die Kritik, dass Wahrnehmung individuell ist. Wenn Kommunikation auch Wahrnehmung enthält, kann es öffentliche Kommunikation streng genommen nicht geben.

Öffentliche Meinung – bezeichnet im Gegensatz zur → privaten Meinung, die in der → Öffentlichkeit vorherrschende Meinung als gemeinschaftliche Wertung und Haltung zu einem Thema. Sie hat mind. drei unterschiedliche Bedeutungen im PR-Kontext: (1) die öffentliche Meinung als Kontrollinstanz und verknüpft mit → sozialer Kontrolle als Ergebnis von → Ethik. Diese Form öffentlicher Meinung liegen

viele kommunikationswissenschaftliche → PR-Theorien zu Grunde, indem sie Public Relations als Instanz zur Herbeiführung von → Legitimität unternehmerischen Handelns auffassen. (2) Als Komponente der → Systemtheorie zur Irritation und (Selbst-)Beobachtung von → Systemen. (3) Die öffentliche Meinung als Ergebnis der Meinungsforschung als zu ermittelnde Verteilung von Meinungen in analysierten Teilen der Bevölkerung mithilfe der empirischen Sozialforschung. – Der Begriff „öffentliche Meinung" gilt als einer der am meisten zitierten und zugleich umstrittenen Begriffe der Massenkommunikationsforschung, da es sie in einer Gesellschaft von → Stakeholdern mit unterschiedlichen Werten nur im Spezialfall geben kann.

Öffentliches Vertrauen → Theorie öffentlichen Vertrauens.

Öffentlichkeit – traditionsreicher und vielfach diskutierter Begriff sowie Begriffsgeber der „Öffentlichkeitsarbeit" als deutsche Übersetzung von → „Public Relations". Die „Öffentlichkeit" bezeichnete ursprünglich den Raum jenseits des Privaten zur Prägung der sogenannten → öffentlichen Meinung mittels → Massenkommunikation. Normativ dient Öffentlichkeit in der soziologisch-kommunikationswissenschaftlichen Diskussion allen Bürgern als demokratisches und herrschaftsfreies Forum (Habermas) zum Austausch von Argumenten mit dem Ziel, zu einem Konsens zu kommen, sodass → Public Relations normativ die Funktion des → Dialogs zugeschrieben wird.

Heute wird im → PR-Management zunehmend angenommen, dass es die „eine" Öffentlichkeit bestenfalls im Ausnahmefall stakeholdergruppen-übergreifender Themen geben kann, wie im Falle weitreichender → Krisen oder → Skandale, sodass von → Teilöffentlichkeiten („publics") ausgegangen wird.

Öffentlichkeitsarbeit → Public Relations.

Off-site-Event/-Meeting – engl. Veranstaltung außer Haus; bezeichnet (1) Meetings bzw. Events, die außerhalb des Firmengebäudes aus Gründen der Ungestörtheit, Diskretion, Inspiration und/ oder Motivation stattfinden und deshalb (2) z.T. auch inoffizielle Zusammenkünfte.

off the record – engl. „unter uns gesagt"; bezeichnet im → PR-Management die Weitergabe vertraulicher Hintergrundinformationen an Journalisten, so dass die Informationen nicht genutzt werden dürfen. Üblich ist die Kennzeichnung des Vertraulichkeitgrades auf der → Bundespressekonferenz mit der Benennung „unter 1", „unter 2" und „unter 3" (=off the record).

Ökonomie der Aufmerksamkeit – bezeichnet nach Georg Franck (1998) und Richard Lanham (1994: Economies of Attention), die voneinander unabhängig zum gleichen Thema veröffentlichten. Sie verstehen nicht mehr die Information als knappes Gut, sondern die Aufmerksamkeit. Reputation wird als eine Form der Aufmerksamkeit aufgefasst. Reputation gilt hier als neues Kapital, sodass PR-Management als Management der → Reputation eine kapitalmehrende Funktion zukommt.

Old-School-PR – engl. „alte Schule der PR"; → New School-PR.

Olfaktorik – von lat. olfacere, „riechen"; meint die Ansprache des Geruchssinns und ist Teil der → multisensuellen Kommunikation, die v.a. in der → Produktkommunikation (z.B. die Beduftung des → Point of Sale im Einzelhandel, der Geruch von Autoinnenräumen) aber auch im Rahmen von → Life-Communications (Gerüche auf Ausstellungen) von Bedeutung ist.

Omnibusumfrage → Busumfrage.

Omnicom – führendes → Agentur-Netzwerk.

One-on-One – engl. kurz für „Einzel(-gespräch"; bezeichnet v.a. im Rahmen der → Investor Relations Einzelgespräche mit (möglichen) Investoren oder → Analysten.

One-Voice-Policy – bezeichnet den strategischen Ansatz zur Umsetzung der → integrierten Kommunikation, als Unternehmen mit „einer Stimme" (von engl. one voice) zu sprechen mit dem Ziel, konsistente Botschaften zu senden. Sie wird oftmals kritisiert, da sie der Anforderung der Authentizität von PR-Managern entgegenstehen kann.

Online-Kommunikation – umfasst als Oberbegriff die unterschiedlichen Kommunikationsdisziplinen im Internet wie z.B. die → Online-PR.

Online-Medien – auf dem Internet basierende Medien mit den Kennzeichen der Multimedialität (Verknüpfung von Text, Bild, Film und Ton), der maschinellen Interaktivität (Grad der Beeinflussbarkeit der Informationssituation durch den Nutzer) und der sozialen Interaktivität (gegenseitige Beeinflussung der Internet-nutzer).

Online-PR – ist die Kommunikation einer Organisation über oder durch das Internet. Mit dem → Web 2.0 wird die Bedeutung von → Stakeholdern besonders sichtbar, da → Social Media die Geschwindigkeit von → Ansteckungseffekten abbilden, sodass die Online-PR als → interaktive PR zu einer Aktualisierung der Bedeutung von PR-Management geführt hat. Die → Krisenkommunikation, der Aufbau und die Führung von → Marken sowie die → Medienarbeit haben besondere Bedeutung innerhalb der Online-PR.

Online-Reputationsmanagement (OMR) – bezeichnet die Übertragung von → PR-Management als → Reputationsmanagement auf das Internet und bedeutet neben der → Corporate Behaviour als Basis die Anwendung von → Online-PR mit Handlungsfeldern wie → Content-Strategien, → Blogger-Relations, → Social Media Relations und → Suchmaschinenoptimierung mit dem Ziel, einen guten Ruf in der → Blogosphäre aufzubauen bzw. zu erhalten.

Onomatopoesie – Lautmalerei mit einer auffälligen Häufung von gleichen Vokalen als wichtiges Prinzip beim → Naming (z.B. Black-und-Decker, Knack- und Back von Kraft).

On-Set-Placement – bezeichnet eine Form der → Produktplatzierung in Filmen oder Spielen, das zwar gezeigt wird aber im Gegensatz zum → Situation Placement die Handlung nicht beeinflusst.

Open Market – der Freiverkehr wurde im Oktober 2005 in Open Market umbenannt. Hier tätige wertpapierbegebende Institutionen müssen im Gegensatz zu Unternehmen am → regulierten Markt keinen Börsenzulassungsprospekt veröffentlichen und unterliegen nicht der Pflicht zur → Ad-hoc-Publizität. Für das Management von → Image und → Reputation sind hier umso größere Anstrengungen zu unternehmen.

Open-Source-Journalismus → Bürgerjournalismus.

Open Space – Konferenzmethode für Großgruppen, die Harrison Owen bekannt gemacht hat und dem Selbstorganisationsprinzip folgt (→ BarCamp). Für das → PR-Management ist diese Konferenzmethode angewandter → Dialog und ein Instrument der → Veranstaltungskommunikation.

Opinion Leader → Meinungsführer.

Organisation – bezeichnet in Unternehmen (1) im Ergebnis die arbeitsteiligen Regelungen, die die Leistungserbringung ordnen und (2) als Prozess die Analyse, Planung und Etablierung von (1). Unterschieden werden grundlegend die Primär- und Sekundärorganisation, die Institutionen zu dualen Organisationen machen. Die Primärorganisation bezeichnet die formelle Struktur einer Institution (z.B. Unternehmen, Verbände), die sich in Einheiten wie Standorten, Abteilungen, Teams oder Stellen visualisiert im Organigramm niederschlagen. Aus Sicht des → PR-Managements findet hier die formelle → interne Kommunikation zur Koordination hierarchischer → Beziehungen statt. Die Sekundärorganisation überlagert und ergänzt die Primärorganisation und findet in Orientierungen Ausdruck wie bspw. die Produkt-, Produktions- oder Marketingorientierung.

Aus Sicht des PR-Managements entfalten hier v. a. die → Corporate Identity und → Unternehmenskultur Wirkung, die mit → PR-Instrumenten der internen Kommunikation beeinflusst werden können.

organisationales Feld → neo-institutionalistische PR-Theorie.

Organisationskommunikation – wird z. T. weitreichend als → Kommunikation mit, von, in und über Organisationen bezeichnet. Organisationskommunikation gilt als Dachbegriff unterschiedlicher institutioneller Kommunikationsbegriffe, der je nach sie betreibende Institution z. B. die Unternehmenskommunikation (→ Corporate Communication(s)), → politische Kommunikation oder → Verbandskommunikation bildet. Der Organisationsbegriff beinhaltet nicht nur eine institutionelle, sondern auch eine organisatorische Komponente, die von Kommunikation geprägt wird (→ Communication Constitutes Organizations). Dazu gehören auch die internen/externen Interaktionen, die den Begriff der handlungsorientierten Kommunikation betont. Auch Bereiche wie die linguistisch-sprachlichen Prozesse und Kompetenzen gehören zu dieser Art von Organisationskommunikation, die in im → PR-Management eine eher untergeordnete Rolle spielen.

Organisationskommunikation zur Beobachtung und Steuerung des Risikos – bezeichnet eine → PR-Theorie von Nikodemus Herger, der im Anschluss an Niklas → Luhmann von der Organisationskommunikation als eigenständiges, geschlossenes Funktionssystem zur Begrenzung von Organisationsrisiken ausgeht. Mit der zunehmenden Komplexität der Umwelt besteht es

v. a. in einem Selektionsrisiko von der Art und Inhalt der Kommunikation. Die Organisationskommunikation folgt unterschiedlichen → Codes, wobei die transaktionsorientierte Marktkommunikation sich ausschließlich am Primärcode (Gewinn, Rendite) orientiert und Public Relations sich zusätzlich am Sekundärcode legitim/nicht-legitim orientiert. Diese Struktur führt zu einem Vierfelder-Beobachtungsrahmen mit (1) der Angebots-Marktkommunikation (Kommunikationsentscheidungen über Produkte- und Dienstleistungsthemen); (2) der Angebots-Public-Relations (Kommunikationsentscheidungen, die sich an Anspruchsgruppen richten, um die Akzeptanz von Produkten und Leistungen der Organisation zu erhöhen); (3) Organisationsmarkt-Kommunikation (handlungsrelevante Entscheidungen, wie Marke, Organisationspolitik usw.) und (4) Organisations-Public Relations (Kommunikationsentscheidungen, die sich an Anspruchsgruppen richten).

organische Suchergebnisse – *Organic Content*; bezeichnet die Treffer von Internetsuchmaschinen, die durch die redaktionelle Relevanz zustande kommen im Gegensatz zu bezahlten Treffern (Paid Content). Diese Begriffe sind für die Suchmaschinenoptimierung von Websites relevant und damit Teil der → Online-Kommunikation und hier der → Suchmaschinenoptimierungs-PR.

Originaltextservice – ist ein Nachrichtenveröffentlichungsdienst über www. presseportal.de und andere Kanäle der DPA-Tochter newsaktuell.

ORM → Online-Reputationsmanagement.

O-Ton – Abk. für „Originalton"; bezeichnet in Radiobeiträgen Passagen mit den Aussagen von Interviewten (z.B. Experten, Betroffenen, Fachleuten) oft mit → Atmo, um Radiobeiträgen mehr Abwechslung und Authentizität zu verleihen. Als → O-Ton-Service sind sie ein Beispiel für → Footage-Material und ein wichtiges → PR-Instrument der → Hörfunk-PR.

O-Ton-Service – bezeichnet die Bereitstellung von → O-Tönen im Rahmen der → Hörfunk-PR z.B. von Experten oder Prominenten für Radiosender, die hieraus eigene Berichte erstellen. Unternehmen haben so eine Möglichkeit, Fachthemen im Radio zu platzieren.

OTS → Originaltextservice.

Outclime-Ebene – bezeichnet die Ebene des Meinungsklimas als Determinante Kommunikationswirkung (→ PR-Controlling) in dem PR-Controlling-Ansatz → Die unsichtbaren Dritten.

Outcome-Ebene – bezeichnet die Ebene der Einstellungsänderung der Kommunikationswirkung (→ PR-Controlling).

Outflow-Ebene – bezeichnet die betriebswirtschaftliche Ebene der Kommunikationswirkung (→ PR-Controlling), z.B. der Kauf eine Produkts durch eine PR-Kampagne.

Outgrowth-Ebene – bezeichnet die erreichte Image-/Markenwirkung der Kommunikation (→ PR-Controlling), die z.T. mit der erreichten Wahrnehmungsänderung (Outtake-Ebene) zusammengefasst wird.

Outlook-Ebene – bezeichnet in Ergänzung und in Kritik der → Output-, → Outcome- und → Outflow-Ebene des → PR-Controllings die

Ex-ante-Berücksichtigung der Ansprüche strategischer Stakeholder zur Durchsetzung einer → Communicative Governance.

out-of-pocket expenses – engl. „Spesen"; bezeichnet die Auslagen für Fahrtkosten, Telefonie, Kopien usw. die im Auftragsverhältnis mit → Agenturen im → Agentur-Vertrag geregelt werden.

Outplacement – von engl. „Außenvermittlung"; bezeichnet eine Variante der Personalfreisetzung oft bei Führungskräften des oberen oder mittleren Management mit Beratung und Betreuung und dem Ziel, eine faire Lösung in Trennungssituationen zu finden. Im Rahmen von → Change Communications kann Outplacement ein wichtiger Faktor zur Vermeidung von Widerstandspositionen sein.

Output-Ebene – bezeichnet die Ebene der Informationsbereitstellung der Kommunikationswirkung (→ PR-Controlling).

Outtake-Ebene – bezeichnet die Ebene mit der Wahrnehmungsänderung der Kommunikationswirkung (→ PR-Controlling). Sie wird z.T. mit der → Outgrowth-Ebene zusammengefasst.

Owned Media – von engl. „eigene Medien"; bezeichnet in der Klassifizierung der möglichen Medienpräsenz die eigenen Medien (z.B. → Corporate Blogs oder Kundenzeitschriften) im Gegensatz zu → Earned Media und → Paid Media.

P

P2P – (1) Peer-to-Peer-Kommunikation, → Bürgerjournalismus (2) Public-to-Private-Transaktionen (→ Public to Private).

Pacing – engl. „im Gleichschritt gehen"; bezeichnet als Kommunikationsinstrument der → Neurolinguistischen Programmierung (NLP) sich durch wahrnehmbares Verhalten (z. B. Körperhaltung, Sprachstil, Sprechtempo) einer Person z.B. im Gespräch (z.B. → Dialog, Verkauf, Verhandlung) anzupassen mit dem Ziel, → Sympathie auf Basis wahrgenommener Ähnlichkeit aufzubauen.

Packaging – bezeichnet die markengerechte Gestaltung von Produktverpackungen mit dem → Packungsdesign als zentrales Handlungsfeld.

Packungsdesign – bezeichnet die Gestaltung der → Verpackung von Produkten. Als Kommunikationsinstrument sind sie Teil der → Markenkommunikation und der Produktpolitik im Marketing-Mix. Das Packaging als Prozess des Packungsdesigns muss v.a. den Informationsgehalt, die Handhabung und Funktionalität, die vermittelte Produktqualität, Aufmerksamkeitswerte, die emotionale Akzeptanz und die Kompatibilität zur Marke berücksichtigen mit dem Ziel, Beiträge zur Kaufbereitschaft zu leisten.

Paid Media – von engl. „bezahlte Medien"; bezeichnen in der Klassifizierung der möglichen Medienpräsenz die herkömmliche bezahlten Formen (z.B. Werbung in Form von Anzeigen, bezahlten Suchergebnisplatzierungen) in Printmedien, Radio oder Fernsehen im Gegensatz zu → Earned Media und → Owned Media.

Palindrom – sind besondere Produkt-, Unternehmens- oder Markennamen, die vorwärts und rückwärts gleich lesbar sind. Beispiele: Maoam, Uhu.

Parasitic Marketing → Ambushing.

Parkos – Abk. für „partizipative Konsumenten"; bezeichnet mit der Agentur Zucker (2009) einen Konsumententyp, der als Schnittmenge aus → Lohas (Lifestyle of Health and Sustainability) und intensiven Online-Usern eine Konsumentengruppe bildet, die durch eine kritische Konsumhaltung geprägt ist und darüber hinaus kommunikativ und gestaltend in den Konsumprozess eingreifen will.

Parlaments-PR – bezeichnet das → PR-Management für die Parlamente, um (1) die politische Meinungs- und Entscheidungsfindung sowie Politikvermittlung zu unterstützen und (2) die Rolle der Institution „Parlament" im demokratischen System zu stärken. Als Paradoxon der Parlaments-PR lässt sich der Zwiespalt zwischen Einbindung der Wähler in den demokratischen Meinungsbildungsprozess mit möglichst vereinfachender → Kommunikation und der Komplexität der rechtlichen Regelgebung im Föderalismus bezeichnen, die dem Parlament nicht die Rolle eines strategisch handelnden Akteurs verleiht. Parlaments-PR ist ein Teil der → politischen PR.

Parteien-PR – bezeichnet die Unterstützung der Parteiarbeit mithilfe von → PR-Management, die anders als die

→ Parlaments-PR besonders auf die Gewinnung von Wählerstimmen im Umfeld von Wahlen ausgerichtet ist, sodass das → politische Marketing ein zentrales Handlungsfeld ist, die dem → Reputationsmanagement der politischen durch ihre Kurzfristigkeit oft entgegensteht.

Participatory Journalism → Bürgerjournalismus.

Partizipation – bezeichnet v.a. das für die → interne Kommunikation wichtige Führungsprinzip der Beteiligung an der Entscheidungsfindung von Mitarbeitern und Führungskräften durch das Management mit dem Ziel, → Identifikation und → Motivation für auch unpopuläre Entscheidungen zu erhöhen.

Partizipationsparadoxon – bezeichnet das Phänomen in der demokratischen Bürgergesellschaft, dass die Mitwirkungsmöglichkeiten und das Interesse der → Partizipation sich oft gegenläufig entwickeln. So ist etwa die Mitgestaltung an Infrastrukturprojekten am Anfang eines Verfahrens mit der strategischen Phase am größten, währenddessen das Interesse der → Öffentlichkeit hier am geringsten ist. Umgekehrt verhält es sich zu Beginn von Bauabschnitten, was zu entsprechenden Konflikten führt.

partizipative Führung – bezeichnet einen Führungsstil, der Mitarbeiter in die Entscheidungsfindung einbezieht mit dem Ziel, die Akzeptanz von Entscheidungen zu erhöhen und die Motivation für die Umsetzung zu steigern. Für das → PR-Management ergibt sich damit eine konzeptionelle Verschiebung der → internen Kommunikation, die oft nur zur Berichterstattung genutzt wird, zur entscheidungsprozessbegleitenden Kommunikation z.b. mithilfe der Organisation von internen → Events zur gemeinsamen Entscheidungsvorbereitung und/oder -findung.

partizipative Konsumenten → Parkos.

Pawlow, Iwan Petrowitsch – 1849-1936; russischer Professor für Physiologie, der v.a. durch den nach ihm benannten Pawlowschen Reflex als Ausdruck der → Konditionierung bekannt wurde.

Peer-Group – engl. „ebenbürtig", „gleichaltrig"; bezeichnet allgemein eine Vergleichsgruppe, die hinsichtlich bestimmter Merkmale (z. B. Branche, Unternehmensgröße, Marktleistungen) ähnlich denen des Vergleichenden (z.b. Person, Unternehmen, Unternehmensleistung) ist. Die Peer-Group kann einen starken Einfluss auf Meinungsbildung und Kaufverhalten Einzelner ausüben, sodass die → Peer-Group-PR ein Handlungsfeld des → PR-Managements ist.

Peer-Group-PR – Da die → Peer-Group eines Medienmutzers starken Einfluss auf Meinungsbildung und Kaufverhalten ausüben kann, ist die Erforschung, Kennzeichnung und Bearbeitung von Peer-Groups z.B. mit der Einflussnahme auf → Meinungsführer ein Handlungsfeld des → PR-Managements.

Peer-Kommunikation – bezeichnet z.T. die → interne Kommunikation unter Gleichrangigen und ist das Synonym für die horizontale Kommunikation.

Peer-to-Peer-Journalismus/-Kommunikation – engl. „Kommunikation unter Gleichen"; → Bürgerjournalismus.

Perception-Audit – zu definierender Wahrnehmungsanalyseprozess (z.B. Befragung, Medienanalyse) zur Bestimmung von → Images und anderen wahrnehmungsabhängigen Größen von Unternehmen, Parteien oder ihren Leistungen bei → Stakeholdern.

Perception-Management – engl. Wahrnehmungsmanagement; bezeichnet in uneinheitlicher Verwendung (1a) die allgemeine positive Beeinflussung des Meinungsklimas mit dem Ziel, zu einer positiven → Wahrnehmung bspw. in der → internen oder → externen Kommunikation beizutragen, z.b. mit → multisensueller Kommunikation oder (1b) die Optimierung von Qualitätsdimensionen als Customer Perception Management (Wahrnehmungsmanagement der Kunden); (2) die (manipulative) Meinungssteuerung mit propagandistischen Instrumenten wie der → Desinformation, z.B. durch das Militär.

Performance – engl. „Leistungsfähigkeit"; bezeichnet das Maß für die Erfüllung einer vorgegebenen Leistung und meint eine meist mehrdimensionale und kennzahlengestützte Messung zur Beurteilung der Leistung einer Organisation oder bestimmter Teile, die das Performance Managment untersucht. Sie umfasst Effektivität und Effizienzmessungen mithilfe des internen Rechnungswesens gleichermaßen und berücksichtigt z.T. auch → weiche Faktoren wie die Wandlungsfähigkeit einer Organisation.

Performativität – bezeichnet einen noch nicht abschließend diskutierten Erfolgsbegriff, der von den Wirtschaftswissenschaften aus den Sprachwissenschaften übernommen wurde. Dort werden im Anschluss John Langshaw Austin beschreibende Sprechakte (z.B. „die Tür ist geschlossen", „der Handel ist vollzogen") von performative Äußerungen unterschieden. Dies sind solche Sprechakte,

mit denen zugleich eine bestimmte Handlung vollzogen wird (z.B. ich entschuldige mich, ich begrüße Sie usw.). Die Wirtschaftswissenschaften übertragen die Idee der Performativität bspw. auf die Interaktion zwischen Theorie und Praxis, die mit MacKenzie von der generischen Performativität mit der Publikation beschreibender Theorie, über die effektive Performativität und der Anwendung bestimmter Theorieaspekte in der Praxis bis hin zu perfekten Umsetzung von Theorie durch Praxis als austinische Performativtät reicht und damit in den Performancebegriff ragt. Für PR- und Marketingmanagement ergibt sich dann die bisher unbeantwortete Frage, ob die Schaffung neuer Märkte ein Ausdruck von Performativität ist, während Teilaspekte wie die Gewinnung eines Kunden Ausdruck der → Performance ist.

Personalisierte Nachrichten-Anwendungen (PNA) – bezeichnen individuell personalisierbare Zeitungen, die Nutzer aus den vorhandenen Netzinhalten z.B. mittels → Hashtags, Bookmarks, → RSS-Feeds und anderen Social Media-Funktionalitäten zusammenstellen und mit Smartphone, Tablet oder PC abrufen können. Zu bekannteren Anbietern zählen News Republic, Tweeted Times, Paper.li und Flipboard. Durch die steigende Bedeutung ist die Personalisierungsfähigkeit der Botschaften von Unternehmen ein wichtiges → PR-Instrument der → Online-PR und → Mobile PR.

personalisierte Nachrichten-Apps – → Personalisierte Nachrichten-Anwendungen.

Personality Licensing – *Verwertung von Persönlichkeitsrechten*; bezeichnet die Verwertung und Nutzung von

Persönlichkeitsrechten am Namen und Bild v.a. von Prominenten aus Bereichen wie Film, Show, Sport v.a. im Merachandising z.b. als Testimonnial für bestimmte Produkte.

Personality-PR – *Persönlichkeiten-PR*; bezeichnet die marketingorientierte kommunikative Vermarktung von Personen, bspw. im Showgeschäft, in der Politik, aber auch in der Wirtschaft. Personality-PR geht im Rahmen der Organisationskommunikation in die → Personen-PR über.

Personen-PR – bezeichnet die personenorientierte Öffentlichkeitsarbeit, die im Gegensatz zur herkömmlichen PR nicht die Unternehmensleistung, sondern den Menschen in den Mittelpunkt der Kommunikation stellt. Entsprechend umfasst Personen-PR (1) die PR für Personen und (2) die Person als Teil der PR und kann die → Personality-PR enthalten.

persönliche Kommunikation – direkte, individuelle → Kommunikation im Gegensatz zur → Massenkommunikation, z.B. im Gespräch oder Interview. Aufgrund der Interaktion gilt sie in Bezug auf ihre emotional-kognitive Intensität und Zielen wie → Vertrauen als wirksamer als → Massenkommunikation. Sie gilt als Kernkompetenz des → PR-Managements.

Persönlichkeit – (1) bezeichnet als Synonym die Repräsentanten einer Organisation, z.B. der Leiter oder Experten; (2) gilt als komplexes, abstraktes psychologisch-soziales Konstrukt, denen individuelle Eigenschaften (Traits) zugrunde liegen, die stabile oder situativ bedingte Unterschiede im Verhalten beschreiben. Grundsätzlich wird derzeit davon ausgegangen, dass sich persönliche Eigenschaften über das 30. Lebensjahr hinaus weiter entwickeln und verändern, allerdings mit zunehmendem Alter deren Stabilität bis etwa zum 55. Lebensalter langsam zunimmt. In der Persönlichkeitspsychologie gibt es eine große Vielfalt an Modellen, mit denen sich individuelle Charaktereigenschaften beschreiben lassen. Übereinstimmend werden Stabilität und Konstanz als Merkmale von Persönlichkeit im Sinne eines konstanten Musters des Fühlens, Denkens und Verhaltens beschrieben. Die Persönlichkeit von Menschen wird im → PR-Management als → Personality-PR v.a. für Führungspersonen angewendet. Als verhaltensbestimmendes Konstrukt ist sie relevant für die Herleitung von → Kommunikationszielen bspw. im Rahmen von → Change Communications oder in der → Kundenkommunikation, wenn die Persönlichkeit bspw. Widerstände vor Innovationen bedingt. Im übertragenen Sinne finden Persönlichkeitsmerkmale Anwendung bei der Analyse und Konzeption von → Marken (→ Markenpersönlichkeit).

Persuasion → persuasive Kommunikation.

Persuasionsforschung – bezeichnet eine kommunikationswissenschaftliche Forschungsrichtung, die analysiert, wie Medieninhalte Einstellungen der Rezipienten beeinflussen und damit eine Basisforschung des PR-Controllings abbildet. Die Persuasionsforschung wurde anfangs zentral von den → Yale-Studies geprägt.

persuasive Kommunikation – von lat. persuadere, „überreden"; bezeichnet (1) den argumentativen Überzeugungsprozess als Kernaufgabe des → PR-Managements; (2) den ethisch negativ-bewertenden Charakter interessengebundener

Kommunikationsformen (z.B. → Public Relations, → Werbung, → Events), der die → Manipulation der → Rezipienten zum Ziel hat und PR-Management in die Nähe der → Propaganda rückt.

Pflichtpublizität – umfasst die gesetzlich vorgeschriebenen Kommunikationsanforderungen und damit den Rahmen der → Investor Relations v.a. die Vorschriften des → Handelsgesetzbuches (v.a. die obligatorischen, aber de jure nicht vorgeschriebenen → Geschäftsberichte), → Aktiengesetzes (v.a. die → Hauptversammlung), → Wertpapierprospektgesetzes (v.a. die → Prospekthaftung) und das → Wertpapierhandelsgesetz (v.a. die → Ad-hoc-Publizität und → Directors' Dealings). Die Pflichtpublizität ist als Minimalanforderung der → Investor Relations zu verstehen und dient dem Anlegerschutz.

Picture-Sharing – engl. „Bilder teilen"; bezeichnet das Teilen durch → Posting und Repinning (Objekt auf die eigene Pinnwand übernehmen) von → Visual Content im Internet bspw. über Plattformen wie → Instagram und → Pinterest. Dieser Trend betont die Bedeutung von für die Internetnutzer attraktiven → Content für das → PR-Management.

Pinterest – gehört zu den Anbietern im Internet, die den → Social Media zugerechnet werden. Hier werden Bilder, Collagen und Videos geteilt.

Pitch – bezeichnet die vergleichende Wettbewerbspräsentation von → Agenturen für Unternehmen oder andere Organisationen, um im Rahmen von Agenturauswahlverfahren von diesen ausgeschriebene Kommunikationsetats zu gewinnen. Das Ziel von Auftraggebern

hierbei ist, Einblicke in Leistungsspektrum und -klima der gesuchten Agentur zu bekommen.

Pitchblog.de – Initiative, Website und → Blog der → Gesellschaft Public Relations Agenturen (GPRA), um → Agenturen zu ermöglichen, über negative und positive Fälle bei Pitches/Ausschreibungen zu berichten und so zu einer vertrauensbasierenden Pitchkultur und Fairness in der Auftragsvergabe beizutragen.

PK → Pressekonferenz.

Plakat – bezeichnet ein i.d.R. großes (mind. DIN A3) aus Papier bestehendes und bedrucktes Kommunikationsinstrument mit dem Akzent der reduzierten Text-Bild-Kommunikation oft im Rahmen der → Außenkommunikation.

Plakatkommunikation – wird v.a. im Rahmen der → Außenkommunikation mit dem Akzent der → Bildkommunikation zum Transport weniger, reduzierter Botschaften eingesetzt. Plakate werden oft für die → Produktwerbung, dem Aufbau von → Images und als Wahlplakat zur Bekanntmachung politischer Kandidaten von Parteien genutzt.

Platzierung – bezeichnet im Rahmen der → Medienarbeit als Prozess oder Ergebnis die ziel- und themengebundene Darstellung von Unternehmen und/oder ihren Leistungen, → Persönlichkeiten oder → Marken in bestimmten → Medien, bspw. durch → Experteninterviews.

Pleil, Thomas – geb. 1967; Dr. phil. Thomas Pleil ist Professor für PR mit Schwerpunkt Online-PR an der Universität Darmstadt.

PM → Pressemitteilung.

PNA → Personalisierte Nachrichten-An-wendungen.

Podcast-PR – bezeichnet die Herausbildung von → Podcasts als → PR-Instrument, indem Organisationen diese als „Quasi-Radio" nutzen, um ihre → Dialoggruppe mit → Content anzusprechen.

Podcasts – Podcasting ist ein Kunstwort. Es geht auf den iPod von Apple und auf das Broadcasting (engl. übertragen) zurück. Gemeint sind damit derzeit hauptsächlich Audio-Beiträge, die im Internet verfügbar sind, oftmals als MP3-Datei oder als andere geeignete Formate. Sie sind ein Instrument der → Online-PR.

Podiumsdiskussion – bezeichnet (1) Fachkonferenzen mit Experten zu definierten Themen, die als Beispiel für → Veranstaltungskommunikation ein → PR-Instrument ist, das Anlässe für Medienberichte schafft und damit zur → Medienarbeit zählt. Daher werden oft Journalisten zu Podiumsdiskussionen eingeladen mit dem Ziel, einen Beitrag zur Prägung von → Image und → Marke des ausrichtenden Unternehmens oder Verbands zu leisten; (2) eine Diskussionsmethode, um kritische Themen zu besprechen bspw. in der → internen Kommunikation oder → Krisenkommunikation als Methode des → Dialogs mit dem Ziel der → Verständigung.

Point of no return – engl. „Zeitpunkt, nach dem es kein Zurück mehr gibt"; bezeichnet im Projektmanagement jenen → Meilenstein, an dem die Vorteile der Fortsetzung Projekts die Vorteile des Abbruchs überragen. Aus Sicht des → PR-Managements sind Bestimmung und → Kommunikation des Point of no return von Bedeutung, um einen

Beitrag für → Akzeptanz, Erwartungen und → Motivation bspw. im Rahmen von → Change Communications zu leisten.

Point of Sale (PoS) – engl. „Verkaufsort"; bezeichnet im → Marketing als Verkaufsort das Ladenlokal oder den Internetshop, der für das → PR-Management als zentraler → Touchpoint hohen Einfluss auf → Image und → Reputation hat. Mit der Gestaltung und dem Verhalten des Personals am PoS wird die Bedeutung von → Kommunikation und → Verhalten besonders deutlich, sodass → multisensuelle Kommunikation ein zentrales Handlungsfeld der PoS-Kommunikation ist.

Politikwissenschaften – gehören zu den anwendenden → Basiswissenschaften der Public Relations. V.a. in demokratischen Systemen wird die Rolle von Kommunikation und → PR-Management zur Erzeugung und Verteilung demokratisch verliehener → Macht diskutiert. Dabei gilt Macht als ein zentrales Ziel des PR-Managements auch in den → Wirtschaftswissenschaften. Machtfragen werden mit dem → Lobbying und den → Public Affairs als undemokratisch kritisiert. Die Bedeutung von PR für die Demokratie wird in einem Urteil des Bundesverfassungsgerichts von 1977 jedoch höchstrichterlich anerkannt, da Öffentlichkeitsarbeit von Regierung und Parlamenten notwendig sei, um den Bürgern die Partizipation an Entscheidungsprozessen zu ermöglichen. Entsprechend können politische Institutionen und Organisationen als Kommunikationskanäle demokratischer Staaten aufgefasst werden. Die Politikwissenschaften beinhalten darüber hinaus eine umfassende Analyse der Wirkung von → Beziehungen innerhalb und als Instrument der Politik mit den außenpolitischen Beziehungen, Koalitionsbeziehungen, Parteifreunden, → Klüngel oder → Seilschaften.

Politische Kommunikation – bezeichnet die Unterstützung staatlicher Organisationen mit Kommunikation, die je nach Staatssystem mal auf politische → Propaganda mit der Etablierung politischer Ideologien, mal auf → politische PR ausgerichtet ist.

Politische PR – bezeichnet einerseits die Kommunikation politischer Institutionen zum Wähler mit dem Ziel der Teilhabe der Bürger an der Demokratie, z.B. die → Parlaments-PR, → Regierungs-PR oder das → politische Marketing. Die Bedeutung von PR für die Demokratie ist mit einem Urteil des Bundesverfassungsgerichts von 1977 höchstrichterlich anerkannt (politische Kommunikation als Vermittlungsprozess). Zudem bemühen sich Parteien v.a. in Wahlkämpfen mit dem Instrumentarium des politischen Marketings um Wählerstimmen. Andererseits bezeichnet politische Kommunikation die Kommunikation vom Bürger bzw. deren Institutionen zur Politik mit dem Ziel der Einflussnahme (→ Public Affairs).

Politisches Marketing – die v.a. in Wahlkampfzeiten von den Parteien eingesetzten Kommunikationsmaßnahmen zur eher kurzfristigen Gewinnung von Wählerstimmen. Politisches Marketing ist ein Teilgebiet der → politischen PR und Teil der → Parteien-PR.

Polylemma der Public Relations – bezeichnet in Anlehnung an das Dilemma eine Situation, in der jemand aus mehreren negativen Optionen auswählen muss, was einer Zwickmühle entspricht und

hier auf (mind.) vier Ursachen fußt, weil (1) PR ein unklarer Begriff ohne akzeptierte Modellumgebung und inkompatiblen Diskussionen zwischen den Wissenschaften ist; (2) der Beziehungsbegriff als zentraler Wirkungsmechanismus und Basis von Public Relations (wörtliche Übersetzung: „öffentliche Beziehungen") kaum diskutiert wird und es z.B. keine „Beziehungspsychologie" zur Untersuchung ihrer Struktur und Wirkungen gibt; (3) die Vielzahl der PR-Beiträge, die begriffs- und konzeptreich ist, eine unsystematische Diskussion bereits innerhalb der Wirtschaftswissenschaften als nur eine → Basiswissenschaft der Public Relations darstellt; (4) eine Ziel- und Wirkungsunklarheit der Public Relations besteht, die auch aus Messproblemen → weicher Faktoren rührt.

polyzentrische Kommunikation – bezeichnet → internationale Kommunikation, bei der sich die PR-Inhalte und -Botschaften an den Merkmalen des jeweiligen (Gast-)Landes orientieren.

Pop-up – bezeichnet in der → Online-Kommunikation das selbsttätige Öffnen weiterer Browser-Fensters, die v.a. in der Online-Werbung genutzt werden.

Positionierung – meint die relevanten, gewünschten und klaren Aspekte, die die Wahrnehmung einer → Marke prägen sollen, damit sie zur Befriedigung von Bedürfnissen beiträgt und damit im Kaufprozess relevant ist. Positionierungsmerkmale sind deshalb immer in Abgrenzung und Vergleich von Produkten, Marken oder Unternehmen zu relevanten Wettbewerbern zu betrachten. Positionierungen haben strategischen Charakter, indem anhand von Kriterien wie Preis, Qualität und anderen Imagefaktoren Markt(nischen)

erschlossen und bedient werden. Emotionale und Erlebnispositionierungen un-
terbreiten über das rationale Leistungsversprechen hinaus emotionale Angebote
zur → Bindung (z.B. Freizeit, Gemeinschaft, Sportlichkeit von Leistungen, deren Kernnutzen originär damit nichts zu
tun hat). Insofern sind Positionierungen
die Grundlage der Innovation von Marktleistungen. Unterschieden werden essen-
tialistische, die einen stabilen → Markenkern in das Zentrum der → Markenkommunikation stellen, und multiple
Positionierungen (→ fraktale Markenkommunikation). Positionierungsstrategien und -kampagnen sind ein zentrales
Handlungsfeld des → PR-Managements.

Positionierungslücke – bezeichnet aus
Unternehmenssicht Positionierungen mit
Marktpotenzial in einem relevanten
Markt, die noch nicht von Wettbewerbern
besetzt wurden.

Positionierungsschwäche – bezeichnet die eigene oder von Dritten besetzte
→ Positionierung in einem → Markt, deren versprochenen Aspekte eine Marke
in der Wahrnehmung von Konsumenten
oder anderen → Stakeholdern nicht eingelöst werden können. Sie kennzeichnen
damit drohende Misserfolge des betroffenen Unternehmens auf den jeweiligen
Märkten und erfordern Handlungsbedarf
z.B. mithilfe von Marketingmaßnahmen,
um die Schwäche auszugleichen.

Positionierungsstärke – bezeichnet die
eigene oder von Dritten besetzte → Positionierung in einem → Markt, deren versprochenen Aspekte eine Marke
in der Wahrnehmung von Konsumenten oder anderen → Stakeholdern besonders treffend eingelöst werden können.
Sie kennzeichnen damit ein verlässliches

Erfolgspotenzial eines Unternehmens
und/oder seiner Marken.

Positionierungsstrategie – ihre Entwicklung bezeichnet ein zentrales Handlungsfeld des → PR-Managements, um
Organisationen, Produkte, Dienstleistung oder Führungspersönlichkeiten
(→ CEO-Positioning) mit → PR-Instrumenten zum Aufbau und/oder (Neu-)
Prägung von Positionierungen, z.B. mit
→ integrierter Kommunikation, → Kampagnen oder → Markenkommunikation,
mit dem Ziel zu Bekanntheit, Identifikation und Verkaufserfolgen beizutragen.

positive Kommunikation → Kommunikation.

PoS-Kommunikation – bezeichnet das
→ PR-Management als Kommunika-
tions- und → Verhaltensmanagement am
→ Point of Sale (PoS).

Post → Posting.

Posting – engl. „etwas anschlagen"; bezeichnet die Veröffentlichung einer Mitteilung (z.B. Textnachrichten, Links, Fotos, Videos) z.B. in einer Newsgroup, einem Forum, einem Blog oder in sozialen
Netzwerken (→ Social Media). Je nach
Veröffentlichungsplattform erhalten auch
die vernetzten Bekannten auf ihren eigenen Sites eine Meldung über das Posting,
sodass diese eine technische Basis für soziale → Ansteckungseffekte bilden.

Post Merger-Communications – das
→ PR-Management in der eigentlichen
Integrationsphase von Fusionen (→ Mer-
gers- und Acquisitions-PR).

PR-Abteilung – bezeichnet die uneinheitlich verwendete Benennung der zuständigen Funktionseinheit in Organisationen, die für das → PR-Management und
die → Beratung und/oder Umsetzung

von → PR-Instrumenten zuständig ist. Sie wird z.T. auch Abteilung für → Öffentlichkeitsarbeit, → Corporate Communications oder Pressestelle bezeichnet.

PR-Agentur → Agentur.

PR als Literatur der Gesellschaft → Medienwissenschaftliche PR-Theorie.

PR als sozialer Prozess – bezeichnet eine frühe → PR-Theorie von Carl → Hundhausen aus den 1950er-Jahren, der → Beziehungen als soziale Vorgänge versteht, bei denen sich individuelle Haltungen in bestimmten Situationen einander annähern. Das Ziel von PR ist dabei, Spannungen vorzubeugen und abzubauen. Hundhausen argumentiert in enger Anlehnung an das → Engineering of Consent von Edward → Bernays.

PR-Anzeige – bezeichnet (1) eine → Anzeige, die im redaktionellen Stil der Zeitung gestaltet ist, in der sie erscheint. Sie ähnelt damit einem → Advertorial, das aber zumeist mehr Fläche umfasst als die eine Anzeige; (2) die Imagewerbung in Form einer Anzeige im Unterschied zu produkt- und verkaufsbezogenen Anzeigen.

Präsentation – bezeichnet (1) als → PR-Instrument den meist mediengestützten Vorgang der Darstellung und Vorführung eines Themas, einer Leistung und/oder eines Unternehmens vor einer bestimmten → Dialoggruppe (z.B. vor Journalisten auf einer → Pressekonferenz oder vor Kunden im Rahmen einer → Messe) mit dem Einsatz von → Rhetorik, (2) als PR-Instrument das Ergebnis einer ausgearbeiteten Darbietung, wie die Warenpräsentation im Einzelhandel oder die Powerpointpräsentation für das Vorstandsmeeting.

PR-Bartering → Bartering.

PR begins at home – von engl. „Public Relations beginnt zu Hause"; betont die Bedeutung von → Unternehmenskultur und Mitarbeitern als Botschaftern und → Multiplikatoren für → Marke, → Image und → Reputation eines Unternehmens und damit die Bedeutung der → internen Kommunikation als Teil des → PR-Managements. Der Ausspruch wird dem PR-Pionier Edward → Bernays zugeschrieben. Spätestens seit der Titelstory des Time Magazin vom April 1939, die diese Regel als wörtlichen Titel trägt, ist sie für die Unternehmenskommunikation bekannt.

PR-Berater – ist eine Berufsbezeichnung für PR-Verantwortliche, die im Gegensatz zum → PR-Referenten – meist in den PR-Agenturen – tätig sind.

PR-Beratung → Beratung.

PR-Blog – bezeichnen (1) Blogs, die mit dem Ziel der Vernetzung mit → Bloggern gestartet werden, um Themen bekannt zu machen und die Beziehungen zu Bloggern zu stärken; (2) Blogs, die sich mit dem Thema Public Relations befassen (z.B. PR-Blogger (http://pr-blogger.de/), PR-Fundsachen (http://www.pr-fundsachen.de/), Storyblogger (http://www.storyblogger.de/)).

PR-Budget → Budget.

PR-Controlling – meint die Planung, Steuerung und Kontrolle von Public Relations, die damit über die → PR-Evaluation hinausgeht: Es reicht mit dem Bezugsrahmen für Kommunikations-Controlling von DPRG/ICV über vier Ebenen mit unterschiedlichen → Kommunikationszielen, deren Bezeichnung in Anlehnung an die US-amerikanische Literatur erfolgt. (1) Die Kostenmessung für die

Organisation und Bereitstellung von Kommunikationsinhalten (z.b. Kosten für die Medienproduktion) (Input-Ebene). (2) Die mit diesen Kosten erzielte Informationsbereitstellung (z.b.: Reichweitenmessungen durch Auflagenzählungen, Einschaltquoten oder Websiteaufrufe sowie → Medienbeobachtung) (Output-Ebene). (3) Die Outcome/Outgrowth-Ebene bezieht sich auf die Wahrnehmungs- und Einstellungsänderung, die kontrovers diskutiert und uneinheitlich strukturiert wird. (3a) Sie umfasst die erreichte Wahrnehmung z.b. durch Bekanntheits- oder andere Wissensabfragen mit Instrumenten der empirischen Sozialforschung bei definierten Zielgruppen (Outtake-Ebene). (3b) Hierbei betont → Bürker die Outclime-Ebene als Meinungsklima und prägende Meinung Dritter. (3c) Die Outgrowth-Ebene als erreichte Image-/Markenebene, die im Gegensatz zu (3a) eine kognitionsbezogene Verknüpfung beinhaltet (3d) Die erreichte Verhaltensänderung z.b. durch Motivationssteigerungen oder Akzeptanzsteigerungen (Outcome-Ebene). Da Reputation auch Wertschöpfungsbeiträge leisten soll, umfasst das Kommunikationscontrolling auch (4) erreichte Erfolgsbeiträge z.b. mehr Käufe für kommunizierte Leistungen oder verringerte Widerstände durch → Change Communications (Outflow-Ebene). – Erst die integrierte Messung aller vier Ebenen erfüllt die Voraussetzung für ein vorwärtsgerichtetes Kommunikationscontrolling zur verbesserten Zielerreichung. – V.a. in der wissenschaftlichen Debatte genießt das Kommunikationscontrolling eine zunehmende Aufmerksamkeit, die der praktischen Anwendung allerdings weit voraus ist. So wird etwa die → Balanced Scorecard als konzeptioneller Ansatz für das Kommunikationscontrolling vielfach diskutiert. Die Erfolgsmessung konzentriert sich aufgrund der Komplexität und Messanfälligkeit bei dem Großteil der Unternehmen v.a. auf die erste und zweite Messebene.

PR-Didaktik → Didaktik.

PR-Effektivität → Effektivität.

PR-Effizienz → Effizienz.

Preis – bezeichnet (1) allgemein den ökonomischen Tauschwert einer Leistung; (2) erfüllt im Kaufprozess bei vielen Leistungen eine → Schlüsselinformation für oder gegen die Kaufentscheidung; (3) hat im → PR-Management eine wichtige Funktion für das → Image, indem etwa Preisstrategien (z.B. „Discount-Preise", „Premiumpreise") als Qualitätssignal die → Positionierung von → Marken prägen; (4) dient im Handel als zentrales Instrument für Aktionen zur Kundenansprache und ist damit prägendes Element der → Produkt-PR und → Werbung in den entsprechenden → Kampagnen.

Preiskommunikation – umfasst alle geplanten und ungeplanten Maßnahmen, die die Preiswahrnehmung beeinflussen. Preiswerbung, Preisaktionen, Preisgarantien und Preislisten sind typische Instrumente der Preiskommunikation. Preiskommunikation richtet sich nach innen und außen. Interne Preiskommunikation richtet sich auf Kenntnis, Akzeptanz und Durchsetzung von Preisstrategien, Modellen und Aktionen. Die externe Preiswahrnehmung ermöglicht dem Konsumenten die Kaufentscheidung, ohne spätere Preiskritik zu treffen. Erfolgreiche Preiswahrnehmung leistet einen Beitrag zur Kaufentscheidung und Kundenzufriedenheit.

Pre-Merger Communications – bezeichnet das → PR-Management in der Vorbereitungsphase von Fusionen (→ Mergers- und Acquisition-PR).

Premiummarke – bezeichnet → Marken, die in Massenmärkten im oberen Preis- und Qualitätsbereich angesiedelt sind und sich damit von → Luxusmarken abgrenzen.

PR-Erfolg → Erfolg, der mit dem → PR-Controlling gesteuert und gemessen wird.

Presse – meint (1) als Zielgruppe der → Medienarbeit die Vertreter der Massenmedien, v.a. die für Fernsehen, Radio, Zeitungen und Zeitschriften sowie Internet tätigen Journalisten und (2) die → Massenmedien als Handlungsfeld des PR-Managements insgesamt.

Presseagentur → Nachrichtenagentur.

Pressearbeit – in der Praxis das Synonym für → Medienarbeit, wenn die → Medien institutionell streng genommen auch über die → Presse hinausgehen.

Presseausschnittdienst → Clipping-Agentur.

Pressefach – bezeichnet (1) im Rahmen von Messen ein Angebot im Mediencenter/der Presse-Lounge der Messe, die Aussteller mieten können mit dem Ziel, den Journalisten Pressemappen und andere Informationen hinterlegen können; (2) digitale Pressefächer auf den Websites von Messen oder anderen Veranstaltern mit dem gleichen Zweck von (1).

Pressekodex – bezeichnet die vom → Deutschen Presserat aufgestellten Regeln für eine faire Berichterstattung mit dem Ziel, die Berufsethik der Presse sicherzustellen. Er sieht z.B. die Trennung von redaktionellem Text und Anzeigen vor und gebietet besondere Sorgfalt beim Umgang mit PR-Material, um die Glaubwürdigkeit der Medien zu sichern.

Pressekonferenz (PK) – speziell zur Information der → Presse organisierte Veranstaltung und zentrales Instrument der → Medienarbeit. In Ergänzung und Abgrenzung zur Pressemitteilung besteht hier die Möglichkeit zu persönlichen Rückfragen und Dialog zwischen einladender Organisation und der Presse bspw. anlässlich der Vorstellung von Geschäftsergebnissen in der Bilanzpressekonferenz gegenüber Wirtschafts- und Finanzjournalisten.

Pressemappe – wird Journalisten anlässlich einer → Pressekonferenz oder anderer → Events in schriftlicher und/oder digitaler Form als Informationsmaterial bereitgestellt und enthält aktuelle → Pressemitteilungen, ggf. → Waschzettel mit der Zusammenfassung der wichtigsten Eckdaten zum Berichtsthema, ggf. → Reden, Lebensläufe der sprechenden Personen, ihre Präsentationen, Grafiken, Pressebilder und Hintergrundmaterial zur weiteren Bearbeitung mit dem Ziel, die Berichterstattung anlässlich der Pressekonferenz zu vereinfachen.

Pressemitteilung – zentrales Instrument der → Medienarbeit, um Informationen nach journalistischen Kriterien (z.B. den → Lead-Stil entlang von → Nachrichtenfaktoren folgend, sachlich, kurz) für Journalisten zur Veröffentlichung in den Medien bereitzustellen. Sie werden heute digital bearbeitungsfähig per E-Mail oder zum Abruf auf den

Presse-Webseiten/-portalen von Organisationen bereitgestellt.

Presseportal – bezeichnet die Informationsseiten für Journalisten als Teil der Website von Organisationen, die z.T. nur für akkreditierte Pressevertreter zugänglich sind. Sie enthalten neben → Pressemitteilungen und digitalen → Pressemappen meist Bildmaterial und oft auch Zugänge zu aktuellen Online-Pressekonferenzen bzw. dienen als Recherchearchiv hierfür. Presseportale entwickeln sich derzeit zu → Social Media Newsrooms.

Presserecht – ein Teilbereich des → Medienrechts, der sich mit den rechtlichen Rahmenbedingungen der Presse befasst. I.e.S. regelt es z.B. mit den Pressegesetzen der Bundesländer das journalistische Arbeiten. I.w.S. prägt es den Rahmen journalistischen Arbeitens in der Demokratie wie zentral etwa der Pressefreiheit, die in Art. 5 Abs. 1, S. 2 des Grundgesetzes festgeschrieben ist.

presserechtliche Abmahnung – bezeichnet die Aufforderung an ein Medium nach der Veröffentlichung z.B. skandalisierender Berichterstattung, bestimmte unwahre Tatsachen nicht weiter aufzustellen und zu verbreiten. Sie gehört zu den rechtlichen Maßnahmen gegen unerwünschte Veröffentlichungen der Medien. Eine Abmahnung geht mit einer Unterlassungserklärung einher.

presserechtliches Informationsschreiben – bezeichnet ein Schreiben an eine Redaktion und/oder den Verlag eines Mediums, von dem eine skandalisierende Berichterstattung erwartet wird. Es gehört zu den rechtlichen Maßnahmen gegen unerwünschte Veröffentlichungen der Medien. Es verweist auf die Folgen

rechtswidriger Veröffentlichungen mit dem Ziel, die erwartete Berichterstattung zu unterlassen, zu überprüfen und/oder inhaltlich abzuschwächen. Das Instrument wird aus Sicht der → PR-Managements kritisch betrachtet, da das Schreiben selbst Berichterstattungsanlass sein könnte und die Beziehungen zu dem Medium belastet.

Pressereise – hat die Aufgabe, Journalisten ein Unternehmen, ein Produkt oder ein anderes Berichtsthema an einem geeigneten Ort vorzustellen, damit sie sich persönlich ein Bild vom Berichterstattungsanlass machen. Dieses v.a. im Reise-, Auto- und Sportjournalismus einst übliche Instrument der Medienarbeit ist heute aufgrund des Verdachts der Einflussnahme auf die Berichterstattung durch bezahlte Reisen und Spesen ethisch umstritten, wird aber dennoch praktiziert (z.B. im Auto-, Mode- und Reisejournalismus).

Pressespiegel – bezeichnet gesammelte Veröffentlichungen über ein Thema und/oder ein Unternehmen mit dem Ziel, die beauftragende Organisation über den Erfolg der → Medienarbeit und/oder die Entwicklung des Medientenors zu dokumentieren mit dem Ziel, ggf. weitere Maßnahmen zu enwickeln.

Pressesprecher – ist der Zuständige in einer Organisation, der zur Kommunikation mit der Presse beauftragt ist. Oft ist er zugleich für die → Medienarbeit einer Organisation zuständig. Hierarchisch ist der Pressesprecher z.T. auf Fach- oder Experten, zum Teil aber auch auf erster Führungsebene tätig und in Personalunion der Leiter des → PR-Managements.

Pressestelle – funktionsorientierte Bezeichnung und Betonung des

Handlungsfelds der → Medienarbeit einer PR-Abteilung in Organisationen. Agenturen übernehmen z.T. diese Funktion als externe Pressestelle.

Pressestellenfunktion – v.a. kleinere und mittlere Unternehmen nutzen → Agenturen als externe → Pressestelle. Diese übernehmen v.a. die Beantwortung von Journalistenanfragen, die Organisation von Pressekonferenzen und verfassen Pressemitteilungen.

Presseverteiler – heute im Regelfall digitale Datenbasis mit den Kontaktdaten (Name, Medium, Ressort, Erreichbarkeit) von relevanten Medienvertretern zur aktuellen Ansprache im Rahmen der → Medienarbeit. Presseverteiler pflegen die zuständigen Abteilungen für das PR-Management, PR-Agenturen oder auf die Bereitstellung von → Pressemitteilungen spezialisierte Medienagenturen.

Press kit → Pressemappe.

Pressure Group – engl. „Druckgruppe"; sind → Interessengruppen, die mit Druck (z.B. Massenproteste) ihre (oft politischen) Interessen durchsetzen. In der → politischen Kommunikation wird das mit solchen Methoden arbeitende → Lobbying so bezeichnet. Die Bezeichnung enthielt zumindest ursprünglich eine negative Wertung, die sich aus ihrer demokratisch nicht legitimierten Institutionalisierung ergibt.

PR-Evaluation – die Erfolgsmessung und Bewertung von Kommunikationsinstrumenten und -prozessen als angewendete Evaluationsforschung mithilfe unterschiedlicher Messarchitekturen und Instrumente, z.B. Input-/Output-Analyse, → Medienresonanzanalyse. Im Unterschied zum → PR-Controlling beinhaltet

die PR-Evaluation zuerst den rückwärtsgerichteten Bewertungs-, aber nicht den vorwärtsgerichteten Steuerungsgedanken.

PR-Event → Veranstaltungskommunikation.

PR-Gag – *PR-Stunt, Publicity Stunt*; bezeichnet gezielte gestreute Berichterstattungsanlässe, über die die Massenmedien berichten, mit dem Ziel der Medienaufmerksamkeit. Der Ausdruck ist negativ belegt, da dieses Veranstaltungsformat keine Substanz oder keinen Nachrichtenwert außer der Aufmerksamkeit beinhaltet. Die Bezeichnung „PR-Gag" beinhaltet deshalb auch die Aufdeckung von Unwahrheit und zugleich eine kritisch-belächelnde Bewertung des Berichtanlasses. Sie unterstellt dem → PR-Management die → PR-Methodik der Unwahrheit. Deshalb beinhalten PR-Gags die Gefahr, dem Ziel der → Reputation entgegenzustehen.

Prime-Standard – bezeichnet einen Zulassungsstandard der Frankfurter Börse mit höheren Anforderungen an die Transparenz wertpapiergebender Unternehmen als beim → General Standard. Dazu gehören die quartalsweise Berichterstattung in deutscher und englischer Sprache, die Anwendung internationaler Rechnungslegungsstandards (IFRS/IAS oder US-GAAP), die Veröffentlichung eines Unternehmenskalenders, die Durchführung mind. einer Analystenkonferenz pro Jahr sowie → Ad-hoc-Publizität auch in englischer Sprache.

Priming – von engl. „vorbereiten"; bezeichnet (1) in der Psychologie, dass die Reaktion auf einen bestimmten Zielreiz vereinfacht wird, wenn dieser zuvor von einem Vorbereitungsreiz als einfache Konditionierung angebahnt wurde. (2) Meint in Anlehnung an (1) als Priming-Konzept der politischen Kommunikation, dass Rezipienten die Themen, die von den Medien herausgestellt werden, verstärkt zur Bewertung politischer Objekte nutzen.

Principal-Agent-Theorie → institutionenökonomische PR-Theorie.

PR-Instrument – bezeichnet im Gegensatz zu → Public Relations i.w.S. die operative PR. Das Instrumentenset ist nicht abschließend definiert oder strukturiert. Unterschieden werden Instrumente z.B. nach inhaltlichen Zielen (z.B. Informationsbroschüre, Erinnerungskampagne, Verkaufsevents), nach der Zielrichtung (→ interne Kommunikation, → externe Kommunikation), Zielgruppen (z.B. Kundenkommunikation, Mitarbeiterkommunikation), nach Medien (z.B. → Corporate Publishing, → Online-PR), nach Anlässen (z.B. → Change Communications, → Krisenkommunikation), nach Kommunikationsformen (z.B. sprachliche oder nicht-sprachlich Instrumente wie Text oder Symbol) oder nach Bezugsobjekten (z.B. → Produktkommunikation, → Corporate Communication). Zu ausgewählten Instrumenten zählen z.B. die → interne Markenführung, die Entwicklung von → Kampagnen, → Leitbildern mit → Leitbildprozessen, die Organisation von (Journalisten-)Workshops oder das → Coaching, Instrumente zur Ansprache der Presse (z.B. → Anwenderbericht, → Pressemitteilung, → Pressekonferenz), der internen Kommunikation (→ Mitarbeiterzeitung, Intranet), die → Marktkommunikation, → Produktplatzierung, → Medienkooperation, TV-Präsenz (z.B. mit Platzierung in Formaten von → Factual Entertainment), Fachtagung, → Podiumsdiskussion, → Rede. Zu institutionellen Maßnahmen zählen die Einrichtung von → Beiräten, die Gründung bzw. das Sponsoring von Instituten, Lehrstühlen und Stiftungen.

Printmedium – bezeichnet die gedruckten Medien, v.a. Zeitungen und Zeitschriften als Zielgruppe der → Medienarbeit in Abgrenzung zu den → digitalen Medien.

private Meinung – gilt in der Psychologie als eine individuelle, allgemeine → Einstellung und ist damit entscheidungsrelevant und gilt zudem als wertende Äußerung. Sie wird z.T. als Wertung auch ohne Kenntnis der Fakten verstanden. Sie steht in Ergänzung zur → öffentlichen Meinung, die als → soziale Kontrolle ein wichtiger Begriff der Public Relations ist.

PR-Kampagne → Kampagne.

PR-Konzept → Konzept.

PR-Magazin – monatlich erscheinende Fachzeitschrift für die PR- und Kommunikationsbranche.

PR-Management – bezeichnet das Kommunikations- und Verhaltensmanagement für Erhaltung und Steigerung der → Reputation mit dem Ziel, unternehmerisches Handeln im Wettbewerb zu vereinfachen. Der Begriff „PR-Management" leidet jedoch in Theorie und Praxis unter einem diffusen Begriffsverständnis, das einerseits oftmals auf die Kommunikation mit der Organisation von → Mitteilungshandlungen und hier auf die → Ergebniskommunikation oder der Unterstützung des Vertriebs im → Marketingmix reduziert wird. Andererseits wird das

PR-Management mit dem oft ethischen Anspruch des kommunikationswissenschaftlichen PR-Verständnisses als Funktion der gesellschaftlichen Legitimation und Integration mit Maximen wie der Bildung öffentlichen → Vertrauens, → Dialog oder maximaler Transparenz versehen. Diese kollidiert aber mit der konzeptionell notwendigen Monopolisierung von Information im Innovationswettbewerb von Unternehmen. Zudem leidet das PR-Management unter einer Begriffsinflation mit Schlagworten wie Unternehmenskommunikation, → integrierter Kommunikation, → Stakeholdermanagement, → strategischer Kommunikation oder → Corporate Identity. Mit dem Ziel der Reputation umfasst das PR-Management das Kommunikations- und auch Verhaltensmanagement, da imagerelevante Wahrnehmungsprozesse v.a. von ungeplanter Kommunikation (z.B. Arbeitsbedingungen, Managementgehälter, Produktionsmethoden) ausgehen. Mit der Professionalisierung von Handlungsfeldern wie → Change Communications oder der → Krisenkommunikation, die dem PR-Management zugerechnet werden, aber auch der Notwendigkeit der → Shareability von → Content etwa im Rahmen des → Facebook-Marketing, erhält es neue Impulse in Theorie und Praxis.

PR-Manager – Berufsbezeichnung für einen PR-Mitarbeiter, der im Unterschied zum → PR-Referent oft Führungsverantwortung hat.

PR-Maschinerie – bezeichnet mit meist negativem Unterton die themen- oder anlassbezogene zumindest temporär gehäuft wahrnehmbare Medienpräsenz eines Unternehmens, einer Unternehmensleistung

und/oder einer Person. Die (meist implizite) Annahme ist dabei, dass sich PR-Abteilungen mit den Medien und anderen Multiplikatoren umfassend vernetzen und ggf. Marketing sowie Werbung mit dem Ziel einbinden, die interessenlastige und manipulative Berichterstattung zu unterstützten. Übersehen wird dabei, dass es diese Art von gekaufter Vernetzung in dem angenommenen Umfang nicht gibt. Vielmehr werden die entsprechenden → Nachrichtenfaktoren zwar angestoßen, die dann aber selbstverstärkte Medienaufmerksamkeit nach sich ziehen.

PR-Maßnahme → PR-Instrument.

PR-Methode – Pressearbeit gilt als eine → Methode des → PR-Managements, indem hier aus normativer Sicht, kritisch-distanziert Informationen über ein Produkt oder ein Unternehmen bereitgestellt werden, aus denen Journalisten und ihre Leser eigene Schlussfolgerungen ziehen, sodass die → Argumentation eine zentrale → PR-Methodik ist. Die Methode des journalistischen Arbeitens prägt sämtliche Instrumente der Pressearbeit und sollte daher im Ideal durch die gemeinsame Logik der objektiv-sachlichen-kritisch-distanzierten Aufbereitung von Nachrichten geprägt sein. – Eine weitere Methode könnte in der Nutzung von Prozessen der → Massenkommunikation zur Erreichung von Communities gesehen werden. – Das → Storytelling ist eine Methode, um komplexe → Botschaften vereinfachend zu transportieren. Eine abschließende Übersicht über Methoden der PR gibt es derzeit nicht.

PR-Methodik – bezeichnet die der → PR-Methode übergeordnete prinzipielle Vorgehensweise und könnte als rationales und emotionales Überzeugen durch eigene Schlussfolgerungen des Rezipienten benannt werden (→ Argumentation), die die Basis von Zielen wie → Reputation, → Vertrauen mit Hilfe von Verständlichkeit und Objektivität bildet und als spezieller Mechanismus zur Selbststeuerung offener → Systeme aufgefasst werden kann. Eine allgemein anerkannte PR-Methodik gibt es derzeit nicht.

PR-Methodologie – bezeichnet die nicht abgeschlossene Suche nach Forschungsparadigma und Methodenlehre der Public Relations, die derzeit aufgrund der zum Teil unvereinbaren Annahmen und Denkweisen der → Basiswissenschaften der Public Relations in Diskussion steht. Zentral kollidieren in der PR-Theorie der → methodologische Individualismus von Wirtschaftswissenschaften und Psychologie mit dem → methodologischen Kollektivismus von Kommunikationswissenschaften und Soziologie. So prallen im Extrem bspw. die Forderung nach → Transparenz der soziologisch geprägten kommunikationswissenschaftlichen → PR-Theorie mit der Notwendigkeit der Monopolisierung von Information im Wettbewerb auf Märkten in wirtschaftswissenschaftlichen PR-Theorien aufeinander.

Pro-Am-Journalism – kurz für Profis (Pro) in Kooperation mit Amateuren (Am) als → Bürgerjournalismus.

Product Placement → Produktplatzierung.

Produkt – die materialisierte und haptische Unternehmensleistung (z.B. Fahrzeuge, Maschinen) als bedürfnisbefriedigende → Güter. Sie sind zentraler Ankerpunkt der Imagebildung von Unternehmen und damit Basis des

→ PR-Managements sowie der → Produktkommunikation.

Produktdesign → Produktgestaltung.

Produktgestaltung – beinhaltet als Produkt-Mix im Marketing konzeptionelle Querverbindungen zum Kommunikations-Mix, wenn die Produktgestaltung und auch das → Packungsdesign als Kommunikationsmedien aufgefasst werden, die zur externen → Differenzierung des Leistungsangebots beitragen können. Die Produktgestaltung prägt aus Wahrnehmungssicht zentral die Produktqualität, den Produktpreis und die Produktpersönlichkeit. Die Produktgestaltung geht also mit psychologischen Differenzierungsaspekten über Formgebung, Materialität und Farben hinaus.

Produktkommunikation – Oberbegriff für zielgruppengerichtete Kommunikation zur Unterstützung des Markterfolgs mit der Kommunikation über Produkte (im Gegensatz zur → Kunden- oder → Vertriebskommunikation) bspw. mit der → Werbung für Produkte und → Produkt-PR z.B. anlässlich ihrer Einführung, die in der → Vertriebs-PR um die → Nutzenkommunikation erweitert wird.

Produktmarke – bezeichnet die Anwendung von → Marken als Vorstellungsbilder der Kunden von Produkten im Gegensatz zu der Marke von Unternehmen, die sich an unterschiedliche → Stakeholder (z.B. Banken, Mitarbeiter, Zulieferer) richtet und alle Unternehmensaktivitäten umschließt.

Produktplatzierung – ist im Gegensatz zur Schleichwerbung „die gekennzeichnete Erwähnung oder Darstellung von Waren, Dienstleistungen, Namen, Marken, Tätigkeiten eines Herstellers von

Waren oder eines Erbringers von Dienstleistungen in Sendungen gegen Entgelt oder eine ähnliche Gegenleistung mit dem Ziel der Absatzförderung. Die kostenlose Bereitstellung von Waren oder Dienstleistungen ist Produktplatzierung, sofern die betreffende Ware oder Dienstleistung von bedeutendem Wert ist" (Rundfunkstaatsvertrag, § 2 Abs. 2 Nr. 11). Maßgeblich für die Zulässigkeit ist ihre Kennzeichnung. Produktplatzierungen mit dem → On-Set-Placement und dem → Situation Placement sind aus Sicht des → PR-Managements besonders geeignet, um mit emotionaler Kommunikation den Transfer von Images zugunsten des platzierten Produkts zu bewirken.

Produkt-PR – Teil der Public Relations eines Unternehmens, der in Ergänzung zum Produktmarketing mit nicht-werblichen Instrumenten (z.B. Marke, Pressearbeit, PR-Events) Produkte profiliert und positioniert, um mit → Reputation den langfristigen Absatzerfolg zu unterstützen.

Produktwerbung – bezeichnet den Teil der marktgerichteten → Produktkommunikation, der v.a. auf den kurzfristigen Verkauf gerichtet ist.

PROI – Public Relations Organization International, das international Netzwerk inhabergeführter → Agenturen für → Public Relations.

Project Branding → Projektmarkenführung.

Projektkommunikation – bezeichnet die Anwendung des → PR-Managements bzw. der → internen Kommunikation mit unterschiedlichen → Kommunikationszielen (z.B. interne Aufmerksamkeit,

Einstellungsänderung, Verhaltensänderung), um den Projekterfolg zu unterstützen.

Projektmarkenführung – bezeichnet die Anwendung der → Markenkommunikation v.a. auf die → interne Kommunikation von Projekten. Die Vorteile bestehen in der Identifikationskraft v.a. in komplexen Projektarchitekturen großer Unternehmen bspw. im Rahmen von → Change Communications. Der Nachteil besteht in dem Krisenpotenzial von Projekten mit hoher Wahrscheinlichkeit von → Konflikten.

Promotion – bezeichnet in PR-Management und Marketing in uneinheitlicher Verwendung (1) in Anlehnung an die → 4P des → Marketingmix die Kommunikation als Oberbegriff für den Kommunikations-Mix mit Instrumenten wie Werbung, Event, PR-Instrumente (2) die Verkaufsförderung, die in Abgrenzung zur → Werbung je nach Branchenstruktur (a) handels-/absatzmittlerorientierte Maßnahmen (z.B. Händlerkonferenzen, Messen), (b) verkaufspersonalorientierte Verkaufsförderung (z.B. Schulungen, Bonus- Prämiensysteme) oder (c) endnachfragerorientierte Maßnahmen (z.B. kostenlose Proben, Gutscheine) beinhalten; (3) die aktionsgetriebenen Maßnahmen (→ Events) als Werbung oder → PR-Instrument.

Promotional Licensing – *verkaufsfördernde Lizenzierung*; bezeichnet die Nutzung lizenzrechtlich geschützter Namen, Zeichen, Bilder oder Begriffe für Imagewerbung und/oder Verkaufsförderung.

Promotionverpackung – bezeichnen Verpackungen, die zuerst der Präsentation und Werbung am → Point of Sale dienen und in besonderer Weise das Produkt präsentieren sowie die → Werte einer → Marke transportieren (z. B. Sammlereditionen, Weihnachtsverpackungen).

Proof – von engl. „Beweis"; bezeichnet einen (farbverbindlichen) Probedruck, bevor der Druck einer Broschüre oder andere Druckerzeugnisse beginnt mit dem Ziel, Druckaufträge möglichst auftragsgetreu (z.b. zur Einhaltung der Farben des → Corporate Designs) durchzuführen

Propaganda – von lat. propagare, „sich ausdehnen", „fortpflanzen"; bezeichnet die manipulative und ideologisierte Infiltrierung zweckbestimmter Auffassungen. Dabei wird in Bezug auf den Wahrheitsgehalt zwischen weißer (die Verbreitung akzeptierter und wahrer Inhalte), grauer (zweifelhafte Inhalte) und schwarzer Propaganda (bewusst falscher Inhalte) unterschieden. Der Begriff bezeichnet die Missionstätigkeit der katholischen Kirche seit etwa Mitte des 17. Jahrhunderts. Mit der französischen Revolution und den später folgenden Ereignissen des 19. Jahrhunderts wurde Propaganda in den politischen Bereich übertragen: Spätestens mit Edward → Bernays setzte eine Differenzierung der → Methodik von → Public Relations als argumentatives Überzeugen mit dem Ziel der → Reputation und → Propaganda als → Manipulation ein. Aus heutiger Sicht wird Propaganda mit Kriegskommunikation und der → politischen Kommunikation totalitärer Staaten bzw. der Naziherrschaft verknüpft. Im Kontext der Unternehmenskommunikation wird sie im „Publicity-Modell" des → Exzellenzmodells verortet.

Prospekt – von lat. prospectum, „Aussicht"; bezeichnet (1) ein Druckerzeugnis, das eine Werbeschrift mit überwiegend bildlichen Elementen ist, das häufig als Beilagen für Zeitungen verwendet wird; (2) → Wertpapierprospekt.

Prospekthaftung – eröffnet einem geschädigten Anleger unter Umständen wie nachweisbar fehlerhaften → Wertpapierprospekten die Möglichkeit, bei erlittenen Verlusten Schadensersatzansprüche geltend machen zu können. Die Prospektpflicht für Wertpapiere nach § 3 → Wertpapierprospektgesetz (WpPG) erstreckt sich insbesondere auf am Markt handelbare Aktien und Anleihen. Der gesetzliche Anlegerschutz wurde mit dem Vermögensanlagengesetz (VermAnlG) vom 01.06.2012 auch auf Graumarktprodukte wie Schiffsbeteiligungen oder geschlossene Immobilienfonds erweitert.

Prosumenten – bezeichnet als Wortkreuzung Individuen, die gleichzeitig Konsument und Produzent sind. Als aktiv eingreifende Konsumenten nehmen sie im Rahmen von → Dialog und kollaborativer Markenführung Einfluss auf die Produkteigenschaften und -gestaltung.

Protest – lat. protestari, „bezeugen"; betont in Bezug auf die lateinische Wortwurzel den (teil-)öffentlichen Charakter der spontanen oder organisierten Bekundung von Missfallen Einzelner oder von → Gruppen. Aus Sicht des → PR-Managements bildet der Umgang mit Massenprotesten ein Handlungsfeld, das Teil der → Krisenkommunikation sein kann. Proteste sind in diesem Fall Ausdruck gruppenweiter Unzufriedenheit und gemeinsamer Betroffenheit oft organisiert durch Protestgruppen mit dem Ziel, Interessen gegenüber Organisationen (z.B. Unternehmen, Parlament, Regierung) durchzusetzen. Protestgruppen sind Ausdruck der → Macht von → Stakeholdern, die sich z.B. in Form von Kaufboykotts, Kundgebungen, Streiks oder im Internet als Shitstorm äußern kann.

Protestgruppe → Protest.

Provision → Agenturprovision.

Proximity-Kommunikation – engl. „Nähe", „Umgebung"; bezeichnet den Teil der → Mobile PR, der die zielgerichtete Kommunikation auf mobile Endgeräte umfasst z.B. via SMS, E-Mail oder MMS auf Handys oder PDA mit dem Ziel, ortsgebunden und drahtlos vor Ort mit Dialoggruppen zu kommunizieren.

Proximity Marketing – engl. „Nähe", „Umgebung"; der marktgerichtete Teil der → Proximity-Kommunikation.

Prozess – bezeichnet (1) aus Sicht des Managements die inhaltlich abgeschlossene, zeitliche und logische Abfolge von Arbeitsschritten zur vollständigen Bearbeitung einer Leistung. Für das PR-Management sind sie als → Prozesskommunikation relevant. (2) In Anwendung auf das Recht bezeichnet der Prozess das durch Klage eingeleitete Verfahren vor Gericht. Für das PR-Management sind sie als → Litigation-PR relevant; (3) → PR als sozialer Prozess ist eine → PR-Theorie von Carl → Hundhausen.

Prozesse, aktivierende → aktivierende Prozesse.

Prozesskommunikation – betont im Gegensatz zur → Ergebniskommunikation und zur ereignisbezogenen journalistischen Berichterstattung, dass die Wertschöpfungsbeiträge von Kommunikation (1) in der Flankierung der → Prozesse des Managements liegen, indem → PR-Management z.B. mittels → Issues Management stetig auf die mögliche Weckung der Ansprüche von Stakeholdern

geprüft und ggf. angepasst wird und (2) wahrnehmungsabhängig sind und mit den einstellungsbezogenen → Kommunikationszielen meist zeitintensiv auch i.S.d. Wahrnehmung und Akzeptanz als Durchsetzung von Botschaften sind. Entsprechend ist die Kommunikation z.B. der → Markenführung oder der Einfluss auf → Reputation immer prozessual anzulegen. (3) Meint das notwendige PR-Management anlässlich von juristischen Verfahren (→ Litigation-PR).

PR-Prozessmodell – Long/Hazleton konzipieren ein systemtheoretisches Modell des PR-Managements mit fünf Umweltsystemen (politisch-rechtliche, soziale, ökonomische, technologische, kompetitive Systeme), die den exogenen Input für das offene System „PR-Management" von Organisationen erzeugen. Dieser Input wird von ihnen zur Zielbildung herangezogen. In Form des Outputs (z.B. Botschaften) beeinflusst dieser wiederum die Umwelten. Insofern handelt es sich um ein linearisiertes Kreislaufmodell, das der → kybernetischen PR (erster Ordnung) zuzuordnen ist.

PR-Qualität → Qualität.

PR-Recht – bezeichnet einen Querschnitt aus Bundes- und Landes-Gesetzen, EU-Richtlinien, Erlassen und Empfehlungen sowie Selbstregulierungen von Verbänden, die als Teil des → Medienrechts das → PR-Management reguliert und damit Teil der → Medienordnung ist. Hierzu gehören grundlegend die grundgesetzlich garantierte → Kommunikationsfreiheit und der hier angelegte → Trennungsgrundsatz, das Verbot der → Schleichwerbung, das Verbot → irreführender Kommunikation, das Urheberrechtsgesetz mit der unerlaubten

Nutzung urheberrechtlich geschützter fremder Werke und Leistungen, z.B. Fotos, Texte, Musik, das Presserecht geregelt in den Pressegesetzen der Länder, z.B. mit der → Impressumspflicht, das Telemediengesetz mit den Vorschriften zur Gestaltung und Inhalt von Websites. Mit → Investor Relations als Handlungsfeld des → PR-Managements gehören zudem dem die Regelungen für den Anlegerschutz zum PR-Recht, wie das → Wertpapierhandelsgesetz mit den Regelungen zur Veröffentlichung von Insider-Informationen und das → Wertpapierprospektgesetz. Auch das Strafgesetzbuch mit den Regelungen zu Beleidigung, übler Nachrede und Verleumdung u.a.m. sind zu erwähnen.

PR-Redakteur – ist im → PR-Management für die textliche und zunehmend auch visuelle Darstellung von Nachrichten mittels journalistischer Instrumente zuständig, indem er → Informationen recherchiert und z.B. in Form von → Berichten und → Reportagen für die → interne und → externe Kommunikation im Rahmen des → Corporate Publishing oder der → Medienarbeit veröffentlicht, um zu den Informationsziele der PR-treibenden Organisation beizutragen.

PR-Redaktion – bezeichnet als Funktion oder Handlungsfeld die → Textkompetenz des → PR-Managements, die im Gegensatz zur → Werbung → Content des → Corporate Journalism mit journalistischen Qualitätskriterien (z.B. Fakten, kritische Distanz, Objektivität) → journalistische Darstellungsformen erarbeitet. Das Ziel ist, Leser direkt zu überzeugen bzw. Journalisten auf der Basis von → Nachrichtenwerten von der Veröffentlichung der Informationen aus → Pressemitteilungen oder → Pressekonferenzen zu überzeugen, um Unternehmensnachrichten bekannt zu machen und so einen Beitrag zur Reputation zu leisten.

PR-Referent – ist eine Berufsbezeichnung für PR-Verantwortliche, die im Gegensatz zum → PR-Berater meist in den Kommunikationsabteilungen von Organisationen z.T. als → PR-Redakteur oder Eventmanager tätig sind.

PR-Report – ist ein (Print/Online-) PR-Magazin.

PR-Roadmap – bezeichnet eine Übersicht der Planung der wesentlichen PR-Instrumente, die aus der Planung der → Strategie für das → PR-Management hervorgehen. Das → Roadmapping ist der vorgelagerte Planungsprozess.

PR-Sanduhr – visualisiert die Werteermittlung von Kommunikationsinstrumenten mit den Konturen einer Sanduhr von Schweiger. Der obere Teil beinhaltet quantitative Bewertungsdimensionen wie die Anzahl abgedruckter Clippings, Auflagenhöhen, Sendereichweiten usw. Der untere Teil korrigiert die quantitative Analyse um qualitative Merkmale mit der inhaltlichen Analyse der quantitativen Ergebnisse wie Richtigkeit der wiedergegebenen Aussagen, Übereinstimmung mit Kommunikationszielen usw.

PR-Strategie → Strategie.

PR-Stunt → PR-Gag.

PR-Tainment – von engl. „Public Relations" und „Entertainment" als unterhaltende PR; bezeichnet analog zum → Infotainment die Entwicklung, die ursprünglich v.a. rationale Überzeugungsarbeit als → Methodik des → PR-Managements mit unterhaltend-humoristischen

Elementen zu unterstützen mit dem Ziel, → Botschaften vereinfacht zu transportieren.

PR-Theorien – von griech. théa, „anschauen" und horáein, „sehen"; bezeichnen die Lehre über die allgemeinen Begriffe, Gesetze, Prinzipien eines bestimmten Bereichs der Wissenschaft (Duden). Theorien haben Definitionsfunktion (z.B. definitorische Systeme, Grundbegriffe), Beschreibungsfunktion (z.B. Einordnung, Abgrenzung, Begriffsvorschläge), Erklärungsfunktion (z.B. Prozesserklärungen, Wirkungserklärungen), Vereinfachungsfunktion (modellhafte Vereinfachungen), Kontroll- und Prognosefunktion (Bereitstellung von Kontroll- und Prognoseindikatoren zur Überprüfung), Heuristische Funktion (forschungsleitende Funktion). In der PR werden drei Theorieebenen unterschieden: (1) Mikro-Theorien: Kommunikation auf individueller/personeller Ebene (z.B. das → 4-Ohren-Modell). (2) Meso-Theorien: Kommunikation auf Gruppen-/Organisationsebene (z.B. → funktionalistische PR-Theorien, Marketing-Kommunikationstheorien). (3) Makro-Theorien: Kommunikation auf Gesellschaftsebene z.B. → Systemtheorien (→ gesellschaftliche PR-Theorien). – Theorien sollen (a) methodisch, (b) nachweisbar, (c) überprüfbar, wiederholbar, (d) systematisch, (e) widerspruchsfrei, (f) intersubjektive Verständlichkeit gewährleisten und (g) verifizierbar/falsifizierbar sein. Hierfür greifen sie auf die → Basiswissenschaften der Public Relations zurück. Für die PR-Theorie problematisch ist, dass funktionalistische PR-Theorien der Mikro-/Mesoebene und PR-Theorien der Makroebene (z.B. Ansätze der Systemtheorie) bisher

mit widersprüchlichen Annahmen inkompatibel nebeneinander stehen und damit streng genommen die Anforderungen wissenschaftlicher Theorien nicht erfüllen. Das → Modell der funktionalen Transparenz oder die → systemfunktionalistische Synthese bieten Ansätze an, den scheinbaren Gegensatz zu überwinden.

Prüfungs- und Zertifizierungsorganisation der deutschen Kommunikationswirtschaft → PZOK.

PR-Ziel → Kommunikationsziel.

Psychoanalyse – bezeichnet eine in der Psychologie prägende Strömung Anfang des 20. Jahrhunderts. Sie geht davon aus, dass der Mensch nicht selbst über seine Reaktionen bestimmen kann – im Gegensatz zur → humanistischen Psychologie, die in den 1950er-Jahren aufkam. In der Psychoanalyse ist der Mensch seinen Trieben unterworfen. Die Psychoanalyse nach Sigmund Freud – deren Umfeld die frühe PR-Diskussion um Edward → Bernays prägte – spielt in der heutigen Psychologie nur eine Nebenrolle.

Psychologie – ist eine der → Basiswissenschaften der Public Relations mit der Analyse, Modellbildung und Diskussion des individuellen und auch sozialen Erlebens und Verhaltens des Menschen, z.B. mit → aktivierenden und → kognitiven Prozessen, die für das angewendete → PR-Management zentral sind, um die Wirkung von wahrnehmungsbezogenen Instrumenten wie → Marken, → Image und → Reputation und beobachtetem Verhalten zu verstehen. Teilgebiete wie z.B. die → Kommunikations-, Kognitions-, Emotions-, Motivations- und Sozialpsychologie untersuchen mit unterschiedlichen Analyseschwerpunkten die → Kommunikation. In der frühen Diskussion der → PR-Theorie war die Psychologie mit der → Psychoanalyse prägend, ist aber derzeit in der Diskussion der PR-Theorie unterrepräsentiert. Konstrukte wie die → Identifikationsmacht oder → mentalen Modellen steuern jedoch wichtige Beiträge zur Erklärung der → Macht von → Stakeholdern als erfolgskritische → Dialoggruppe des → PR-Managements bei.

Public Affairs – beschreibt ein interdisziplinäres Gebiet, das über die Aufgaben des PR-Managements hinausreicht und Handlungsfelder wie politische Analyse und juristische Beratung mit einbezieht, um als Unternehmen mit kommunikativen Maßnahmen (→ Lobbying) Einfluss auf politische Entscheidungsprozesse zu nehmen.

Public Interest Groups – engl. „Gruppen, die sich für das Gemeinwohl engagieren"; bezeichnen Gruppen der US-amerikanischen Gesellschaft, die neben den typischen Interessenverbänden als Nichtregierungsorganisationen weniger die Interessen ihrer Mitglieder, sondern vielmehr die der Gesellschaft vertreten wie bspw. Umwelt- oder Verbraucherschutzorganisationen, indem sie versuchen, auf Regierungsentscheidungen Einfluss zu nehmen.

Publicity – engl. „Öffentlichkeit"; bezeichnet (1) die Bekanntheit durch → Medienarbeit; (2) bezeichnen einen Typus des → PR-Managements als → Publicity-Modell der Public Relations im → Exzellenzmodell der Public Relations.

Publicity-Modell – *Press-Agentry-Model*; bezeichnet den Ansatz, mit → PR-Management eine primär positive Berichterstattung in den → Massenmedien zu erzielen, z.b. durch die → Inszenierung von aufmerksamkeitsstarken Pseudo-Ereignissen, die öffentliche Aufmerksamkeit auf bestimmte Unternehmen, Personen etc. lenkt. Es wird auch Press-Agentry-Model genannt, da Presseagenten in den US-Medien des 19. Jahrhunderts an Bedeutung gewannen, die im Gegensatz zu den Presseagenturen (→ Nachrichtenagentur) heute und hierzulande mit Sensationsjournalismus auf ihre Auftraggeber aufmerksam machten. Trotz normativer Kritik herrscht es in der Praxis vor. Das Publicity-Modell spiegelt den Propaganda-Begriff (→ Propaganda) wider und ist ein Kommunikationstyp des → Exzellenzmodells.

Publicity Still – *Standbild für Marketingzwecke*; bezeichnet Momentaufnahmen aus Filmen, die für das PR-Management (z.B. als Pressefoto) zur Vermarktung von Filmen produziert werden.

Publicity Stunt → PR-Gag.

Public Relations – wird in Deutschland häufig als „Öffentlichkeitsarbeit" übersetzt und meint die Unternehmenskommunikation (→ Corporate Communications). Sie wird als der Teil der Unternehmensführung bezeichnet, der mithilfe des Wahrnehmungsmanagements die → Reputation (Ruf) prägt. Unterschieden werden (1) PR i.w.S., die der Organisationskommunikation entspricht. Sie hat eine strategische Rolle mit Handlungsfeldern wie → Markenkommunikation, → Positionierung und → integrierte Kommunikation, (2) PR i.e.S.: Presse- und → Medienarbeit, aber auch die → interne

Kommunikation oder → Online-Kommunikation gelten als Kerndisziplinen und (3) PR als Struktur: PR als wörtliche Übersetzung von öffentlichen → Beziehungen und als Basisstruktur, mit und innerhalb derer PR Wirkung entfaltet. V.a. in der Marketingliteratur wird Public Relations im Marketingmix und hier als Teil des Kommunikationsmix auf der instrumentellen Ebene angesiedelt. Hier wird PR zu einer „Anhängselfunktion" des Marketings, die der strategischen und strukturellen Definition widerspricht.

Public Relations als Grundform der gesellschaftlichen Kommunikation → Grundform der gesellschaftlichen Kommunikation.

Public Relations als Soft Power → PR-Theorie von Dejan → Vercic, der auf die verhaltensbeeinflussende Dimension Wirkung von Public Relations Bezug nimmt. Demnach können Organisationen auf das Verhalten Dritter Einfluss nehmen, (1) indem sie sie zwingen, sich so zu verhalten, wie sie wollen (physische → Macht); (2) Organisationen können mit Dritten verhandeln (politische Kompetenz; Geld); (3) Organisationen können Dritte von ihren Vorstellungen überzeugen (weiche Macht; Soft Power). Der dritte Bereich ist die Kompetenz des → PR-Managements. V.a. in kritischen Situationen sind Organisationen von Dritten abhängig, sodass eine reflektive Kompetenz erforderlich wird. Sie beinhaltet, dass Public Relations ein strategischer Prozess ist, der Organisationen aus der Perspektive Dritter oder aus einer öffentlichen Perspektive betrachtet, der in kritischen Situationen eine Legitimation des Organisationshandelns erfordert i.S.d.

→ Theorie öffentlicher Beziehungen von → Ronneberger/ → Rühl.

Public Relations Management → PR-Management.

Public Relations Network (PRN) – ist ein weltweiter Verbund von PR-Agenturen.

Public Relations Organization International → PROI.

Publics → Teilöffentlichkeiten, → Community.

Public to Private (P2P) – bezeichnet den Prozess des → Going Private als Rückzug vom öffentlichen Kapitalmarkt.

Public-to-Private-Transaktion – Rückzug von der Börse im Gegensatz zum → Börsengang.

Public Viewing – engl. „öffentlich ansehen"; bezeichnet die öffentliche Liveübertragung von Großereignissen auf Großbildschirmen, die spätestens mit der so übertragenen Fußballweltmeisterschaft 2006 auch als → Veranstaltungskommunikation (Event-PR) an Bedeutung gewonnen hat. Es ist aufgrund der gemeinsamen Erlebbarkeit von Unternehmen, seinen Leistungen und der → Community der Fans und des hier gebundenen Potenzials für → Identifikation und → Ansteckungseffekte interessant. Wichtig ist für Veranstalter die Rechtslage. Derzeit gilt, dass bspw. für das Public Viewing großer Fußballturniere keine kostenpflichtige Lizenz der UEFA erforderlich ist (§87 Abs. 1 Nr. 3 UrhG) ist, solange keine auch indirekten Eintrittsgelder erhoben werden.

Publikumspresse – bezeichnet im Gegensatz zur → Fachpresse Medien mit einem breiten Leserkreis und umfasst General Interest-Titel (z.B. Tagespresse,

Stern, Spiegel) mit großen Themenbandbreiten (z.B. Politik, Wirtschaft, Kultur)
und Special-Interest-Titel mit abgegrenzten Themen (Lifestyle-Medien, Sport,
Wohnen).

Publikumspressearbeit – im Gegensatz
zur → Fachpressearbeit wenden sich Publikumsmedien an einen breiten Leserkreis, der zu einem bunten Themenspektrum dieser Medien führt. Entsprechend
gehören Reise-, Mode- und Gesundheitsmedien zu typischen Publikumspressethemen, genau wie Klatsch und Gesellschaft.

Pulsing-Kampagne → Kampagne.

PZOK – Prüfungs- und Zertifizierungsorganisation der deutschen Kommunikationswirtschaft; führt Prüfungen für Abschlüsse PR-Berater und Social Media
Manager durch. PZOK wird durch den
→ Bundesverband deutscher Pressesprecher (BdP), die → Deutsche Public Relations Gesellschaft (DPRG) und → Gesellschaft Public Relations Agenturen (PRA)
getragen. PZOK steht branchenintern in
Konkurrenz zu → AKOMM.

Q&A – engl. questions and answers; → Frequently Asked Questions (FAQ).

QR-Code – von engl. quick response, „schnelle Antwort"; von Handys, Smartphones oder Tablets einscanbare Codes, die Webadressen, Telefonnummern, SMS und freien Text enthalten können. Wie Hyperlinks zur Verlinkung im Internet, führen sie von der realen Welt (z.B. auf Büchern, Plakaten) in die digitale Welt, v.a. Websites. Ein wichtiges Anwendungsgebiet ist für die → Mobile PR das → Mobile Tagging.

Qualität – bezeichnet allgemein die Übereinstimmung von Leistungen mit bestimmten Ansprüchen und bedeutet im → PR-Management neben der Erreichung zu operationalisierender Kennzahlen des → PR-Controllings auf der Outlook-, Output-, Outgrowth-, Outclime-, Outcome- und Outflow-Ebene mit der Prozess-, Effektivitäts- und Effizienzeinhaltung v.a. die Beachtung von Maßstäben der → Ethik. Dies führt zu einem PR-Dilemma, da diese Maßstäbe in einer Gesellschaft mit → Stakeholdern, die sich durch unterschiedliche Nutzenmaßstäbe voneinander abgrenzen, nur in Spezialfällen vorher bekannt und definiert sind. Hinzu kommen in der → Beratung Qualitätsmaßstäbe, die die → Beziehungen zwischen Kunden und (inhouse) PR-Beratung prägen, sodass die PR-Qualität sich allgemein aus harten und weichen Faktoren zusammensetzt.

Qualitätsjournalismus – bezeichnet nicht abschließend und einheitlich definierte Anforderungen sowie z.T. subjektive (rezipientenabhängige) Kriterien redaktioneller Leistungen, die generell von Berücksichtigung und Genauigkeit in Bezug auf Nachrichtenherkunft und -aufbereitung geprägt sind. Zu Qualitätskriterien gehören Aktualität, Angemessenheit, Informationsmehrwert (→ Nachrichtenfaktoren), Klarheit der Sprache, Objektivität, → Quellentransparenz und Trennung von Meinung und Information. Dies schließt die Beachtung von Anforderungen der → Ethik mit ein. Die Förderung der Qualität steht z.T. Steuerungskriterien (z.B. Anforderungen an Auflagen bzw. Quoten) im Medienmanagement entgegen. Der Qualitätsjournalismus wird z.T. als Gegenstück zum → Boulevardjournalismus verstanden. Normativ gelten die Anforderungen des Qualitätsjournalismus genauso für die → Textarbeit des → PR-Managements.

Qualitätssiegel → Gütesiegel.

Quellentransparenz – bezeichnet ein zentrales Kennzeichen des → Qualitätsjournalismus, indem die Herkunft von Nachrichten als Quelle (z.B. Namen, Institutionen) benannt wird.

Quick Win – engl. „schneller Erfolg"; bezeichnet im Management allgemein das Vorgehen, schnelle Erfolge mit geringem Aufwand zu realisieren. Aus Sicht des → PR-Managements sind Quick Wins wichtig, um → Motivation zu erzeugen. Hierzu tragen Quick Wins bei, wenn sie stellvertretend für weitere Erfolge einer Serie von Projekten stehen, sodass sie Teil des → Erwartungsmanagements sind.

Rademacher, Lars – geb. 1972; Dr. phil. Lars Rademacher ist Professor für Public Relations der Hochschule Darmstadt.

Radio-PR → Hörfunk-PR.

Ranking → Agentur-Ranking.

Rant – engl. schimpfen; mit dem → Web 2.0 in Blogs bezeichnete schimpfende, laute und emotionale → Postings in der → Blogosphäre.

Rating – sind Beurteilungen der Kreditwürdigkeit (Bonität) von Finanzprodukten, Unternehmen und Ländern, die oft durch → Rating-Agenturen erstellt werden.

Rating-Agenturen – von engl. „Bewertung"; bewerten die Kreditwürdigkeit von Finanzprodukten, Unternehmen und Ländern. Die führenden Rating-Agenturen sind Moody's und Standard&Poor's. Sie haben erhebliche Auswirkungen auf → Image und → Reputation der von ihnen bewerteten Organisationen.

Rational – von engl. „Argumentarium"; bezeichnet (1) ein Argumentationspapier der → strategischen Kommunikation oder → Projektkommunikation, das fokussierte Aussagen zu Zielen, Aufgaben, Prioritäten und Meilensteinen trifft und so eine Ausgangsplattform für alle weiteren Kommunikationsmaßnahmen schafft; (2) als englisch gesprochenes Substantiv („rational") die zusammenfassend logische Argumentation einer Strategie und Vorgehensweise, die sich aus dem Argumentationspapier ergibt.

Rational Choice – engl. „rationale Entscheidung"; → Rationalität.

Rationalität – bezeichnet als zentrale Annahme für die Herleitung von Entscheidungen in den klassischen Wirtschaftswissenschaften das Streben nach Nutzenmaximierung des → homo oeconomicus. So werden Preis- und Mengensignale zu den zentralen handlungsleitenden Kommunikationsinhalten, die die Entscheidungsrelevanz von → Image und → Reputation ausblenden, sodass die → Relationalität eine Aktualisierung des Entscheidungsmodells bildet.

Rau, Harald – geb. 1965; Dr. phil. habil. Harald Rau ist Professor für Kommunikationsmanagement an der Ostfalia-Hochschule.

räuberische Aktionäre – sind Aktionäre, die als Mehrfach- oder Berufskläger aktienrechtliche Formfehler z.B. auf Hauptversammlungen provozieren und Vergleiche mit den betroffenen Unternehmen anstreben. Das Investment solcher Aktionäre besteht nicht in die Unternehmenswertentwicklung oder in Kurspekulationen, sondern in dem mit der Aktie erworbenen Recht zur Anklage. Rund zwei Drittel aller Aktionärsklagen enden mit Vergleichen. Sie schaden der → Equity-Kultur und z.T. auch der → Reputation von Unternehmen.

Raupp, Juliana – geb. 1963; Dr. phil. Juliana Raupp ist Professorin für Publizistik- und Kommunikationswissenschaften an der Freien Universität Berlin.

Reaktanz – bezeichnet als spezielle → Motivation das Verhalten von Rezipienten auf Einengung von Verhaltensspielräumen mit dem Ziel, diese zu erhalten oder wiederzugewinnen. Reaktanzen sind für → Widerstand maßgeblich und damit ein → Kommunikationsziel z.B. im Rahmen von → Change Communications.

Realismus – vertritt als philosophische Grundauffassung, dass es eher oder überhaupt nur die Wirklichkeit ist, die auf die individuelle Wahrnehmung einwirkt im Gegensatz zum → Konstruktivismus.

Real-Time-Bidding – von engl. "Echtzeit-Bieterprozess"; bezeichnet im Rahmen der Echtzeit-Werbung die automatisierte Versteigerung von Werbeflächen (z.B. Banner im Internet gegen Gebot).

Rebriefing – bezeichnet nach dem → Briefing einer Agentur/eines Projektteams die zusammenfassende Auftragsinterpretation an den Kunden mit dem Ziel des Informationsabgleichs und das gemeinsame Verständnis des Auftrags zu verschriftlichen.

Recall – engl. "Erinnerung"; bezeichnet ein psychologisches → Kommunikationsziel zur Messung der Bekanntheit eines Produktes, einer → Marke oder einer → Kampagne. Unterschieden werden die gestützte ("aided recall") und ungestützte Erinnerung ("unaided recall"), indem bei Recall-Test bspw. Fotos oder Namenslisten bei Abfragen den Probanden vorgelegt werden.

Recognition → Wiedererkennung.

Redaktionsbesuch – bezeichnet im Rahmen der → Medienarbeit das meist anlassbezogene persönliche Kennenlernen und/oder Präsentieren aktueller Nachrichten (z.B. neue Produkte, Eintritt in neue Märkte, neue Führungspersönlichkeiten) einer Organisation mit dem Ziel, dass der besuchte Journalist kurzfristig

darüber berichtet und langfristig die → Beziehung zwischen Redaktion und Organisation gestärkt wird.

Redaktionsreise → Pressereise.

Rede – geschlossener, formeller Vortrag mit dem Ziel der Informationsvermittlung. Sie ist gekennzeichnet durch den Methodenakzent Sprache und bedient sich der Rhetorik. Zudem ist sie durch die Erwartungshaltung des Zuhörens geprägt. Die Rede ist ein wichtiges Instrument und bedeutende Kompetenz der PR.

Redigieren – von lat. redigere, "in einen Zustand bringen"; bezeichnet als letzte Phase des journalistischen Arbeitsprozesses die redaktionelle Textprüfung mit dem Ziel der journalistischen Optimierung und Qualitätssicherung.

Referenz – von lat. referre, "auf etwas zurückführen"; bezeichnet im Kontext des PR-Managements (1) eine Empfehlung mittels einer positiven Beurteilung von einer Vertrauensperson z.B. eine Kundenempfehlung oder die positive Stellungnahme eines Testimonials zu einem Thema mit Relevanz für das Image von Unternehmen und/oder Produkten; (2) die empfehlende Darstellung bezüglich der Qualifikationen, Fähigkeiten und Verhaltensweisen eines Referenzgebers für einen Bewerbers und ist damit Teil der Personen-PR.

Referenzmarketing – bezeichnet → Marketing mittels Kunden und anderen → Testimonials, die als Fürsprecher für ein Unternehmen oder Produkt auftreten. Absender der → Botschaft ist hier das Unternehmen, z.B. mittels → Stories im Gegensatz zum → Empfehlungsmarketing. Mit der Weiterempfehlung ist es zugleich relevant für die → Reputation und damit Teil der → PR-Managements.

Reflektionshypothese – bezeichnet in der → Medienwirkungsforschung im Gegensatz zum → Agenda-Setting die Annahme, dass die Themenwahl der Medien sich nach Themenprioritäten ihres Publikums richtet.

reflektive Kommunikation → Public Relations als Soft Power (→ weiche Macht).

Regalnase – bezeichnet im Einzelhandel ein Hinweisschild, das an Regalen im Verkaufsraum so angebracht ist, dass es in den Gang hineinragt, um Aufmerksamkeit zu erzielen.

Regenbogenpresse – sind im Gegensatz zu → Boulevardmedien Publikumsmedien, die durch einen großen Klatsch- und Tratschanteil (z.B. Bunte, Gala) gekennzeichnet sind. Sie sind Zielmedien der → Publikumspressearbeit.

Regierungs-PR – umfasst die → Presse- und Öffentlichkeitsarbeit von Regierungen der Länder- und der Bundesebene mit dem normativen Ziel der umfassenden Information der Bevölkerung, für die zentral das → Bundespresseamt zuständig ist. Sie ist ein Teil der → politischen Kommunikation.

Regionalmarketing – meint in Anwendung des → Marketings das marktorientierte Steuerungskonzept für geografische Regionen oder Städte (Stadtmarketing) zur Profilierung im relevanten Wettbewerb. Es ist sektorenübergreifend (z.B. Bildung, Wirtschaft, Tourismus) tätig im Gegensatz zum → Destinationmarketing.

regulierter Markt – ist im Gegensatz zum → Open Markt ein gesetzlich geregeltes Börsensegment i.S.d. „organisierten

Markts" in § 2 Abs. 5 Wertpapierhandelsgesetz. Vor der Aufnahme des Handels ist vom Emittenten der Wertpapiere die Zulassung zum regulierten Markt zu durchlaufen. V.a. müssen hier notierte Unternehmen seit mind. drei Jahren bestehen und mind. 10.000 Aktien emittieren. 25 Prozent der Aktien müssen im Streubesitz sein. Es ist ein Zulassungsprospekt vorzulegen, in dem Bilanzen, die Gewinn- und Verlustrechnung und die Kapitalflussrechnung der vergangenen drei Jahre ausgewiesen sind. Unternehmen haben zudem Zulassungsfolgepflichten zu erfüllen, wie die Veröffentlichung des Jahresabschlusses und eines Zwischenberichts für die ersten sechs Monate des Geschäftsjahres. Werte im regulierten Markt werden sowohl auf der elektronischen Handelsplattform Xetra® als auch im Präsenzhandel (Parkett) der Frankfurter Wertpapierbörse gehandelt.

Rehearsal – engl. (Haupt-)Probe; bezeichnet die Generalprobe von → Reden, → Pressekonferenzen oder anderen → PR-Instrumenten die als → Live-Communications besonders interaktionsabhängig und damit fehleranfällig sind mit dem Ziel, Fehler zu vermeiden.

Reichweite – bezeichnet in der → Medienresonanzanalyse die Anzahl möglicher Rezipienten (z.B. Leser, User, Hörer) eines Mediums.

Reiz – bezeichnen in der Psychologie Stimuli aus der Umwelt, die über die Sinnesorgane Eingang in die individuelle Wahrnehmung finden und das Verhalten prägen. Geplante und ungeplante Angebote von → Informationen von Unternehmen gehören zu solchen Reizen, deren Wirkung z.B. mit → Reiz-Reaktions-Modellen abgebildet werden und erfolgskritische Größen wie das Kaufverhalten, Image und Reputation beeinflussen.

Reiz-Reaktions-Modelle – sind Modelle der Psychologie zur Erklärung, wie Stimuli (z.b. Werbung, Preisinformationen) auf das Verhalten von Konsumenten wirken.

Relationalität – *Relational choice*; bezeichnet in Ergänzung zur → Rationalität die Bedeutung wechselseitiger Bezogenheit von Entscheidungsprozessen. In der klassischen Ökonomie wird die individuelle Rationalität angenommen. Für das → PR-Management ist ein aktualisiertes Entscheidungsmodell als methodologischer Relationalismus realistisch, das Konstrukten wie → Marke, → Image und → Reputation modelltheoretische Relevanz zuspricht, sodass die Annahme gegenseitiger Beobachtung von Akteuren mittels kollektiver → mentaler Modelle zu gemeinschaftlicher Wahrnehmung und Handlung führt, die wiederum das rationale Entscheidungsverhalten relativiert und damit die Handlung des Beobachteten beeinflusst.

Relations – engl. Beziehungen; → Beziehungen; → Relationship.

Relationship – bezeichnet wie auch „Relations" → Beziehungen. Einen akzeptierten Standard zur Unterscheidung von „Relationships" und „Relations" gibt es nicht. Im Gegensatz zu „Public Relations" („öffentliche Beziehungen") stehen die Beziehungen des Relationship-Marketing oder des Customer Relationship Managements in der bilateralen Tradition von Vertragsbeziehungen, während die Beziehungen von „Public Relations" solche Beziehungen sind, die unter der Beobachtung Dritter (z.b. → Stakeholder) ggf. mit anderen Nutzenmaßstäben stehen als dies z.b. bei Kundenbeziehungen der Fall ist. Eine mögliche Abgrenzung von Relations und Relationships ist ihre Intensität, sodass Relations (weak ties) eher schwache und Relationships (strong ties) eher starke soziale Beziehungen sind.

Relationship-Marketing – von engl. „Beziehungsmarketing"; bezeichnet die Verlängerung der Betrachtung der Austauschprozesse am Markt (Transaktionsmarketing) von einer auf mehrere Episoden in Form der Gestaltung von → Beziehungen und steht in Ergänzung zum → Marketingmix, der diesen Beziehungsgedanken so nicht enthält.

Relevant Set – bezeichnet in → Marketing und → Produktkommunikation eine Auswahl von Produkten, Dienstleistungen bzw. deren Marken, die Konsumenten bekannt sind und ihres Bewusstseins nach für die Bedürfnisbefriedigung in Frage kommen. Das Relevant Set gehört zu den → Kommunikationszielen.

Reportage – gehört zu den → journalistischen Darstellungsformen und betont dabei die Perspektive des teilnehmenden Beobachters, dessen Darstellung v.a. die Atmosphäre und Details prägen.

Reputation – der Ruf eines Unternehmens, das mit dem Ist-Image übereinstimmt, aber von dem Soll-Image abweichen kann. Man kann Reputation als Teil eines Eskalationsprozesses zwischen Unternehmen und ihren Stakeholdern verstehen, indem sie idealerweise Vertrauenswürdigkeit gegen Vertrauensbereitschaft tauschen und der in der Reputation gipfelt. Z.T. wird die → digitale Reputation von dieser realen Reputation abgegrenzt, um die Bedeutung des Web 2.0 zu betonen.

Reputationsmanagement – umfasst Planung, Aufbau, Pflege, Steuerung und Kontrolle des Rufs einer Organisation gegenüber allen relevanten → Stakeholdern. Insofern ist es ein Handlungsfeld des → PR-Managements bzw. z.T. als synonym hierfür verwendet. Dieses PR-Verständnis betont die Rolle der PR für die → Akzeptanz durch einen guten Ruf einer Organisation im Gegensatz zu PR als → Informationsmanagement, das den Bezug zum → Wissen hervorhebt.

Responsive (Web-)Design – bezeichnet ein anpassungsfähiges Layout einer Website, das sich automatisch an die Breite des aufrufenden Gerätes anpasst mit dem Ziel, die Online-Kommunikation für mobile Endgeräte (z.B. Netbooks, Tablets, Smartphones) zu optimieren.

Retainer – von engl. retain, „fixieren", „zurückbehalten"; bezeichnet einen regelmäßigen (oft monatlichen) und pauschalisierten Betrag zur Vergütung von Agenturen durch beauftragende Unternehmen, z.B. die Beratungs-, Medienarbeits- und/ oder Projektmanagementpauschale.

Retargeting – von engl. „wieder ins Ziel nehmen"; bezeichnet eine Maßnahme des Online-Marketing, bei dem Besucher eines Onlineshop auf anderen Websites mit Werbung des in dem Onlineshop betrachteten Produkts wieder angesprochen werden sollen. Der Retargeting-Anbieter kauft hierfür Werbeflächen von Webseitenbetreibern, z.B. Suchmaschinen oder Nachrichtenportalen. Gleichzeitig erhält er von seinen Kunden, den Onlinehändlern, anonymisierte Nutzerdaten als Grundlage der Retargeting-Werbung.

Retention Management – von engl. „Bindung", „Beibehaltung"; bezeichnet im Personalmanagement Strategie und Maßnahmen (z.B. Anreize, Identifikationsangebote, Personalentwicklung) zur Bindung v.a. strategisch wichtiger Mitarbeiter und Führungskräfte. Für das → PR-Management ist es in der → internen Kommunikation und für das → Employer Branding als Beitrag zur → Reputation von Bedeutung.

Return on Communications → Communication Control Cockpit.

Reverse Branding – *Reverse Graffiti*; bei dieser Maßnahme der visuellen Kommunikation werden stark verschmutzte Fläche – z.B. Wege, Straßen, Gebäudefassaden oder Brückenpfeiler – so gereinigt, dass der Kontrast zwischen schmutzig und sauber das zu kommunizierende Motiv darstellt. Der Effekt hält, je nach Verschmutzungsgrad und erneuter Anlagerung von Kohlenstoffpartikeln, zwischen sechs Wochen und zwei Jahren an. Mit der Zeit verschwindet die Botschaft wieder, ohne dass zusätzliche Kosten entstehen. Das Verfahren wird vermehrt auch in der Werbung eingesetzt, wo es auch Streetbranding genannt wird. Im Gegensatz zu Graffitis, die Gebäude mit Farbe letztlich oft beschädigen, wird beim Reverse Branding/Graffiti die Fläche gereinigt und gilt deshalb als legal.

Reverse Communication – „umgekehrte Kommunikation"; bezeichnet Situationen, Phasen oder Marktstrukturen, die dazu führen, dass → Stakeholder (z.B. Kunden, Lieferanten, Protestgruppen) die Strukturen und Prozesse auf Unternehmensseite bestimmen. Der Begriff wird in der → Marktkommunikation als Reverse Marketing diskutiert, wenn etwa

die Lieferantenentwicklung zu neuen Pro-
duktionsstrukturen beim Hersteller führen oder wenn allgemein die → Macht
einseitig beim Kunden angesiedelt ist.
In der → Krisenkommunikation führt
dies zu dem Prinzip, durch aktives Handeln des betroffenen Unternehmens zum
Schrittmacher des Kommunikationsprozesses zu werden, um so die Macht wie-
derzuerlangen.

Rezension – von lat. recensio, „Muste-
rung"; bezeichnet die kritische Bespre-
chung in Form einer Veröffentlichung
meist für Bücher. Sie sind ein Instument
der → Marken- oder → Führungskräftekommunikation, wenn Rezensionen als
→ Autorenbeitrag veröffentlicht werden.

Rezipient – von lat. recipere, „aufnehmen"; ist der Empfänger (z.B. Internetnutzer, Leser, Zuschauer) einer Botschaft
in der Kommunikation und damit das Individuum.

Rezipientenforschung – Forschungsfeld
der → Kommunikationswissenschaften
und hier der Erforschung der → Massenkommunikation mit der (1) Nutzungsforschung (quantitative Aspekte der Mediennutzung); (2) Rezeptionsforschung
(Mediennutzung und -rezeption); (3)
Wirkungsforschung (Wirkungen der Mediennutzung und –rezeption).

Reziprozitätsregel – besagt in der Psychologie allgemein, dass Menschen bereit sind, eine Gegenleistung zu erbrin-
gen, wenn sie zuvor etwas erhalten haben.
Auf den Dialog (z.B. Verhandlung, Verkauf, Konfliktbewältigung) angewendet,
bedeutet diese Regel, dass ein Zugeständ-
nis der einen Seite (z.B. ein Preisnach-
lass des Anbieters) auch ein Zugeständ-
nis der Gegenseite (z.B. die Akzeptanz

einer Funktionseinschränkung durch den
Nachfrager) ermöglicht.

Rheinisches Format – gehört neben dem
Nordischen und Rheinischen Format zu
den drei führenden Zeitungspapierformaten (375 x 530 mm).

Rhetorik – griech. „Redekunst"; bezeichnet (1) die wirkungsvolle Gestaltung und
Umsetzung von informativen, überzeu-
genden, emotionalisierenden oder un-
terhaltenden → Reden mithilfe münd-
licher, schriftlicher und medialer Mittel und Regeln z.T. mit Einbeziehung der
→ non-verbalen Kommunikation mit
Körpersprache, → Mimik und → Gestik (2) die Redekompetenz als Eigenschaft und Ergebnis von (1) eines Red-
ners. – Rhetorik gilt als erfolgskritische
Schlüsselgröße der → Kommunikation
und ist damit eine zentrale Kompetenz
des → PR-Managements.

Risiko – bezeichnet ein Wagnis. Es ist
von der Eventualität gekennzeichnet,
dass mit einer (ggf. niedrigen/unbekann-
ten) Wahrscheinlichkeit ein (hoher/un-
bekannter) Schaden bei Unternehmen-
sentscheidungen oder -handeln eintreten
kann.

Risikokommunikation – hat als Handlungsfeld von → Public Relations die Aufgabe, das Ausmaß (Risiken identifizieren und benennen) und die Relevanz der
→ Risiken unternehmerischen Handelns
zielgruppengerecht zu kommunizieren
(Gefahren aufzeigen) und den angemes-
senen Umgang mit solchen Risiken intern und extern zu unterstützen. Das Ziel
der Risikokommunikation ist, (1) in der
→ externen Kommunikation zum Aufbau von Vertrauenspositionen und damit zur → Reputation beizutragen, indem

Unternehmen den Umgang mit technischen, gesundheitlichen, ökologischen, politischen, finanziellen und anderen Risiken (und Chancen) ihrer Leistungsprozesse angemessen transparent machen; (2) in der → internen Kommunikation zu einem Aufbau einer unternehmensgerechten → Risiko- und damit auch → Innovations- und → Konfliktkultur beizutragen.

Risikokultur – bezeichnet eine → Unternehmenskultur, die ein gemeinsames, positives Verständnis im Umgang mit unternehmerischen → Risiken prägt und damit einen Beitrag zur → Innovationskultur leistet.

Roadmapping – bezeichnet z.T. ein kreatives Analyseverfahren und wird z.T. als Synonym für das Konzept als strukturierte Planung verwendet. Es betont aber das visuelle Ergebnis in Form von handlungsfeld- und/oder maßnahmenorientierten Meilensteinen in bestimmten Zeithorizonten. Eine PR-Roadmap bezeichnet demnach ein Konzeptpapier mit der Planung und zusammenfassenden Übersicht von PR-Instrumenten geordnet nach Handlungsfeldern und Meilensteinen innerhalb eines geplanten Zeitraums.

Roadshow – von. engl. „Straßentheater", „Wanderausstellung"; bezeichnet (1) eine mobile → Präsentation in Form einer Rundreise zu definierten → Dialoggruppen, Veranstaltungsorten und/oder Gesprächspartnern und ist damit ein → PR-Instrument der → Veranstaltungskommunikation und → Life-Communications; (2) bezeichnet ein übliches Instrument der → Investor Relations mit einer Serie von Unternehmenspräsentationen, die ein Emittent vor oft internationalen Investoren an verschiedenen Finanzplätzen z.b. anlässlich eines → IPO oder einer Kapitalerhöhung gibt, um für die Investition in das Unternehmen zu werben.

RoCom – *Return on Communications*, → Communication Control Cockpit.

Rohmaterial – bezeichnet in der → Hörfunk-PR und TV-PR das Schnittmaterial, das Redaktionen als Service zur weiteren Verwendung bereitgestellt wird mit dem Ziel, ein Unternehmen und/oder seine Leistungen mit diesem Material in den Medien zu platzieren (→ Footage-Material).

Rolke, Lothar – geb. 1954; ist Professor für BWL und Unternehmenskommunikation an der Fachhochschule Mainz.

Ronneberger, Franz – 1913–1999; Dr. jur. Franz Ronneberger war bis zu seiner Emeritierung 1980 Inhaber des Lehrstuhls für Politik- und Kommunikationswissenschaft der Universität Erlangen-Nürnberg.

RoPo – engl. research online, purchase offline, „im Internet informieren, aber im realen Handel einkaufen"; steht für ein häufig beobachtbares Kaufverhalten, das je nach Studie für etwa die Hälfte aller Einkäufe gilt. Umgekehrt gilt, dass der Handel vielfach berät, aber der Kauf online (und oft preiswerter) erfolgt. Beide Prinzipien stehen für Handlungsaufträge des flankierenden → PR-Managements, für Bekanntheit und → Akzeptanz für den einen oder anderen Absatzkanal als Teil der → Vertriebs-PR zu sorgen.

Rossmann, Constanze – geb. 1974; Dr. phil. habil. Constanze Rossmann ist Professorin für Soziale Kommunikation an der Universität Erfurt.

Rote-Hand-Brief – bezeichnet ein → PR-Instrument der → Risikokommunikation für Arzneimittel, die gemäß Arzneimittelgesetz direkt vom pharmazeutischen Unternehmen in Abstimmung mit den zuständigen Behörden in einheitlicher Aufmachung an Fachkreise (insbes. Ärzte und Apotheken) verbreitetet werden, um über wichtige neu erkannte Risiken zu informieren und oftmals dazu dienen, den Verkauf von Medikamenten zu stoppen. Sie sind ein wichtiger Teil der → Krisenkommunikation.

Röttger, Ulrike – eb. 1966; Dr. phil. Ulrike Röttger ist Professorin für Kommunikationswissenschaft und Public Relations an der Universität Münster.

Round Table → runder Tisch.

Royalty-Free Fotos → lizenzfreie Fotos.

RSS-Feeds – steht für „Rich Site Summary", „RDF Site Summary" oder für „Real Simple Syndication" (engl. „wirklich einfache Verbreitung"). Mit dieser Funktion können Interessierte Internetnutzer Nachrichten abonnieren und in die eigene Website integrieren. RSS-Feeds sind ein Instrument von → Social Media Relations und damit der → Online-Kommunikation.

RTB → Real-Time-Bidding.

Rückruf – bezeichnet mit dem Produktsicherheitsgesetz (ProdSG) jede Maßnahme, die darauf abzielt, die Rückgabe eines dem Endverbraucher bereitgestellten Produkts zu erwirken. Sie wird aufgrund bereits eingetretener oder vermuteter Fehler vom Hersteller eingeleitet und hat das Ziel, Konsumrisiken oder mangelnde Konsumsicherheit zu senken. Rückrufaktionen sind damit relevant für → Image und → Reputation und damit

oft ein Anlass für die → Krisenkommunikation.

Rüegg-Stürm, Johannes – geb. 1961; Professor für systemisches Management an der Universität St. Gallen und prägend für das neue → St. Galler Management-Modell.

Rufmord – bezeichnet die vorsätzliche Beschädigung der Reputation, oftmals mittels Verleumdung. Mit den → Social Media gehören → Shitstorms zu Rufmord-Attacken, die z.T. der Durchsetzung der Ansprüche von → Stakeholdern (z.B. Qualitätsanforderungen von Kunden) dienen.

Rühl, Manfred – geb. 1933; Dr. rer. pol. habil. Manfred Rühl war Professor für Kommunikationswissenschaft an der Otto-Friedrich-Universität Bamberg.

Ruhrmann, Georg – Dr. rer. soc. habil. Georg Ruhrmann ist Professor für mediale Kommunikation und Medienwirkung an der Universität Jena.

Runder Tisch – *Round Table*; bezeichnet eine Konferenzform, die in Ableitung der Sitzordnung an einem runden Tisch das Prinzip der → symmetrischen Kommunikation symbolisiert. Der runde Tisch ist ein Instrument der → Dialogkommunikation und wird in der → politischen PR, aber auch in der → Krisenkommunikation und der → Standort-PR angewandt, um die Ansprüche von → Stakeholdern und die Interessen von Organisationen einander anzunähern.

S

Salamitaktik – bezeichnet ein in der Praxis häufiges Vorgehen v.a. der → Krisenkommunikation, mit der jeweils nur so viel Information bereitgestellt wird, wie die kommunizierende Organisation bekanntes Wissen bei der Zielgruppe vermutet. Das Ziel dieses Vorgehens ist, Schäden der → Reputation durch Informationsbegrenzung zu vermeiden, beinhaltet aber das Risiko noch größerer Reputationsschäden, wenn durch Indiskretionen und/oder investigativen → Journalismus diese Informationen bekannt werden.

Sales 2.0 → Social Selling.

Sandhu, Swaran – geb. 1976; Dr. rer. soc. Swaran Sandhu ist Professor für Unternehmenskommunikation mit Schwerpunkt Public Relations an der Hochschule der Medien, Stuttgart.

Sanierung – bezeichnet im Management strategisch geplante organisatorische und finanztechnische Maßnahmen zur Wiederherstellung der Leistungsfähigkeit von Organisationen mit dem Ziel, die Insolvenz abzuwenden und/oder eingeleitete Insolvenzen zum erfolgreichen Neustart der Organisation zu führen.

Sanierungs-PR – bezeichnet das flankierende Kommunikations- und Verhaltensmanagement, das die Sanierung als Prozess zur Fortführung von Unternehmen in wirtschaftlicher Schieflage begleitet. Die Sanierung erfordert oft den radikalen Umbau von Unternehmen, sodass Sanierungs-PR einerseits → Change Communications, z.T. auch → Krisenkommunikation und hier die → Insolvenz-PR beinhaltet.

Satzspiegel – bezeichnet die genutzte und damit bedruckte Fläche (z.B. Überschriften, Spalten, Bilder) eines Mediums, die durch die Stege umrahmt wird.

Saxer, Ulrich – 1931-2012; Dr. phil. Ulrich Saxer war Medien- und Kommunikationswissenschaftler und zuletzt Professor für Publizistik- und Kommunikationswissenschaften an der Universität Wien.

Schaubild → Infografik.

Schema → Schematheorie.

Schematheorie – geht zur Erklärung kognitiver Prozesse in der Psychologie davon aus, dass Objekte und Ereignisse in Wissensstrukturen im Langzeitgedächtnis gebündelt und organisiert sind. Ein Schema ist synonym zum mentalen Modell eine Gedächtnisstruktur, in der Wissen abgespeichert ist. Skripten erfüllen als dynamisierte Schemata die gleiche Funktion und sind als drehbuchartig festgelegte Ereignisabläufe im Gedächtnis hinterlegt. Der Rezipient einer Information (z.B. der Internetuser, Zeitungsleser, Konsument) sucht bei der Wahrnehmung eines Reizes ein Schema, das für das Verständnis und die Beurteilung des Reizes geeignet ist. Informationen, die ein Schema ansprechen, werden schneller verarbeitet. Schemata, die z.B. von der → Markenkommunikation oder → Werbung adressiert werden, erleichtern dem Konsumenten die Produktbeurteilung bspw. im Hinblick auf die Bedürfnisbefriedigung. Schemata können die Aufnahme, Verarbeitung und/oder

Speicherung von Informationen beeinflussen, z.b. das Bild einer Südseeinsel mit den → Schlüsselreizen Meer, Sonne und Palmen als werbliches Motiv eines Reiseanbieters, das als Schema für einen gelungenen Urlaub steht.

Schicha, Christian – geb. 1964; Dr. phil. Christian Schicha ist Professor für Medien- und Kommunikationsmanagement an der Mediadesign Hochschule in Düsseldorf.

Schichtenmodell – von Günter → Bentele; bezeichnet einen methodischen Zugang zur PR-Geschichtsschreibung, indem Entwicklungsperspektiven aus der gesellschaftlichen Entwicklung heraus beschrieben werden. Demnach hat sich PR aus gesellschaftlichen Phasen heraus weiterentwickelt, wobei neue Schichten auf den älteren aufbauen und dabei wesentliche Elemente beibehalten. Hier werden (1) interpersonale Kommunikation, (2) öffentliche Kommunikation, (3) Organisationskommunikation, (4) Public Relations als Beruf und Berufsfeld und (5) Public Relations als soziales System unterschieden.

Schleichwerbung – ist die unzulässige „(...) Erwähnung oder Darstellung von Waren, Dienstleistungen, Namen, Marken oder Tätigkeiten eines Herstellers von Waren oder eines Erbringers von Dienstleistungen in Sendungen, wenn sie vom Veranstalter absichtlich zu Werbezwecken vorgesehen ist und mangels Kennzeichnung die Allgemeinheit hinsichtlich des eigentlichen Zweckes dieser Erwähnung oder Darstellung irreführen kann. Eine Erwähnung oder Darstellung gilt insbesondere dann als zu Werbezwecken beabsichtigt, wenn sie gegen Entgelt oder eine ähnliche Gegenleistung erfolgt"

(Rundfunkstaatsvertrag, § 2 Abs. 2 Nr. 8). Maßgeblich für die Unzulässigkeit ist die fehlende Kennzeichnung im Gegensatz zur → Produktplatzierung.

Schlüsselinformationen – engl. information chunks; sind in Kaufentscheidungsprozessen besonders wichtig und bündeln und/oder ersetzen mehrere andere Informationen. Sie werden häufiger und früher herangezogen als andere verfügbare Informationen. Art und Bedeutung von Schlüsselinformationen sind individuell unterschiedlich, oft aber spielen der Preis oder neutrale Qualitätsgarantien (Siegel, Test von Verbraucherorganisationen) eine wichtige Rolle und sind damit v.a. für die → Produktkommunikation und → Medienarbeit relevant.

Schlüsselreize – lösen (biologisch) laut Verhaltenstheorie vorprogrammierte Reaktionen aus, indem sie entsprechende Schemata (→ Schematheorie) ansprechen, die grundsätzlich auch kulturübergreifend Geltung haben können, aber individuell unterschiedlich stark ausgeprägt sind. Angstapelle in der Werbung (z.B. in der Werbung von Versicherungen), das Kindchenschema (z.B. Kleinwagen, die im Gegensatz zu Sportwagen eine niedliche Frontpartie haben und als Fahrzeuge für Frauen positioniert werden) und auch sexuelle Reize in der Werbung setzen auf Schlüsselreize.

Schmidt, Sigfried J. – geb. 1940; Dr. phil. habil. Sigfried J. Schmidt war bis 2006 Professor für Kommunikationstheorie und Medienkultur am Institut für Kommunikationswissenschaft der Universität Münster.

Schmutztitel – bezeichnet in einem Buch das erste bedruckte Blatt; dient der folgenden Haupttitelseite als Schutz vor Beschmutzung und enthält meist den verkürzten Titel und/oder Autor und Titel.

Schnittmaterial → Footage-Material.

Schnittstellen – bezeichnen in der Informationstechnik die Verbindungseinheiten mind. zweier Systeme und betonen die Notwendigkeit ihrer gegenseitigen Passform, da diese ansonsten zu Ablaufbrüchen mit Einschränkungen der Leistungsfähigkeit führen könnten. Daraus werden für das → PR-Management v.a. für → Change Communications, für die → interne Kommunikation sowie die → Krisenkommunikation verschiedenste Verbindungsphänomene technisch-fachlicher, wissensbezogener und kultureller Art abgeleitet, die zu Problemen von → Kommunikation, → Dialog und → Verständigung führen können und darum mit → PR-Instrumenten besonders zu bearbeiten bzw. mit der Bestimmung des → Scopes eines Projekts möglichst gering zu halten sind.

Schockkommunikation – bezeichnet die Instrumentalisierung negativer Emotionen wie Abscheu, Angst, Ekel oder Trauer in PR-Instrumenten wie Kampagnen mit dem Ziel, Aufmerksamkeit und oft Verhaltensänderungen zu erwirken. Ein Beispiel der Schockkommunikation ist die Abbildung von Erkrankungen durch das Rauchen auf Zigarettenpackungen.

Scholarly Communication → Wissenschaftskommunikation.

Schriftweitenausgleich – *Kerning*; Variation des Zwischenraums zwischen den Zeichen einer Schriftart zur Optimierung des Weißraums.

Schulz, Jürgen – 1964; Dr. phil. Jürgen Schulz ist Professor für strategische Kommunikationsplanung an der Universität der Künste in Berlin.

Schulz von Thun, Friedemann – geb. 1944; Prof. Dr. habil. Schulz von Thun. Psychologe und Kommunikationswissenschaftler, der u.a. mit dem → 4-Ohren-Modell und dem → Hamburger Verständlichkeitsmodell im PR-Kontext bekannt geworden ist.

Schuppener, Bernd – geb. 1952; Dr. phil. Bernd Schuppener ist Honorarprofessor für Kommunikationsmanagement an der Universität Leipzig.

Schütte, Dagmar – geb. 1967; Dr. Dagmar Schütte ist Professorin für Kommunikationswissenschaft an der Hochschule Osnabrück.

Schwarmintelligenz – ezeichnet ursprünglich in den Naturwissenschaften das gleichgerichtete Gruppenverhalten, deren einzelne Mitglieder nach einfachen Regeln gemeinschaftlich handeln. So kann eine betrachtete Gesamtheit zu einem komplexen Gruppenhandeln findet, als Ausdruck übersummativer Intelligenz (z.B. das Fluchtverhalten von Fischschwärmen, die Arbeitsteilung der Ameisenkolonie), ohne dass die einzelnen Mitglieder einander kennen. Intelligenz meint hier also nicht die herkömmliche individuelle Fähigkeit, komplexe Sachverhalte zu verstehen, Wissen aufzubauen und für sich zu nutzen, sondern beschreibt die Vernetzung von eher einfach entscheidenden Individuen, die nur gemeinschaftlich komplex handeln können. Die Schwarmintelligenz wird vielfach zur Erklärung der Prozesse und Effekte von Gruppendynamik herangezogen, z.B. beim → Crowdsourcing oder zur Erklärung der Wirkung viraler

→ Ansteckungseffekte, sodass Begriffe wie das → Swarmbranding entstehen.

Schwarze Liste → Black List.

Schweigespirale – Erklärungsmodell zur Erklärung der → öffentlichen Meinung von → Noelle-Neumann. Ausgehend von den psychologisch begründbaren Annahmen der Isolationsfurcht und dem Konformitätsdruck mit der öffentlichen Meinung sind Individuen unterschiedlich redebereit: Diagnostizieren sie Übereinstimmung ihrer Meinung mit der öffentlichen Meinung, steigt ihre Bereitschaft zur Meinungsäußerung. Diagnostizieren sie ihre Meinung als Minderheitenmeinung, sinkt sie. Die vorherrschenden Meinungen werden dabei maßgeblich durch die Berichte in den → Massenmedien bestimmt.

Science Communication → Wissenschaftskommunikation.

Scope – von engl. „Bereich/Umfang"; ist eine zentrale Dimension von → Change Communications. Er bezeichnet den Umfang eines Projekts in Abhängigkeit der geplanten Leistungs-, Struktur-, Prozess- und Kapazitätsveränderungen. Scope-Management befasst sich mit der Anpassung der Change-Programmatik an die Change-Dramaturgie. Der Scope ist (1) ein harter Faktor, weil er Kapazitäten bindet und die Multikomplexität gegenseitiger Abhängigkeiten bestimmt, indem diese mit der Größe des Scopes überproportional zunehmen. (2) Er bindet zudem Aufmerksamkeit und Know-how und prägt damit die → Stimmung im Change als → weicher Faktor.

Screening – die Sichtung des Marktes im Zuge der → Agenturauswahl.

Scribble – bezeichnet gestalterische Rohentwürfe als Skizze mit dem Ziel, agenturintern oder dem Kunden zu Beginn von Projekten (z.B. in der Entwicklung von → Key-Visuals oder → Plakaten) erste Ideen zur Festlegung der Arbeitsrichtung zu veranschaulichen.

Search Engine Marketing (SEM) → Suchmaschinenmarketing.

Search Engine Optimization (SEO) → Suchmaschinenoptimierung.

Second-Moment-of-Truth (SMOT) → First-Moment-of-Truth (FMOT).

Second Screen – engl. „zweiter Bildschirm"; meint die gleichzeitige Nutzung von Fernsehen und einem zweiten Bildschirmgerät wie Computer oder Smartphone. Damit verbunden ist oft eine Ergänzung oder Überprüfung von im Fernsehen empfangenen Informationen durch den → Rezipienten.

Seeder – Personen, die dafür bezahlt werden, bestimmte Botschaften im Internet zu verbreiten und Einträge mit bezahlten Informationen (z.B. Unternehmens- oder Produktnachrichten) auf Foren, Blogs, Facebook-Seiten und Webseiten zu posten (→ Seeding).

Seeding – von engl. säen; bezeichnet das bezahlte Streuen, Platzieren von Botschaften, z.T. auch von Gerüchten, durch → Seeder.

Seilschaften – bezeichnen v.a. in der Politik eine informelle und damit nicht demokratisch legitimierte Gruppe von Personen, die sich gegenseitig begünstigen und damit i.S.d. ursprünglichen Begriffsbedeutung eine Gruppe von Bergsteigern, deren Mitglieder sich gegenseitig absichern. Seilschaften stehen metaphorisch für die Wirkung von Beziehungen, insbesondere von → „strong ties".

Sekundärorganisation – bezeichnet die Orientierungen (z.B. Kundenorientierung, Produktionsorientierung, Serviceorientierung) einer → Organisation, die aus Sicht des → PR-Managements von → Corporate Identity und → Unternehmenskultur geprägt wird.

Sekundärverpackung → Displayverpackung.

Selbstreferenz – bezeichnet in der → Systemtheorie die Selbsbezüglichkeit eines → Systems und meint, dass sich die Mitglieder eines Systems (z.B. eines Unternehmens, einer Abteilung, einer Markengemeinschaft) anhand eigener Regeln ihre → Interaktionen vollziehen und sich somit als beobachtbarer Handlungsraum von anderen Systemen abheben, sodass das Phänomen der → Autopoiesis entsteht.

Selfie – von engl. self, „selbst"; bezeichnet meist digitale Fotos, die man von sich selbst macht und denen man durch Qualität, Perspektive und/oder Stil ansieht, dass sie selbstgemacht sind. Aus PR-Sicht sind sie in ihrer Verwendung als → Posting Ausdruck von Interesse und → Identifikation mit den → Social Media, innerhalb derer sie online gestellt werden. Selfies sind damit Teil der → Bildkommunikation.

Sell-Side-Analysten → Analysten.

SEM – engl. Search Engine Marketing; → Suchmaschinenmarketing.

Semiometrie – bezeichnet eine indirekte Befragungsmethode mithilfe definierter Begriffe, für die Assoziationen erfragt werden, um verhaltensrelevante Werte und Einstellungen zu bestimmen. Das

Assoziationsverfahren prägt die Wortwurzel der Semiometrie mit der Semiotik als Lehre der Bedeutung von Zeichen. Das Ziel des Verfahrens ist, wertebasierende Zielgruppen zu identifizieren, um sie mit Marketing- und Kommunikationsinstrumenten zu bearbeiten.

Sender-Empfänger-Modell – ist ein Grundmodell zur Erklärung von → Kommunikation. Ein ursprünglich technisches Grundmodell geht auf Shannon/Weaver (1949) zurück, wonach jede menschliche Kommunikation eine Quelle hat, die als Sender einer Nachricht diese in Form eines → Codes über einen Kanal transportiert (Transportmodell der Kommunikation). Kommunikation ist hier ein linearer Prozess, der bspw. in der → Kybernetik angewendet wird.

Sensation – bezeichnet ein unerwartetes und aufsehenerregendes Ereignis. Die Sensation ist das Grundprinzip vieler Veranstaltungen, um Aufmerksamkeit zu erzielen, und damit der → Veranstaltungskommunikation.

Sensationsjournalismus – gilt als extreme Form des Boulevardjournalismus der → Boulevardmedien, der in übertreibender Form Themen v.a. rund um Sex, Kriminalität und Tragik mittels reißerischem, plakativem und oft einseitig verkürzendem Stil mit dem Ziel, Auflagen bzw. Einschaltquoten zu steigern. Sensationsmedien sind Zielmedien der → Publikumspressearbeit.

Sense of Urgency – von engl. „Bewusstsein für die Dringlichkeit"; bezeichnet anlässlich von Change-Management-Anlässen das Bewusstsein und das Verständnis von Führungskräften und Mitarbeitern für die Notwendigkeit und Dringlichkeit von Veränderungen. Seine Intensität kennzeichnet den Handlungsbedarf für → Change Communications und ist Teil der → Motivation, sich auf Wandel einzulassen.

SEO – engl. Search Engine Optimization; → Suchmaschinenoptimierung.

SEO-PR kurz für „Search Engine Optimization-PR"; → Suchmaschinenoptimierungs-PR.

Servicekultur → Dienstleistungskultur.

Shareability – von engl. „teilen"; bezeichnet die Teilungsfähigkeit von → Botschaften in der → Online-PR. Dazu gehört nicht nur die technische Funktionalität, um Nachrichten in → Social Media Newsrooms z.B. mittels personalisierter Nachrichten-Anwendungen zu teilen. V.a. prägt der → Content die Eigenschaft der Shareability von Botschaften.

Share of Mind – eine Kennzahl aus dem Kommunikationscontrolling. Sie benennt die Anzahl der erreichten Kontakte einer Kommunikationsmaßnahme im Verhältnis zu der Gesamtzahl aller Kommunikationsmaßnahmen und gibt damit den relativen Kommunikationsdruck auf eine Person an.

Share of Voice – eine Kennzahl aus dem Kommunikationscontrolling. Sie benennt (1) allgemein den Anteil aller Kommunikationsmaßnahmen im Verhältnis zu der Gesamtzahl aller Kommunikationsmaßnahmen und gibt damit den relativen Kommunikationsdruck an; (2) im Rahmen der → Medienresonanzanalyse den Anteil der Berichte über ein analysiertes Thema (z.B. Unternehmen, Produkt, → Botschaften) im Vergleich zu bestimmten Wettbewerbern innerhalb definierter Medien und Zeiträume.

Shitstorm – meint die Kritik im Internet in Online-Foren wie → Social Media und wird als „Empörungswelle" oder „Schlammlawine" aus dem Englischen übersetzt. Der Begriff ist v.a. in der → Online-PR als Teil der → Krisenkommunikation geläufig.

Shopping Goods → Güter.

Short List – engere Auswahl von Dienstleistern (hier oft: Agenturen) im Zuge der → Agenturauswahl.

Sichtverpackung → Blisterverpackung.

Siegel → Gütesiegel.

Sievert, Holger – geb. 1970; Dr. phil. ist Professor für PR und Kommunikationsmanagement an der Macromedia Hochschule für Medien und Kommunikation in Köln.

Silver Communication – bezeichnet das → PR-Management mit Senioren als → Dialoggruppe. Als in Deutschland wachsende und einkommensstarke Gruppe ist sie sowohl für das Marketing (→ Silver Marketing) als auch für die politische Kommunikation eine strategische Gruppe von → Stakeholdern. Silver Communication kennzeichnet ein wachsendes Handlungsfeld, das von der Kommunikationsbranche noch nicht recht erlernt wurde, wenn man an den „Seniorenteller" im Restaurant, die Bezeichnung „Seniorenheim" oder die Vermarktung von „Seniorenhandies" als Behindertenhilfe denkt, die von der Zielgruppe oft als stigmatisierend empfunden werden.

Silver Marketing – die spezielle (Markt-) Kommunikation für Senioren, also der Generation 50-Plus. Der Begriff wird abgeleitet von der „silver economy (engl. für „Seniorenwirtschaft") oder dem „silver surfer" (Senioren als Internetnutzer).

Sinus Milieus – ein Ansatz zur Bestimmung von Zielgruppen des Instituts Sinus Markt- und Sozialforschung, der sich an der sozialen Lage und zugleich hinsichtlich ähnlicher Lebensauffassungen und – weisen in den Gesellschaften unterschiedlicher Länder orientiert.

Situation Placement – bezeichnet eine Form der → Produktplatzierung in Filmen oder Spielen (→ Spiele-PR), die die Handlung im Gegensatz zum → On-Set-Placement beeinflusst.

Skandal – Missstand mit Verstoß gegen → Moral (illegitimes Handeln) und/oder Recht (illegales Handeln). Skandale können unterschiedliche Ursachen haben, sie verbindet aber ein notwendiger sozialer Prozess mit (1) faktischen oder wahrgenommenen moralischen Verfehlungen, (2) Enthüllung der Verfehlung und (3) gruppendynamische Empörung mit Koorientierung der → Medien. Unternehmensskandale nehmen insgesamt zu. Skandale haben das Potenzial, sich zu Krisen für Unternehmen zu entwickeln, indem sie Ansprüche von → Stakeholdern wecken. Sie gehören damit zur → Risiko- und → Krisenkommunikation. Das erfolgskritische Moment von Skandalen liegt nicht in ihrem moralischen Verstoß, sondern in den freigesetzten → Emotionen.

Sketchnote – engl. sketch „skizzieren" und note „notieren"; bezeichnet Notizen, z.B. → Präsentationen, durch den Vortragenden und/oder Zuhörer in Form von (stichwortartigen) Texten in Kombination mit Symbolen, Zeichnungen und Strukturierungselementen mit dem Ziel, die Merkfähigkeit zu steigern. Als Element der Präsentation sind es Instrumente der → Didaktik.

Skript – (1) Kurzform von → Manuskript; (2) → Schematheorie.

Skype – ist eine Videokonferenzfunktion der Microsoft-Tochter Skype, die wie → Hangout von Google als → PR-Instrument z.B. für Online- → Pressekonferenzen, Seminare oder → Hintergrundgespräche nutzbar ist.

Slideshare – bezeichnet eine Plattform, die dem Web 2.0 zugerechnet wird, um Präsentationen, Dokumente, Videos und auch → Webinare zu teilen.

Slogan – von gäl. sluaghiarm, „Heeresgeschrei"/„Schlachtruf"; oft abbindender Ausspruch einer Werbung, der im Gegensatz zum → Claim eher temporär genutzt wird mit dem Ziel, Botschaften prägnant, pointiert zu transportieren. Slogans enthalten oft Imagemerkmale, Haltungen, Handlungsaufforderungscharakter oder Leistungsversprechen.

Slow Moving Consumer Goods – von engl. „langsamdrehende Konsumgüter"; SMCG bezeichnen die im Einzelhandel wesentlichen Gebrauchsgüter (z.B. elektronische Geräte, Haushaltswaren, Möbel). Sie sind Gegenstand der → Consumer-PR bzw. → Produkt-PR.

Small Talk – wird oftmals als leichte, beiläufige Kommunikation bezeichnet, hat aber die wichtige Aufgabe des Aufbaus persönlicher Beziehungen und gilt damit als weicher Faktor für den Erfolg formeller Beziehungen (z.B. Verhandlungen, Verträge).

Smartmob – Ein Smart- oder Flashmob ist eine → Gruppe von Menschen, die Mobiltechnik nutzt, um sich spontan zu verbünden mit dem Ziel, gemeinsam etwas zu erreichen. Das Ziel kann einen spielerischen Charakter haben (Flashmobbing) oder auch einen politischen (Smartmobbing). Flashmobs sind realer Ausdruck viraler Prozesse im Internet und werden z.T. als Teil der Veranstaltungskommunikation für das Imagemanagement genutzt.

SMCG → Slow Moving Consumer Goods.

SMM → Social Media Marketing.

SMN → Social Media Newsroom.

Sociability – engl. Geselligkeit; bezeichnet (1) im Kontext von → Social Media Relations die Eigenschaften und Fähigkeit einer Anwendung, → Marke oder → Kampagne, die → Kommunikation und → Interaktion zwischen den Nutzern zu ermöglichen. Socialbility gilt als ein Erfolgsfaktor für Social Media-Anwendungen und Marken. Die Attraktivität von und Identifikation mit → Content sowie die technische Benutzerfreundlichkeit gelten als zentrale Aspekte der Sociability. (2) Ein Maß für die soziale Intelligenz und die Fähigkeit, mit anderen interagieren zu können (Gilliland/Burke, 1926).

Social Commerce – bezeichnet den Handel im Rahmen der → Social Media. Ein Teil von Social Media ist → F-Commerce.

Social Graphs → Social Search.

Social Intranet – bezeichnet die Weiterentwicklung des Intranet als Instrument der vorherrschend einseitig geprägten Information der → internen Kommunikation zu einem Führungsinstrument, das auf → Dialog und Partizipation beruht und die typischen Instrumente der → Social Media (z.B. interne → Blogs zur Diskussion, → Wikis zur gemeinsamen Wissensentwicklung) nutzt mit dem Ziel, → Identifikation und → Motivation durch Diskussion und Kooperation zu steigern.

Social Media – ein Teilbereich des → Web 2.0 sind Social Media oder das Social Web. Hierbei stehen soziale Onlinenetzwerke im Mittelpunkt der → Online-PR. Sie ermöglichen mit der Entwicklung zum Web 2.0 zwischenmenschliche Kommunikation und Interaktion. Diese Netzwerke verbinden Menschen weltweit zu Gemeinschaften mit gleichen oder ähnlichen Interessen („Social Communities"), die die Wirkung von → Stakeholdern erreichen können. Social Media haben heute einen großen Einfluss auf die PR von Unternehmen gewonnen. Als einer der Hauptgründe gilt, dass Unternehmen die Deutungshoheit von Nachrichten über ihr Unternehmen verlieren können, da Internetnutzer selbst Nachrichten v.a. in Social Media über Unternehmen einstellen und kommentieren. In Kombination mit der Speicherfunktion des Netzes war diese starke Beobachtungs- und Kommentierungsmöglichkeit vor dem → Web 2.0 nicht gegeben.

Social Media Commerce – bezeichnet das Einkaufen über Social Media-Plattformen, z.B. → F-Commerce, eine bisher zögerliche Entwicklung.

Social Media Manager – eine Berufsbezeichnung für verantwortliche PR-Manager, die sich auf Aufbau und Pflege von → Social Media spezialisieren.

Social Media Marketing – meint nicht nur die werbliche Platzierung von Unternehmen und Produkten auf Social-Media-Plattformen, sondern betont dabei v.a. die Nutzung, Einbindung und Interaktion der Nutzer. Daher ist klassische Werbung aufgrund mangelnder Akzeptanz im

Rahmen der → persönlichen Kommunikation auf Social Media-Plattformen ungeeignet, sodass das → Content-Marketing hier an Bedeutung gewinnt.

Social Media Monitoring – bezeichnet die Funktion der Social Media, sie im Rahmen des → Issues Managements einer Organisation auf Chancen und Risiken hin zu beobachten.

Social Media Newsroom (SMN) – bezeichnet in Weiterentwicklung des → Presseportals die Zusammenführung der Online-Aktivitäten und Social Media-Kanäle (z.B. Facebook, Twitter), bietet dialoggruppengerechten → Content (→ Pressemitteilungen, → RSS-Feeds), Visualisierungsmaterial (Bild- und Mediadatenbanken) und Dialogangebote für → Multiplikatoren (z.B. Journalisten, → Blogger). SMN sind ein Instrument der → integrierten Kommunikation.

Social-Media-PR – bezeichnet in uneinheitlicher Verwendung (1) die Nutzung von → Social Media als Handlungsfeld der → New-School-PR; (2) die operative Verbreitung von Botschaften und/oder Vernetzung i.S.v. → Social Media Relations und → Blogger Relations als Teil des → PR-Managements; (3) das PR-Management für Social-Media-Anbieter (z.B. PR für Facebook).

Social Media Ranking – gibt eine Übersicht über die häufigsten Social-Media-Aktivitäten z.B. das Ranking der Social-Media-Aktivitäten der Industrieunternehmen (www.induux.de/rankings).

Social Media Recruiting – die Nutzung → sozialer Netzwerke (z.B. Facebook, LinkedIn, XING) von Unternehmen zur Personalbeschaffung. Für das → PR-Management bedeutet diese Entwicklung die

Anwendung der Arbeitgebermarkenführung (→ Employer Branding) im Rahmen von → Online-PR.

Social Media Relations – bezeichnet das Handlungsfeld des → PR-Managements, das die Verbreitung von Nachrichten an → Rezipienten über soziale Netzwerke bezeichnet und die → New School der Public Relations prägt.

Social Media Release – Anpassung der klassischen Pressemitteilung an die Anforderungen von Social Media. Um die sozialen Netzwerke für die → Medienarbeit nutzen zu können, müssen sie v.a. dialogorientiert und multimedial nutzbar sein. Die Mitteilungen werden nicht mehr per E-Mail versandt, sondern per RSS-Feed verbreitet und auf der eigenen Homepage in einem → „Social Media Newsroom" platziert.

Social-Media-Strategie – bezeichnet (1) die strategisch konzipierte Auswahl bestimmter Social-Media-Plattformen und -Instrumente als Teil der strategischen (→ Online-) → Kommunikation, bspw. im Rahmen einer → Kampagne; (2) die → Strategie einer Social Media-Plattform, die sie langfristig erfolgreich macht.

Social Recruiting → Social Media Recruiting.

Social Search – eine neuere Entwicklung im Bereich der Suchmaschinen, die die Social Graphs – die Beziehungsgeflechte bei Facebook, aber auch bei anderen Social Media – in ihre Suche einbezieht. Google hat diese Funktion unter dem Begriff „Search plus your world" mit der Suche im eigenen Netzwerk Google+ integriert. Bing, die Suchmaschine von Microsoft, ist eine Kooperation mit Facebook eingegangen, um die eigene

Suchmaschine um Facebook-Einträge zu erweitern.

Social Selling – bezeichnet als Sales 2.0 den Vertrieb über → Social Media als Handelsplattform (→ Social Commerce, → F-Commerce), der bisher aufgrund der hier vorherrschenden privaten Beziehungen wenig erfolgreich ist. Der Einsatz von PR-naher → Kommunikation mittels → Content-Strategien statt werblicher Kommunikation wird derzeit als Schlüssel zum Erfolg diskutiert.

Social Sharing – bezeichnet das Teilen von Inhalten (z.B. Texte, Bilder, Videos) zwischen den Nutzern von → Social Media. Als Voraussetzung gilt die → Shareability, die eine zentrale Anforderung von → Content-Strategien der → Online-PR zur Erzielung von → Ansteckungseffekten ist.

Social Signals – engl. „gesellschaftliche Signale"; Links, die durch Empfehlungen der Nutzer von → Social Media entstehen. Zu den Social Signals gehören bspw. das Teilen („share"), „Gefällt mir"-Angaben („Likes" bei Facebook), Plusone (das Pendant des „Like" von Facebook bei Google+) und geteilte Links. Wie → Backlinks beeinflussen sie die Positionierung in Trefferlisten von Suchmaschinen. Damit sind Social Signals ein Teil der → Suchmaschinenoptimierung. Aus Sicht der → Online-PR sind Social Signals eine Form der digitalen → Weiterempfehlungsbereitschaft.

Soft Facts → weiche Faktoren.

Soft Power – Public Relations als → weiche Macht.

Soft selling – bezeichnet in der → Vertriebs-PR im Gegensatz zum → Hard Selling die Betonung von → Beziehungen in

der → Verhandlungskommunikation mit dem Akzent der Steigerung der Problemlösungsfähigkeit des Kunden.

Soft Skills – von engl. „weiche Fähigkeiten"; ergänzen im Management sogenannte Hard Skills (harte Fähigkeiten) wie Fach- und Methodenkompetenz. Das Ziel von Soft Skills ist, Motivation zu erhöhen oder Widerstandspositionen zu senken. Soft Skills bezeichnen eine nicht abschließend definierte Vielzahl persönlicher Werte (z.B. Fairness, Respekt, Verlässlichkeit), persönlicher Eigenschaften (z.B. Gelassenheit, Geduld, Freundlichkeit), individueller Fähigkeiten (z.B. Kritikfähigkeit, Zuhören, Begeisterungsfähigkeit) und sozialer Kompetenzen (Umgang mit anderen Menschen: Teamfähigkeit, Empathie, Kommunikationsfähigkeit) von Führungskräften und Mitarbeitern. Mit der Kommunikationskompetenz gehören Soft Skills zu PR-Kernkompetenzen.

Soll-Image → Image.

SoMe → Social Media.

Sonderbeilage – bezeichnet den thematischen Schwerpunkt eines Mediums, der als Beileger, Sonderseite oder zusätzliches Buch von Zeitungen oder Zeitschriften veröffentlicht wird. Sonderbeilagen bilden ein Handlungsfeld der → Medienarbeit aufgrund der inhaltlichen Fokussierung und damit der hohen Zielgruppenattraktivität. Aus medienrechtlicher Sicht wird hier v.a. der Graubereich kennzeichnungspflichtiger Werbetexte diskutiert.

Sonderwerbeformen – *Special adds*; bezeichnen die von den Werbungtreibenden gesuchte Nähe zur Redaktion oder dem Programm, die zu einer Vielfalt → hybrider Kommunikationsinstrumente in den unterschiedlichen → Medien geführt hat, z.b. → Abdikative, → Crawl, → Infomercial, → Logomorphing, → Split-Screen, → Titelpatronate oder → vertikales Sponsoring.

Sonic Branding → Soundbranding.

SOR-Modelle – Stimulus-Organismus-Response-Modelle, → Reiz-Reaktions-Modelle.

Soundbranding – die akustische → Markenführung als Teil der → multisensuellen Kommunikation zur Steigerung der Wiedererkennung und → Identifikation der Marke mit Instrumenten wie der Firmenmusik (→ Corporate Song), der Unternehmensstimme (→ Corporate Voice), dem → Sound-Logo sowie ggf. dem → Ambient Sound.

Soundingboard – von engl. „Resonanzboden", hier: „Sondierungsgremium"; bezeichnet Gremien ohne Entscheidungskompetenz, meist mit Führungs- und Fachkräften einer Organisation mit dem Auftrag, Arbeitsschritte eines Projekts (z.B. im Rahmen von → Change Communications) stetig auf definierte Ziele (z.B. Machbarkeit, Mehrwert, Akzeptanz) ggf. in Bezug auf wesentliche Bereiche der Organisation (z.B. Vertrieb, Produktion, Betriebsrat usw.) zu kommentieren, um die Durchsetzbarkeit des Projekts zu erhöhen.

Sound-Logo – akustisches Zeichen als markante Tonfolge, textiert oder untextiert, manchmal auch als ein bestimmtes Geräusch, meist in einer Länge von ein bis drei Sekunden zur Unterstützung des visuellen → Logos mit dem Ziel der besseren Wiedererkennbarkeit und → Identifikation mit einer → Marke.

soziale Empfehlungen – bezeichnen hier ein Instrument des → Social Media Marketing von Google+ analog zu den → Sponsored Stories von Facebook. Dort angegebene Bewertungen oder Kommentare können dann in Suchergebnissen und Anzeigen erscheinen. Sie betonen die Bedeutung der → Mund-zu-Mund-Propaganda.

soziale Interaktion → Interaktion.

soziale Kontrolle – bezeichnet formell institutionalisierte und informelle Prozesse, Strukturen und Instrumente als Mechanismen einer Gesellschaft, damit ihre Individuen implizite oder explizite Regeln einhalten. → Ethik und → Moral können wie auch die → Medien, → Public Relations oder die Ansprüche von strategisch relevanten → Stakeholdern als Instrumente sozialer Kontrolle verstanden werden.

sozialer Prozess → PR als sozialer Prozess.

Soziales Netzwerk – (1) bezeichnet in der soziologischen Theorie die Basisstrukturen zur Analyse gesellschaftlicher Strukturen. Netzwerke bilden soziale Einheiten in → Beziehung stehender Akteure. Die sozialen Netze haben auch Eingang in die Managementforschung gefunden, indem sie entscheidungs- und handlungsrelevante Umgebungsstrukturen (z.B. Unternehmen, Kunden, Kultur) modellieren. Für die → PR-Theorie sind soziale Netzwerke als Basisstruktur von → Public Relations („öffentliche Beziehungen") attraktiv, um unterschiedliche Beziehungstypen (→ strong ties, → weak ties) sowie Wechselwirkungen zwischen der Mikro-, Meso- und Makroebene zu beschreiben; (2) bezeichnet im Web 2.0

die persönlich bestätigten Kontakte und virtuellen Verlinkungen der Nutzer von Plattformen der → Social Media.

Sozialkapital – bezeichnet einen nicht abschließend definierten Kapitalbegriff. Eine Sichtweise ist, es in der Differenzbetrachtung als Macht von Akteuren und/oder Organisationen in der Wahrnehmung von Dritten zu bezeichnen, die sich jeweils auf bestimmte wertvolle Ereignisse bezieht, wie z.B. eine starke → Marke oder → Reputation. Insofern ist die Schaffung von Sozialkapital eine Zielgröße des → PR-Managements.

Sozialplan – regelt gemäß → Betriebsverfassungsgesetz Art und Ausmaß der Entschädigung der Verlierer einer geplanten → Betriebsänderung. Dies sind oft Führungskräfte und Arbeitnehmer, die durch die Betriebsänderung ihren Arbeitsplatz verlieren oder die ihn nur unter verschlechterten Bedingungen behalten können. Das BetrVG regelt in § 112a die Schwellenwerte für die geplanten Entlassungen nach Unternehmensgröße, die einen Change sozialplanpflichtig machen. Die Verhandlungen und das Ergebnis des Sozialplans sind zusammen mit dem → Interessenausgleich ein Kernaspekt von → Change Communications.

Soziologie – gehört zu den → Basiswissenschaften der PR. Ein Großteil der PR-wissenschaftlichen Literatur trägt soziologische Züge, bspw. wenn die → Systemtheorie einen Teil der → PR-Theorie prägt. Die Soziologie steht stellvertretend für die Suche und Analyse gesellschaftlich-kommunikativer Strukturen, Prozesse und Wirkungen von Public Relations. Auch der Ausdruck → „Public Relations" (wörtliche Übersetzung: „Öffentliche → Beziehungen") deutet den gesellschaftlich relevanten Strukturbegriff an, der PR-Arbeit prägt und von ihr geprägt wird.

Spacing – von engl. space, „Raum"; → Spationierung.

Spationierung – von lat. spatium, „Raum/Weite"; bezeichnet als Teil der Typografie und im Rahmen des Coporate Publishing die Optimierung des Weißraums innerhalb von Zeilen, indem der Abstand zwischen den Zeichen eines Wortes und/oder zwischen Wörtern variiert wird.

Special Adds → Sonderwerbeformen.

Special-Interest-Medien – bezeichnen innerhalb der → Publikumspresse → Medien mit konzentrierten Themengebieten (z.B. → Lifestyle-Medien, Motorpresse) im Gegensatz zu → General Interest-Medien. Sie bilden ein wichtiges Handlungsfeld der Pressearbeit, um bestimmte → Interessengruppen zu adressieren.

Specialty Goods → Güter.

Spekulationsblase – bezeichnet (1) im Ergebnis die von den Teilnehmern eines Marktes als überhöht betrachteten Preise eines Gutes oder einer Kategorie von Gütern (z.B. Immobilien, Rohstoffe, Wertpapiere) aufgrund von Übernachfrage oder wenn deren plötzlicher Rückgang vorausgesagt wird; (2) eine Phase, in der die Preise eines Gutes oder einer Kategorie von Gütern sich vom Fundamental- oder Basispreis als angemessenem Wert dieses Gutes stetig nach oben entfernen, aufgrund von Übernachfrage und/oder spekulativer Käufe. Spekulationsblasen sind das Ergebnis gemeinschaftlichen Handelns von → Gruppen, Ausdruck gemeinsamer → Werte und insofern mit der gruppengebundenen Aktivität der → Fans einer → Marke vergleichbar.

Spenden-PR – bezeichnet das PR-Management zur Gewinnung von Spenden und Sponsoren als wichtiges Handlungsfeld der → Non-Profit-PR.

Sperrfrist – *Sperrvermerk*; bezeichnet bei Pressemitteilungen Vertraulichkeitsfristen von in der Praxis oft bis zu zwei Tagen, wenn Journalisten diese zur Bearbeitung bereits vor einer Pressekonferenz oder einem anderen Event bereitgestellt werden.

Spiele-PR – bezeichnet (1) das → PR-Management, oft mit dem Akzent der → Markt- und → Produktkommunikation, für Spiele (z.B. Computerspiele, Onlinespiele, Brettspiele). Spiele-PR ist ein Beispiel, das → Fachpressearbeit zur Ansprache der Spiele-Community und → Publikumspressearbeit zur Ansprache von Tages- und Nachrichtenmedien gleichermaßen erfordert; (2) den Einsatz von (meist Online-/PC-)Spielen als → PR-Instrument, indem Spiele das Interesse an einer Organisation oder einer Unternehmensleistung steigern sollen und zudem das Potenzial haben, → Ansteckungseffekte auszulösen, indem die Spannung und der Unterhaltungswert von Spielen die → Motivation steigern. Zentral unterschieden werden hier das → On-Set-Placement sowie das → Situation-Placement. – Das Moorhuhn als Spiel der Whisky-Marke Johnnie Walker ist eines der frühen Online-Beispiele dieses Handlungsfelds. Kreuzworträtsel mit Lösungsworten zu einem Unternehmensthema in Kombination mit Gewinnspielen sind eine frühe Printvariante der Spiele-PR. – Die → Gamification als Übertragung von spielerischen Effekten auf

andere Bereiche kann beispielhaft für die Anwendung von → Didaktik der PR sein.

Spiller, Ralf – geb. 1973; Prof. Dr. Ralf Spiller ist Professor für Medienmanagement und Public Relations an der Macromedia Hochschule für Medien und Kommunikation in Köln.

Spin Doctor – engl. to spin, „in Drehung versetzen", im übertragenden Sinne auch „anschieben"; bezeichnet PR- und Medienberater (zumeist von Politikern, Parteien und Verbänden). Sie planen z.B. Wahlkämpfe und profilieren politische Persönlichkeiten.

Split Screen → Sonderwerbeform mit zeitgleicher Ausstrahlung von Werbung und Programm. Die eindeutige optische Trennung und eine Kennzeichnung der Werbung sind erforderlich.

Sponsored Posts – sind bezahlte Einträge in Blogs oder Social Media, die auf den ersten Blick wie von Nutzern generierter Content aussehen, da deren werbliche Kennzeichnung oft erst am Ende ersichtlich wird. Sponsored Posts sind eine Reaktion der Werbebranche auf mangelnde Akzeptanz klassischer Werbung im Internet und ein Beispiel für die Konvergenz von PR-Management und Marketing.

Sponsored Story – bezeichnet ein rechtlich anfechtbares und derzeit eingestelltes Werbeinstrument von Facebook und gehört zum → Social Media Marketing. Dabei erscheinen gesponserte Anzeigen im Newsfeed eines Nutzers, wenn ein Freund sich mit dem beworbenen Produkt oder dem Unternehmen auseinandergesetzt hat, das für die Werbung bezahlt. Es handelt sich dann um quasi-persönliche → soziale Empfehlungen und damit eine Art → Mund-zu-Mund-Propaganda durch die Nutzer.

Sponsoring – bezeichnet Finanz- sowie Sachmittel- und/oder Dienstleistungen, die Unternehmen Einzelpersonen, Gruppen (Vereine, Teams etc.) oder Institutionen (Universitäten, Museen etc.) zur Verfügung stellen und dafür im Gegensatz zum Mäzenatentum die Rechte zur kommunikativen Nutzung des Gesponserten erhalten. Das Ziel des Sponsors ist nicht nur, sein Engagement zu dokumentieren und so seine → Reputation zu steigern. Er setzt auch auf Effekte des Image- oder Markentransfers, um → Identifikation mit seinem Unternehmen aufzubauen. Auch deshalb gilt das Sportsponsoring als häufigste Sponsoringart.

Sponsoring, vertikales → vertikales Sponsoring.

Sprache → Corporate Language.

Sprache des Geldes – ist eine → PR-Theorie von Thomas → Becker auf Basis der → Systemtheorie, die Knappheit des Geldes als Kommunikations- und Beobachtungssystem mit den Wahrnehmungsoptionen „zahlungsfähig" oder „zahlungsunfähig" versteht. Zahlungsereignisse basieren auf Informationen im Markt und zugleich Informationen über den Markt. Absatzbezogene Informationen erzeugen Aufmerksamkeit, um Transaktionen zu ermöglichen und „Zahlungsunfähigkeit" weiterzugeben. Ein Unternehmen besteht, solange es Zahlungsfähigkeit erlangen kann und zugleich auch jenseits des Markts über Legitimation verfügt.

Sprachregelung – bezeichnet die Weisung oder Empfehlung zu bestimmten Formulierungen und/oder Darstellungen eines bestimmten Sachverhalts in der → internen oder → externen Kommunikation, bspw. in → Pressemitteilungen oder → Reden.

Sprech – uneinheitlich verwendete Kurzbezeichnung für (1) formulierte und freigegebene → Sprachregelungen, (2) Kurzredeskripte für die Sprecher einer Organisation.

Squeeze-Out – von engl. „herauspressen"; bezeichnet das Herausdrängen von Minderheitsaktionären aus einer Gesellschaft gegen Abfindung, der oft einem → Going Private vorausgeht.

St. Galler Management-Modell – Es entwirft in Erweiterung des → integrierten Managements durch Johannes → Rüegg-Stürm mithilfe der → Systemtheorie eine Modellumgebung für Unternehmen. Das Modell umfasst sechs zentrale Begriffskategorien: (1) Umweltsphären: Die zentralen Kontexte eines Unternehmens und seiner Branche; (2) Anspruchsgruppen: → Stakeholder, die von unternehmerischem Handeln betroffen sind; (3) Interaktionsthemen: Issues (→ Issues Management) wie kulturgebundene Themen (Anliegen, Interessen, Normen, Werte etc.) oder objektgebundene Themen (Ressourcen, handelbare Güter, Rechte etc.); (4) Ordnungsmomente: Kommunikations- und Handlungsmuster, die nicht immer sofort erkennbar sind; (5) Prozesse: sachliche und zeitliche Logiken, die bestimmte Arbeiten prägen; (6) Entwicklungsmodi: Muster unternehmerischer Veränderungsprozesse. – Das neue St. Galler Management-Modell nimmt ausdrücklich Bezug auf Niklas → Luhmann, der z.T. auch Pate für die kommunikationswissenschaftliche Systemtheorie steht, sodass dieses Modell als gemeinsame Umgebung für

Unternehmen, Kommunikation und Gesellschaft steht.

Stadtmarketing → Regionalmarketing.

Staffing – von. engl. staff „Personal"; bezeichnet (1) die Rekrutierung von Mitarbeitern und (2) das → Mobbing von Mitarbeitern ggü. Vorgesetzten.

Stakeholder – bezeichnet Personen mit Ansprüchen (von engl. stake, „Anspruch") an ein Unternehmen. Stakeholder können einzelne Personen (Führungskraft, Investor, Großkunden) oder – in der Demokratie nicht demokratisch legitimierte – Gruppen (Mitarbeiter, Politik, Umweltgruppen) sein, die auch Anspruchs- oder Interessensgruppe genannt werden. Strategische Stakeholder sind solche, die für ein Unternehmen erfolgskritische Ansprüche auch durchsetzen können (z.B. Boykott, Protest, → Shitstorms), sodass → Stakeholdermanagement erforderlich wird. Für das → PR-Management bilden sie als Stakeholdermanagement ein zentrales Handlungsfeld.

Stakeholdermanagement – ist seit etwa den 1960er-Jahren in Ergänzung zum Shareholder Value ein Ansatz zur Einflussnahme auf erfolgskritische Ansprüche von Dritten (z.B. Interessengruppen, Kunden, Protestgruppen). Typischerweise beruht die Macht von Stakeholdern auf gruppendynamischen Prozessen, die zu → weichen Faktoren wie Begeisterung und damit Unterstützung (positive Stakeholdermacht) oder Enttäuschung und damit Widerstand (negative Stakeholdermacht) führen kann. Strategische Stakeholder sind solche mit dem Ausmaß der Macht und dem Willen, ihre Ansprüche durchzusetzen. Anspruchsgruppenmanagement ist deshalb ein Handlungsfeld

des strategischen → PR-Managements, dessen häufige → Dialoggruppe → Non-governmental Organisations (NGO) sind.

Stakeholder-Relations-Modell – bezeichnet einen Ansatz der integrierten Kommunikation von Anders Gronstedt, der insbesondere Public Relations und Marketingkommunikation als Sende-, Empfangs- und Interaktionsinstrumente strukturiert und themenorientiert zusammenführt, da einzelne Personen Mitglied mehrerer Stakeholdergruppen sein können und eine technokratisch-instrumentelle Struktur der Unternehmenskommunikation deshalb ungeeignet ist.

Standee – von engl. stand, „stehen"; bezeichnet ein selbststehendes und schnell aufbaubares Display, das als Informations- oder Werbetafel benutzt wird.

Standort-PR → PR-Management mit der → Nachbarschafts-PR im lokalen Umfeld einer Organisation. Dazu gehört auch das lokale → Lobbying bei der Gemeinde oder Stadt, lokale → Finanzkommunikation mit Banken und Investoren vor Ort, das → Sponsoring sozialer, kultureller oder sportlicher Vereine und anderer Einrichtungen vor Ort sowie Bürgern, v.a. in der Nachbarschaft.

Stärken-Schwächen-Analyse → SWOT-Analyse.

Statement – von engl. „Stellungnahme"/ „Position"; bezeichnet im Rahmen von → Pressekonferenzen oder → Interviews eine kurze und prägnante Kernaussage zu einem Thema, das mündlich vor Kamera und/oder Mikrophon oder schriftlich formuliert wird.

Station Branding – engl. Markenkommunikation an U-Bahn-Haltestellen;

bezeichnet die Bandbreite der Möglichkeiten, an U-Bahn-Haltestellen → Außenkommunikation (z.B. Infoscreen, interaktive Terminals, Plakate) zu betreiben.

Statuarische Medien → Medien.

Stay – engl. „Aufenthalt"; Begriff für die Verweildauer auf → Websites von Internetnutzern und damit eine quantitative Erfolgsgröße in der Prozessabfolge „Stay → Find → Act" für das → PR-Controlling in der → Online-PR.

Steg – bezeichnet die grundsätzlich unbedruckten Weißflächen um den → Satzspiegel bedruckter Seiten von → Medien (z.B. Bücher, Zeitungen, Zeitschriften). Unterschieden werden Kopfstege (Weißflächen oben), Außenstege (Weißflächen am äußeren Seitenrand), Bundstege (Weißflächen nach innen) und Fußstege (Weißflächen zum unteren Seitenrand).

Stereotype – bezeichnen in der Psychologie einen Satz von Attributen, die ein Mensch mit einem Wahrnehmungsobjekt assoziiert und so verallgemeinernd-vereinfachende Beurteilungsmuster prägt, um komplexe Wahrnehmungsprozesse zu vereinfachen. Die individuelle Selektion weniger Merkmale aus einer Vielzahl wahrnehmbarer Merkmale bestimmt die gesamte Wahrnehmung, sodass → Images und → Marken als Stereotypen und diese wiederum als → Einstellung gelten. Der Begriff Stereotyp(platte) rührt aus dem Druckereiwesen und meint dort Druckplatten, mit denen sich beliebig wiederholbare Druckvorgänge durchführen lassen. Er wurde deshalb auf die Wahrnehmungsanalyse überragen.

Steuerungsillusion – bezeichnet die Kennzahlengläubigkeit und Überbewertung harter Faktoren und tendenzielle Vernachlässigung → weicher Faktoren durch das klassische Management, die wiederum die Bedeutung von → PR-Management als → Change Communications erklärt.

Steuerungspessimismus – rührt aus der Annahme geschlossener Systeme der → Systemtheorie im Anschluss an Niklas → Luhmann. In der strikten Anwendung entwicklen sich Systeme annahmegemäß ausschließlich nach eigenen Regeln fort, sodass Eingriffe von außen ausgeschlossen sind. Dies führt zu fundamentalem Zweifel an der Kontrollierbarkeit sozialer (Sub-)Systeme und damit an der Steuerungsfähigkeit durch klassisches Management, das von außen z.B. auf Mitarbeitersysteme zugreift. Die Relevanz dieser Annahmen findet sich für das → PR-Management z.B. in den → Gruppen, die im Change-Management → Widerstand leisten, in den Streiks von Mitarbeitern oder der Herausbildung starker → Marken. Mit dem Steuerungspessimismus ist die Suche nach alternativen Steuerungssystemen eröffnet, wobei das → PR-Management mit der Bereitstellung von Irritationsangeboten z.B. durch Information, Argumentation, Identifikation und Emotionalisierung Impulse für die Prägung von Selbststeuerungsmechanismen setzt und damit als → systemisches Management arbeitet.

Stil → Corporate Style.

Stimmung – bezeichnet im Gegensatz zur → Einstellung eine Phase der Qualität von Gefühlen als v.a. affektiven Zustand z.B. eines Konsumenten oder Investors, die aber auch mehrere Akteure gemeinschaftlich prägen und so zur Bildung von → Gruppen führen kann. In diesem Fall kann Stimmung das Handeln dieser

Gruppen bestimmen. So sind → Baisse und → Hausse an den Börsen bekannte Beispiele für die auch stimmungsabhängige → Macht von Stakeholdern.

Stimulus → Reiz.

Stimulus-Organismus-Response-Modelle → Reiz-Reaktions-Modelle.

Stockfotos – von engl. „auf Lager"; bezeichnen im Gegensatz zur Auftragsfotografie die ohne Auftrag angebotenen Lizenzen für Fotos, aber auch Bilder und Grafiken mittels Bilddatenbanken. Kunden sind Zeitungen und andere Medien, aber auch Agenturen, Unternehmen oder die Politik. Einer der größten Anbieter ist Getty Images.

Stolz – ist ein mögliches Kommunikationsziel des → PR-Managements und bezeichnet eine arbeitsbezogene → Emotion (z.B. bestimmter Arbeitsleistungen, erreichter Projektabschnitte, Unternehmensentwicklungen). Ihm wird je nach Prägung und Wahrnehmung eine positive Wirkung (Freude, Wertschätzung der eigenen Leistung, Überzeugung) zugeschrieben, und er hat damit einen positiven Einfluss auf Identifikation und Motivation. Dem Stolz wird aber auch eine negative Wirkung (Arroganz, geistige Verschlossenheit, Selbstüberschätzung) zugeschrieben und er ist damit geeignet, Neid und Widerstände hervorzurufen. Stolz lässt sich durch vergleichende Information (z.B. die Leistung der eigenen Organisation im Vergleich zum Wettbewerb) fördern. Eine Definition, wann positiver in negativen Stolz übergeht, gibt es nicht.

Storck, Christopher – geb. 1966; Prof. Dr. phil. Christopher Storck ist Professor für Unternehmenskommunikation an der Quadriga Hochschule in Berlin.

Story – engl. „Geschichte"; bezeichnet ein Hybridinstrument aus Metapher und verkürzender Erzähltechnik, indem sie erklärungsbedürftige → Botschaften vereinfachen und die Klammer für instrumentell vielfältige Kommunikationsprozesse bilden. Sie bildet so einen Aspekt des → Wissensmanagements ab, indem der Transport von Botschaften mit dem didaktischen Prinzip der Erzähltechnik vereinfacht gelingen soll. Es geht also nicht um erfundene Geschichten, sondern um die Aufbereitung der authentischen Unternehmens-, Marken- oder Produktgeschichte. Stories erzählen als Corporate Story die Geschichte des Unternehmens, die ihre Kernthemen aus Meilensteinen und Legenden des Erfolges (z.B. die Story des Unternehmens Google, das in der Garage gegründet wurde) idealerweise anhand von Personen herleitet. Sie verdichten sich in der Brand Story mit dem Motiv, das z.B. den Kundennutzen erzähltechnisch aufbereitet (z.B. Nutella: „Der Morgen macht den Tag", mit den Geschichten aus Familien, die ihren Tag gemeinsam beim Frühstück beginnen; die Ratiopharm-Zwillinge, die ihre Geschichten zu bestimmten Produkten erzählen, mit dem Zwilling als Symbol für das nicht mehr patentierte Originalpräparat). Stories kommen z.B. in → Kampagnen, in der Werbung als Storytising (als Kunstwort aus „Storytelling" und „Advertising"), in Veränderungsprozessen (die Story des Wandels) aber auch bei → Investor Relations (→ Equity Story) oder als Erfolgsgeschichten (Success Story) in der → Kundenkommunikation zum Einsatz. Stories sind eine kreativ-analytisch-redaktionelle

Leistung, indem sie auch komplexe Botschaften transportieren. Sie reduzieren die Komplexität, steigern die Merkfähigkeit, bieten Orientierung und Emotionalisierungspotenzial.

Storyboard – engl. „(visueller) Ablaufplan eines Films"; bezeichnet ursprünglich in der Zeichentrickfilmproduktion verwendete Darstellungen, um mithilfe von Einzelbildern eine Vorstellung vom Gesamtfilm zu bekommen. Geeignete visuelle Einzeldarstellungen dienen heute der Konzeption von Image- und Werbefilmen, die z.T. auch als Drehbuch Textpassagen und Geräuschideen zur Vertonung von Bildsequenzen enthalten. Im → PR-Management werden Storyboards in unterschiedlichen Zusammenhängen zur bildhaften z.T. mittels → Scribbles entworfenen Veranschaulichung von Kommunikationsprozessen und/oder komplexen Botschaften verwendet, z.B. von → Kampagnen oder → Events.

Storytelling – engl. „Geschichtenerzählen"; bezeichnet den Einsatz der authentischen → Story zum unterstützenden Transport von → Botschaften mittels Erzähltechnik.

Storytising → Story.

Straßenreiter – wetterfeste → Kundenstopper.

Strategie – kennzeichnet als strategisches Management den Aufbau, die Pflege und Nutzung von nachhaltigen Erfolgspotenzialen. Dies sind die internen und externen Voraussetzungen einer Organisation, um nachhaltig Erfolg zu erwirtschaften und die auf Erfolgsfaktoren basieren. Erfolgsfaktoren werden als bewährte Erfolgspotenziale definiert. Kernkompetenzen gehören dazu, Marktposition,

Kosten- und Qualitätsvorteile, aber auch Image und Reputation. Darum ist es gerechtfertigt, von Kommunikations-, PR-, Marken-, Marketing- oder Imagestrategien zu sprechen, da sie in vielen Organisationen nachhaltige Erfolgsfaktoren sind.

Strategische Kommunikation – ist (1) ein Sammelbegriff für die flankierende Kommunikation strategischer Managementprozesse für Erschließung und Erhalt langfristig-nachhaltiger Erfolgspotenziale eines Unternehmens, z.B. die Markteintrittskommunikation eines neuen Unternehmens oder die Kommunikation für die Einführung eines neuen Produkts; (2) kennzeichnet Kommunikation selbst als strategischen Erfolgsfaktor für Unternehmen, z.B. strategische Kommunikation als Entwicklung strategischer → Positionierungen, die → Krisenkommunikation zur Bewältigung von Krisen oder → Change Communications als das Management weicher Faktoren in tiefgreifenden Veränderungsprozessen. Strategische Kommunikation ist dann → Public Relations i.w.S.

Strategische PR – bezeichnet als Sammelbegriff die → strategische Kommunikation und das strategische für → Image und → Reputation relevante Verhalten.

Strategischer Ansatz – bezeichnet in der Mathematik als Ansatz die Umsetzung einer Textaufgabe in eine mathematische Form (Duden). Übertragen auf die → strategische PR beschreibt der Ansatz konzentriert Idee und Hebelpunkt als Kern einer → Strategie. Er kann in der komprimierten Form eines → Claims oder → Slogans die Durchsetzung oft komplizierter strategischer Mechanismen befördern.

Streetbranding → Reverse Branding.

Streik – bezeichnet die meist gewerkschaftlich und damit mitarbeiterübergreifend organisierte Arbeitsniederlegung mit dem Ziel, bestimmte Interessen von Arbeitnehmern gegenüber Arbeitgebern durchzusetzen. Der Streik ist ein verfassungsrechtlich geschütztes Arbeitskampfmittel (Art. 9 III GG) und ist Ausdruck des → Protests. Im → PR-Management bilden sie oft ein Handlungsfeld der → Krisenkommunikation und sind Gegenstand der → Konfliktkommunikation.

strong ties – starke → Beziehungen, gekennzeichnet durch intensive persönliche Interaktion.

Studien – bezeichnen als → PR-Instrument Analysen, Untersuchungen und/oder Umfragen mit transparentem Forschungsansatz und oft mit Beauftragung renommierter Forschungsinstitute zur Erzeugung von fundierten Informationen, die in der → Medienarbeit verwendet werden, um Beiträge für → Reputation und → Image zu leisten.

Style Guide – von engl. style, „Stil"/„Gestaltung", und Guide, „Ratgeber"; → Gestaltungsrichtlinie.

Subheadline – bezeichnet in Medien eine Überschrift zweiter Ordnung, die unter der Hauptüberschrift steht.

Success Story → Erfolgsgeschichte.

Suchmaschinenmarketing – bezeichnet als Sammelbegriff Maßnahmen, die darauf abzielen, Besucher über Suchmaschinen für die eigene Internetseite zu gewinnen.

Suchmaschinenoptimierung – bezeichnet die Analyse und den Aufbau der Website einer Organisation z. B. mit relevanten Suchbegriffen, um von Suchmaschinen im Internet wie → Google möglichst weit vorne in den Ergebnislisten platziert zu werden.

Suchmaschinenoptimierungs-PR – beteiligt sich ein Unternehmen bzw. seine → Follower aktiv am Internet, z.B. in → Social Media oder → Blogs, kann es dadurch → Traffic auf seiner Website erzeugen, z.B. durch Verlinkungen oder durch Erwähnung in Blogs. Bezieht sich dieser auf relevante Themen eines Unternehmens, z.B. Produkte, kommt es dem Ranking innerhalb einer Suchmaschine zugute. Der Einsatz von Keywords (Schlagwörtern), die Keyword-Dichte und auch das → Linkbuilding sind Handlungsfelder, um die Position von Unternehmen, ihren Leistungen und hierüber veröffentlichte Texte in den Ergebnislisten von Suchmaschinen zu verbessern.

Supplement – von lat. „Ergänzung"; bezeichnet eine redaktionelle, thematisch, oft regelmäßig erscheinende und eigenständige Beilage (z.B. Themenschwerpunkt, TV-Programm, Veranstaltungshinweise) in Zeitungen oder Zeitschriften, die aufgrund ihrer häufigen thematischen Schwerpunktsetzung relevant für die → Medienarbeit ist.

Swarmbranding – bezeichnet in Anwendung und Übertragung der → Schwarmintelligenz die Mitglieder der → Community einer → Marke als Schwarm, die sich gleichgerichtet nach gemeinschaftlich wahrgenommenen → Markenwerten richten.

SWOT-Analyse – bezeichnet als → Akronym für Stärken (strengths), Schwächen (weaknesses), Chancen (opportunities) und Risiken (threats) ein

Analyseinstrument, das im → PR-Management v.a. zur Herleitung von Handlungsempfehlungen von → Konzepten z.b. zur Untersuchung von → Positionierung, → Image oder anderen kritischen Erfolgsgrößen herangezogen wird, um so belastbare → Botschaften/Maßnahmen für die → strategische Kommunikation zu entwickeln.

Symbol – bezeichnet ein Zeichen mit einer bestimmten, interpretationsfähigen Bedeutungszuweisung auf Basis spezifischer → Einstellungen, → Werte und Vorstellungen, sodass Symbole abhängig von der (→ Unternehmens-) → Kultur sind. Sie sind mit dem Ziel der Motivation ein → PR-Instrument der → internen Kommunikation.

Symbolische Kommunikation – bezeichnet Mitteilungshandlungen und Verhaltensweisen, die nicht nur für sich selbst, sondern in Abhängigkeit der geltenden → Unternehmenskultur und → Werten für weitere Sinnzusammenhänge und damit ((un-)geplante) → Botschaften stehen. Unterschieden werden (1) visuelle → Symbole (z.B. → Markenzeichen, → Logo, Ehrenzeichen), die auch die → non-verbale Kommunikation (→ Gestik, → Mimik) enthält; (2) gegenständliche Symbole (z.B. Firmenwagen, Anzahl der Fenster eines Büros, Vorzimmermitarbeitende) und (3) symbolische Handlungen (z.B. Awards, Ehrungen, Prämierungen), wenn sie als Teil eines größeren Sinnzusammenhanges begriffen werden können und als Kommunikationsmittel fungieren.

Symbolischer Interaktionismus – bezeichnet eine frühe mikrosoziologische Theoriebildung im Anschluss an die soziologische Chicagoer Schule um George

Herbert Mead (1863-1931) und Herbert Blumer (1900-1987), die fragten, wie es möglich ist, dass Menschen ihr Handeln aneinander anpassen. Unter dem Eindruck von Charles Darwins → Evolutionstheorie wird angenommen, dass Menschen als handelnde Individuen durch → Interaktion gemeinsame → Symbole herausbilden, die Bedeutung nur für die Mitglieder von → Gruppen beinhalten und an denen sie sich in ihrem Verhalten orientieren. Verhalten wird darum als symbolisch vermittelte Interaktion verstanden. Aus heutiger Sicht findet sich dies in vielen PR-Theorien und auch im PR-Management der „aufeinanderbezogenen Handlung" wieder, etwa im → Dialog.

Symmetrische Kommunikation – bezeichnet eine Kommunikationshaltung mit wechselseitigen Einflüssen von der kommunikationstreibenden Organisation und ihrer Umwelt, die ausbalanciert sind. Unternehmen integrieren also Ansprüche ihrer Umwelten in ihr Handeln. PR hat hier demnach Input-, Output- und zugleich Feedbackfunktionen. Als PR-Management ist ‐› Kommunikation dann der → Dialog und ist v.a. für die → Krisenkommunikation angelegt. Symmetrische Kommunikation ist ein Kommunikationstyp des → Exzellenzmodells.

Sympathie – bezeichnet die Fähigkeit und/oder Eigenschaft eines Menschen oder eines Gegenstandes (z.B. → Marken) bei anderen positive Gefühle (→ Emotionen) auszulösen, die bei diesen zu einer positiven → Einstellung führt und dem Sympathieträger weitere positive Attribute zuschreibt. Zu den Sympathiefaktoren gehören z.B. die → Attraktivität, Vertrautheit, Ähnlichkeit.

System – bezeichnet in der → Systemtheorie im Anschluss an Niklas → Luhmann die Basiskonstrukte, aus der eine Gesellschaft besteht (z.b. Wirtschaft, Unternehmen, Abteilungen), die eine bestimmte Funktion haben, eine geschlossene Einheit bilden (Annahme, dass kein direkter Zugriff von außen möglich ist), von einem gemeinsamen Sinn geeint sind und sich als solche von ihrer Umwelt abgrenzen. Sie entwickeln sich annahmegemäß nach eigenen Regeln fort und machen → PR-Management damit zu einer wichtigen Funktion angesichts des hieraus resultierenden → Steuerungspessimismus geschlossener Systeme.

Systemfunktionalistische Synthese – bezeichnet in der → PR-Theorie einen Theorierahmen der Evolutionsökonomik von → Lies, um funktionalistische und systemtheoretische Diskussionen gemeinschaftlich zu führen und so den scheinbaren Gegensatz „Akteur gegen System" aufzulösen.

systemisches Management – bezeichnet das an die Annahmen der neueren → Systemtheorie angepasste Management. Hierzu gehört z.B. zentral die Annahme geschlossener Systeme im Anschluss an Niklas → Luhmann, was z.B. zum sogenannten → Steuerungspessimismus als zentrale Herausforderung des Managements geschlossener Systeme führt und dem → PR-Management eine Bedeutung durch die Bereitstellung von Irritationsangeboten für andere Systeme (z.B. Standorte, Teams, Abteilungen…) zuschreibt, damit diese sich nach eigenen Regeln weiterentwickeln können. Dies betont zugleich den Charakter der Systemtheorie als → Beobachtungstheorie betont.

Systemtheorie – die neuere Systemtheorie ist (im Gegensatz zur → Kybernetik als Systemtheorie erster Ordnung) eine Theorie der → Beziehungen zwischen → System und Umwelt. Während die Systemtheorie erster Ordnung eine Planungs- und Regelungstheorie ist, ist die zweiter Ordnung ein Analyserahmen zur vergleichenden Beobachtung von Systemen (→ Beobachtungstheorie), die v.a. Niklas → Luhmann prominent gemacht hat. Jedes System erfüllt eine Funktion. Eine zentrale Annahme ist, dass Systeme geschlossen sind, sodass sie sich nur nach eigenen Regeln fortentwickeln (→ Selbstreferenz) und ein Zugriff von außen nicht möglich ist (→ Steuerungspessimismus). So wird die herkömmliche analytische Isolierung etwa von Handlungen (Tausch) der klassischen Ökonomie überwunden und Systeme werden immer im Zusammenhang mit ihrer jeweiligen Umwelt erfasst. Systemtheorien dienen vielfach zu Erklärung der Prozesse und Wirkung von Public Relations. – Die → Theorie der öffentlichen Beziehungen ist eine frühe PR-Theorie, die die Systemtheorie auf Public Relations anwendet.

Szene – bezeichnet in uneinheitlicher Begriffsverwendungen im → PR-Management (1) eine → Gruppe als Ausschnitt und Momentaufnahme eines dynamischen → sozialen Netzwerkes, deren Mitglieder temporär durch gemeinsame Werte und Interessen handlungsbezogen miteinander verbunden sind (z.B. Gründerszene, Kulturszene, Szenegastronomie). Szenen werden z.T. als innovative Gruppen aufgefasst, die → Trends setzen und daher Potenziale für das → Marketing beinhalten. Der Zugang zu Szenen wird im PR-Management zudem als erfolgreiche Pflege von → Beziehungen verstanden, um → Ansteckungseffekte auszulösen; (2) in Anlehnung an die Theaterwissenschaften Handlungsverläufe, Bühnenbilder oder Akte, die im → Business-Theater → Botschaften transportieren.

Szenemarketing – bezeichnet in Kritik der klassischen Ansprache von Zielgruppen, die sich nach soziodemografischen (z.B. Alter, Geschlecht, Einkommen) oder psychografischen (z.B. Einstellungen, Lebensstil, Persönlichkeit) Kriterien ausrichtet, die Marketingkommunikation mit → Szenen, die sich im Gegensatz dazu an → Werten ausrichtet. Die Ansprache von Szenen ist schnelllebiger, spezifischer und damit derzeit treffsicherer.

Szyszka, Peter – geb. 1957; Dr. phil. Peter Szyszka ist Professor für Public Relations an der Universität Hannover.

T

Tabloid – von engl. „kleinformatige Zeitung"; englischsprachige Bezeichnung für handliche, kleinformatige Zeitungen, die ursprünglich von Boulevardzeitungen genutzt wurden und seit etwa dem Jahr 2000 vermehrt auch von Tageszeitungen in Deutschland aufgelegt werden (z.B. Welt kompakt).

Tabukommunikation → Schockkommunikation.

Tagcloud – engl. „Schlagwortwolke"; bezeichnet eine Visualisierungsform, um häufig aufgerufene Schlagworte einer Website darzustellen. Für die → Online-PR bieten sie einerseits Orientierung für die Nutzer einer Website, um hoch frequentierten Content aufzufinden. Andererseits sind sie für die Online-PR ein Themenmonitor aktueller Interessen der Nutzer einer Website.

Tag der offenen Tür – PR-Instrument der → Veranstaltungskommunikation, das sich besonders für → Dialoge z.B. anlässlich eines → Firmenjubiläums zu Anwohnern eines Unternehmens eignet und Teil der → Standort-PR und → Nachbarschafts-PR ist.

Taktik – bezeichnet die situationsgerecht angepasste Abwandlung einer → Strategie.

tangible Effekte → Wert.

tangible Werte → Wert.

Tausenderkontaktpreis (TKP) – bezeichnet die Relation zwischen Anzeigenpreis und dem Produkt aus der Zahl der erreichten Leser und Zahl der durchschnittlichen Kontakte pro erreichtem Leser. Diese Kennzahl der → Mediaplanung sagt aus, wie viel 1.000 Kontakte mit einem Werbeträger kosten.

Tausendhörerpreis – bezeichnet die Relation zwischen dem absoluten Preis eines Werbespots und der Reichweite der Hörer als Kennzahl der → Mediaplanung.

Tausendleserpreis – bezeichnet die Relation zwischen dem absoluten Preis einer Anzeige und der Größe der Leserschaft als Kennzahl der → Mediaplanung.

Teammanagement – beinhaltet eine Form der → Diversity-Kommunikation v.a. während der Teambildung, die vier typische Phasen durchläuft: (1) Formierungsphase („Forming"), (2) Konfliktphase („Storming"), (3) Regelfindungsphase („Norming") und (4) die Arbeitsphase („Performing"). Die Phasen lassen sich mit → interner Kommunikation unterstützen, um die ersten drei Phasen mit Motivationsbeiträgen zu unterstützen.

Teaser – von engl. „Anreiz"; bezeichnet die einleitenden Sätze, die als Anreißer den Leser neugierig auf einen Text (z.B. → Pressemitteilung, → Bericht) machen sollen.

Teilöffentlichkeiten – „publics"; Gruppen einer Gesellschaft, deren Mitglieder ein gemeinsames Themeninteresse verbindet, das durch → mentale Modelle erklärbar ist.

Tennert, Falk – geb. 1974; Dr. phil. Falk Tennert ist Professor für Wirtschaftspsychologie sowie Medien- und

Kommunikationsmanagement an der SRH Fernhochschule Riedlingen.

Termintreue – bezeichnet → Verlässlichkeit in Bezug auf vereinbarte Zeithorizonte (z.B. Bauabnahme, Liefertermine, Projektfertigstellung) und ist eine wichtige Komponente von → Vertrauen sowie → Image und → Reputation.

Testimonial – von lat. testimonium, „Zeugnis"; ist ein Geber von Referenzen, der z.B. für ein Unternehmen und/oder Produkt mit unterschiedlichen Referenzmaßstäben spricht (z.B. in der → Werbung oder einer → Pressemitteilung), als Angehöriger einer Zielgruppe (z.B. Kundentestimonials), Prominenter/Star (z.B. Schauspieler oder Sportler für den Imagetransfer) oder Expertentestimonal (z.B. Wissenschaftler, Ärzte).

Textarbeit – umfasst das journalistische und/oder werbliche Verfassen von Inhalten (→ Content) für das → Corporate Publishing und die → Medienarbeit. Sie gehört zu den Kernkompetenzen des → PR-Managements, die sich an Berufsprofilen wie dem → PR-Redakteur in der → PR-Redaktion widerspiegeln.

Textkompetenz – die Fähigkeit des → PR-Redakteurs, Botschaften in schriftlicher Form z.B. nach journalistischen oder werblichen Regeln für definierte → Zielgruppen und -medien (z.B. Online, Print, Radio, TV) zu formulieren, um die → Textarbeit zu bewältigen.

Theis-Berglmair, Anna M. – geb. 1955; Dr. habil. Anna M. Theis-Berglmair ist Professorin für Kommunikationswissenschaft/Schwerpunkt Journalistik am Institut für Kommunikationswissenschaft der Universität Bamberg mit

→ Organisationskommunikation als einen Schwerpunkt.

Thematisierungstheorie → Agenda-Setting.

Themenplan – bezeichnet (1) die redaktionelle Aufteilung der Ausgabe einer Zeitschrift zur internen Seitenplanung; (2) meint die Übersicht über vorgesehene Themen kommender Ausgaben bestimmter Medien v.a. zur Gewinnung von Anzeigenkunden, die diese Informationen ihrer → Mediaplanung zugrunde legen; (3) die Vorplanung (z.B. Monat, halbjährig, jährlich) von zentralen Themen, die das → PR-Management aktiv bearbeiten will mit dem Ziel, Bekanntheit und → Reputation von Unternehmen und/oder Produkt zu steigern.

themenzentrierte Interaktion – Die themenzentrierte Interaktion (TZI) geht mit Cohn davon aus, dass jede Person (Ich), jede Interaktion zwischen Menschen untereinander (Wir) und jede Sache, jedes Projekt, jede Arbeitsaufgabe, jeder Lernstoff (Es) grundsätzlich gleich wichtig ist. Um erfolgreich als Team an einer Sache zu arbeiten, müssen diese drei Punkte im Gleichgewicht gehalten werden. Bei der themenzentrierten Interaktion geht also darum, dass bei der inhaltlichen Arbeit in einer Gruppe die begleitenden oder unterschwelligen Prozesse auf der Beziehungsebene im Blick bleiben. Sie sollen dann Vorrang bekommen, wenn sie den inhaltlichen Arbeitsprozess der Gruppe beeinträchtigen können und/oder wenn ein Mitglied der Gruppe sich aus welchen Gründen auch immer nicht mehr an dieser Arbeit beteiligen kann oder sich intensiver einbringen können möchte.

Theorie der PR-Beratung – ist ein erklärender Ansatz der → Beratung auf Basis der → Systemtheorie von → Röttger. Dabei wird der beobachtungstheoretische Charakter der → Systemtheorie betont, da die Berechtigung der Intervention auf der Beobachtung des beratenden Unternehmens in den System-/Umweltdifferenzen basiert. Die Beratung bewertet dabei die → Beziehungen des zu beratenden Unternehmens zu seinen → Stakeholdern in punkto → Legitimität der Handlung des Unternehmens.

Theorie der Reichhaltigkeit von Medien – bezeichnet eine Theorie von Draft/Lengel, die den Einsatz von Medien von der Reichhaltigkeit der Medien und den zu leistenden Kommunikationsaufgaben abhängig macht. Die Reichhaltigkeit eines Mediums hängt ab (1) von der Anzahl ihrer Kommunikationskanäle, (2) von der Möglichkeit der Rückmeldungen, (3) von der sprachlichen Vielfalt und (4) von dem Grad der persönlichen Kommunikation. Demnach wäre persönliche Kommunikation ein „reichhaltiges Medium", da sie eine Vielzahl von Kanälen (Wort, Mimik, Gestik usw.) beinhaltet, während die Übertragungskapazität vieler technischer Kommunikationsinstrumente wie E-Mail dies nicht leisten kann. Je einfacher die Kommunikationsaufgabe (z.B. einfache Informationstätigkeit), desto weniger „reichhaltig" muss das ausgewählte Medium sein, um sie zu lösen.

Theorie der Synchronizität von Medien – „media synchronicity theory"; von Dennis/Valacich betont in Kritik und Weiterentwicklung der → Theorie der Reichhaltigkeit von Medien, dass v.a. die Art des Kommunikationsprozesses und die Bedeutung von Gruppen hierfür

in der Entscheidung zu berücksichtigen sind, um bestimmte Medien einzusetzen. Dabei bezeichnet die Synchronizität den Grad, in dem Personen gleichzeitig an einer Aufgabe zusammenarbeiten können. Die Medienauswahl hängt von fünf Faktoren ab: (1) der Geschwindigkeit der Rückmeldung („immediacy of feedback"), (2) der Anzahl der Kanäle („symbol variety"), (3) der Möglichkeit der parallelen Nutzbarkeit („parallelism"), (4) der Veränderbarkeit („rehearsability") und (5) der Wiederverwendbarkeit („reprocessability") von Kommunikation.

Theorie der Unternehmensführung und Öffentlichkeitsarbeit – die → PR-Theorie von Ansgar → Zerfaß, die explizit kommunikations-/soziologische sowie wirtschaftswissenschaftliche → Basiswissenschaften der Public Relations zusammenführt. Die zentrale Annahme interessengeleiteten menschlichen Handelns der Wirtschaftswissenschaften wird erweitert, indem es stets auch von gemeinsamen Strukturen geprägt ist. In Konkretisierung der Subsysteme einer Gesellschaft, die durch unterschiedliche mentale, prozessuale und organisationsbezogene Kriterien gekennzeichnet sind, finden kooperierende Unternehmen bis hin zu Märkten und Öffentlichkeiten in den Ansatz Eingang, was zur Frage ihrer Integration als Verknüpfung unterschiedlicher sozialer Handlungen führt. Diese Integration herbeizuführen ist hier das Ziel von Public Relations, sodass die Theorie an die Tradition von → Burkart, → Oeckl oder → Hundhausen anknüpft und sie basistheoretisch zugleich erweitert. Dabei wird die Auffassung entwickelt, dass das dominante Ziel von Kommunikationshandlungen darin besteht, einen Beitrag zur sozialen Integration zu leisten.

Theorie des kommunikativen Handelns – ist eine Kombination von Gesellschafts- und Kommunikationstheorie von Jürgen → Habermas. Sie nimmt an, dass Kommunikatoren verständigungsorientiert handeln, indem sie gegenseitiges Einverständnis in Bezug auf ein gemeinsames Handlungsziel oder eine Einstellung auf der Basis von Diskurs anstreben. In der → PR-Theorie ist die Theorie → verständigungsorientierter Öffentlichkeitsarbeit eine Anwendung hiervon.

Theorie öffentlichen Vertrauens – Wirkungstheorie für → Public Relations von Günter → Bentele, die hierfür die Bedeutung des Vertrauens betont. Für die Entstehung von Vertrauen unterscheidet er vier Vertrauenstypen: Grundlegend (1) das Basisvertrauen als eine psychische Fähigkeit, in bestimmte Objekte wie das System, eine Institution oder Personen zu vertrauen. Hinzu komme je nach Vertrauensobjekt das (2) öffentliche System-, (3) Institutionen- und (4) Personenvertrauen. Innerhalb des Prozesses der öffentlichen Vertrauensbildung identifiziert Bentele ein Set von Faktoren, die zu Vertrauenswerten beitragen: Dazu gehören die Sachkompetenz, Problemlösungskompetenz, Kommunikationsadäquatheit, kommunikative Konsistenz und Transparenz und gesellschaftliche Verantwortung. Öffentliches Vertrauen wird in Anschluss an → Luhmann als ein kommunikativer Mechanismus zur Reduktion von Komplexität aufgefasst. Die Theorie steht im Gegensatz zur PR-Theorie als → „Lizenz zu täuschen" von → Merten.

Theorie öffentlicher Beziehungen – ist eine → Systemtheorie zur Erklärung von → Public Relations von Franz → Ronneberger und Manfred → Rühl, die der PR insgesamt eine Legitimationsfunktion von Interessen in der Gesellschaft zuordnen. Auf der Makroebene kennzeichnen sie PR als die Verbreitung von Themen durch Organisationen auf einem Markt der Meinungen (PR-Funktion). Auf der Mesoebene kennzeichnet PR das Verhältnis des PR-Systems zu nahezu allen gesellschaftlichen Funktionssystemen (Politik, Werbung, Familie – PR als Leistung). Auf der Mikroebene besteht PR in den Beziehungen zwischen dem PR-System und Organisationen mit dem Ziel, mittels PR-Kommunikationen das Handeln dieser Teilöffentlichkeiten zu beeinflussen (PR als Aufgabe). Die Einheit von Public Relations als System begründet ihre gesellschaftliche Funktion als die Durchsetzung von Themen durch Organisationen auf Märkten konstituiert mit der Wirkungsabsicht, das Gemeinwohl und öffentliches Vertrauen zu stärken. PR leistet damit einen Beitrag zur Funktionsfähigkeit von Gesellschaften.

Theorierahmen internationaler Kommunikation – bezeichnet ein Prüfschema von → Sievert zur Analyse der Einflussfaktoren kulturübergreifender Kommunikation: (1) Normenkontext (Wirtschafts-, Medien- und Politiksysteme, in denen Unternehmenskommunikation betrieben wird); (2) Strukturkontext (Untersuchung spezifischer ausländischer Zielinstitutionen wie Unternehmen); (3) Funktionskontext (kulturelle Dimensionen als Determinanten der Inhalte internationaler Unternehmenskommunikation); (4) Rollenkontext (Relevanz internationaler Zielakteure). Für jeden der genannten Kontexte lässt sich untersuchen, inwieweit er die Zielkommunikation in den vorgesehenen Ländern beeinflusst.

Theorie verständigungsorientierter Öffentlichkeitsarbeit → verständigungsorientierte Öffentlichkeitsarbeit.

Think Tank – engl. „Ideenfabrik"; uneinheitlich organisierte Institution in Unternehmen, Politik und Verwaltung des Ideen- und Wissensmanagements, die oft als interdisziplinäres Gremium (z.B. Unternehmensexperten, Kunden, Zulieferer) Zukunftsthemen identifiziert, strukturiert und ggf. vorbereitet. In der → Innovationskommunikation dient der Think Tank darüber hinaus oft als → Symbol der Innovationsfähigkeit.

THP → Tausendhörerpreis.

Threads – von engl. „(Diskussions-)Stränge"; bezeichnen die chronologische Abfolge von Online-Diskussionsbeiträgen in Internetforen.

Ticker – ursprünglich die Fernschreiber zum Empfang von Nachrichten; bezeichnen in PR und Journalismus die von Nachrichtenagenturen versandten und damit als qualitätsgesichert geltenden Informationen.

Ties – von engl. für „Band", „Beziehung"; unterschieden werden → „strong ties" und → „weak ties".

Titelpatronat – redaktionsnahe → Sonderwerbeform mit Integration eines Marken- oder Produktnamens in den Titel eines Programms, z.B. die Nutella-Geburtstagsshow bei RTL.

Titelstory → Aufmacher.

TKP → Tausenderkontaktpreis.

TLP → Tausendleserpreis.

Top-down-Kommunikation – von engl. „Abwärtskommunikation"; bezeichnet in

Bezug auf den Entscheidungsbildungsprozess in Hierarchien von oben nach unten die vom Management vorgegebene Entscheidungsfindung im Gegensatz zur → Bottom-up-Kommunikation mit dem Ziel, größtmögliche Klarheit und Schnelligkeit für eine Entscheidung im Unternehmen zu erreichen.

Touchpoints – engl. „Berührungspunkte"; bezeichnen alle Berührungspunkte einer Organisation mit ihren Stakeholdern (z.B. Kunden, Anleger, Händler etc.) mit Wahrnehmungs- und Kommunikationspotenzial (z.B. Empfang, Gebäude, Ladenlokal usw.). Sie bilden für das → PR-Management wichtige Ansatzpunkte, um das → Image von Produkten, Dienstleistungen und Unternehmen zu prägen. Sie zeigen zudem, dass PR-Management oft auch → Verhaltensmanagement ist. Je nach Unternehmensleistung und Kundentyp führen die aus Sicht der Dialoggruppen relevanten Touchpoints zu sehr unterschiedlichen → Customer Journeys.

Townhall – von engl. „Bürgerversammlung"; bezeichnet Präsentationen der Geschäftsleitung mit der Gelegenheit für die Mitarbeiter, Fragen zu stellen.

Traffic – von engl. „Verkehr"; die Intensität der Nutzung einer Website durch User, die z.B. in Form von Datenmengen oder Websiteaufrufen (Page Impressions) gemessen wird.

Traits – engl. „Eigenschaften"; sind Aspekte, die die → Persönlichkeit bestimmen und für die → Kommunikation des Senders und dessen Empfänger(n) maßgeblich sind, da sie dessen/deren → Wahrnehmung prägen. Sie spielen z.B. für die Maßnahmen und Botschaften von

→ Change Communications eine Rolle sowie auch für das → CEO-Positioning.

Transaktionsanalyse – bezeichnet ein Modell des Psychiaters Eric Berne aus den 1950er-Jahren, das das Kommunikationsverhalten erklärt. Die Strukturanalyse beschreibt hierbei die verschiedenen Persönlichkeiten eines Menschen in Form von Ich-Zuständen, die Aspekte wie Wortwahl oder Inhalte prägen und deren Kombinationsvielfalt die Transaktionen mit Gedanken, Gefühlen und Verhalten bestimmen. Transaktionen meinen hier die kleinsten kommunikativen Einheiten mit dem Reiz, den ein Sender aussendet, und ein Empfänger aufnimmt. Transaktionen meinen die Kommunikation, die im → Sender-Empfänger-Modell betrachtet wird.

Transaktionskommunikation – meint das anlassbezogene → PR-Management zur Unterstützung von Transaktionen am Kapitalmarkt mit der notwendigen Einflussnahme auf → weiche Faktoren wie bei Fusion, Übernahme (→ Merger- und Acquisitions-PR) oder → Börsengang.

Transaktionskostenanalyse → institutionenökonomische PR-Theorie.

Transitorische Medien → Medien.

Transparenz – bezeichnet v.a. in der kommunikationswissenschaftlichen PR-Literatur ein Prinzip der Kommunikation, das beinhaltet, stets alle verfügbaren Informationen bereitzustellen und damit die vollständige Offenlegung des Handelns erfordert, um die Legitimität des Unternehmenshandelns zu gewährleisten. Die Anforderung der Transparenz ist eng mit der → Öffentlichkeit verwebt. Dieses Prinzip in seiner Absolutheit verkennt, dass ökonomisches Handeln durch knappe Information und dessen Monopolisierung überhaupt erst möglich wird. In der PR-Theorie wird deshalb das → Modell der funktionalen Transparenz von → Szyszka diskutiert.

Transportmodell der Kommunikation – Es vergleicht basierend auf dem technisch konzipierten → Sender-Empfänger-Modell der Kommunikation das Senden von Informationen mit dem Transport von Gütern. Problematisch hieran ist, dass der Sender nach jeder Information sein → Wissen verlieren würde. Zudem bestimmt nicht der Sender, sondern der Empfänger über das, was er wahrnimmt. Insofern führt das Transportmodell der Kommunikation zur Fundamentalkritik an dem im → Marketing vorherrschenden Verständnis geplanter → Kommunikation.

Trend – bezeichnet (1) im mathematischen Sinne die Grundrichtung einer Zeitreihe; (2) bezeichnet als Phänomen → sozialer Netzwerke die gemeinschaftliche Wahrnehmung bestimmter Akteure und damit beobachtbare Handlungsräume, die sich als gesellschaftliche Dimension niederschlagen. Trends äußern sich als temporäre, gemeinschaftliche Entscheidungsprozesse und erklären bspw. Marketingtrends wie → Moden als Ergebnis gemeinsamen Handelns von → Markengemeinschaften. – Theoretisch führen sie zur Herausbildung von → Systemen der → Systemtheorie.

Trennungsgrundsatz – bezeichnet die unzulässige Verquickung von redaktioneller Veröffentlichung und Anzeigenteil eines Presse- oder sonstigen Medienerzeugnisses. Er ergibt sich aus Art. 5 Abs. 1, Satz 2 Grundgesetz. Danach werden die Pressefreiheit und die Freiheit der

Berichterstattung durch Rundfunk und Film gewährleistet. Dies bedeutet umgekehrt, dass redaktionelle Inhalte nicht beeinflusst werden dürfen, z.B. durch interessengeleitete Werbung oder PR.

Treue – ist eine psychologische Größe, die Kunden und andere → Stakeholder zu einem Unternehmen und/oder seinen Leistungen und → Marken aufbauen und die z.T. mit der → Loyalität gleichgesetzt wird. Z.T. wird der höhere Anteil von → Emotionen betont und zudem im Gegensatz zur Loyalität mit Hoffnung verbunden. Durch die Möglichkeit der Enttäuschung besteht eine konzeptionelle Verknüpfung mit dem → Vertrauen.

Trittbrett-Marketing → Ambushing.

Troll – bezeichnet im Internet Nutzer, die sich provozierend, negativ, destruktiv und oft vulgär zu Wort melden.

Tropp, Jörg – geb. 1961; Dr. phil. habil. Jörg Tropp ist Professor für Marketingkommunikation an der Hochschule Pforzheim.

Tue Gutes und rede darüber – bezeichnet einen Ausspruch zur → Methodik von → PR-Management. Er wurde von einem Buch gleichnamigen Titels von → Zedtwitz-Arnim geprägt.

TV-PR – bezeichnet die → Medienarbeit mit dem → Massenmedium „Fernsehen", das neben Radio und Internet das meistgenutzte Medium ist und damit ein wichtiger Kanal für das → PR-Management. → Pressemitteilungen, vorproduzierte TV-Beiträge, → Footage-Material, → Medienkooperationen und → Produktplatzierungen sind beispielhafte Instrumente der TV-PR, die dem Ziel dienen, das Unternehmen und/oder seine

Leistungen im TV zur Steigerung von Bekanntheit und Reputation zu platzieren.

Twitter – ist ein führender, amerikanischer Mikroblogging-Dienst (→ Microblog), Teil des → Web 2.0 und damit Teil der → Online-PR. Angemeldete Benutzer können Textnachrichten mit maximal 140 Zeichen eingeben, was als „twittern" bezeichnet wird. Durch die derzeit starke Nutzung vor allem in den USA und die breite Zugänglichkeit erfüllt Twitter die Eigenschaften von → Medien der → Massenkommunikation und ist damit für die → Reputation bedeutend.

two step flow of communication → Meinungsführer.

Typografie – Lehre von der Gestaltung von Schriften. Ist für das → PR-Management im Rahmen des → Corporate Designs relevant, zu der auch → Corporate Fonts (Hausschrift, Unternehmensschrift) gehören, mit dem Ziel, Beiträge zur Wiedererkennbarkeit zu leisten.

U

Überzeugung – bezeichnet den Einfluss auf die → Einstellung z.B. des → PR-Managements durch die → Massenmedien auf bestimmte → Rezipienten in → Dialoggruppen, die zusammen mit vermittelten → Informationen und → Emotionen bestehende Einstellungen verstärken oder verändern. Überzeugung bildet ein wichtiges Ziel des PR-Managements z.B. mit der → Argumentation von → Botschaften.

Umfrage – bezeichnet (1) als → PR-Instrument der → externen Kommunikation mit der Ermittlung von Wissen die Basis von → Nachrichten (→ Studie) für die → Medienarbeit. (2) In der → internen Kommunikation sind Umfragen ein Instrument der wertschätzenden Führung (wertschätzende Befragung – appreciative inquiry), sofern die Befragung der Mitarbeiter und/oder Führungskräfte als → Dialog und damit als Beitrag zur → partizipativen Führung aufgefasst wird.

Umsetzungsberatung → Beratung.

Unique Selling Proposition → Alleinstellungsmerkmal.

Unkonferenz → BarCamp.

Unsought Goods → Güter.

unter 1, unter 2, unter 3 – bezeichnet die Verwendungsauflage von Informationen der → Bundespressekonferenz in Abhängigkeit der Vertraulichkeit. Informationen „unter 1" sind als Hintergrund verwendungsfähig, dürfen aber nur in Bezug auf eine Institution (z.B. Pressestelle, Ministerium) und nicht zu einer Person von Journalisten genutzt werden. Informationen „unter 2" dürfen genutzt werden, aber ohne Nennung der Quelle. Informationen „unter 3" dürfen nicht oder nur verklausuliert als Hintergrundinformation genutzt werden.

Unternehmenschronik → Chronik.

Unternehmensfarbe – bezeichnet als Element des Stils (→ Corporate Style) im → Corporate Design die typische Farbe, für die ein Unternehmen und/oder seine → Marken stehen. Farben sind je nach Kultur bedeutungsgeladen. So steht rot für Emotion und grün oder blau für Sachlichkeit und Seriosität, sodass sich etwa in der Farbgebung von konservativen Branchen eher selten grelle Farben finden. Farben sind zudem ein Aspekt der interkulturellen Kommunikation, da Farben als Symbol international unterschiedliche Bedeutungen haben können (z.B. weiß als Farbe der Trauer in Fernost, sodass der weiße Clown Ronald McDonald dort reputationsschädigend wirken würde).

Unternehmensführung und Öffentlichkeitsarbeit → Theorie der Unternehmensführung und Öffentlichkeitsarbeit.

Unternehmensjournalismus → Corporate Journalism.

Unternehmenskommunikation → Corporate Communications.

Unternehmenskultur – *Corporate Culture*; bezeichnet die Grundgesamtheit gemeinsamer Werte, Normen und Einstellungen, die die Entscheidungen, die Handlungen und das Verhalten (→ Corporate Behaviour) der Organisationsmitglieder prägen. Edgar Schein unterscheidet mit seinem 3-Ebenen-Modell der Unternehmenskultur die sichtbare Oberflächenstruktur der Unternehmenskultur mit den Artefakten (Symbole, Verhaltensweisen), die von der Ebene der (unsichtbaren) → Werte und Normen geprägt wird und diese wiederum auf Grundannahmen (Überzeugungen, → Einstellungen) basiert. Wenn → Reputation das Oberziel von → Public Relations ist, dann bildet die Unternehmenskultur auf Basis der → Corporate Identity den handlungsprägenden Rahmen.

Unternehmensmarke – bezeichnet die Anwendung von → Marken als Vorstellungsbilder von Unternehmen, die sich im Gegensatz zur Produktmarke an unterschiedliche → Stakeholder (z.B. Banken, Mitarbeiter, Zulieferer) richtet und alle Unternehmensaktivitäten umschließt, um das → Leistungsversprechen der Marke stetig einzulösen.

Unternehmensmuseum → Heritage Communication.

Unternehmensphilosophie – ist ein uneinheitlich definierter und angewendeter Begriff, der als grundsätzliche Denkkategorie und Sichtweise des unternehmerischen Handelns die definierte → Einstellung und → Haltung mit Grundprinzipien des unternehmerischen Entscheidens und Handels formuliert. Sie hat eine Orientierungs-, Identifikations- und damit Motivationsfunktion. Sie bildet zugleich den Grundrahmen für → Corporate Identity (psychologisch basierte Persönlichkeit), → Unternehmenskultur (langfristig gewachsene und gemeinsame → Werte, die das Handeln prägen), die → Vision (langfristiges Metaziel) und das

→ Leitbild (als prozessuales Führungsinstrument).

Unternehmensportrait – franz. „Bildnis"/„Darstellung"; bezeichnet als → PR-Instrument einen Text mit der faktenorientierten Darstellung (z.B. Kernkompetenzen, wichtige Produkte, Unternehmensgröße usw.), der bspw. als eigene Broschüre, im Internet oder als Text der → Pressemappe bereitgestellt wird mit dem Ziel, das Unternehmen vorzustellen.

Unternehmensschrift → Corporate Fonts.

Unternehmenssprache → Corporate Language.

Unternehmenstheater → Business-Theater.

Unternehmensverfassung → Corporate Governance.

Uplift – engl. „Zuwachs"; bezeichnet im → PR-Controlling und der Werbewirkungsforschung allgemein den gemessenen Erfolg definierter Zielgrößen, z.B. die Differenz des Absatzwachstums von Ziel- und Kontrollgruppe nach einer Image- oder Werbekampagne.

Upselling – engl. „Zusatzverkauf"; bezeichnet im Vertrieb (1) den strategischen Verkaufsansatz, Kunden höherwertigere, hochpreisigere Leistungen (z.B. größere Hotelzimmer, gehobenere Automobilklasse) zu verkaufen mit dem Ziel, den Kundenwert zu erhöhen; (2) die Verkaufsfrequenz zu erhöhen. Für das → PR-Management sind diese Strategien wichtige Rahmenbedingungen, → Botschaften für die → Vertriebs-PR und → Produktkommunikation zu entwickeln.

User Generated Content (UGC) – von engl. „nutzergenerierter Inhalt"; die

Inhalte, die Mediennutzer selbst erstellen. Derzeit sind hiermit v.a. Internetnutzer mit dem → Web 2.0 als neuer Teil der → Massenkommunikation gemeint. V.a. über → Social Media (z.B. Facebook, Youtube, Wikis) hat der Anteil nutzergenerierter Inhalte gegenüber journalistischer und unternehmerischer Inhalte stark zugenommen. UGC umfasst eigene oder fremde Inhalte (z.B. über Unternehmen, über Produkte). Sie werden im Rahmen der Online-Kommunikation geteilt, kommentiert oder selbst erstellt. Absehbar sind vergleichbare Entwicklungen, die die derzeit beginnenden Diskussionen wie „User Generated Radio" oder „Social Radio" bzw. „Social TV" abzeichnen. Damit ändert sich die Rolle von Journalismus (Verlust des Informationsmonopols) und → PR-Management (→ Autonomieverlust über → Botschaften).

User Generated Radio – von engl. „nutzergeneriertes Radio", „Hörerradio"; bezeichnet Internetradios, die von Hörern gemacht werden, abgeleitet vom Begriff → „User Generated Content", der sich derzeit v.a. auf das Internet und → Social Media bezieht. Für die Hörfunk-PR eröffnet das Hörerradio spezifische Dialoggruppen z.B. rund um spezielle Musikszenen, die sich im Internetradio ähnlich organisieren wie Internetnutzer in → Blogs.

Uses-and-Gratifications-Ansatz – von engl. „Auswahl und Bedürfnisbefriedigung"; gilt als einer der ältesten Ansätze zum Medienhandeln, der seit den 1940er-Jahren das Nutzungsverhalten von Medien mit der Annahme untersucht, dass Menschen die Medien nutzen (Uses), um bestimmte Bedürfnisse zu befriedigen (Gratification). Die Medienwahl (Selektion) erfolgt aktiv und dient der Bedürfnisbefriedigung. Die „Gratifikation" stellt die Befriedigung der Bedürfnisse und Motive dar.

USP – Unique Selling Proposition; → Alleinstellungsmerkmal.

V

v.l.n.r. – bezeichnet die Abkürzung „von links nach rechts" in einer → Bildunterschrift zur Vorstellung abgebildeter Personen.

V2R → Value-Value-Relation.

Vaih-Baur, Christina – geb. 1970; Dr. phil. Christina Vaih-Baur ist Professorin für PR und Kommunikationsmanagement an der MHMK Macromedia Hochschule für Medien und Kommunikation, Stuttgart.

Vakog – bezeichnet als Abkürzung der → Neurolinguistischen Programmierung die neuronalen Tätigkeiten der Sinne, also visuell, auditiv, kinästhetisch, olfaktorisch und gustatorisch, die für das → PR-Management als → multisensuelle Kommunikation Bedeutung haben.

Valid-Metrics-Modell – engl. „verlässliches Messgrößen-Modell"; Stufenmodell des → PR-Controllings der AMEC (Association for the Measurement and Evaluation of Communication), das die Wertbeiträge der Kommunikation mittels Kennziffern auf fünf verschiedenen Wirkungsstufen (Awareness, Knowledge, Interest, Preference, Action) darstellt.

Value Link – *Werttreiberbaum;* ist ein Instrument des Kommunikationscontrolling und zeigt plausible Kernzusammenhänge zwischen einzelnen Kommunikationsinstrumenten, wie bspw. bestimmte Medien in der internen Kommunikation, bestimmte → Key Performance Indicators mit ihren Teilzielen, um bestimmte Kennzahlen zu bilden.

Value-Value-Relation (V2R) – beziffert als Erfolgskennziffer des PR-Controlling das Verhältnis des Imagewerts eines Unternehmens zum in einer Periode geschaffenen Unternehmenswert (Economic Value Added). Die Kennzahl zeigt an, ob sich der intangible und der tangible Unternehmenswert in der Balance befinden.

Variation-Selektion-Bewahrung → Evolutionstheorie.

Variety Seeking – das Streben von Konsumenten nach Abwechslung trotz grundsätzlicher Zufriedenheit mit einem Produkt, sodass für das PR-Management die Anforderung entsteht, in der → Produktkommunikation mit Neuigkeitswerten zu arbeiten.

VDI 7000 – ist eine Richtlinie zur Operationalisierung des VwVfG § 25 für die frühe Öffentlichkeitsbeteiligung bei Industrie- und Infrastrukturprojekten mit dem Ziel, Risiken und rechtliche Konflikte bei ihrer Realisierung zu vermeiden. Sie unterteilt die Realisierung in vier Phasen: 1) Strukturen und Kompetenzen aufbauen, 2) Öffentlichkeit strukturiert beteiligen, 3) Genehmigungsverfahren unterstützen und 4) Bauphase und Projekt begleiten.

Veränderungskommunikation → Change Communications.

Veranstaltungskommunikation – Veranstaltungskonzeption, -organisation und -durchführung gelten als eine der Kernkompetenzen der PR. Die Erlebbarkeit des ausrichtenden Unternehmens und seiner Leistungen, der direkte Kontakt zu den Zielgruppen sowie die Life-Kommunikation gelten als zentrale Beiträge von Veranstaltungen (Events) zur PR.

Verbandskommunikation – bezeichnet (1) als Variante der → Organisationskommunikation das → PR-Management von Verbänden und (2) das Handlungsfeld des PR-Managements von Unternehmen, der Politik oder anderen Institutionen mit den Verbänden als → Dialoggruppe.

Vercic, Dejan – geb. 1963; Professor für Sozialwissenschaften an der Universität Ljubljana.

Verhalten – umfasst in einer groben Kennzeichnung mind. drei Dimensionen: (1) → Handeln, (2) Dulden (Stillhalten, Zulassen) und (3) Unterlassen als Nichthandeln. Im Gegensatz zum Handeln wird dem Verhalten oft eine reaktiv-unbewusste Prägung attestiert, sodass folgende Verhaltensebenen unterscheidbar sind: a) Unbewusste Reaktionen; b) gelernte, routinierte, aber nicht bewusst oder nur unterbewusst gesteuertes Verhalten und c) bewusstes, gesteuertes Handeln. „Wirtschaftliches" Verhalten wäre also z.B. die Reaktion auf eine Preisänderung, während „Führungshandeln" die Planung eines Prozesses wäre. Verhalten und Handeln sind Teile der → Kommunikation, prägen die → Wahrnehmung und sind damit relevant für → Image und → Reputation.

Verhaltensmanagement – Kommunikations- (Public Relations) und Verhaltensmanagement bilden die beiden zentralen Handlungsfelder des unternehmerischen Wahrnehmungsmanagements zur Bildung von → Reputation, → um die unternehmerische Zielerreichung zu

unterstützen. Das Verhaltensmanagement wird in Theorie und Praxis oft zugunsten der Kommunikation im → PR-Management vernachlässigt, was mit der zunehmenden Anerkennung → weicher Faktoren im Management aber abnimmt. Mit dem bekanntesten Axiom von → Watzlawick, wonach man „nicht nicht kommunizieren" kann, ist Verhalten als reputationsrelevante Größe jedoch nicht von Kommunikation abzutrennen. Das hieraus resultierende Reputationsrisiko dokumentiert die wachsende Zahl erfolgskritischer → Skandale von Unternehmen, das PR senken kann. Zu den → PR-Instrumenten des Verhaltensmanagement gehören die Prägung von → Kultur mit → Leitbildprozessen, die Beiträge zur → Motivation und zum → wertschätzenden Management oder die → Compliance Kommunikation als → Communicative Governance mit dem → Mentoring als eine mögliche Maßnahme. Diese Beispiele machen PR insgesamt zu angewandten → Behavioral Economics.

Verhaltensökonomik → Behavioral Economics.

verhaltensorientierte Kommunikationstheorie – ein Verständnis von → Kommunikation, das über die → Mitteilungshandlung hinausgeht. Eine der bekanntesten Kommunikationstheorien dieser Art hat Paul → Watzlawick entwickelt (man kann nicht nicht-kommunizieren).

Verhandlung – bezeichnet einen mind. bilateralen, oft multilateralen, Kommunikationsprozess mit dem Ziel, ein gemeinsames Verständnis der Beteiligten über künftiges Handeln (z.B. Gehaltsverhandlung, Preisverhandlung, Tarifverhandlung) herbeizuführen, sodass die jeweilige

Zielanpassung ein häufiges Prinzip der Verhandlung ist. Damit ist die Verhandlung oft angewandter → Dialog.

Verhandlungskommunikation – bezeichnet PR-orientierte Verhandlungstrainings, die die klassische abschluss- und werblich-orientierte Vertriebskultur um Kompetenzen für nachhaltige Beziehungen zu Kunden ergänzt und die Problemlösungskompetenz des Kunden als Handlungsfeld der → Vertriebs-PR unterstützt (Soft Selling).

Verkaufsförderung – bezeichnet in Abgrenzung zur → Werbung unterstützende Instrumente der → Marketing-Kommunikation (→ Promotion).

Verlässlichkeit – bezeichnet die Einhaltung von Zusagen und ist damit eine kommunikations- und verhaltensrelevante Zielgröße des → PR-Managements sowie auch eine → Haltung.

Verpackung – die äußere Umhüllung eines → Produkts. Aus Produktionssicht besteht sie aus Packmitteln und Packhilfsmitteln und beinhaltet das Packgut. Packmittel bestehen bspw. aus Papier, Wellpappe, Kunststoff, Metall oder Glas. Verpackungen erfüllen eine Schutz-, Dimensionierungs-, Kommunikations-, Informations-, Gebrauchsunterstützungs-, Rationalisierungs- und Umweltschutzfunktion. Im → PR-Management ist v.a. der Beitrag für die Bildung von → Image und → Marke von Bedeutung. Verpackungen sind hier die äußere Repräsentation des Produkts. Verpackungen sind somit zentrale → Medien, um die Zugehörigkeit eines Produktes zu einer Marke bzw. zu einem Markenunternehmen aufzuzeigen, und gehören damit zur → integrierten Kommunikation.

Verständigung – bezeichnet die im → Dialog herbeigeführte Einigung, die auf der Basis wechselseitig anerkannter Geltungsansprüche zustande kommt und erfordert im Management die Bereitschaft zur Zielanpassung.

verständigungsorientierte Öffentlichkeitsarbeit (VÖA) – ist eine → PR-Theorie von Roland → Burkart, die vorsieht, dass sich Öffentlichkeitsarbeit (→ PR-Management) an den Grundlagen der → Verständigung zu orientieren hat. Der Kommunikationsprozess mit dem Ziel der Einigung verläuft hierbei in vier Phasen: (1) Information (Wissen schaffen); (2) Diskussion (Organisation und Initiierung des Austausches von Argumenten); (3) Diskurs (Einigung); (4) Situationsdefinition (Realisierungsfähigkeit des erreichten Einverständnisses). Der Ansatz entspricht dem Modell → symmetrischer Kommunikation des → Exzellenzmodells von → Grunig/ → Hunt.

Verteidigungskommunikation – bezeichnet die Kommunikation von Unternehmen im Zuge feindlicher Übernahmen mit dem Ziel, die eigene Position im Verhandlungsprozess bekannt zu machen, die Übernahme abzuwenden bzw. den Übernahmepreis in die Höhe zu treiben.

Verteiler → Presseverteiler.

vertikales Sponsoring – redaktionsnahe → Sonderwerbeform, die das instrumenten- oder sendungsübergreifende → Sponsoring meint. Das vertikale Sponsoring umfasst einen kompletten Programmtag oder eine spezielle Veranstaltung wie die „Oscar-Nacht" mit Einbindung des Sponsors in das Programm.

Vertrauen – bezeichnet die erwartete Richtigkeit einer → Information, die eine Person aktiv gibt und/oder ein Dritter von einer Person, einer Marke oder eine Leistung erwartet. Vertrauen besteht aus zwei Komponenten: der Vertrauenswürdigkeit (bspw. eines Unternehmens) und der Vertrauensbereitschaft (bspw. von Stakeholdern). Zu unterscheiden sind also hier Vertrauensnehmer und Vertrauensgeber. Wird die Handlungserwartung des Vertrauensgebers bestätigt, entsteht im Idealfall → Reputation. Beides senkt die Komplexität individueller (Konsumenten-) Entscheidungen und vereinfacht unternehmerisches Handeln. Vertrauensaufbau und -erhalt gilt daher als ein Kernziel des → PR-Managements.

Vertrauensindex – gibt die Entwicklung des Vertrauens in einer bestimmten Zielgruppe innerhalb eines definierten Zeitraums an. Der Vertrauensindex der GPRA (→ Gesellschaft Public Relations Agenturen) wird halbjährlich in der deutschen Bevölkerung erhoben und steht für die Entwicklung der → Reputation ausgewählter Branchen.

Vertriebskommunikation – bezeichnet die kommunikationsorientierte Vertriebs-PR, die darüber hinaus auch für das → Image relevante wahrnehmungsbezogene Ziele wie das Verhalten im Vertrieb beinhaltet.

Vertriebs-PR – bezeichnet die vertriebsunterstützenden PR-Instrumente der → internen und → externen Kommunikation, z.B. die → Händlerkommunikation mit Argumentarien für die → Nutzenkommunikation im Kundengespräch, Casestudies (→ Anwenderbericht) z.B. zur Darstellung komplexer Anwendungen, → Gewinnspiele im Rahmen von → Medienkooperationen, → Medientrainings für führende Vertriebsmitarbeiter, → Business-Theater zur Darstellung von Kundenthemen mit dem Ziel von imagegerechtem Vertriebsverhalten, → Pressemitteilungen über Produkte zur Steigerung der Präsenz in den Medien der Kunden, Platzierung von Produkten in Tests/ Rankings als Medienpräsenz und zur Darstellung von Qualität und Nutzen, Schulungen für die → Verhandlungskommunikation.

Verwaltungsverfahrensgesetz (VwVfG) – § 25 regelt die Beratung, Auskunft und frühe Öffentlichkeitsbeteiligung bei Bauprojekten, Infrastruktur- und Großprojekten. Das Gesetz spiegelt die Notwendigkeit des → Dialogs mit → Stakeholdern in der → politischen Kommunikation der öffentlichen Hand wider. Die Behörde soll die Abgabe von Erklärungen, die Stellung von Anträgen oder die Berichtigung von Erklärungen oder Anträgen anregen, wenn diese offensichtlich nur versehentlich oder aus Unkenntnis unterblieben oder unrichtig abgegeben oder gestellt worden sind. Sie erteilt, soweit erforderlich, Auskunft über die den Beteiligten im Verwaltungsverfahren zustehenden Rechte und die ihnen obliegenden Pflichten. Die Richtlinie → VDI 7000 kann als phasenorientierte Umsetzungsempfehlung verstanden werden.

Video-Marketing – bezeichnet in der Praxis den verknüpfenden Einsatz von Bewegtbildern in der → Produkt- und → Marketingkommunikation mit der → Online-Kommunikation, indem Unternehmensleistungen mit Videos auf Plattformen wie Youtube oder Facebook bekannt gemacht werden.

Video-Marketing ist eine Anwendung von → Content-Strategien.

Video-PR – von lat. videre, „sehen"; bezeichnet als → PR-Instrument die visuelle Kommunikation mittels Bewegtbildern, die v.a. mit der → Online-Kommunikation und Social Media-Plattformen wie Youtube oder Facebook vermehrt eingesetzt werden. Video-PR ist eine Anwendung von → Content-Strategien.

Vine – bezeichnet die Smartphone-App für Sechs-Sekunden-Videos, die in → Social Media wie Twitter oder Facebook geteilt werden können. Es ist ein Instrument für → visuellen Content und damit der → Bildkommunikation.

Virale Kommunikation – betont die Ausnutzung von sozialen → Ansteckungseffekten bei der Durchführung von Kommunikationsmaßnahmen wie z.B. → Kampagnen. Theoretisch wird die virale Kommunikation oft als Beispiel für die Relevanz der → Systemtheorie als Basis der Public Relations genannt, da die Verbreitung von → Botschaften in → Communities nach eigenen (vorher oft unbekannten) Regeln erfolgt.

Virales Marketing → Virusmarketing.

Viruseffekte → Ansteckungseffekte.

Viruskommunikation → virale Kommunikation.

Virusmarketing – die gezielte Auslösung von → Ansteckungseffekten durch oft kreative Maßnahmen mit dem Prinzip der → Mund-zu-Mund-Propaganda und dem Ziel, Markttransaktionen zu unterstützen.

Vision – eine Unternehmensvision ist ein gemeinsam entwickeltes und gereiftes Vorstellungsbild davon, wie das Unternehmen und sein näheres Umfeld in Zukunft einmal sein sollen. Visionen können den Charakter langfristiger Ziele haben, die erreichbar sind, oder wie ein Leitstern lediglich die Richtung vorgeben, ohne ihn je erreichen zu sollen. Visionen gehören zu den Führungsinstrumenten und sollen Orientierung vermitteln. Als Teil des → Leitbildes prägen sie Image und Reputation des Unternehmens.

Visual Content – engl. „Bildinhalt"; → visueller Content.

Visual Merchandising → Merchandising.

visuelle Kommunikation – das Handlungsfeld in der → multisensuellen Kommunikation, das das Auge wahrnimmt. Die zunehmende Bedeutung der → Bildkommunikation, die → Warenpräsentation, aber auch die Bedeutung von → Ästhetik als Anforderung an den → Corporate Style zeigen die Relevanz der visuellen Kommunikation für das → PR-Management.

visueller Content – bezeichnet den Trend der zunehmenden → Bildkommunikation. Dieser Trend wird derzeit in der → Online-PR besonders deutlich und findet nicht nur Ausdruck im Angebot von Bildern, Infografiken, → Slideshare oder Videos, sondern auch im Teilen von Bildern (→ Picture-Sharing) v.a. bei den → Social Media mit Funktionen bzw. Diensten wie Facebook, Google+, Instagram, Twitter Foto, Whatsapp, Vine und Pinterest.

Vlog – bezeichnet einen Video Log, also analog zum → Blog das Logbuch nicht als Text, sondern als Video.

Vodcast – Video- → Podcast.

Vorderer, Peter – geb. 1959; Dr. phil. Peter Vorderer ist Professor für Medien-
und Kommunikationswissenschaft an der
Universität Mannheim.

Voucher – engl. to vouch, „bürgen";
→ Gutschein.

Vox pop – kurz von lat. vox populi,
„Stimme des Volkes"; Passantenbefra-
gung, oft zur Generierung von → O-Tönen im Rahmen der → Hörfunk-PR.

VwVfG → Verwaltungsverfahrensgesetz.

W

Wahlplakat → Plakatkommunikation.

Wahrnehmung – bezeichnet im Prozess der menschlichen Informationsverarbeitung den Beginn als Informationsaufnahme. Generell setzt sich Wahrnehmung aus Selektion und aktiver, subjektiver Konstruktion zusammen. Wahrnehmen beinhaltet Gegenstände, Vorgänge und Beziehungen zu sehen, hören, tasten, schmecken, riechen, empfinden. Im Prozess der Informationsverarbeitung werden diese Informationen mittels subjektiver Erfahrungen interpretiert und eingeordnet, sodass man heute annimmt, dass es keine Wahrnehmung gibt, die frei von mentalen Verarbeitungsprozessen sind. Das PR-Management nimmt v.a. mit der Bereitstellung von Informationen, aber auch durch → Leitbildprozesse, die → Dramaturgie von Projekten oder der Organisation von → Leuchtturmprojekten Einfluss auf den Wahrnehmungsprozess.

Wahrnehmungsmanagement → perception management.

Wahrnehmungsschwelle – besagt in der Psychophysik, dass ein → Reiz eine bestimmte physikalische Größe (z.B. Lautstärke, Helligkeit, räumliche Ausdehnung) besitzen muss, um gerade noch erkannt zu werden. Die Erfassung des Schwellenwerts ist individuell verschieden, sodass auch die Grenze zwischen „bewusster" und „unbewusster" Wahrnehmung individuell ist.

Warenpräsentation – die Verteilung, Anordnung und Dekoration von Ware im Verkaufsraum. Sie ist Teil der → Ladengestaltung und der → visuellen Kommunikation sowie zentraler Träger des → Corporate Design. Sie prägt die Verkaufs- oder Ladenatmosphäre und nimmt damit Einfluss auf den Kaufentscheidungsprozess und damit das → Konsumentenverhalten. Sie prägt das → Image des Einzelhandels.

War Room – bezeichnet das Lagezentrum z.B. in der → Krisenkommunikation oder in der → politischen Kommunikation in der Phase von Wahlkämpfen, in dem alle Informationen zur Entscheidungsfindung zusammengeführt werden.

Warteschlangenmanagement – gehört zum operativen Kapazitätsmanagement von Dienstleistungen, ist zugleich Ausdruck der → Dienstleistungskultur und damit Teil des → Images. Wartezeiten (z.B. am Flughafen, im Freizeitpark, in der Post) sind z.T. prägend für die → Kundenzufriedenheit und als häufiger Streitpunkt eine Herausforderung der → Konfliktkommunikation.

Waschzettel – eine Auflistung wichtiger Eckdaten (Factsheet) in Form von Stichworten, die v.a. bei → Pressekonferenzen ausgelegt und/oder der → Pressemappe beigelegt wird, um Rückfragen der Journalisten zu reduzieren.

Watzlawick, Paul – 1921-2007; österr. Kommunikationswissenschaftler, der u.a. eine verhaltensorientierte Kommunikationstheorie entwickelte, indem auch non-verbale Aspekte der Kommunikation von Bedeutung sind. Die zwei bekanntesten seiner fünf Axiome besagen, (1) dass man nicht nichtkommunizieren kann und (2) jede Kommunikation einen Inhalts- und einen Beziehungsaspekt enthält. Für das → PR-Management bedeutet dies als → Reputationsmanagement, dass es über kommunikative Kompetenzen hinaus auch verhaltensorientiertes Management der → Wahrnehmung betreiben muss.

Watzlawicksches Axiom → Watzlawick.

WDF*IDF-Standard – eine Formel der → Suchmaschinenoptimierung und eine Anforderung an Website-Texte, die Suchmaschinen wie Google die Relevanz eines Online-Textes anzeigt und damit die Relevanz dieser Website für das Ranking angibt. WDF steht für „within document frequency" und ermittelt die Häufigkeit eines Keywords im Text selbst. IDF bedeutet „inverse document frequency", mit der Suchmaschinen die Anzahl aller bekannten Dokumente ins Verhältnis zur Zahl der Texte setzen, die diesen Term enthalten. Für die Textarbeit der → Online-PR ist dieser Standard, der sich mit entsprechender Software ermitteln lässt, ein Hinweis zur Textoptimierung mit dem Ziel, die Trefferposition in Suchmaschinen zu verbessern.

Weak ties – schwache → Beziehungen, gekennzeichnet durch extensive persönliche Interaktion.

Wear-out-Effekt → Abnutzungseffekt.

Web 2.0 – ein von Tim O'Reilly veröffentlichter Artikel gilt als Wegbereiter der Bezeichnung Web 2.0, der auf eine Konferenz dieses Namens im Herbst 2004 zurückgeht und bei der es um neue Trends und Techniken im Internet (kurz: Web von Worldwideweb) ging. Der Begriff fasst die größeren Handlungsmöglichkeiten von Internetnutzern zusammen, die im Gegensatz zu Web 1.0 mehr als nur Daten abrufen können und vielmehr zu Produzenten von Inhalten (→ Content) werden. Zugleich ist auch eine Vernetzung der Internetnutzer möglich, die für das → PR-Management zur Herausbildung der → Online-PR geführt hat. Technisch stammt die Versionsbezeichnung „2.0" aus der Software-Entwicklung. Wirkungsbezogen beinhaltet sie eine zunehmende Bedeutung des PR-Managements, da die → Macht von → Stakeholdern durch ihre Vernetzung im Internet für Unternehmen nicht nur spürbar, sondern auch sichtbar wird.

Web 3.0 – bezeichnet eine sich derzeit andeutende Phase des Internets, das auch als semantisches Web bezeichnet wird. Es entwickelt die Kompetenz, Informationen nach seiner Bedeutung zu klassifizieren. Semantik ist ein Teilgebiet der Linguistik und befasst sich mit der Bedeutung von Sprache bzw. sprachlicher Ausdrücke. Das heißt, dass das Internet der Zukunft z.B. Fragen beantworten könnte und nicht nur Schlagwörter liefert. Damit würde das Internet aus Sicht des → PR-Managements seine Kompetenz als Medium für → Dialoge zwischen Unternehmen und ihren → Stakeholdern weiter steigern.

Webinar – Kurzform als Kunstwort aus „Worldwideweb" und „Seminar"; ist eine Form der Online-Lehre und beinhaltet meist interaktive Lernformen mit Möglichkeiten zum → Dialog zwischen Lehrendem und Lernenden sowie z.T. auch zwischen Lernenden. Als → PR-Instrument ist es hilfreich, um v.a. in dezentralen Organisationsstrukturen mit vielen Teilnehmern auch komplexe → Botschaften zu transportieren.

Webseite – eingedeutscht → Website.

Website – engl. web, kurz für worldwideweb „Internet", und site für „Standort"/„Ort"; bezeichnet die gesamte Internetpräsenz z.b. eines Unternehmens, einer Person oder eine Produkts inklusive → Homepage und → Landingpage(s). Sie ist das zentrale Medium der Onlinekommunikation. Zentral unterschieden werden (1) statische Websites, die als Dateien auf Webservern hinterlegt sind und dort von Internetnutzern abgerufen werden und (2) dynamische Websites, deren Inhalt erst mit Aufruf zusammengestellt werden etwa bei aktuellen Inhalten wie Börsen- oder Wetterdaten.

Website authority → Autorität.

Weder, Anne – geb. 1977; Dr. habil. Anne Weder ist Assistenz-Professorin an der Universität Klagenfurt mit → Organisationskommunikation als einem Schwerpunkt.

Wehmeier, Stefan – geb. 1968; Dr. phil. Stefan Wehmeier ist Professor für Kommunikationswissenschaft mit dem Schwerpunkt Organisationskommunikation an der Ernst-Moritz-Arndt-Universität Greifswald.

weiche Faktoren – In der Unternehmensführung wird zwischen harten und weichen Faktoren unterschieden, die den Erfolg eines Unternehmens bestimmen. Harte Faktoren (hard facts) lassen sich in betriebswirtschaftlichen Kennzahlen wie Kosten, Kapitalumschlag oder Durchlaufzeiten ausdrücken. Zu den weichen Faktoren (soft facts) zählen Images, Stimmungen, aber auch Wissen und daraus resultierendes Verhalten (De-/Motivation) sowie Handlungsweisen (Unterstützung/Widerstand). Solche Faktoren heißen weich, weil sie gar nicht oder nur mit Hilfsindikatoren als Kennzahlen darstellbar sind.

weiche Macht – bezeichnet eine individuelle Fähigkeit, Aufmerksamkeit zu erzielen und Einfluss auf das Verhalten Dritter zu nehmen, ohne politische Gewalt oder Geld. Demnach sind Menschen in der Lage sich so zu beobachten, wie auch Dritte dies tun, und richten ihr Verhalten danach aus. Sie verhalten sich „reflektiv". → Public Relations als weiche Macht zu verstehen, wird als PR-theoretischer Ansatz v.a. von Dejan → Vercic vertreten.

Weihnachtsfeier – bezeichnet als → Event für Mitarbeiter, deren Familien und/oder Kunden ein → PR-Instrument der → internen Kommunikation mit dem Ziel, einen Beitrag zur → Motivation und so zu ihrer → Bindung an die Organisation zu leisten sowie → Botschaften der Unternehmensleitung in ungezwungener Atmosphäre zu platzieren.

Weinacht, Stefan – geb. 1975; Dr. phil. Stefan Weinacht ist Professor für Public Relations an der Westfälischen Hochschule, Gelsenkirchen.

Weißbuch → White Paper.

Weiterempfehlungsbereitschaft – die hochflüchtige → Einstellung von Kunden, Interessenten oder Internetnutzern, sich positiv gegenüber Dritten über ein Produkt, eine Dienstleistung oder ein Unternehmen zu äußern. Sie gilt als Indikator für Vertrauen, → Loyalität von Kunden und → Reputation eines Unternehmens und wird der → Mund-zu-Mund-Propaganda zugerechnet.

Weiterempfehlungsmarketing → Mund-zu-Mund-Propaganda.

Werbeäquivalenzwert → Äquivalenzanalyse.

Werbemittel – Objekte zur Kommunikation von Botschaften (z.B. Anzeigen, Werbespots, Plakate).

Werbespot – engl. commercial; bezeichnet einen kurzen Film, Inernet- oder Radiobeitrag zur → Werbung für Produkte/Dienste. Werbespots gehören zur → Produktkommunikation.

Werbeträger – Objekte zur Übertragung von Botschaften wie v.a. die → Massenmedien (z.B. Internet, Fernsehen, Zeitungen).

Werbeträgerplanung → Mediaplanung.

Werbung – ursprünglich die → Marktkommunikation für Produkte und Dienstleistungen mit dem Ziel, Kaufimpulse zu setzen. Mit der → Image- oder Unternehmenswerbung erfolgte die Annährung an die allgemeine Bildung von → Images.

Wert – der Wertebegriff in der Ökonomie umfasst zwei konzeptionell unterschiedliche, aber voneinander abhängige Wertekonzepte als Größen des Ausdrucks positiver Bedeutung: (1) die personenübergreifend messbaren Werte (harte Kennzahlen: Kosten, Kapazitätsbelegung, Durchlaufzeiten usw.) und (2) das weiche Wertekonzept mit personenübergreifend nicht ohne weiteres messbaren Werten (Stimmung, Akzeptanz, Vertrauen usw.) mit Werten der Moral (z.B. Ehrlichkeit, Offenheit, Ehrenhaftigkeit, Maßgerechtigkeit usw.), die im Abgleich mit den im Zeitgeist geltenden Maßstäben zur → Ethik führen, die als Grundlage der Ansprüche von → Stakeholdern auf betriebswirtschaftliche Werte wirken, indem sie unternehmerisches Handeln

unterstützen oder hemmen. – Beide Dimensionen kommen z.B. bei den → Markenwerten zum Ausdruck, was zur Unterscheidung tangibler (greifbarer) und intangibler (nichtgreifbarer) Werte führt. Zu tangiblen Werten gehören z.B. Produkte, Gebäude und Verträge; zu den intangiblen Werten gehören → Beziehungen, → Loyalität, → Reputation, → Wissen und andere weiche Werte, die zu den Zielen des → PR-Managements gehören. Entsprechend werden als Wirkung von PR-Instrumenten tangible (z.B. Nachfrage, Arbeitsplätze) und intangible Effekte (z.B. Ansehen, Akzeptanz) unterschieden.

Wertorientiertes Kommunikationsmanagement – bezeichnet einen prozessorientierten Ansatz der → PR-Theorie, der mit → Mast zwei Dimensionen von → Werten umfasst: (1) die Leitfunktion von immateriellen Werten (z.B. Motivation von Mitarbeitern, Begeisterung von Kunden) durch die Kommunikation z.B. mit der Prägung von → Mission und → Vision und (2) die Schaffung materieller Werte als Wertschöpfung und Ergebnis der Kommunikation.

Wertpapierhandelsgesetz (WpHG) – enthält zum Schutz der Anleger u.a. Vorschriften zum Verbot der Marktmanipulation und des Insiderhandels und regelt Mitteilungs- und Veröffentlichungspflichten der an Börsen notierten Unternehmen. Für → Investor Relations sind v.a. die → Ad-hoc-Publizität und → Director's Dealings relevant.

Wertpapierprospekt – ist die mit dem → Wertpapierprospektgesetz verpflichtende Beschreibung eines Wertpapiers (z.B. Aktien, Anleihen) für mögliche Käufer mit Informationen über die

Geschäftstätigkeit des Unternehmens, mögliche Risiken sowie über die geplante Mittelverwendung aus dem Börsengang. Das begebende Unternehmen haftet gegenüber Anlegern für die Richtigkeit aller von ihr in ihren Prospekten gemachten Angaben (→ Prospekthaftung). Der Wertpapierprospekt ist damit ein Instrument des Anlegerschutzes und wichtiges Instrument der → Investor Relations.

Wertpapierprospektgesetz (WpPG) – schreibt für Wertpapiere einen von der → Bundesanstalt für Finanzdienstleistungsaufsicht (BaFin) gebilligten Wertpapierprospekt vor. Damit sollen Anleger i.S.d. Anlegerschutzes alle wichtigen Informationen über das Wertpapier und seinen Emittenten erhalten, um auf dieser Grundlage eine Investitionsentscheidung treffen zu können. Daraufhin prüft die BaFin Vollständigkeit, innere Widerspruchsfreiheit sowie Lesbarkeit der Prospekte, nicht aber deren inhaltliche Richtigkeit. Wertpapierprospekte sind ein wichtiges Instrumente der → Investor Relations.

wertschätzende Befragung → Umfrage.

Wertschätzendes Management – *Appreciative Management*; bezeichnet in Ergänzung und im Gegensatz zum Wertmanagement die respektvolle Führung und basiert auf dem psychologischen Anerkennungsbedürfnis. Das Ziel ist, Wertschöpfungsprozesse mit motivationsrelevanten Führungsdimensionen, die der Wertschätzung innewohnen, zu unterstützen. Im Idealfall wirkt die Wertschätzung als kulturelles Element auch nach außen, indem die Mitarbeiter etwa die Wertschätzung im Kundengespräch leben und so den Kaufprozess unterstützen

und die → Bindung von Kunden. Damit ist → Wertschätzung ein Teil der → Corporate Behaviour und Komponente von → Image und → Reputation.

Wertschätzung – die Anerkennung auch weicher → Werte im Management, → wertschätzendes Management.

Wertschöpfung – wird als Summe der durch kombinierte Produktionsfaktoren geschaffenen Werte begriffen, also die Gesamtleistung abzüglich der von Dritten bezogenen Vorleistungen. Dem PR-Management wird eine wertschöpfende Funktion zugeschrieben, deren Nachweis aufgrund der Einflussnahme auf → weiche Faktoren oft nicht exakt möglich oder sehr aufwändig ist. Es werden zentral die (1) prozessbegleitende Wertschöpfung mit PR als flankierender Managementfunktion entlang der Wertschöpfungskette von der Prägung der Werte und der Unternehmenskultur im Rahmen der → internen Kommunikation bis zur Aufmerksamkeit am Point of Sale in der Filiale, die (2) ressourcenorientierte Wertschöpfung mit PR als Erfolgsfaktor, als Kompetenz und Ressource etwa i.S. einer starken → Marke, als → Reputationsmanagement und als Schöpfer von → Sozialkapital und die (3) interaktive Wertschöpfung unterschieden. Interaktive Wertschöpfung findet statt, wenn ein Unternehmen in die Aufgabenlösung bewusst oder unbewusst Dritte inner- oder außerhalb der Organisation einbezieht, etwa in der Produktentwicklung oder im Rahmen von Change Communications, wenn Führungskräfte und Mitarbeiter aktiv in die Entwicklung und Umsetzung von Change Strategien involviert werden.

Werttreiberbaum → Value Link.

Wesselmann – bezeichnet ein Großflächenplakat, das v.a. in Wahlkämpfen von Parteien eingesetzt wird. Es ist ein Instrument des politischen Marketings. Namensgeber ist das Unternehmen Werbung-Wesselmann-Wattenscheid (Bochum), das hierbei eine zentrale Rolle spielt.

Wettbewerbspräsentation → Pitch im Rahmen der → Agenturauswahl.

WhatsApp – eine mobile Nachrichten-App, mit der Anwender Nachrichten, Foto-, Kontakt-, Video- und Audiodateien ähnlich wie eine SMS über das Internet verschicken. Der Name „WhatsApp" lehnt sich an das englische „What's up?" („Was geht?" oder „Was geht ab?") an und gehört zu den → Social Media. Das Unternehmen gehört zu Facebook. Der Einsatz von WhatsApp als → PR-Instrument der → mobilen PR, mit dem sich Interessierte bspw. Informationen von Unternehmen abonnieren könnten, oder als Fragenkanal einer Dialogkampagne, ist derzeit eher noch gering.

Whistleblower – von engl. „Pfeifenbläser", freie Übersetzung „Alarmpfeifen"; sind Mitarbeiter einer Organisation mit Zivilcourage, die aus gemeinnützigen Motiven und Maßstäben der → Moral die „Alarmglocke" läuten, indem sie die Behörden, die Medien oder andere → Multiplikatoren informieren, um auf bedenkliche Ereignisse oder Vorgänge in ihrem Arbeits- oder Wirkungsbereich hinzuweisen und auf Abhilfe zu dringen. Sie gehören in das Handlungsfeld der → internen Kommunikation und → Risikokommunikation, indem etwa eine → Unternehmenskultur geprägt wird, in der ein normatives Verhalten mit solchen Situationen geprägt wird.

White-Knight-Taktik – engl. „Weiße-Ritter-Taktik"; bezeichnet die Einholung und Veröffentlichung eines zweiten, gewünschten Übernahmeangebots zur Stärkung der Verhandlungsposition anlässlich unerwünschter Übernahmen als Abwehrtaktik der → Defence Communication.

White Paper – engl. „Weißbuch"; bezeichnet im Allgemeinen die Sammlung von Empfehlungen zu einem Thema oder Sachverhalt und meint im PR-Kontext ein Dossier mit Informationen, das → Dialoggruppen zur Urteilsbildung und Entscheidungsfindung aufbereitet wird.

Widerstand – bezeichnet im → PR-Management die Resistenz gegen Beeinflussung durch → Kommunikation, die sich in → Irritation oder → Reaktanz als Abwehrreaktionen äußert. Im Rahmen von → Change Communications gilt die hohe Bewertung sachlicher und/oder persönlicher Risiken als Auslöser von Widerstand. Es werden offener Widerstand (z.B. durch Kommentierung oder Verweigerungshaltung) oder verdeckter Widerstand (z.B. durch „Dienst nach Vorschrift") unterschieden. Die Senkung von Widerstand gehört zu den → Kommunikationszielen. Da Widerstandspositionen oft ein Phänomen von → Gruppen sind, gelten sie als Ausdruck der Relevanz der → Systemtheorie für das Management (→ Steuerungspessimismus).

Wiedererkennung – die Erinnerung an ein Unternehmen, seine Leistungen (Produkt, Dienstleistung) bzw. Marken mit dem Ziel, Impulse für die Kaufentscheidung auszulösen, bspw. durch erzeugtes → Vertrauen (→ Mere-Exposure-Effekt). Im Unterschied zur Größe „Erinnerung" (→ Recall) wird hier mit einer

Vorauswahl vorgelegter Abfragekriterien gearbeitet.

Wiki – von hawaiisch wikiwiki, „schnell"; bezeichnet Software zur gemeinsamen Erarbeitung von Texten (z.B. Wikipedia). In der → internen Kommunikation dient sie als Diskussionsplattform und Instrument partizipativer Führung, z.B. bei der Entwicklung von Konzepten.

Wikileaks – von hawaiisch wikiwiki, „schnell" und engl. leaks, „Löcher"; versteht sich als „Enthüllungsplattform" im Internet, auf der auch geheime Unterlagen von Behörden, Regierungen und Unternehmen anonym veröffentlicht werden. Es ist eine Non-Profit-Organisation. Bekannt wurde die Plattform spätestens im Mai 2009 durch die Veröffentlichung geheimer US-Dokumente zu den Kriegen im Irak und Afghanistan. Sie zeigt die → Macht von → Stakeholdern, die mit dem → Web 2.0 aktualisiert wird.

Wikipedia-PR – die Platzierung von Unternehmen in bestehenden Texten bzw. Literaturangaben mittels redaktioneller Veränderungen bestehender Texte oder die Veröffentlichung neuer Texte auf Wikipedia.

Win-Win-Situation – meint im Kontext der PR-Theorie die Weiterentwicklung des → Exzellenzmodells von James E. → Grunig und Todd → Hunt. Ausgehend von gegensätzlichen Positionen soll exzellente PR in der Praxis v.a. aus Zweiweg-Kommunikationsprozessen als → Dialog bestehen, mit dem Ziel Lösungen zu finden, von denen alle Beteiligten profitieren.

WIPO – *World Intellectual Property Organization;* internationales Markenregister der → IR-Marke.

Wirkungsmessung – beinhaltet die meist theoretische Analyse der Zielbeiträge eingesetzter → PR-Instrumente zu definierten → Kommunikationszielen, mit der sich das → PR-Controlling befasst.

wirtschaftliches Verhalten → Verhalten.

Wirtschaftskommunikation – wird z.T. mit Unternehmenskommunikation (→ Corporate Communication) und damit → Public Relations i.w.S. synonym verwendet. Z.T. wird mit der Wirtschaftskommunikation der Fokus auf die Unternehmenssprache (→ Corporate Language) und damit auf die sprachliche Geschäftskommunikation (z.B. Anforderungen an die Korrespondenz, Etikette, Moderation, Präsentation) und/oder die → interkulturelle Kommunikation (z.B. Bedeutung von Farben, Gesten, Gebräuchen) gelegt.

Wirtschaftskultur – bezeichnet die gemeinsamen, gesellschaftlichen Werte, die die Wirtschaftsordnung eines Standortes wie Deutschland prägen und unternehmerisches Handeln legitimieren. Sie sollte hierzulande mit der Gründung der Bundesrepublik von der sozialen Marktwirtschaft geprägt sein. Dies ist grundsätzlich ein Wirtschaftssystem der Marktwirtschaft bspw. mit der wettbewerblichen Organisation und Steuerung knapper Ressourcen über Preise mit einem zurückhaltenden Staat, der mit Rahmenbedingungen soziale Korrekturen organisiert. Die Wirtschaftsordnung ist nicht explizit grundgesetzlich geregelt, wenn auch zentralplanwirtschaftliche Wirtschaftsordnungen durch die Freiheitsrechte und das Recht am Eigentum ausgeschlossen sind. Zudem wird die Europäische Union mit ihrem Gründungsvertrag über die

Europäische Wirtschaftsgemeinschaft (EWGV) von 1957 mit der Präambel und v.a. den Artikeln 2 und 3 als Bekenntnis zur sozialen Marktwirtschaft interpretiert. Mit breit angelegten Diskussionen und Bestrebungen von Politik und Medien in die Regulierung von Preisen einzugreifen, der zunehmenden Staatsquote sowie der Umverteilung von Eigentum gehen das Verständnis und Commitment in grundlegende Mechanismen der sozialen Marktwirtschaft nach und nach verloren, die nur marktkonforme Korrekturen erlaubt. Die → PR-Theorie hat mit ihrer → Wohlfahrtsökonomischen PR-Theorie versucht, einen Zusammenhang zwischen Unternehmensimage und volkswirtschaftlicher Wohlfahrt aufzuzeigen.

Wirtschaftsmediation – die → Mediation von Konflikten in, mit und zwischen Unternehmen.

Wirtschaftswissenschaften – gehören zu den → Basiswissenschaften der PR und mit dem → PR-Management zu den zentralen anwendenden PR-Wissenschaften, etwa mit Handlungsfeldern wie → Change Communications, → interner Kommunikation, → Investor Relations, → Issues Management der → Markenkommunikation, → Krisenkommunikation, → Media Relations, dem → Reputationsmanagement, → Stakeholdermanagement oder der → Unternehmenskultur, aber auch dem → Dissipationsmanagement.

Wissen – für Unternehmen verfügbare und anwendbare Informationen im Gegensatz zum → impliziten Wissen. Viele → PR-Instrumente (z.B. → Newsletter, → Pressekonferenzen) sind mit ihrem Informationscharakter auf die Bereitstellung von Wissen ausgelegt.

Wissenschaftsbranding – bezeichnet die Bildung von → Marken in der → Wissenschaftskommunikation, indem bspw. Diskussionsströmungen, Modelle und Theorien problem- und/oder nutzenorientierte, sprechende Namen bekommen und damit Aspekten wie Wiedererkennung und Akzeptanz gerecht werden. Insbesondere die Zusammenfassung von Diskussionen unter dem Dachbegriff „Schulen" ist als Interpretation der wissenschaftlichen Führung von → Dachmarken möglich. Auch die Entwicklung, wissenschaftlichen Texten Zusammenfassungen voranzustellen oder praxisorientierte Erkenntnisgewinne im Fazit herauszustellen, lässt sich als Orientierung der → Wissenschaftskommunikation an → Dialoggruppen auffassen.

Wissenschaftskommunikation – bezeichnet allgemein Wissenstransfer und Dialog zwischen wissenschaftlichen Institutionen und Personen und ihren Dialoggruppen, sodass (1) die wissenschaftsinterne Kommunikation (z.T. mit scholary communication bezeichnet) zwischen wissenschaftlichen Institutionen (z.B. mit Veröffentlichung in wissenschaftlichen Fachzeitschriften, Organisation von Fachtagungen) und (2) die wissenschaftsexterne Kommunikation (z.T. als science communication bezeichnet) von der Wissenschaft zu nicht-wissenschaftlichen Dialoggruppen (z.B. durch Veröffentlichung von Studien in Publikumsmedien, Organisation von Informationsveranstaltungen für Nachwuchswissenschaftler) unterschieden werden.

Wissenskultur – bezeichnet als Teil der → Unternehmenskultur das wissensfördernde Verhalten einer Organisation, das zentral durch das → Wissensmanagement und die → interne Kommunikation geprägt wird.

Wissensmanagement – hat die Aufgaben (1) → Wissen zu nutzen (z.b. um implizites Wissen durch Mangel an Sichtbarkeit und Anwendbarkeit einsetzbar zu machen), (2) Wissen zu aktualisieren (z.B. um hoch flüchtige Wissensbestände zu halten und zu verbessern), (3) Wissen zu erhalten (z.B. um Wissen ausscheidender Mitarbeiter zu bewahren) und (4) mittels Wissen zu motivieren (z.b. gelten gut informierte Mitarbeiter als motivierter). Als erster Erfolgsfaktor für erfolgreiches Wissensmanagement gilt die → Unternehmenskultur und hier die → Wissenskultur. Damit ist Wissensmanagement ein Handlungsfeld der → internen Kommunikation.

Wohlfahrtsökonomie – bezeichnet ein Teilgebiet der Volkswirtschaftslehre und befasst sich mit der Frage, wie die knappen Ressourcen einer Volkswirtschaft zur Wohlstandsmaximierung der Gesamtbevölkerung eingesetzt werden können. Die paretianische Wohlfahrtsökonomie versucht anhand mikroökonomischer Instrumente, Bedingungen für die Maximierung der gesellschaftlichen Wohlfahrt abzuleiten. Das so genannte Pareto-Optimum ist nach dem Ökonomen Vilfredo Pareto benannt (1848-1923). Hierbei stellt sich die Frage, wie ein gegebenes Güterbündel optimal auf zwei Haushalte verteilt werden kann. Dabei gilt als optimaler Zustand einer Wirtschaft, wenn kein Individuum mehr besser gestellt werden kann, ohne ein anderes Individuum schlechter zu stellen. Für die PR-Theorie hat → Oeckl den Ansatz einer → wohlfahrtsökonomischen PR-Theorie aufgezeigt.

Wohlfahrtsökonomische PR-Theorie – eine v.a. in der Nachkriegszeit von Albert → Oeckl vertretene → PR-Theorie der → Wohlfahrtsökonomie, wonach PR aufgrund ihrer gesellschaftlichen Integrationsfunktion auf der Basis von → Dialog zur Konsensfindung wohlfahrtssteigernd wirkt.

Wording – engl. „Formulierung"/„Ausdrucksweise"; die in unternehmensinternen Abstimmungsprozessen fachlich, rechtlich bzw. politisch freigegebenen Aussagen und/oder der Wortlaut zu einem Thema mit dem Ziel, sachlich korrekte, politisch opportune und bei dezentralen Kommunikationsstrukturen auch einheitliche Botschaften zu kommunizieren.

Word-of-Mouth-Kommunikation → Mund-zu-Mund-Propaganda; → Virusmarketing.

Workshop – von engl. „Werkstatt" für „Arbeitskreis"/„Seminar"; bezeichnet allgemein eine Arbeitsmethode der partizipativen und kooperativen Gruppenarbeit (z.B. zur Entwicklung von Maßnahmen, Prozessen, Ideen). Sie folgt dem Ziel, mehr Ergebnisse gegenüber der Einzelleistung durch gruppendynamische Effekte mittels Teamleistung und erhöhte Identifikation und Motivation durch Beteiligung zu erzielen. Aus Sicht des → PR-Managements sind Workshops Kommunikations- und Verhaltensinstrument zugleich, indem der Workshop als Kommunikationsforum dient und auf das Verhalten durch Partizipation Einfluss nimmt.

World Intellectual Property Organization – internationales Markenregister der → IR-Marke.

WpHG → Wertpapierhandelsgesetz.

WpPG → Wertpapierprospektgesetz.

Wutbürger – bezeichnet empörte, enttäuschte und/oder demonstrierende Bürger, die ihren Unmut über bürgerferne Entscheidungen in der Demokratie Ausdruck verleihen. Der Begriff wurde anlässlich der Proteste gegen das Stuttgarter Bahnhofsprojekt S21 bekannt und die vorgeblich mangelnde Beteiligung bei (öffentlichen) Projekten anzeigt. Dieses Wort war 2010 das Wort der Gesellschaft für deutsche Sprache des Jahres in Deutschland.

www.openpr.de – offenes Online-PR-Portal mit Informationen rund um → Public Relations und zugleich (Online-) → Agentur für PR.

Y–Z

Yale-Studies – das Yale Communication Research Program, geprägt von Carl I. Hovland und William J. McGuire, beinhaltete Forschungen mit der Analyse von Einstellungsänderungen, die bereits in den 1940er-Jahren veröffentlicht wurden. Sie werden heute v.a. in der → Persuasionsforschung thematisiert und bereiteten PR-Effizienzkriterien wie der Glaubwürdigkeit den Weg.

Yellow Press – engl. „gelbe Presse"; meint die Sensationspresse (→ Boulevardmedien). Eine Herleitung des Begriffs geht auf den Comic „The Yellow Kid" zurück. Der sogenannte Yellow-Kid-Journalismus beschrieb den zunehmenden Verlegerwettbewerb von Joseph Pulitzer (New York World) und William Randolph Hearst (New York Journal) Ende des 19. Jahrhunderts um Auflagen mithilfe von Sensationsberichten. Er führte auch zum Einsatz von → Muckrakers. Weitere Erklärungen führen auf die Verwendung gelber Farbe bzw. auf das AZT-Papier (aufgebessertes Zeitungsdruckpapier, Tiefdruck) zurück, auf dem diese Sensationsblätter gedruckt wurden, das früher gelblich schimmerte.

YouTube – ist ein führendes Onlineportal von → Google, mit dem Benutzer Video-Clips hochladen, ansehen und bewerten können. Es ist ein wichtiges → PR-Instrument der → Video-PR und → viralen Kommunikation.

Zedtwitz-Arnim, Georg-Volkmar Graf von – 1925–1993; Autor des Buchs „Tue gutes und rede darüber" (1961). Er war PR-Manager, u.a. PR-Direktor der Friedrich Krupp GmbH.

Zeitschrift – bezeichnet ursprünglich gedruckte → Medien, die im Gegensatz zur Zeitung oftmals weniger aktuell, dafür aber mehr auf die universale Hintergrundberichterstattung ausgerichtet sind. Sie erscheinen meist wie auch die Zeitung periodisch, jedoch anders als Zeitungen weniger häufig (z.B. wöchentlich, monatlich, vierteljährlich), die häufig tagesaktuell erscheinen. Der Leserkreis von Zeitschriften gilt meist als kleiner als der von Zeitungen, sodass sie in → Publikums- und → Fachmedien unterschieden werden. Sie werden meist intensiver gelesen als Zeitungen und sind deshalb zugunsten der Haltbarkeit meist geheftet und auf hochwertigerem Papier gedruckt. Der Begriff wird zunehmend auch für die digitalen Versionen als Internetfassung übernommen.

Zeitung – eine nicht einheitlich definierte Mediengattung, die zugleich die Kriterien der Aktualität, Periodizität, Publizität, Universalität erfüllt und sich so von → Zeitschriften abgrenzen lässt, die aber z.T. auch als Synonym verwendet werden.

Zerfaß, Ansgar – geb. 1965; Dr. rer. pol. habil. ist Professor für Kommunikationsmanagement in Politik und Wirtschaft an der Universität Leipzig.

Ziele – Zustände, die es zu erreichen gilt. Entsprechend arbeitet das → PR-Management mit → Kommunikationszielen.

Zielgruppe – Begriff aus dem Marketing zur Bearbeitung mit

Marketinginstrumenten, z.B. mit Botschaften, die die Medienarbeit bereitstellt. Aufgrund der Marktnähe und der Erfahrung, dass die Marketingkommunikation die einseitige Information mit dem Ziel der → Werbung betreibt, wird der Zielgruppenbegriff des → PR-Managements durch (Teil-) → Öffentlichkeiten, → Dialoggruppen oder → Stakeholder ersetzt.

Zielorganisation – bezeichnet im Rahmen von → Change Communications geplante Prozesse, Strukturen, Funktionen und Positionen, die v.a. in der → Mergers- und Acquisitions-PR sowie bei Restrukturierungen wichtig für die Akzeptanz bzw. das Aufdecken von Widerständen ist.

Zimmermann, Rainer – geb. 1956; Dr. phil. Rainer Zimmermann ist Professor für Strategie, Design, Kommunikation am Fachbereich Design der (Fach-)Hochschule Düsseldorf.

Zimpel – Datenbank mit Journalistenkontakten, die als → PR-Instrument Aufbau und Pflege von → Presseverteilern unterstützt.

Zöllner, Oliver – geb. 1968; Dr. phil. Oliver Zöllner ist Professor für empirische Medienforschung und PR an der Hochschule der Medien in Stuttgart.

Zwei-Drittel-Regel – bezeichnet eine Gestaltungsregel auf Basis des → goldenen Schnitts im → Kommunikationsdesign für die Seiten- oder Bildgestaltung. Demnach werden Seitenflächen mit zwei Waagerechten und zwei Senkrechten in neun Felder unterteilt. Motive werden an den Schnittpunkten ausgerichtet mit dem Ziel, eine besonders harmonische Gestaltung aufzubauen.

Zwei-Stufen-Modell der Kommunikation → Meinungsführer.

Zweiwegkommunikation – meint im Gegensatz zur → Einwegkommunikation eine Form der → Kommunikation, in der ein Sender einem oder mehreren Empfängern eine Botschaft schickt verbunden mit der technischen Möglichkeit der Rückantwort und der → Haltung, auf diese Inhalte zu reagieren, was zur Kommunikationsform → Dialog führt.

The manufacturer's authorised representative in the EU is Springer
Nature Customer Service Centre GmbH, Europaplatz 3, 69115 Heidelberg,
Germany. If you have any concerns regarding our products, please
contact ProductSafety@springernature.com

Printed and bound by CPI Group (UK) Ltd, Croydon, CR0 4YY
27/04/2026
02097643-0001